소수자 인권

소수자 인권

초판 1쇄 인쇄 2012년 01월 04일
초판 1쇄 발행 2012년 01월 11일

지은이 ǀ 인하대학교 법학연구소
펴낸이 ǀ 손형국
펴낸곳 ǀ (주)에세이퍼블리싱
출판등록 ǀ 2004. 12. 1(제2011-77호)
주소 ǀ 153-786 서울시 금천구 가산동 371-28 우림라이온스밸리 C동 101호
홈페이지 ǀ www.book.co.kr
전화번호 ǀ 2026-5777
팩스 ǀ (02)2026-5747

ISBN 978-89-6023-696-7 03360

인하대학교 법학연구소 총서1

소수자 인권

인하대학교 법학연구소 저

ESSAY

3년 전 로스쿨이 출범한 이후 우리나라의 법학교육과 그 학습 양상은 적지 않게 변화하였다. 과거 법학교육은 이론을 중심으로 한 수험서 중심으로 이루어졌고 학생들은 각 학설과 판례를 단순암기식으로 외우는 것에 그쳤으며 법조인들도 대학이 아닌 고시촌이나 학원에서 배출되었다고 해도 과언이 아니었다. 또한 과거 법과대학 체계에서는 이론 교육과 학습에 쏟을 시간과 자원도 부족한 형편이어서 우리사회의 여러 문제와 대안을 법학적 측면에서 직접 얘기할 기회가 부족했던 것이 사실이었다.

하지만 로스쿨이 설립된 이후로는 커리큘럼과 교육내용 자체가 실무적으로 구성되었으며 우리 사회에서 실제 발생한 여러 사건을 다루는 강의방식이 도입되었다. 이에 따라 학생들의 학습방식도 변화하였고, 각 사안에 대한 해결방법을 적극적으로 도출하는 모습을 보였다. 뿐만 아니라 로스쿨 도입시 각 대학별로 특성화 분야를 선정하도록 하였는데, 이로 인해 육법 중심의 과목 개설에서 벗어나 특성화된 다양한 분야의 실무를 다룰 수 있게 되었다. 우리 인하대학교 로스쿨도 물류와 지적재산권은 물론, 공익인권 분야에 심혈을 기울이고 있으며, 이로 인해 기존에도 개설되었던 노동법, 사회보장법, 법여성학 등의 과목 이외에도 통일법, 국제인권법, 공익소송 및 소수자인권 등에 관한 다양한 실무과목을 개설·강의할 수 있게 되었다.

이번에 새롭게 출간한 인하대학교 법학연구소 총서는 이러한 우리대학 로스쿨의 교육성과를 바탕으로 한 작은 결과물이다. 앞서 언급한 것처럼 이론 중심이 아닌 실무 중심의 특화된 법학 교육이 이루어짐으로서 강의와 학습의 결과물을 묶어놓는 것만으로도 우리 사회에 작게나마 기여할 수 있는 성과를 이룰 수 있게 된 것이다. 그래서 이 총서가 당장은 부족한 것이 많을지 모르나 더욱 발전할 수 있는 가능성이 매우 크다. 시간과 노력, 그리고 경험이 축적될수록 교육과 연구의 질은 앞으로 꾸준히 개선·발전할 것이고, 다룰 수 있는 분야도 더욱더 늘어날 것이기 때문이다.

물론 지금의 이 책이 아직 많이 부족함을 잘 알고 있다. 각각의 글을 작성한 법학전문대학원 학생들은 논문 작성이 사실상 처음이기 때문에 글쓰기가 다소 서툴고 논리전개도 조금 비약적인 모습을 보이는 것이 사실이다. 하지만 그것은 장애인, 이주노동자, 비정규직, 동성애자, 내부고발자, 탈북자, 주민참여 등 이 책에서 다루고 있는 다양한 소수자 인권 옹호를 위한 열정으로 인한 것임을 알아주시길 바란다. 그래서 인하대학교 법학연구소 총서의 이 첫 번째 책을 보시는 독자들께서는 당장의 부족함보다는 인권에 대한 열정을, 그리고 앞으로의 가능성을 먼저 확인해 주시길 부탁드린다.

이 경 주 (인하대학교 법학연구소장)

　이 책은 2011년 3월부터 6월까지 인하대학교 법학전문대학원에 개설된 소수자와 인권실무를 수강한 학생들이 한 학기동안 수업을 들으며 고민한 주제로 작성된 논문들을 묶어 출판한 것이다. 소수자와 인권실무 수업은 공익변호사그룹 공감에서 활동하는 7인의 변호사가 공동으로 강의하는 방식으로 운영되었다. 수업에 참여한 학생들은 장애, 여성, 난민, 이주민, 취약계층노동, 주민자치, 공익제보의 주제로 관련된 법 제도의 실태와 해당 사례를 검토하였고 그 문제의식을 바탕으로 심화된 기말 리포트를 작성했다. 각 논문은 해당 주제에 대해 현재까지 논의되고 연구된 소수자 인권의 현황과 그에 대한 제도 개선 방안 등을 종합하여 정리하고 있다. 따라서 소수자 인권과 관련된 이슈에 대하여 최근 논의 흐름을 파악하는 데 도움이 될 것으로 기대한다.

　김성훈의 '강제입원 시 강제이송의 문제에 대한 고찰'은 우리나라의 강제입원 실태 및 강제이송이 내포한 기본권 침해 문제와 이에 대한 해결방안을 담고 있다. 구체적으로 보호자에 의한 강제이송을 규율하는 법 규정 미비로 발생하는 기본권 침해사례를 소개하고 이에 대한 해법으로서 첫째, 관련법 개정을 통한 이송체계의 개선, 둘째, 강제입원 요건을 강화하여 강제이송 최소화, 셋째 강제입원과 강제치료의 구별 등을 제시하고 있다.

김요한의 '이주노동자 아동의 인권실태와 법 제도 개선방안 - 교육받을 권리를 중심으로'는 이주아동의 교육권을 중심으로 어떠한 권리가 보장되어야 하고, 이를 어떻게 보장할 수 있는지, 그 논거는 무엇인지 탐색하고 이주아동의 교육권 보장을 위한 법제현황과 문제점 개선방안을 검토하고 있다.

김유미의 '장애인 노동권 보장에 관하여 - 장애인차별금지 및 권리구제 등에 관한 법률 검토 및 정책제안'은 헌법에서 보장하는 노동권에서 출발하여 고용차별의 현황을 분석하고 관련 결정례를 검토하고 있다. 아울러 현행법의 한계를 짚어보고 그에 대한 해결방안과 정책 제언을 통해 장애인 노동권 보장의 긍정적인 방향을 모색하고 있다.

송도인의 '내부고발자 관련 노동법적 쟁점 및 법·제도 개선 방안'은 내부고발 행위에 대한 근로자의 법적 지위와 관련하여 근로자는 어떠한 보호를 받을 수 있는지, 내부고발 행위를 이유로 해고 등 징계처분을 하는 경우에 정당성이 인정될 수 있는지, 내부고발자에 대하여 직장 내 집단 따돌림 등의 행위가 발생하는 경우 사용자에게 해당 근로자에 대한 보호 의무를 인정할 수 있는지 등을 검토하고 있다.

신광현의 '군(軍) 내 동성애자 인권침해에 관한 소고'는 군대 내 동성애자의 인권침해 사례를 살펴보고 동성애자의 군 복무에 대한 해외

입법례를 바탕으로 우리나라 국방부의 동성애자에 대한 인식을 검토하고 있다. 이를 위해 군형법, 군인사법, 병영 내 동성애자 관리지침과 부대관리훈령 등 동성애자의 입대부터 전역까지 적용되는 법 제도를 분석하였다.

신정현의 '불법체류자 문제에 대한 소고 - 불법체류 권하는 사회'는 내국인 실업자가 넘치지만 불법체류자를 포함한 외국인 노동자가 없으면 현재의 생활을 유지할 수 없는 모순적인 상황 속에서 논의를 시작한다. 한국의 법 제도가 어떻게 불법체류자를 양산하고 있는지, 또한 어떻게 불법체류자를 대우하고 있는지를 살펴보기 위해 외국인근로자의 고용 등에 관한 법률과 출입국관리법의 문제점을 비판적으로 검토하고 있다.

양태정의 '성남시립병원설립 조례제정운동을 통하여 본 주민발의제'는 전국 최초로 주민이 발의하여 통과된 시립병원설립 조례를 통해 주민직접참여제도의 의의와 주민조례청구제도의 실효성에 대하여 검토하고 있다. 주민조례청구의 성공을 위해서는 주민조례청구제도를 활용하여 정책의 창을 열어둠과 동시에 문제를 정의하고 대안의 가치타당성과 실행가능성을 제고할 수 있도록 지역의 분위기와 의원들을 포섭해 나가야 한다고 제시하고 있다.

장선영의 '결혼이주여성에 대한 인신매매 형태의 인권침해에 대한 검토'는 결혼이주여성에게 발생하는 인신매매적 인권침해의 유형을 살펴보고 국내법과 국제조약 등을 기준으로 인신매매에 해당하는지를 검토하고 있다. 특히 국제결혼중개업체에 의한 국제결혼 알선 행태를 주목하여 목적, 수단, 행위 요건을 세부적으로 검토하였다. 이에 대한 해결방안으로서 결혼중개업의 관리에 관한 법률의 보완, 국제협약의 비준 및 준수, 인신매매 처벌 및 피해자 보호를 위한 특별법의 제정을 제시하고 있다.

장재원의 '결혼문화의 차이와 이주민의 가족결합권 - 외국 법률에 따라 이루어진 근친혼 또는 중혼의 국내 승인에 대하여'는 사촌 사이의 결혼이 관습으로 널리 인정되는 파키스탄 남성이 본국에서 결혼한 사촌인 부인을 한국에 초청하고자 하였으나 국내법상 근친혼으로 무효라는 이유로 초청이 불허된 사례에서부터 문제의식을 시작하고 있다. 근친혼과 중혼에 대한 우리나라와 해외법의 비교 검토를 통해 국내법의 문제를 지적하며 이에 대한 개선 방안을 모색하고 있다.

전수미의 '재외탈북자의 난민인정문제 - 난민인정에 대한 논리 정립과 접근전략을 중심으로'는 현지인 남성에 의한 인신매매, 성적 학대, 구타 등 인권침해를 받는 재외 탈북여성의 인권실태, 재외탈북자에 대한 난민 인정의 문제를 비교법적으로 검토하고 있다. 나아가 재외탈북자를 난민으로 인정하는 것이 근본적으로 북한의 인권상황을 개선할 수 있는 강력한 방안이 될 수 있다고 제시한다.

조영관의 '지방자치단체 환경미화업무 민간위탁의 현황 및 문제점과 개선방안'은 지방자치단체의 청소미화업무를 중심으로 민간위탁제도의 문제점 및 현황을 검토하고 이에 대한 개선방안을 제안하는 것을 목적으로 하고 있다. 특히 최근 몇몇 지방자치단체에서 청소미화업무에 대한 직접 고용, 공사 - 공단을 통한 고용, 고용보장을 위한 조례 개정 등 고용조건 개선사례들을 통해 현실적인 제도개선방안을 검토하고 있다.

황준협의 '외국인 노동자의 노동3권 보장에 대한 작은 고찰'은 미등록 외국인 노동자의 특수한 법적 지위의 문제를 살펴보고, 외국인의 기본권 주체성에 대한 기존의 학설 및 헌법재판소의 태도, 외국의 입법례 검토를 통해 외국인 노동자의 노동3권 인정 근거를 분석한다. 나아가 미등록 외국인 노동자의 문제를 해결할 수 있는 방안을 헌법적, 법률적 차원에서 검토한다.

한 학기 수업으로 끝나고 말았을 내용을 이렇게 책으로 편집·출판해줄 것을 제안하고 기획해주신 인하대학교 법학전문대학원 이경주 교수님과 인하대학교 법학연구소에 진심으로 감사를 드린다. 또한 부족한 강의였음에도 불구하고 열정적으로 수업에 임해주었던 '소수자와 인권실무 강의'를 수강한 학생들 모두에게도 경의를 표한다. 지금의 문제의식을 바탕으로 앞으로 남은 로스쿨 생활 동안 고민을 구체화 심화시켜 나갈 것이라 믿어 의심치 않는다. 또한 가까운 장래에 인권감수성이 훌륭한 동료 법조인으로 만날 날을 손꼽아 기다리겠다.

소 라 미 (공익변호사그룹 공감)

차 례

소수자
인권

제1장

강제입원 시 강제이송의 문제에 대한 고찰

김성훈(인하대학교 법학전문대학원생)

I. 서 론

우리나라는 강제입원의 비율이 매우 높았기에 그에 대한 논의는 활발히 전개되어 왔다. 하지만 입원 과정에서 발생하는 즉 강제이송으로 인해 발생하는 인권침해에 대해서는 많은 논의가 거의 없었다. 어쩌면 강제입원에 부수한 절차 정도로 보았는지도 모르겠다. 강제입원을 즉시강제의 성격을 갖는 것으로 보고 즉시강제 시에 물리력의 행사가 일정 부분 허용된다고 보는 입장에 선다면 큰 문제가 없는 것으로 볼 수도 있을 것이다. 하지만 강제이송은 정신질환자에겐 매우 큰 정신적 고통을 수반하는 만큼, 정신질환을 치료하겠다는 목적을 위해서라면 최소화하는 것이 맞다. 또 정신질환자는 타인에게 위험을 가하는 경우가 아니라면 스스로 치료를 거부할 권리를 가지고 있는 만큼 강제이송 및 입원은 매우 예외적으로 허용될 수 있는 것이기에 더욱 그러하다. 그렇다면 아래에서는 우리나라의 강제입원에 관한 논의와 그와 관련한 강제이송이 갖는 기본권 침해 문제, 그리고 그것을 해결하기 위한 방안에 대해 고민해 보고자 한다.

II. 강제입원에 대한 제논의

1. 강제입원의 이론적 정당화

정신질환도 신체적 질환과 마찬가지로 질병의 일종이며, 정신과적 처치도 의료행위의 일종이라고 인정한다면, 정신질환에 대한 법적 논의엔 의료행위에 대한 법적 논의에서 일반적으로 인정되는 원칙들이 그대로 적용된다고 할 것이다. 그러므로 의료행위가 법적으로 정당화되기 위해서는 의료행위가 의료법칙에 합치하는 행위일 뿐만 아니라, 의사의 설명에 근거한 환자의 유효한 동의가 존재하여야 한다.

정신질환자에 대한 의료적 처치에 있어서도 원칙적으로 의사의 설명과 환자의 동의는 법적으로 요구되는 요건이다. 따라서 정신질환자를 치료하는 경우에 의사는 당해 환자가 앓고 있는 질병의 성질과 치료방법, 예후 등에 대하여 환자 자신에게 설명을 하고 의학적 처치에 대하여 정신질환자 자신의 동의를 얻어야 하는 것이 원칙이다.

정신질환자를 병원 등 시설에 입원시켜서 진단 및 의학적 처치를 하여야 할 필요성이 인정되는 경우에는 정신질환자 자신에게 입원의 필요성을 설명하고 정신질환자 자신의 동의를 얻어 입원시켜야 할 것이다. 만일 정신질환자 본인이 입원에 의한 의료적 처치에 동의하지 않는 경우에 원칙적으로 입원은 허용될 수 없고 그럼에도 입원을 시킨다면 민사상 설명의무 위반 등의 책임과 함께 형사상 강요죄, 감금죄 등의 범죄가 성립할 것이다.[1] 정신보건법 제2조 제5항은 이러한 원칙을 명시하고 있고 아울러 제23조에서 자의입원을 규정하고 있다.

하지만 정신질환자들이 스스로 입원을 선택하는 일은 오히려 예외적이다. 그래서 현재 미국에서는 일반적으로 환자가 자신에게나 타인에게 해를 끼칠 위험성을 가지고 있을 때에 강제로 입원시키는 것을 허용하고 있다. 즉 환자 자신의 생명과 안전, 그리고 공공의 안전을 지킨다는 두 가지 이유가 이런 허용의 근거가 되고 있는 것이다. 그러나 여기에도 법적·윤리적인 첨예한 의견의 대립이 있다. 대표적인 의견으로 목적론적 입장과 도의론적 입장이 있다.

첫 번째 입장 : 목적론적 입장

전통적 의료 모델의 개념을 가지고 있는 사람들은, 필요에 따라 일시적으로 환자를 강제로 입원시키고 치료도 해주는 것이 옳으며 또 그것이 환자와 사회와 가족들에게 더 도움이 된다고 생각한다. 즉 정신질환자는 그 질병으로 인하여 자신이나 타인에게 매우 큰 해를 끼칠 위험성이 높다고 예측될 수 있으므로 강제입원과 치료는 꼭 필요하다고 여기는 것이다. 또한 환자가 환자 자신보다 타인에게 위험할 때 더 오래 강제입원 상태에 있게 할 수도 있다고 믿으며, 설사 치료의 가능성이 그다지 높지 않다 하더라도 사회의 안전을 위하여 이것은 정당화될 수 있다고 본다. 윤리학적으로는 이런 입장을 목적론적 입장(Teleological theory)이라 부른다. 공리주의가 그 대표적인 사고 체계이며, 어떤 행위가 윤리적으로 옳다는 판단을 하는 근거는 그 행위가

---

[1] 정규원, "정신질환자의 비자의입원에 대한 검토", 「법학논총」 제25집 제4호, 한양대 법학연구소, 2008, 92쪽.

개인이나 사회에 얼마나 유익을 끼칠 수 있는가에 있다고 본다.

두 번째 입장 : 도의론적 입장

그러나 그에 대한 반대의 입장은 다음과 같다. 즉 정신질환을 가지고 있다는 그 자체가 무슨 범죄 행위가 아니며, 그들 역시 건강한 사람들과 똑같은 인권과 삶을 누리며 살아갈 권리를 가지고 있다고 생각한다. 만성신부전 환자가 복막투석을 받을지 혈액투석을 받을지 아니면 신장이식 수술을 받을지 자신이 선택하도록 하는 것처럼 결국은 정신과 환자들도 자신이 받게 될 치료방법을 선택할 수 있도록 해 주어야 하며, 환자 자신이 치료받기를 거부할 때는 그것까지도 인정해 주고 받아들여야 한다는 것이다. 이것은 도의론적 입장(Deontological theory)에서 나오는 이야기로서 거기에서는 어떤 행위가 좋은 결과를 가지게 한다는 그 사실 하나만으로 그것이 옳다고 판단해서는 안 된다고 생각한다. 즉 이런 입장은 결과보다도 더 중요한 가치 - 예를 들면 인간의 자유, 공평함, 정의 등 - 가 존재한다고 믿으며 그것에 충실해야 한다고 보는 것이다.

시민 운동자들과 자유주의자들은 강제입원에 의한 환자의 유익보다도 환자들이 겪게 되는 한 인간으로서의 자유의 억압과 강제성에 더 큰 관심을 둔다. 인간이 가지는 자유는 그 어떤 다른 가치보다 우선한다고 믿으므로 정신질환자를 억제하여 얻는 일시적인 유익보다도 그 자유의 절대적 보존이 인간에게 더 가치가 많은 상황에서 더욱 호소력을 지닌다. 구소련같이 정치적인 저항자들을 다 정신질환자로 간주하여 정신병원에 강제로 입원시켰던 것이 이들이 문제로 삼는 대표적인 예가 된다.

또한 사회 공공의 안전과 개인의 안전을 위협한다는 이유로 강제입원을 시키는 점에 대하여서도 문제가 있다고 지적한다. 자신에게나 타인에게 해를 끼친다는 것이 과거의 상황을 기준으로 하는가, 현재의 상황인가, 아니면 미래의 아직 벌어지지 않은 상황에 대한 이야기인가? 아직 현실화되지 않은 위험성 때문에 한 인간의 자유를 억압할 수 있는가? 그 위험성을 평가하는 객관적이고 받아들일 수 있는 합리적인 척도는 과연 무엇인가? 이러한 강제입원과 치료는 그 근거가 질병과 의학의 개념인가 아니면 사회적 사법적인 개념인가? 사회의 안전을 유지하는 법적 책임과 역할은 정신과 의사의 것이 아니라 경찰력이 해야 하는 것이 아닌가? 같은 맥락에서 Sadoff(1983)[2]는 정신의학에서 강제적인 도움을 주어야 한다고 말할 수 있는 그런 '응급 상황'에 대한 구체적인 정의는 과연 무엇인가라는 의문을 제기한다.

우리 법은 당해 정신질환자가 의료진으로부터 제공된 정보를 이해할 능력이 없거나 혹은 그와 같은 정보에 근거하여 유효한 의사결정을 할 능력이 없다고 할 경우 또는 양 능력 모두가 결여되어 있는 경우에는 당해 정신질환자를 대신하여 누군가가 의료적 처치 여부에 대한 의사결정을 하여야 한다고 보고 있다. 그에 따라 『정신보건법』 제24조 제2항 제2호에 환자 자신의 건강 또는 안전을 위하여 입원 등을 할 필요가 있는 경우 또는 제25조 제1항에 정신질환으로 자신을 해할 위험이 있다고 의심되는 경우에 보호자나 시장·군수·구청장이 당해 정신질환자를 입원시킬 수 있도록 하고 있다.

그리고 정신질환자가 타인에게 위해를 줄 수 있다고 생각되는 경우에 사회방위를 이유로 정신질환자의 비자의입원을 허용하는 경우도 예

---

2) 서울대 교육학과 도덕심리 연구실, "정신과 환자의 권리", http://moral.snu.ac.kr/pds/data/002.html에서 재인용.

정하고 있다. 『정신보건법』제24조 제2항 제2호의 '타인의 안전을 위하여 입원 등을 할 필요가 있는 경우' 또는 제25조 제1항의 '타인을 해할 위험이 있다고 의심되는 경우'가 그것이다. 다만 이러한 경우에도 다음과 같은 사항이 고려되어야 한다. 첫째, 당해 정신질환자가 구체적으로 타인에게 위해를 줄 수 있다는 점이 입증되어야 한다. 이를 위해서는 타인에게 위해를 줄 수 있는지에 대한 객관적인 판단기준이 마련되어야 할 것이다. 둘째, 설사 당장 타인에게 위해를 주는 행동을 할 것이라고 여겨지는 경우에도 위해 행위의 정도와 기간이 입원을 요할 정도에 이르러야 할 것이다. 일시적으로 흥분상태에서 타인에게 위협을 가하는 경우 그것이 적절한 응급조치를 통하여 진정될 수 있다면 그러한 경우까지 비자의입원을 허용하는 것은 적절하지 않을 것이다.

그런데 사회방위적 근거에서 정신질환자의 비자의입원을 허용하는 것이 형사정책적으로 타당한 것인가는 의문이다. 비자의입원이 정신질환자의 입장에서 볼 때 감금과 같은 효과를 가지는 것이기 때문에 이는 실질적으로는 영장 없이 정신질환자의 신체의 자유를 박탈하는 결과가 될 수 있다. 타인에게 위해를 줄 가능성은 아직 형법상 타인에게 해악이라는 결과나 구체적인 위험이 발생한 경우가 아니므로 이러한 요건이 오·남용될 경우에는 신체구속의 범위가 지나치게 확대되는 결과가 발생할 수 있다. 이렇게 볼 때 사회방위를 근거로 정신질환자의 비자의입원을 허용하는 것은 타당하지 않다. 타인의 안전을 위하여 비자의입원이 허용되는 경우에도 정신질환자 자신의 치료 및 사회복귀가 비자의입원의 근거이자 우선적 목표가 되어야 한다. 정신질환자가 이환된 정신질환의 증상으로 인하여 타인의 안전이 위협받는 경우에만 정실질환자의 치료를 목적으로 비자의입원이 허용될 수 있을 것이다.[3]

---

3) 정규원, 앞의 글, 91쪽.

2. 강제입원의 현황 및 강제입원 비율이 높은 이유

	총 입원환자 수	자의입원	보호의무자에 의한 입원		기타 입원
			보호의무자가 가족	보호의무자가 시장·군수·구청장	
2000 총계	59,032(100.0)	3,393(5.8)	36,945(62.6)	18,694(31.7)	-
2001 총계	60,079(100.0)	4,041(6.7)	39,167(65.2)	16,868(28.1)	-
2002 총계	61,066(100.0)	3,946(6.5)	40,263(65.9)	16,857(27.6)	-
2003 총계	64,083(100.0)	4,182(6.6)	41,853(65.9)	17,293(26.3)	755(1.2)
2004 총계	65,349(100.0)	5,024(7.7)	44,024(67.4)	15,618(23.9)	683(1.0)
2005 총계	67,895(100.0)	6,036(8.9)	45,958(67.7)	15,316(22.6)	585(0.9)
2006 총계	70,967(100.0)	6,534(9.2)	49,935(70.4)	13,917(19.6)	579(0.8)
2007 총계	70,516(100.0)	6,841(9.7)	51,028(72.4)	11,961(17.0)	686(0.9)
정신의료기관 소계	54,441(100.0)	6,315(11.6)	42,717(78.4)	4,723(8.7)	686(1.3)
국립정신병원	2,704(100.0)	437(16.2)	1,581(58.5)	-	686(25.4)
공립정신병원	3,436(100.0)	304(8.8)	2,509(73.0)	623(18.1)	-
사립정신병원	20,899(100.0)	1,974(9.4)	16,865(80.7)	2,060(9.9)	-
종합병원 정신과	4,450(100.0)	808(18.2)	3,473(78.0)	169(3.8)	-
병원 정신과	17,514(100.0)	2,010(11.5)	13,778(78.7)	1,726(9.9)	-
정신과의원	5,438(100.0)	782(14.4)	4,511(82.9)	145(2.7)	-
정신요양시설	11,971(100.0)	526(4.4)	8,311(69.4)	3,134(26.2)	-
부랑인시설	4,104(100.0)	-	-	4,104(100.0)	-

〈표1〉입원유형별 현황[4]

국가	연도	비자의입원율(%)	국가	연도	비자의입원율(%)
대한민국	2007	90.3			
스웨덴	1998	30.0	프랑스	1999	12.5
핀란드	2000	21.6	이탈리아	-	12.1
오스트리아	1999	18.0	아일랜드	1999	10.9
독일	2000	17.7	벨기에	1998	5.8
영국	1999	13.5	덴마크	2000	4.6
네덜란드	1999	13.2	포르투갈	2000	3.2

〈표2〉우리나라와 유럽의 비자의 입원율 비교[5]

---

4) 보건복지가족부, 『2008년 중앙정신보건사업지원단 사업보고서』, 2008, 100쪽.

5) 보건복지가족부, 『2007년 중앙정신보건사업지원단 사업보고서』, 2007, 42쪽.

우리나라『정신보건법』에서도 자발적 입원은 권장되고 있으나 현실에서 보호의무자와 병원의 기피로 활성화되고 있지 못하고 있다. 이로 인해 일본의 자의입원 비율이 60%를 차지하고 있는 데 반해 우리나라의 자의입원율은 10%에 불과하다. 이는 정신의료기관 및 보호의무자의 이해 그리고 정신 장애인에 대한 모니터링 시스템의 부재가 가장 큰 원인이나 정신과 차료에 대한 우리사회의 뿌리 깊은 편견으로 인해 비의료적인 방법을 시도하다 최후의 수단으로 정신과 치료를 선택함으로써 질환이 만성화되어 비자의입원을 할 수밖에 없는 사회적 환경에도 일부 원인이 있다.[6]

또 우리나라의 자의입원 제도가 일본이나 서구 선진국과 달리 자의입원 환자가 퇴원을 원하면 언제든지 퇴원시켜야 하는 것도 한 원인으로 보인다. 대부분의 환자가 입원 후 불편함과 갑갑함, 생경한 환경에의 적응 등으로 자발적으로 입원해도 곧바로 퇴원하고 싶은 것이 현실인데, 자의 입원의 경우 보호의무자와의 상의 없이 퇴원하는 것이 가능하고 결국 치료목적을 달성하지 못하는 경우가 많아 보호의무자가 꺼리게 된다. 또 치료비 정산 없이 환자가 퇴원하는 것, 하루 이틀 입원 후 퇴원할 경우라도 의사, 간호사는 수많은 의무기록을 작성해야 하는 것도 병원 입장에서는 자의입원을 꺼리는 현실적인 이유가 되고 있다.[7]

반면 독일의 경우 당사자의 의사에 반하는 강제조치를 행할 경우에는 피보호자 자신이 동의 능력이 없는 경우, 당사자 자신의 현저한 생명위협과 타인의 현저한 생명위협이 있는 경우에 한해 허용된다. 만약

---

6) 국가인권위원회, 『정신장애인 인권 보호와 증진을 위한 국가보고서』, 2009, 65쪽.

7) 서동우, "정신보건의 역사적 변화선상에서 본 우리나라 정신보건법의 문제와 개선안", 「보건복지포럼」, 2007. 1, 51쪽.

피보호자(정신질환자)가 자신의 병적상태를 더 이상 느낄 수 없는 경우에는 피보호자 자신이 우선적으로 자신의 복지에 대해 결정해야만 한다. 그 때문에 보호자는 원칙적으로 피보호자의 건강이 현저히 위험하지 않는 한, 자신의 위치에서 피보호자의 의사에 반하여 강제조치에 동의할 수 없다.[8] 이러한 강제입원의 엄격한 요건으로 인해 상대적으로 유럽 국가들의 강제입원 비율이 낮은 것으로 볼 수도 있다.

3. 강제입원 문제를 해결하기 위해 제시되어 온 대안들

가. 자의입원의 원칙화

현재 『정신보건법』에서는 단순히 자발적 입원을 권장하는 것에 그치고 있으나 명문으로 자의입원이 원칙이고 비자의입원은 자의입원이나 다른 최소제한적인 치료가 불가능한 경우에만 가능하다는 내용을 선언할 필요가 있다.[9]

나. 진단을 위한 입원과 치료를 위한 입원의 분리

현행 정신보건법상 보호의무자에 의한 입원이나 자의입원에 있어서는 진단을 위한 단기입원과 치료를 위한 입원을 구분하고 있지 않다. 반면 시장·군수·구청장에 의한 입원의 경우에는 양자를 구분하여 규정하고 있다. 비자의입원의 90% 이상을 차지하고 있는 보호의무자에 의한 입원에 있어서도 시장·군수·구청장에 의한 입

---

8) 홍강훈, 「독일 정신보건법제의 내용과 현황」, 맞춤형 법제정보, 24쪽 : 서경석, "정신질환자의 기본권을 위한 법제의 변화", 「헌법학 연구」 제14권 제2호, 2008, 346쪽에서 재인용.

9) 염형국, "정신보건법상 비자의입원 개선방안", 2011학년도 1학기 인하대 로스쿨 「소수자 인권 실무」 강의자료, 32쪽.

원과 마찬가지로 진단을 위한 단기입원과 치료를 위한 입원을 구분하여 규정하여야 한다.[10]

정신질환자의 부당한 비자의입원을 최소화하기 위해서는 입원을 위한 진단절차와 치료를 위한 입원절차를 명확히 구분하여 진단절차를 보다 구체화할 필요가 있다는 것이다. 영국과 호주의 경우처럼 정신질환자가 입원이 필요한지 여부에 관하여 1주~4주 정도 진단을 한 후 입원치료가 필요하다고 진단된 경우에 한하여 치료를 위한 입원을 하도록 하고 있는데 이것이 논리적으로 옳다고 본다.

다. 불충분한 강제입원 요건의 강화

개정 『정신보건법』으로 원칙적으로 보호의무자 1명만의 동의로는 강제입원을 시킬 수 없게 되었다. 하지만 정신보건법 제24조 제2항 제1호와 제2호 중 어느 하나에 해당한다면 정신과 전문의는 입원을 허용할 수 있다. 이때 보호의무자에 의한 강제입원 시 환자의 주관적 요건인 위험성의 요건이 전혀 보완되지 않은 문제가 있다. 이는 범법 정신질환자에 대하여 적용되는 치료감호제도와 비교하면 분명하게 드러난다. 범죄행위를 한 자라고 할지라도 치료감호대상자가 되기 위해서는 재범의 위험성이 있어야 한다. 여기서 재범의 위험성이란 장래에 심신상실 또는 심신미약의 상태에서 재차 범행을 저지를 상당한 개연성을 의미하는 것으로, 기왕의 병력이 있고 완치를 위하여 치료의 필요성이 인정된다는 사실만으로 재범의 위험성이 있다고 단정할 수 없다.[11] 설사 재범의 위험성이 인정된다고 할지라도 그것은 비례성의 원칙에 따라 재차 한정되어

---

10) 염형국, 위의 글, 32쪽.

11) 대법원 1984.5.22선고, 84감도 103판결.

야 한다.[12] 범죄의 예방이라고 하는 공공의 이익과 치료감호처분을 통해 제약되는 정신질환자의 기본권적법익이 비교형량되어 전자가 클 경우에만 비로소 치료감호처분이 허용되어야 하는 것이다.[13] 범법 정신질환자의 치료감호에 요구되는 요건이 이러하다면, 그렇지 않은 정신질환자의 강제입원에는 좀 더 엄격하게 허용이 되어야 한다. 그럼에도 우리 정신보건법은 요건 자체에서부터 제도가 남용될 여지를 가지고 있다.

라. 법원에 의한 비자의입원 심사 및 결정

비자의입원은 입원대상이 되는 정신장애인의 입장에서 보자면 그의 의사에 반하여 인신을 구속하는 것에 해당한다고 볼 수 있다. 인신의 자유는 헌법이 보장하는 가장 기본적인 인권으로서 '의사에 반하여 사람을 가두는 것은 법에 미리 그에 관한 엄격한 요건과 적법 절차가 규정되어 있어야만 정당화될 수 있다. 따라서 비자의입원 제도에서 가장 핵심적으로 개선되어야 할 과제는 진단목적 입원 기간을 초과하는 비자의입원에 대한 심사 및 결정을 법원이 맡도록 하는 것이다.

이 주장은 크게 세 가지 근거에 기초하고 있다. 하나는 주관적 요인으로서 의사에 대한 불신이고, 다른 하나는 객관적 요인으로서 의사의 판단과 판사의 판단 사이에 불일치 비율이 낮지 않다는 사실, 그리고 나머지 하나는 기본권제약에 대한 법치주의적 요청으로부터 나온다.[14]

---

12) 원범연·조성연, 『범법정신 장애자 등에 대한 법적 처우에 관한 연구』, 형사정책연구원, 2003, 54-55쪽 : 서경석, 앞의 글, 346쪽에서 재인용

13) 원범연·조성연, 위의 책, 60-61쪽 : 서경석, 앞의 글, 346쪽에서 재인용

14) 서경석, 위의 글, 349쪽.

Ⅲ. 강제이송의 문제점

1. 강제이송의 의의 및 위험성

　강제이송은 강제입원의 요건이 갖추어진 때[15] 보호의무자, 시장·군수·구청장 등이 정신질환자를 그의 반대에도 불구하고 병원으로 이송하는 것을 의미한다. 이는 당사자의 의사에 반하는 경우에 물리력을 수반하게 되어 헌법상의 신체의 자유를 침해하고, 아울러 거주·이전의 자유 및 자기결정권, 인신의 구속으로까지 연결되는 상황에 이르게 한다.

　강제이송 시에 발생하는 물리력은 환자에게 단순히 신체적 고통을 야기하는 것으로 그치지 않고, 강한 정신적인 충격 및 스트레스를 수반한다. 이는 정신의료기관 및 정신요양시설에 입원(소)한 환자의 진단명을 조사해 본 결과, 정신분열증이 38,947명으로 57.2%, 알코올중독이 14,473명으로 21.2%, 지적장애가 2,903명으로 4.3%, 조울증이

---

15) 국가인권위원회 2010.4.30자, 10진정71800 결정, 강제입원 등에 의한 인권침해.
　　"정신보건법 제22조 제1항은 정신질환자의 보호의무자는 정신과 전문의의 진단에 의하지 아니하고 정신질환자를 입원시켜서는 아니 된다고 규정하고 있고, 같은 법 제24조 1항의 정신의료기관의 장은 정신질환자 보호의무자의 동의가 있고, 정신과 전문의가 입원이 필요하다고 진단한 경우에 한하여 당해 정신질환자를 입원시킬 수 있다고 규정하고 있다. 위 규정들의 취지와 함께 정신보건법 제2조에 규정된 "모든 정신질환자는 인간으로서의 존엄과 가치를 보장받으며 입원치료가 필요한 정신질환자에 대하여는 항상 자발적 입원이 권장되어야 한다." 는 기본이념에 비추어 보면, 보호의무자에 의한 입원의 경우 보호의무자의 동의가 있더라도 정신과 전문의가 정신질환자를 직접 대면하여 진찰하고 입원이 필요하다고 진단한 다음 이에 기하여 정신의료기관의 장이 입원을 결정하여야 하고, 이러한 요건을 갖춘 입원조치에 대하여 정신질환자가 저항하는 때에 비로소 사회적으로 보아 상당하다고 인정되는 법위 내의 물리력의 행사가 허용된다."

2,896명으로 4.3%를 차지하여, 정신보건시설 입원환자 중 정신분열증 환자가 압도적인 비율을 차지하였다는 점[16]에서 더욱 문제가 된다. 정신분열증을 설명하는 여러 가지 이론들이 있지만, 그중 취약성-스트레스 이론 즉, 어떤 사람은 정신분열증에 대하여 생물학적으로 취약성을 지니고 태어나며 정신분열증 증상을 보이기 전에 일상생활에서 어느 수준 이상의 스트레스가 필요하다는 의견으로 사람마다 생물학적 취약성의 정도가 다르기 때문에 어떤 사람은 조금만 스트레스를 받아도 증상을 보이고, 어떤 사람은 더 심한 스트레스를 받아야 증상을 보인다는 이론[17]에 따르면 스트레스가 있으면 정신분열증세가 악화되는 경향이 있기 때문에 스트레스를 관리하는 것이 무엇보다 중요해진다.[18]

또 정신분열병 환자의 경우에는 대개 병식(insight)이 없고 다른 증상이 치료되고 있어도 병식이 호전되지 않는 수도 많다. 아울러 보통 의식수준의 손상이 없고 사람, 장소, 그리고 시간에 대한 지남력이 유지되어 있다.[19] 결국 자신이 처한 강제이송 상황을 인식함에 장애가 없고 그러한 상황에 대해서는 자신이 정신질환자로 취급받고 있다는 점과 그로 인해 집이 아닌 곳에 억지로 끌려가야 한다는 점에 대해 고통받게 될 것이고 자연히 환자는 강제이송에 대해 크게 반발할 것이다. 반대로 강제이송을 하려는 사람들은 그러한 환자를 제압하여 병원으로 데려가려 할 것이다. 결국 환자와 이송하려는 사람들 사이의 대립은 환자가 받는 고통을 증폭시킬 것임을 예상할 수 있다.

---

16) 국가인권위원회, 앞의 책, 55쪽.

17) Haya Ascher-Svanum 저, 강명옥 옮김, 『정신분열병 환자의 정신교육그룹』, 하나의학사, 2007, 124쪽.

18) Haya Ascher-Svanum 저, 강명옥 옮김, 위의 책, 136쪽.

19) 민성길 외, 『최신정신의학(5판)』, 일조각, 2006, 258쪽.

2. 강제이송에 관한 법규 현황

응급입원에 관해서 『정신보건법』은 제26조 제1항에서 "응급입원의 의뢰에 동의한 경찰관 또는 소방기본법 제35조의 규정에 따른 구급대의 대원은 정신의료기관까지 당해인을 호송한다"는 규정을 두고 있는 반면 보호의무자에 의한 입원과 시장·군수·구청장에 의한 입원에 대해서는 별도로 규정하고 있지 않다. 또 『응급의료에 관한 법률』이 제정되어 있으나, 이는 해당 법률에서 요구하는 요건을 충족하는 경우에 적용되는 것이고 보호자에 의한 강제입원이 대다수인 것이 우리의 실정[20]에서 강제입원 시에 정신보건법상 규정이 활용되는 경우는 많지 않을 것이다.

이로 인해 사인에 의한 정신질환자에 대한 기본권 침해가 적지 않으며, 실례로 환자의 형과 아버지가 손과 발을 테이프로 묶어 차의 뒷좌석에 태워 병으로 이송한 사건[21], 정신병원 직원이 정신과 전문의 진단도 없이 수갑을 사용해 30대 남성을 강제로 입원시킨 사건[22] 등이 발

---

20) 2007년 기준 전체 70,516건 중 51,028건(72.4%), 위의 〈표1〉참조.

21) 국가인권위원회, 10진정26000, 2010. 4. 9.의 인정사실 "진정인 및 참고인 진술에 의하면 진정인의 형 정 모 씨와 부 정 모 씨는 진정인이 정신병원에의 입원을 거부하자 2009. 10. 25. 진정인의 손과 발을 테이프로 묶어 걸프퍼 뒷자석에 태운 뒤 피진정 병원으로 강제로 이송한 사실이 인정된다."

22) 메디컬투데이, "인권위, '수갑' 사용 강제입원시킨 정신병원 직원 검찰고발", 2011. 4. 11일자. 진정인(남, 38세)은 "집에서 잠을 자고 있었는데 A정신병원 직원 2명이 창문으로 무단 침입해 등 뒤로 수갑을 채우고 강제로 A병원으로 이송해 19일간 강제입원됐으며 이 과정에서 보호의무자 동의 절차를 지키지 않았다"며 지난해 8월31일 인권위에 진정을 제기했다. 이에 대해 인권위는 A병원 직원 2명이 진정인 집을 방문했을 당시 진정인은 주취상태로 혼자 잠을 자던 중으로 수갑을 채워 이송해야 했을 만큼 자해 또는 타해 위협이 있었다고 보기 어렵고, 특히 인권위는 수갑을 채운 경위도 병원 이송을 위한 설득 과정에서 우발적으로 발생한 것이 아니라 사전에 계획해 수갑을 준비해 갔던 것으로 이는 '형법' 상의 체포죄에 해당되는 만큼 검찰 고발이 불가피하다고 판단하였으며, 해당 병원은 보호의무자 동의서 없이 재활의학과 전문의 진단으로 진정인을 입원시켰고 입원 다음 날인 8월 10일 B 씨가 전처와 이혼 상태임을 알고서도 곧바로 퇴원시키지 않고 27일에야 퇴원시킨 사실이 확인됐다고 인권위는 밝혔다. 결국 인권위는 해당 직원 2명을 검찰총장에게 고발하고 해당 병원에 대해는 행정처분 등의 조치를 권고했다.

생한 바 있다. 특히 후자의 경우는 누구보다 정신보건법에 대한 이해
가 높아야 할 정신병원의 직원이 사전에 수갑까지 준비하여 정신과 전
문의가 아닌 재활의학과 전문의의 진단만으로 진정인을 입원시킨 것
으로 드러나 사태의 심각성을 보여주고 있다.

만약 강제입원에 대한 대안들이 수용되어 요건이 엄격해지고 보호의
무자 등에 의한 강제입원 시에도 위험성 등이 고려된다면, 응급의료에
관한 법률에 기초한 강제이송이 이뤄질 것이다. 『응급의료에 관한 법
률 시행규칙』 제2조 제1호는 응급환자 중 정신질환이 있는 자를 '자신
또는 다른 사람을 해할 우려가 있는 정신장애'로 규정하고 있어 강제
입원이 허용되는 범위와 거의 일치하게 되기 때문이다. 그렇게 되면 위
와 같은 타인에 의한 기본권침해가 줄어들 것이다.

3. 강제이송과 사설응급구조단

강제입원의 요건이 강화된다고 하여도 해당 법률에서 허용하고 있는
사설응급구조단에 대한 문제는 여전히 남는다. 『응급의료에 관한 법
률』은 사설응급구조단이 허가를 받은 자에 의해 운영되고 응급구조
사들이 응급의료행위를 수행하도록 하고 있으며 응급구조사들의 자
격 취득 및 응급환자이송업에 관한 허가 등에 관해서도 규정하고 있
다.[23] 이처럼 응급환자의 이송을 위해 공공 응급이송체계를 준비하고

---

23) 응급의료에 관한 법률 제41조(응급구조사의 업무) 응급구조사는 응급환자가 발생한 현장에서
   응급환자에 대하여 상담·구조 및 이송업무를 행하며, 의료법 제27조의 규정에 불구하고 보건
   복지부령이 정하는 범위 안에서 현장, 이송 중 또는 의료기관 안에서 응급처치의 업무에 종사
   할 수 있다.
   제51조(이송업의 허가 등) ① 이송업을 하고자 하는 자는 보건복지부와 국토해양부의 공동부령
   이 정하는 시설 등을 갖추어 관할 시·도지사의 허가를 받아야 한다.

있지만, 정신장애인의 응급한 입원에 있어서 공공 응급이송체계는 그 기능을 다 하고 있지 못하며, 그 공백을 사설응급구조단이 메우고 있는 실정이다. 119로 대표되는 응급이송 체계는 관내이송만 가능한 점, 환자가 거부하면 이송이 불가능한 점, 또 정신장애인의 이송은 꺼려하는 분위기, 이외에 다른 응급환자의 이송에도 일손이 달린다는 점 등의 한계를 가지고 있다. 게다가 경찰에 의한 이송은 신고 자체가 폭력이나 살인 등의 경우로 접수되지 않으면 거의 불가능하다. 결과적으로 정신장애인의 응급입원을 위한 이송수단으로 절차도 간략하고 환자의 손쉬운 이송을 담보하고 있는 사설이송업체를 이용하게 되는 경우가 많다. 이렇듯 공공 응급이송체계가 제대로 가동되지 않음으로 해서 사설이송업체는 더욱 성행할 수밖에 없다.[24]

그런데 사설응급구조단에 의한 이송은 자·타해의 위협뿐만 아니라 이러한 증상의 진행 가능성을 가진 사람들까지 그 대상으로 하고 있어 무제한적으로 정신의료기관으로의 이송이 가능하고, 보호의무자에 의한 입원의 경우, 형식적 요건을 갖춘 경우 입원되고 있다.[25] 더 큰 문제는 사설응급구조단들은 구급장비, 약품 없이 환자를 이송하거나 법에서 요구하는 응급구조사의 수에 충족하지 못하는 경우가 많다는 점이다.[26] [27] 거기다 응급구조사들이 정신질환자에 대한 이해가 깊지 않

---

24) 국가인권위원회, 『지방자치단체의 정신보건업무 수행 실태조사』 ,2006. 12, 133쪽.

25) 국가인권위원회, 『정신장애인 인권 보호와 증진을 위한 국가보고서』 , 2009, 92쪽.

26) "전국의 민간 응급환자 이송업체 중 상당수가 인력과 장비를 제대로 갖추지 않는 등 부실 운영되고 있는 것으로 나타났습니다. 보건복지부와 국립의료원의 사설응급업체 등록현황에 따르면 전국의 사설 응급업체 26곳 가운데 응급인력을 제대로 갖춘 회사가 4곳에 불과한 것으로 나타났습니다. 특히 특수구급차를 5-7대씩 보유한 부산, 울산 등의 일부 이송업체에서는 구급차에 반드시 탑승해야 할 응급구조사가 한 명도 없는 것으로 드러났으며, 광주와 전북 등의 이송업체 중에는 간호사가 없는 곳도 있는 것으로 조사됐습니다." KBS, "민간 응급환자 이송업체 부실 운영" 2006. 11. 2일자.

27) "대한이송단은 전국에 60개 지부를 두고 있어 119구조대를 제외하면 전국에서 가장 규모가 크다. 서류상으로 이 이송단이 운영하는 구급차 43대, 일반 구급차 109대 등 모두 152대의 구

은 것도 문제가 된다. 실제로 해당 법의 시행규칙에 따르면 응급구조
사들에게 요구되는 정신질환에 대한 양성기관의 교육과목 및 시간은
강의와 실습 시간을 합쳐서 5시간밖에는 되지 않으며[28] 그로 인한 부
작용도 이미 나타나고 있다.[29]

4. 강제입원의 개선책과 강제이송

앞서 강제입원이 가진 문제에 대한 개선방안들로 제시되어 온 몇 가
지를 언급하였다. 하지만 그러한 개선책들은 강제이송을 전제로 하고
있어, 이를 바꾸지 않는다면 향후에도 강제이송 자체로 인한 인권침해
는 계속되는 한계가 있다.

먼저, 정신의료기관 입원 시 '진단입원'과 '치료입원'을 구분하는 것은
과도한 인신구속을 방지하는 방안이 되지만 입원을 시키기 위해서는
강제이송을 거칠 수밖에 없다. 그리고 법원과 정신보건심의위원회에
의한 입원의 심사 역시도 이송되어 입원 절차 중에 있는 정신질환자의
인권보호에는 도움이 되지만 진단입원의 경우에는 그렇지 않다.

또한 새롭게 도입된 외래치료명령제 역시 환자의 입원치료의 장기

급차 가운데 38대(25%)가 실제는 운영되지 않고 있는 것으로 드러났다. 특히 60개 지부 가운
데 62%에 이르는 37개 지부가 시설규정이나 정관을 위반해 부적합 판정을 받았다. 이 중 10
개 지부는 아예 운영되지 않고 있었으며, 2개 지부는 사무실조차 없었고 2개 지부는 당국의 승
인을 받지 않았다." 동아일보, "무자격 '사설 구급車' 가 달린다." 2006. 1. 7일자

28) 응급의료에 관한 법률 시행규칙, 별표 11, 응급구조사 양성기관의 교육과목 및 시간(제25조 제
1항 관련)

29) 일례로 국가인권위원회 2010. 8. 25. 10진정561900 결정을 보면, 진정인이 사설응급이송단
을 통하여 피진정병원으로 후송되는 과정에서 사설응급이송단 직원으로부터 폭행을 당하였
고, 이에 진정인은 진단서 발급을 위해 피진정병원에 상처부위의 사진촬영을 요청하였으나
거부당한 일이 발생하였다. 만약 응급구조사에 대한 충분한 교육이 이뤄졌을 경우라면 정신
질환자에게 상해를 가하는 일까지 없었을 것이다.

화를 막고 사회에서 생활토록 함으로써 치료와 사회적응을 동시에 진행할 수 있는 장점이 있으나, 몇 가지 문제가 있다. 예를 들어 40대 남성 환자가 정신과에서 퇴원을 하면서 외래치료 명령을 받았는데, 정신보건센터에서 그 환자에게 전화 연락을 하고 상담을 하려고 하였더니 자신은 치료를 잘 받고 있으니 연락하지 말라고 하고 화를 내면서 내일은 내가 알아서 하니 더 이상 연락하지 말라고 하는 경우를 예상할 수 있다. 이런 경우에 어떤 조치를 취할 수 있는지 의문이 든다.

뿐만 아니라 현행법은 외래치료명령이 제대로 이행되고 있는지 관리하고 감독할 수 있는 제도를 전혀 마련하고 있지 않다. 행정기관장이 외래치료명령을 하면 그 다음에 치료명령에 대한 이행은 명령을 받은 환자 또는 환자와 그 보호자에게 전적으로 맡기고 있다. 이와 같이 제도가 운영된다면 외래치료명령이 강제입원의 대안으로서 기능을 제대로 하지 못하고 오히려 지역사회에 방치되어 증상이 악화되는 부작용을 가져오게 될 것이다.[30] 『정신보건법』 제37조의2 제4항에 규정된 "위험성의 정도에 대한 평가를 위하여 그 자에게 국·공립의료기관에서 평가"를 받도록 강제하는 방법으로 강제이행 또는 이행강제금 부과를 생각해 볼 수 있겠다. 하지만 후자의 경우에는 환자가 치료에도 불구하고 병식이 없다면 환자는 강제금을 납부하지 않을 것이고 그 비용부담은 고스란히 가족에게 돌아가는 문제가 있다. 또 전자는 결국 치료 전과 같은 방식으로 정신질환자를 대하는 것이 된다. 이는 곧 그에 대한 외래치료명령의 적절성을 의심케 하는 것으로 논리적으로 옳지 않고 또 환자에게 바람직한 것도 아니다. 결국 앞서 제시된 대안들은 강제입원에 대한 해결책은 될 수 있어도 강제이송의 문제를 해소하진 못한다.

---

30) 신은주, "정신질환자에 대한 외래치료명령제도", 「한국의료법학회지」 제18권 제1호, 2010, 67쪽.

IV. 강제이송에 대한 해결방식

1. 이송 체계에 대한 개선

앞서 살펴본 사설응급구조단에 의한 강제이송 문제에 대한 해결책으로 사설응급구조단에 의한 정신의료기관으로의 이송을 금지하고 정신장애인의 이송과 관련하여 『소방기본법』 제35조의 규정에 따른 구급대나, 『정신보건법』 제26조(응급입원) 규정과 같이 경찰과 소방공무원 등 공공이송체계를 통해서만 이송될 수 있도록 관련법을 개정하여야 한다[31]는 견해와 환자 이송과정에서의 가혹행위를 근절할 수 방안을 마련하되 이송 과정에서 환자의 이익을 위해 반드시 강제력이 필요한 경우에 한하여 허용하는 것으로 『응급의료에 관한 법률』을 개정하자는 견해 등이 제시되고 있다.[32]

판단하건대, 사설응급구조단이 정신의료기관으로 이송을 금지하고 공공 이송체계를 완비하는 것이 바람직할 것이다. 하지만 이 방안은 당장 시행이 가능한 것은 아니다. 한 연구결과에 따르면 인구 100만 명당 응급구조사 수는 전국 평균이 93.6명,[33] 구급차 수는 36.7대[34],

---

31) 국가인권위원회, 『정신장애인 인권 보호와 증진을 위한 국가보고서』 , 2009, 92쪽.

32) 염형국, 위의 글, 35쪽.

33) 보건복지부, 『응급의료 취약지 분석 및 모니터링과 응급의료 자원의 효율적 지원방안 도출 보고서』 , 2009, 125쪽.

34) 보건복지부, 앞의 책, 121쪽.

응급의료센터 수는 2.7개에 불과하다.[35] 사정이 이렇다면 응급의료 체계를 보완해 가는 동시에 사설응급구조단을 대체할 인력을 점진적으로 보충하는 과정을 거치는 수 밖에 없다. 그렇다면 우선적으로 고려할 수 있는 것은 사설응급구조단에 대한 감시를 강화하는 것이다. 앞서도 살펴본 것처럼 사설응급구조단이 법을 피해 불법적인 영업을 행하는 것에 대한 엄한 처벌이 필요하다.

아울러 앞서 지적했던 응급구조사들의 정신질환에 대한 이해를 높이는 방안도 강구되어야 한다. 현실적으로 교육이 심폐정지 시에 필요한 기술처럼 주로 사용하게 되는 것들에 치중하게 되는 사정이 있음을 부정하는 것은 아니다.[36] 상대적으로 정신질환자에 대한 강제이송의 수가 다른 질환에 비해 적다면 대신 정신질환에 대한 이해가 높은 응급구조사를 일정 비율만큼 양성토록 하는 노력이 필요하다고 하겠다. 그리고 1급 응급구조사 구급차 탑승률을 강화해야 한다. 이송 중에도 적절한 의료지도에 근거한 환자처치와 함께 이송병원 및 응급의료정보센터와의 원활한 정보교환을 위해서는 운전자를 제외한 2인 이상의 응급구조사의 탑승이 필수적이며, 특히 원격의료지도하에서 주요한 응급처치를 시행할 권한과 능력이 보장된 1급 응급구조사의 탑승 강제화가 필요하다고 할 것이다.[37]

---

35) 보건복지부, 위의 책, 133쪽;위 보고서에 따르면 이천시, 여주군, 용인시, 연천군, 포천시, 철원군, 동해시, 태백시, 삼척시, 정선군, 정읍시, 고창군, 부안군, 양산시, 밀양시, 서귀포시, 남제주군에는 응급의료센터가 0개였다.

36) 응급의료에 관한 법률 시행규칙, 별표 11, 응급구조사 양성기관의 교육과목 및 시간(제25조 제1항 관련): 심폐정지 20시간, 의식장해 15시간, 일반외상 15시간 등

37) 보건복지부, 위의 책, 228쪽.

2. 강제이송의 최소화

가. 문제되는 경우

강제입원의 요건이 엄격해진다면 그만큼 강제이송의 횟수도 감소할 것이다. 그리고 운송체계에 대한 개선으로 이송 과정에서의 인권침해도 감소할 것이다. 하지만 그것만으로는 부족하다. 범죄자도 아니고 타인에게 해를 끼치지도 않은 사람에게 강제로 치료를 받게 한다면 그 이유가 무엇이든 그에 따른 피해를 최소화하기 위해 노력해야 한다. 그런 점에서 강제이송이 갖는 폭력성이 발현되지 않도록 하는 방안이 반드시 모색되어야 하며 강제이송을 최소화해야한다. 강제이송의 필요성을 없애는 방법밖에는 없다.

강제이송이 필요한 경우는 크게 두 가지로 볼 수 있으며, 하나는 강제입원에 필요한 절차를 진행하기 위한 경우이고 다른 하나는 입원을 위한 경우이다. 구체적 사례로 전자에는 만약 강제입원에 대한 요건이 강화되어 법원 등에 의한 심사가 필요하거나 진찰을 위한 입원을 하려는 때가 해당되고 후자에는 현행법상 가장 많은 보호의무자에 의한 입원이 해당된다.

그런데 환자들은 병에 대한 인식이 없는 경우가 많아 강제입원 여부를 다투고자 법관 앞에 설 가능성이 낮고, 심지어 가까운 정신보건센터에 방문하는 것도 기대하기 어려운 경우가 많을 것으로 보인다. 결국 그런 상황이라면 보호의무자들은 그들을 강제로 이송하려 할 것이다. 하지만 만약 그들이 절차를 이행하기 위해 또는 치료를 받기 위해 집을 떠날 필요가 없다면 즉, 누군가 그들의 상태를 확인할 수 있고 또 그에 맞는 치료가 이뤄질 수 있다면 그들은 강제이송을 당하지 않아도 될 것이다.

나. 강제입원과 강제치료의 구별의 필요성

따라서 강제이송을 최소화하는 방법 중 가장 이상적인 방안은 정신질환자가 재가치료를 받을 수 있게 하는 것이다. 이에 대한 논의의 전제로서 강제입원과 강제치료의 구별이 필요하다.

강제치료는 헌법상 일반적 인격권, 신체를 훼손당하지 않을 권리를 직접적으로 제약한다. 반면 강제입원치료는 신체의 자유와 거주 이전의 자유를 추가적으로 제약한다. 따라서 보호영역이 일치하지 않는 서로 다른 조치들에 대하여는 각기 별개의 방식으로 규율하여야 한다. 즉 강제치료의 동의가 강제입원의 동의로 간주되어서도 안 되고 강제입원의 합법성이 강제치료의 합법성을 곧바로 담보하는 것으로 간주되어서도 안 된다.[38]

강제치료에 대한 규율을 별도로 마련하고 강제치료를 병원이 아닌 가정에서 받을 수 있게 한다면 강제이송은 그만큼 감소할 수 있다. 또 이를 통해 입법으로 강제입원에 대한 요건을 강화했을 때 발생할 수 있는 공백을 메울 수가 있다. 예를 들어 현재는 보호의무자에 의한 입원이 "환자가 정신의료기관등에서 입원 등 치료 또는 요양을 받을 만한 정도 또는 성질의 정신질환에 걸려 있는 경우"에도 가능한데 그 덕분에 만성 정신질환을 앓고 있으나 자해 또는 타해의 조짐이 없는 경우에도 강제입원을 통해 치료를 받을 수가 있었다. 하지만 강제입원에 위험성이란 요건을 추가한다면 이런 환자들은 스스로 병원을 찾지 않는 이상 평생을 정신질환을 안고서 살아갈 수밖에 없다. 여기서 강제치료와 강제입원을 구별하고 재가치료를 지향하는 실익을 찾을 수 있다.

---

38) 서경석, 위의 글, 347쪽.

다. 재가치료의 주장 근거

재가치료를 추구하는 입장은 오늘날 정신질환의 치료가 약물에 의하는 경우가 많고 초발환자 가운데 대략 83% 정도가 초기 1년 간의 치료로 대부분의 증상이 경감될 수 있다는 의학적 근거에 기초한다.[39] 즉 혈압이나 혈당을 조절하는 호르몬의 과부족이 고혈압이나 당뇨병과 같은 질병을 만들기 때문에 이들 호르몬을 정상적 범위로 조절하는 약물 복용 시 후유증과 합병증을 최소화하면서 정상적인 생활을 살아갈 수 있는 것과 마찬가지로 정신질환 역시 감정이나 사고를 조절하는 뇌 호르몬의 과부족을 정상적인 범위로 조절하는 약물치료를 받을 경우 정상적인 생활이 가능하다고 본다. 다만 정신질환도 고혈압이나 당뇨병과 같이 완치는 어려우나 약물치료를 통해 관리하는 만성질환이며 약물치료를 중단할 경우 재발하여 급성상태로 변할 수 있는 점에 어려움이 있는 것이다. 그렇다면 정신질환자들이 정기적으로 상태를 점검받고 필요한 치료를 받으면서 우선적으로 질환에 대한 회복감을 높이면서 사회에 적응해 갈 수 있는 프로그램을 병행케 한다면[40] 그들은 자의로 병원을 찾을 가능성이 높아지므로 강제입원 및 이송을 거칠 필요가 없어진다.

아울러 재가치료는 정신질환자로 하여금 최초의 시기를 앞당길 수 있는 장점이 있다. '치료가 지연되면 회복도 지연된다'는 것은 이미 정신의학적 근거를 충분히 획득한 명제이고, 정신증 미치료기간

---

39) 전우택, 민성길, 『서울을 정신분석하다』, 청년의사, 2010, 233쪽.

40) 신정이 · 이선혜, "정신장애인의 재활과정에서 회복이 먼저인가 사회적응이 먼저인가", 『정신보건과 사회사업』 제34권, 2010, 316쪽; "비록 환경이 지지적이고 기술역량 수준이 높더라도 당사자의 회복감이 높지 않다면 사회적응으로 연결되기 어려울 수 있다. 따라서 일차적으로 당사자의 회복감을 높이는 데 주목해야 할 필요성이 크다."

(Duration of Untreated Psychosis)의 단축은 그래서 매우 중요하다. 그런 점에서 재가치료는 장기입원 위주의 치료 방식을 탈피하는 시발점이 될 수 있다. 참고로 2007년 서울시 초발정신질환자의 DUP는 약 84주로, 다른 국가의 결과보다 상대적으로 긴 것으로 나타났다.[41]

라. 장기적인 실천 방안

정신질환은 환자, 가족, 의료진, 사회, 국가의 협동으로 극복될 수 있다. 환자 개인의 치료 및 사회적응에 대한 의지와 의료진의 치료가 주된 요소이고 이에 가족의 지지 및 사회와 국가의 지원이 뒷받침되어야 한다.

우선 가족은 가족성원 간의 상호작용 속에서 각 성원의 성장과 발달 및 개인의 건강한 삶을 영위하는 데 중요한 영향을 미치는 일차적 집단이다. 즉, 개인의 신체적, 정신적 건강이라는 측면에서 볼 때 가족은 최초의 진단자이며, 치료경로를 선택하는 사람이고, 환자를 보호하고 간호하는 사람이며, 환자의 정서적, 경제적 지원자이다. 따라서 가족은 정신과 환자의 조기 발견, 조기 치료, 그리고 재활에 중요한 역할을 하는 기본단위가 된다. 따라서 가족은 환자의 일차적인 보호제공자가 되어 환자의 질병관리 및 장기간에 걸친 원조(support)를 제공해야만 한다. 환자의 입원기간이 짧아지면 가족들이 환자를 돌보아야 하는 기간은 이전보다 훨씬 길어진다. 특히 정신분열병의 경우, 환자는 의욕이 없고 치료에 대한 동기

---

41) 전우택, 민성길, 위의 책, 232쪽.

가 부족하기 때문에 재발을 방지하기 위한 약물 및 재활치료를 장기간 유지하기 위해서는 치료과정에 대한 가족의 이해와 적극적인 협조가 필수적이다. 즉 환자를 보호하고 질병을 관리함에 있어 가족의 역할이 무엇보다도 중요하게 되었다. 더불어 우리나라의 가족 중심적인 문화는 환자를 다른 시설이나 전문가로 하여금 보호, 관리토록 하는 것에 대한 거부감을 가지고 있으며, 아직까지도 가족 내의 문제를 외부로 노출시키는 것을 꺼리는 등의 폐쇄적인 사고를 가지고 있다.[42] 따라서 우리나라의 경우 정신분열증 환자의 보호, 관리가 제도적인 장치가 아니라 대부분 가족에게 맡겨져 있기 때문에 가족의 역할이 더욱 중요하다 할 수 있을 것이다.

그러나 한편으론 가족 내 한 성원의 발병 자체로 다른 가족 성원이 받는 영향이 매우 크며, 정신분열병과 같이 사회적인 편견이나 낙인이 심하여 장기간의 치료와 관리를 요하는 질병에 노출되었을 때 그 가족이 겪는 경제적, 사회적, 심리적 부담은 발병 자체로 인한 스트레스에 가중되어 가족의 스트레스와 어려움이 더욱 커지게 된다. 실제로 정신분열증 환자가 발생하였을 경우 환자가족은 환자의 발생으로 인한 정신적 충격뿐 아니라, 정신분열증의 특성상, 퇴원 후 환자와 가족의 재적응 문제, 입원횟수와 기간에 따르는 희망 상실, 고립의 문제를 겪게 된다. 그리고 환자 가족은 이 과정에서 스트레스, 긴장, 죄의식, 수치심, 환자의 치료와 예후에 대한 불확실감, 치료비에 대한 경제적 부담, 정신건강에 대한 부정적 태도 등으로 또한 어려움을 겪게 된다. 약물 치료, 심리 치료, 사회 적응 훈련 등의 환자를 대상으로 하는 기존의 치료만으로는 정신질환을

---

42) 문지원, 「정신분열증 환자 가족을 위한 가족심리 교육프로그램에 대한 연구」, 건국대학교 사회복지학과 졸업논문, 1999, 3쪽.

효과적으로 극복하는 데 한계가 있기 때문에 이러한 환자 가족에 대한 지원 역시도 필요하다.

한편 이러한 제도적 구상에서 가장 핵심적인 역할을 하는 주체는 역시 의료진이다. 특히 환자의 상태를 진단할 수 있는 자의 역할이 가장 중요하다. 왜냐하면 그들이 가정에 찾아가 환자들의 상태를 확인하고 그에 맞는 처방을 해줌으로써 정신질환을 보다 효과적으로 치료할 수 있고 또 불필요한 입원을 방지할 수 있기 때문이다. 의료진의 보다 적극적인 치료활동에 대한 요구는 외래치료명령제에 대해서도 있어 왔다.[43] 즉 외래치료명령제가 실효성을 가지기 위해서는 관리와 감독을 할 수 있도록 사회복지사나 전문가로 구성된 전담 외래치료관리팀과 같은 제도적인 장치가 반드시 수반되어야 한다는 것이다. 향후에는 환자의 발견에서부터 사례관리까지 그 활동 영역을 확대해가야 한다.

이처럼 정신과 전문의 등에게 보다 큰 역할을 기대하는 것에 대해서는 현실적인 어려움이 있긴 하다. 현재 우리나라의 인구 1,000명당 의사 수는 1.86명으로 OECD 평균인 3.05명에 한참 못 미친다.[44] 그리고 우리나라의 전체 활동 의사는 8만 4,489명이나, 그중 정신과 전문의는 2,223명에 그친다.

(단위: 명)

분 야	정신과전문의	정신보건 임상심리사	정신보건 간호사	정신보건 사회복지사	작업치료사
계	2,223	1,242	5,004	1,648	12

〈표3〉정신보건 인력 현황[45]

---

43) 신은주, "정신질환자에 대한 외래치료명령제도", 「한국의료법학회지」 제18권 제1호, 한국의료법학회, 2010, 67쪽.

44) 메디컬 투데이, "병의원 분포, '서울 7578개 최대, 강원 50개 최저'", 2011. 1. 21일자.

45) 강대혁 · 김선옥, "국내 정신보건 서비스 현황과 정신과 작업치료사의 역할", 「대한작업치료학회지」 제19권 제1호, 대한작업치료학회, 2011, 19쪽.

또한 정신과 전문인력들을 확보하고 또 그러한 제도를 운영하기 위한 재원을 어떻게 마련할 것인지 하는 문제도 있다. 어쩌면 가장 어려운 문제일 것이나 현재 우리나라에서 정신보건 분야에 활용되는 재원 자체가 적다. 전체 보건예산 중 정신보건예산이 차지하는 비중은 0.59%에 불과하며, 정신질환 관련 건강보험과 의료급여 지출을 포함해도 3% 수준에 머무르고 있는데 이는 서구 선진국에 크게 미달하고 있다.[46]

〈그림〉보건복지예산 대비 보건의료예산 점유비[47]

이에 대해 정부는 사회적 분위기 및 정책 기조에 따라 유동적이고 일시적인 부분이 있어 장기적인 계획을 수립하는 데 한계가 있으며 자살, 우울증과 같이 전문적이고 지속적인 치료가 요구되는 질환이 증가함에 따라 안정적 재정지원체계마련이 필요하다는 인식을 가지고 있는 것으로 보인다.[48]

이러한 문제를 해결하기 위해 재원의 증액 외에 입원비용으로 지출되고 있는 금액을 활용하는 방안을 생각할 수 있다. 왜냐하면 현재 장기입원이 비정상적으로 확대되어 있기 때문이다. 일반적으

46) 국가인권위원회, 『정신장애인 인권개선을 위한 각국의 사례연구와 선진모델 구축』, 2009, 28쪽.
47) 서울시정신보건사업지원단, 『서울시정신보건정책 및 지표』, 2009, 27쪽.
48) 서울시정신보건사업지원단, 위의 책, 41쪽.

로 병원 입원을 통한 치료 필요 기간은 3개월 이내로 보고 있으며 미국의 평균 재원일수는 63일이다.[49] 그러나 우리나라 정신의료기관의 경우 평균 입원일이 약 245일, 정신요양시설은 2,630일로 이곳에 입소하면 평균 7년이라는 시간을 보내 장기입원 현상이 매우 심각한 실정이다.[50] 특히 자부담의 비율이 높은 건강보험 환자의 평균 입원일수는 166일임에 비해 의료보호환자의 입원일수는 370일로 2배를 넘고 있어 치료보다는 수용 개념이 더 적합한 불필요한 입원치료가 의료보호비의 방만한 지출을 초래하며 결국 의료보호환자의 인권을 심각하게 유린하고 있다.[51] 따라서 정신보건법상 정신의료기관은 6개월 안에 환자를 퇴원시키거나 그 이상 입원이 필요한 경우 시, 도지사 산하의 '정신보건심판위원회'에서 입원연장 승인을 받도록 할 필요가 있다. 이러한 제도적 변화뿐만 아니라 시민사회와 국가의 의식 및 행동변화도 필요하다. 특히 시민들은 자신이 가진 편견에 대한 자성이 요구된다.

우리 사회에서 정신질환자들에게 보내는 시선과 차별은 그들을

---

49) 홍선미 한신대 교수(사회복지학) "우린 방치 아니면 격리"라고 말한다. "방치 단계에서 일반인과 마찰이 있을 수밖에 없고 그러면 입원이 강화된다. 결국 사회적응 능력은 떨어지고, 병원에서 나오면 또 마찰이 생긴다." 악순환이다. 정신장애인의 연간 입원 평균 일수를 보면, 오스트리아 17.6일, 이탈리아 13.4일, 영국 52일이다. 한국은 233일에 달한다. 유럽에서 가장 많다는 아일랜드(130일)의 1.8배다. 그만큼 의료보험의 재정 부담이 커진다. 환자는 치료와 재활이 더뎌진다. 지역사회의 역할을 주문하지 않을 수 없다. 한겨레21, "정신장애인은 이웃의 자격이 없다?", 제800호, 2010. 3. 5일자.

50) 서울시립정신병원 환자의 평균 입원일수도 268일로 조사되고 있다.

51) 조규영(서울특별시의회 의원), "장기 강제입원 중심의 후진적 정신보건서비스 체계는 개선되어야 합니다", 시정질문, 2008. 3. 5.

더욱 사회로부터 멀어지게 한다.[52)53)] 세계정신의학회장을 역임한 정신의학자 노먼 사토리우스는 "정신건강의 증진은 개인과 사회의 가치체계에서 정신건강의 가치를 상위로 끌어 올리는 것을 전제로 한다. 이는 개인과 사회에 대해 더 나은 정신건강을 위한 동기를 부여하게 되며 결과적으로 정신질환자의 치료와 재활을 도와 그들의 사회통합을 촉진시킬 수 있게 된다."고 하였다. 이는 시민 각자가 개인과 가족의 정신건강에 대한 관심을 키우고 중요하게 생각할수록, 사회적 약자인 중증정신질환자에 대한 사회적 수용도 역시 비례해서 증가한다는 것이다.

---

52) "주민들이 1층에 있는 집 밖에서 시위했어요. 베란다 모기장을 찢어 확성기를 들이대기도 했지요. 당시 집엔 어머니와 제 어린 딸만 있었어요. 어머니는 주민들에게 '나중에 얘기하자'고 했어요. 그런데도 주민들이 30분 동안이나 현관문을 차고 초인종을 눌렀어요. 너무 무서워 경찰에 신고했어요. 경찰이 중재에 나섰지요. 시위를 그치기에 대화로 풀 수 있을 줄 알았어요. 소식을 듣고 아버지와 제가 노인정에 갔어요. 주민들에게 '상호가 병원에서 나오면 요양시설로 보내겠다'고 말했지요. 당시엔 상호가 정신병원에 입원해 있었거든요. 그런데 주민들이 우리를 에워쌌어요. '정신분열증 환자는 갑자기 사람을 칼로 찌를 수도 있다. 당신들은 죄인이다. 각서를 써라.' 그러고는 온갖 욕을 쏟아 부었어요. 못 쓰겠다고 했지만, 결국 주민들한테 붙들려 각서를 썼지요." 한겨레21, 앞의 기사, 제800호, 2010. 3. 5.

53) 국가인권위원회, 10진정272800결정, 2010. 7. 19.
동네 사람들이 불안하여 진정인의 아들에게 전화로 진정인의 입원을 권유한 사건.

V. 결론

　강제이송이 갖는 폭력성은 그것을 원하지 않는 당사자의 의사와 그런 정신질환자를 감당하기 어려워 이제는 치료를 받게 하려는 의사의 대립에서 출발한다. 어느 일방의 입장에 서기 어려운 이 문제에서 가장 핵심적인 해결방법은 양자의 대립구조에서 벗어나 제삼자의 노력 즉, 의료인들의 노력으로 환자와 가족의 고통을 덜어줄 수 있는 방법을 찾는 것이라 생각한다. 현실적인 어려움에도 불구하고 '서울 정신건강 2020계획' 및 '국민건강증진종합계획 2020'이 발표가 되고 점차 정신질환이 만성질환으로서 개인과 사회에 미치는 영향이 커져 전체 보건정책에서 우선순위는 높아질 것으로 보인다. 그렇게 사회적인 관심이 확대되어 정신질환은 누구에게나 발생할 수 있는 것이고 그것은 사회구성원 모두가 함께 풀어가야 할 우리의 과제임을 인식하여 정신질환자들의 고통이 단지 그들과 가족만의 고통으로 머물지 않게 되었으면 한다.

참 고 문 헌

1. 단행본

민성길, 『최신정신의학』, 일조각, 2006.

전우택, 민성길, 『서울을 정신분석하다』, 청년의사, 2010.

Haya Ascher-Svanum 저, 강명옥 옮김, 『정신분열병 환자의 정신교육그룹』,
하나의학사, 2008.

2. 논문 및 보고서

강대혁·김선옥, "국내 정신보건 서비스 현황과 정신과 작업치료사의 역할", 「대한
작업치료학회지」 제19권 제1호, 2011.

서경석, "정신질환자의 기본권을 위한 법제의 변화", 「헌법학연구」 제14권 제2호,
2008.

서동우, "정신보건의 역사적 변화선상에서 본 우리나라 정신보건법의 문제와 개선 안",
「보건복지포럼」, 2007. 1.

신은주, "정신질환자에 대한 외래치료명령제도", 「한국의료법학회지」 제18권 제1
호, 2010.

신정이·이선혜, "정신장애인의 재활과정에서 회복이 먼저인가", 사회적응이 먼저
인가, 「정신보건과 사회사업」 제34권, 2010.

정규원, "정신질환자의 비자의입원에 대한 검토", 「한양대 법학논총」 제25집 제4호,
2008.

홍강훈, "독일 정신보건법제의 내용과 현황", 「맞춤형 법제정보」.

국가인권위원회, 『지방자치단체의 정신보건업무 수행 실태조사』, 2006.

국가인권위원회, 『정신장애인 인권 보호와 증진을 위한 국가보고서』, 2009.

국가인권위원회, 『정신장애인 인권개선을 위한 각국의 사례연구와 선진모델 구축』,
2009.

서울시정신보건사업지원단, 『서울시정신보건정책 및 지표』, 2010.

보건복지가족부, 『2007년 중앙정신보건사업지원단 사업보고서』, 2007.

보건복지가족부, 『2008년 중앙정신보건사업지원단 사업보고서』, 2008.

보건복지부, 『응급의료 취약지 분석 및 모니터링과 응급의료 자원의 효율적 지원방안 도출 보고서』, 2009.

3. 국가인권위 진정 및 인터넷 기사 등

국가인권위원회, 10진정272800결정, 2010. 7. 19.

국가인권위원회, 10진정561900결정, 2011. 2. 14.

국가인권위원회, 10진정71800결정, 2010. 4. 30.

국가인권위원회, 10진정26000결정, 2010. 4. 9.

KBS, "민간 응급환자 이송업체 부실 운영", 2006. 11. 02일자.

동아일보, "무자격 '사설 구급車가 달린다", 2006. 01. 07일자.

메디컬투데이, "병의원 분포, "서울7578개 최대, 강원 50개 최저"", 2011. 1. 21일자.

메디컬투데이, "인권위, '수갑' 사용 강제입원시킨 정신병원 직원 검찰고발", 2011. 4. 11일자.

한겨레21, "정신장애인은 이웃의 자격이 없다?", 제800호.

소수자
인권

제2장

이주노동자 아동의
인권실태와 법 제도 개선 방안

김요한(인하대학교 법학전문대학원생)

I. 서론

우리나라는 '뿌리 깊은 단일민족의 역사'를 갖고 있다. 역사에 대한 가치평가와 상관없이 이러한 의미규정은 이 땅에 살고 있는, 한민족이 아닌 사람들을 은연중에 배제하고 소외시킨다. 2011년 4월 법무부 통계월보에 따르면 현재 우리나라에 있는 체류외국인은 135만 명이 넘고 그중 이주노동자(취업자격 체류외국인)는 약 60만 명, 결혼이주여성은 15만 명이다. 135만 명은 우리나라 전체 인구의 2%를 조금 넘을 뿐이어서 그리 많지 않다고 생각될지 모르나 20년 전의 체류외국인 수에 비해 20배나 증가한 결과이다. 그러나 이들은 한국사회에서 철저하게 소수자의 삶을 살고 있으며 이들에 대한 인권침해는 노동 3권에 대한 실질적인 제약, 임금체불, 폭행 등 가혹행위, 성적 억압, 인종차별적 발언과 행동 등으로 다양하게 나타나고 있다. 더 우려할만한 것은, 체류외국인이 인권을 보장받지 못함에 따라 그 자녀들도 인간으로서 당연히 누려야 할 인권을 보장받지 못한다는 점이다.

인권의 사각지대에 있는 한국 내 체류외국인들의 가혹한 현실이 대물림되는 현상은 어떤 이유로도 정당화되지 않으며, 국민적 통합이라는 가치로 볼 때에도 바람직하지 않다. 본 논문에서는 이주아동으로서의 권리 중 핵심적인 부분을 차지하는 교육권을 중심으로 어떠한 권리가 보장되어야 하고 어떻게 보장할 수 있는지, 그 근거는 무엇인지 탐색할 것이다. 나아가 이주아동의 교육권보장을 위한 법제의 현 상황과 문제점, 개선 방안에 대해 논의를 전개할 것이다.

II. 이주아동의 교육권의 개념과 법적 근거

1. 이주아동의 개념

　이주아동의 교육권에 대해 고찰하려면 먼저 이주아동의 개념을 살펴보아야 한다. 이주아동의 개념을 확정하기 위한 기준은 부모의 이주목적, 교육 접근성의 제한 정도, 부모 및 아동의 한국 체류의 합법성 여부, 부모의 한국국적 취득 여부, 연령, 체류기간 등으로 다양하게 제시된다. 그런데 이 다양한 개념을 확정하지 않고 사안에 따라 개별적으로 다른 기준을 적용할 경우 그 범주가 확정되지 않아 논의에 어려움이 있다. 따라서 위의 준거 틀을 토대로 하여 이주아동의 개념에 대한 명확한 정의가 필요하다.

　우선, 이주아동은 이주목적에 따라 크게 이주노동자 자녀, 결혼이주민 자녀,[1] 난민 자녀로 나누어진다. 그렇다면 부모 및 아동의 한국 체류가 합법일 것이 이주아동 지위를 인정하는 요건이어야 하는가? 그렇지 않다. 부모 및 아동의 체류의 합법성 여부가 이주아동인지를 판단하는 기준이 될 수는 없다. 한국에서 출생하였든 외국에서 출생한 뒤

---

1) 결혼이주민 자녀 중 한국에서 출생한 아동은 이미 시행되는 다문화가족지원법에 따라 교육권이 보장되지만, 그렇다고 하여 이주아동의 범주에서 제외할 것은 아니다. 다만 이 논문에서는 교육권의 보장이 요구되는 이주아동을 중심으로 살펴볼 것이므로 논의를 생략하여도 무리가 없다. 나아가 별도의 외국인학교에서 교육받을 수 있는 미국, 독일 등 선진국 출신 아동들은 교육 접근성의 제한이 없으므로 이주아동의 범주에 들어가지 않는다고 볼 수 있다.

이주하였든 부모의 결정에 거의 전적으로 종속되는 이주아동에게 불법체류의 고의를 인정할 수 없고, 불법체류로 인한 법률효과를 그대로 귀속시키기에는 책임능력에도 흠결이 있기 때문이다. 또한 부모의 한국국적 취득 여부는 이주아동의 범위를 확정하는 기준으로 사용될 수 없다. 이주노동자인 부모가 한국국적을 취득하였다 하더라도 그 자녀는 이주아동으로서 그에 적합한 교육을 받을 권리를 가질 수 있고, 부모가 한국국적을 취득하지 않았다 하더라도 이주아동의 교육권은 보장되어야 함이 타당하다. 연령에 관해서는 유엔아동권리협약(CRC: Convention on the Rights of the Child, 이하 아동협약이라 한다) 제1조와 아동복지법 제2조에서 아동을 18세 미만의 모든 사람으로 정의하고 있으므로 이를 기준으로 한다. 마지막으로 체류기간에 관하여 보면 일정 기간 이상 체류한 이주아동만을 교육권의 대상으로 제한하는 것은 그 권리를 합리적 이유 없이 부당하게 축소하는 것이므로 기간을 설정하지 않는 것이 바람직하다.

이주아동의 개념에 대하여 선행연구자[2]는 '외국에서 출생하여 한국으로 이주했거나, 한국에서 출생했으나 부모가 한국으로 이주한 경험을 가진 만 7세 이상 18세 미만의 자'라고 규정한 예가 있고, 2010년 10월 22일 발의된 이주아동권리보장법은 이주아동을 '대한민국 국민이 아닌 부모를 둔 18세 미만 아동으로서 국내에서 90일 이상 거주한 자'로 정의하고 있다. 엄밀하게 말하면 두 기준 모두 정확하지 않다. 첫 번째 개념은 법적으로 그리고 인종적으로 한국인인 부모가 한국에서 자녀를 출생하고 외국으로 이주하였다가 다시 돌아온 경우까지 불필요하게 포함하는 오류를 범하고 있다. 두 번째 개념은 부당하게 체

---

2) 이혜원, "이주아동 교육권의 국제적 기준과 해외 사례 - 유엔아동권리협약을 중심으로", 「이주아동 교육권 현황 및 개선방안 토론회 자료집」, 국가인권위원회, 2010, 6쪽.

류기간의 최저한도를 정했을 뿐 아니라 대한민국 국적을 취득한 부모의 자녀를 이주아동에서 배제시키는 결과를 초래한다. 따라서 이주아동의 개념과 범주는 연령과 이주목적, 교육 접근성 제한여부를 바탕으로 정해져야 하며 교육권이 인정되어야 하는 아동에게 이주아동의 지위를 부당하게 제한하는 것은 허용되어선 안 된다.

2. 국제협약상 이주아동의 교육권의 보장 규정

여기서 교육권은 무엇을 말하는가? 교육권의 의미를 구체화하기 위해 아동협약의 기본 내용을 파악할 필요가 있다. 『아동협약』은 '아동의 보호와 조화로운 발전을 위하여 각 민족의 전통과 문화적 가치의 중요성을 충분히 고려하고, 모든 국가, 특히 개발도상국가 아동의 생활여건을 향상시키기 위한 국제협력의 중요성을 강조'하는 등의 목적에 따라 1989년 11월 10일 유엔총회에서 채택되었으며, 아동의 권리, 특히 교육권에 대해 포괄적으로 규정하고 있다. 제9조에서는 "아동이 그의 의사에 반하여 부모로부터 헤어지지 않도록 보장하여야 한다"고 선언하고, 제10조에서 "부모가 타국에 거주하는 아동은… 본국을 포함하여 어떠한 국가로부터 출국할 수 있고 또한 본국으로 입국할 수 있는 권리를 존중하여야 한다"고 규정하였다. 또한 제2조에서는 차별금지원칙을 규정하는바, "아동 또는 그의 부모나 법정 후견인의 인종, 피부색, 성별, 언어, 종교, 정치적 또는 기타의 의견, 민족적, 인종적, 또는 사회적 출신, 재산, 장애, 출생 또는 기타의 신분에 관계없이 그리고 어떠한 종류의 차별이 없이 협약에 규정된 권리를 존중하고, 각 아동에게 보장하여야 한다"고 한다. 교육권에 대한 규정인 제28조 제1항에서는 "아동의 교육에 대한 권리를 인정하며, 점진적으로 그리고 기회균등의 기초 위에서 이 권리를 달성하기 위하여" 초등교육의 무상제공, 중등교육의 접근을 용이하게 하기 위한 제도적·재정적 지원, 교육기회와 직업 정보의 적절한 제공을 구체적 요건으로 할 것을 명시하고 있다.

아동협약이 일반적, 보편적 관점에서 아동의 권리를 보장한 협약이라면, 이주노동자 및 그 가족과 관련된 구체적 협약에는 『모든 이주노동자와 그 가족의 권리보호에 관한 국제협약(International Convention on the Protection of the Rights of All Migrant Workers and Members of Their Families, 이하 이주노동자협약이라 한다)』이 있다. 이주노동자협약은 '교육에서의 차별을 금지하는 조약에 포함되는 원칙의 중요성을 재확인'하고, '이주노동자와 그 가족의 권리가 충분히 인식되어 있지 않고 따라서 적절한 국제적 보호가 필요함을 확신'함에 따라 채택되었다. 다시 말하자면 이 협약은 이주노동자와 그 가족들에게 법적, 정치적, 경제적, 시민적, 사회적, 그리고 문화적 권리를 보호하기 위한 최소한의 기준을 세움으로써 국가로 하여금 부가적 보호를 제공할 수 있도록 하는 것을 추구하기 위해 만들어졌다. 아동협약과 마찬가지로 이주노동자협약에서도 이주아동의 교육권을 보장한 규정을 찾을 수 있다. 제30조는 "이주노동자의 자녀는 해당국의 국민과의 평등한 대우를 기초로 하여 교육을 받을 기본권을 가진다. 어느 부모의 체류 또는 취업이 비정규적이라거나 취업국에서의 자녀의 체류가 비정규적임을 이유로 공립의 취학 전 교육기관이나 학교의 입학이 거부되거나 제한되어서는 아니 된다"고 규정하고 있다.

3. 이주아동의 교육권에 대한 국내법적 근거

우리나라의 법제에서도 이주아동의 교육권을 헌법과 교육기본법, 초·중등교육법으로부터 도출할 수 있다. 헌법 제31조에서는 교육을 받을 권리와 의무를 규정하고 있으므로, 교육권은 개별 기본권주체가 국가에 요구하는 주관적 공권으로서의 성격뿐만 아니라 국가가 주체가 되어 구체적 교육방법 및 교육이념을 실현하는 일, 또는 교육에 직접 참여하는 부모와 교사가 향유하는 '교육시킬 권리'라고 중층적으로 이해하는 것이 가능하다. 다만 이 논문에서는 이주아동의 교육권을 국가에 요구하고 있으므로 '국가의 교육권의 법리'는 적용되지 않을 것이다. 그렇다면 기본권주체가 국가에 교육을 받을 권리를 요구하는 헌법적 근거는 헌법이 제31조 제1항에서 표명한 "모든 국민은 능력에 따라 균등하게 교육을 받을 권리를 가진다"는 문언에서 찾는 것이 가장 타당하다. 더불어 보호자는 자녀를 건강하게 성장하도록 교육할 권리와 책임을 가진다고 한 교육기본법 제13조, 국가와 지방자치단체의 의무교육(6년의 초등교육과 3년의 중등교육)을 규정한 초·중등교육법 제12조가 이주아동의 교육권을 나타낸 실정법상의 근거가 될 수 있다. 그리고 그 내용은 선택권(교육을 받을 장소, 시기, 교사, 내용, 방법, 언어 등을 선택할 권리), 요구권(교육내용 및 방법, 교육조건의 정비, 교육정보 등을 요구할 권리), 참여권(교육에 관한 개인의 의견을 표출할 수 있는 권리)이 핵심이 될 것이다.[3] 교육을 받을 권리가 사회적 기본권으로서 헌법이 규정한 인간다운 생활을 할 권리(제34조 제1항)와 행복추구권(제10조)을 추구하기 위한 핵심적 권리임은 굳이 강조할 필요가 없다.

---

3) 이혜원, 앞의 글, 8-9쪽(각주2).

4. 외국인의 기본권 주체성

그런데 국민의 권리와 의무를 규정한 헌법에서 기본권의 주체를 문언상 '국민'으로 표현하고 있으므로, 위 주장의 전제로서 우리는 '외국인의 기본권 주체성'에 대하여 언급하지 않을 수 없다. 국적을 가지지 않은 외국인에 대하여 그 나라 헌법이 보장하는 기본권을 누릴 수 있도록 할 것인지가 외국인의 기본권 주체성의 기본 문제이다. 일반적으로 헌법상 기본권 중 국적에 상관없이 당연히 누려야 할 권리에 해당하면 그것이 외국인에게도 인정되어야 하고, 그렇지 않고 국민에게만 인정되는 권리에 해당하면 제한될 수 있다고 한다.[4] 헌법재판소 또한 '국민' 또는 국민과 유사한 지위에 있는 '외국인'은 기본권의 주체가 될 수 있다고 판시하여 원칙적으로 외국인의 기본권 주체성을 인정하였다.[5] 그리하여 외국인인 청구인들이 침해되었다고 주장하는 인간의 존엄과 가치, 행복추구권은 대체로 '인간의 권리'로서 외국인도 주체가 될 수 있다고 보아야 하고, 평등권도 인간의 권리로서 참정권 등에 대한 성질상의 제한 및 상호주의에 따른 제한이 있을 뿐이라고 논증하였다.

정리하면, 헌법 해석과 판례는 외국인의 기본권 주체성을 원칙적으로 인정하고 있으며 어떠한 기본권을 외국인이 주장할 수 있는지는 그 기본권이 국적과 상관없이 가질 수 있는, 가져야 하는 권리인지를 기준으로 판단하여 결정한다. 그렇다면 이주아동의 교육권은 국민에게만 인정되는 권리인지, 외국인이더라도 인간으로서 인정되는 권리인지 조사하여야 한다.

---

4) 정종섭, 박종보, 명재진, 임지봉, 『로스쿨 기본권』, 박영사, 2010, 38-46쪽.
5) 헌법재판소 1994. 12. 29 선고, 93헌마120결정.

아동의 교육권, 즉 국가로 하여금 아동을 교육시키도록 요구할 권리를 내국인으로만 국한하는 것이 과연 타당하고 올바른 것인가? 전혀 그렇지 않다. 이에 대한 근거는 앞서 언급한, 실정법과 동등한 지위를 가지는 아동협약과 이주노동자협약에서 이주아동의 교육권을 명문으로 규정한 데에서도 찾을 수 있고, 우리 헌법의 목적에 비추어보아도 넉넉히 인정될 수 있다.

Ⅲ. 이주아동의 인권실태

1. 현행법상 이주아동의 법적 지위

이주아동의 법적 지위를 알아보기 위해서는 이주노동자의 법적 지위를 먼저 살펴볼 필요가 있다. 외국인의 처우에 관하여 정하고 있는 『재한외국인처우기본법』은 재한외국인을 '대한민국의 국적을 가지지 아니한 자로서 대한민국에 거주할 목적을 가지고 합법적으로 체류하고 있는 자'로 규정한다. 이 법에 따르면 이주노동자가 단기체류하거나 미등록된 이상, 동 법의 재한외국인에 포함되지 않는다. 그리하여 합법체류자는 동 법 제12조 내지 제17조에서 말하는 결혼이민자 및 그 자녀, 영주권자, 난민, 국적취득자, 전문외국인력, 과거 대한민국국적을 보유하였던 자로 한정된다.

2008년 제정된 『다문화가족지원법』에서는 다문화 가족 구성원을 '재한외국인처우기본법상의 결혼이민자와 그 자녀, 국적법 제4조에 따라 귀화 허가를 받은 자와 그 자녀'로 보다 넓게 정의하고 있다. 이 법은 결혼이민자 자녀에게 취학 전 보육 및 교육지원, 한국어 교육지원 등을 할 수 있도록 규정하고 있으나 마찬가지로 미등록 이주노동자에 대한 지원을 배제하고 있다.

한편 『외국인근로자의 고용 등에 관한 법률』 제3조에서는 외국인근로자를 "대한민국의 국적을 가지지 아니한 사람으로서 국내에 소재하고 있는 사업 또는 사업장에서 임금을 목적으로 근로를 제공하고 있거나 제공하려는 사람"으로 정의하고 있다. 다만 "출입국관리법에서 따라 취업활동을 할 수 있는 체류자격을 받은 외국인" 중… 대통령으로 정하는 사람은 제외되고, 대부분의 이주노동자는 이 법에 따른 법적 지위를 갖는다. 그런데 생산기능직 종사자의 체류자격인 연수취업(E-8)과 비전문취업(E-9)은 가족의 동반이 사실상 금지되는 점에 비추어 볼 때 이주노동자의 자녀도 대부분 미등록 노동자(또는 불법체류자)의 자녀로 볼 수 있다.[6] 물론 이주아동 또한 법적으로는 미등록된 체류자(불법체류자)이다.

2. 이주노동자의 체류자격이 이주아동에 미치는 영향

이주노동자의 체류의 합법성 여부가 교육권의 판단기준이 될 수 없다는 당위적 주장에도 불구하고 실제로 이주노동자들이 등록되어 합법적 체류자격이 있는지는 이주아동의 삶에 지대한 영향을 미친다. 미등록 이주노동자들은 자녀가 태어나도 출생신고조차 못 하는 경우가 대부분인데 그 이유는 자신 스스로 '불법으로' 체류하고 있기 때문에 자녀를 교육하려는 시도가 성공하기는커녕 신상노출로 곧바로 강제퇴거당하기 십상이기 때문이다. 자녀의 출생신고를 할 수 없다는 것은 이주노동자의 국가에서 국적을 인정받지 못하는 한 자녀가 무국적자로 살아가야 함을 의미한다. 법적 체류자격의 여부와 상관없이 사실적으로 우리나라에서 장기간 살아와서 한국인의 정체성을 갖고 있는 아동들

---

6) 국가인권위원회, 『국내거주외국인노동자아동의 인권실태조사』, 2004, 20-21쪽.

에게 우리나라 국적을 인정하지 않는 것은 인도적 입장에서 볼 때에도 허용될 수 없고 우리나라가 비준한 아동협약을 정면으로 위반하는 조치이다. 또한 사실적으로 거주한 기간이 길지 않다 하더라도 그것이 이주노동자와 이주아동을 떼어놓거나 본국으로 송환하여야 하는 근거가 될 수는 없다.

3. 체류자격과 이주아동의 교육권

그렇다면 이주아동의 법적 지위, 곧 체류의 합법성 여부에 따라 교육권을 긍정 또는 부정하는 것이 허용될 수 있는가? 이주아동의 교육권과 관련하여 현실적으로 가장 큰 쟁점은 미등록이주자(불법체류자)의 자녀에게도 교육권을 인정하여야 하는가인데, 미국 연방대법원은 1982년 체류의 합법·불법 여부에 상관없이 이주아동은 교육권을 갖는다는 판결[7]을 내놓은 바 있다.

이 판결은 불법이민자 자녀의 공립학교 교육을 위한 재정지출을 금지하고 학교로 하여금 입학을 거부하도록 강제한 텍사스 주 법률이 미국 수정헌법 제14조의 평등조항을 위반하였기 때문에 위헌이라고 판시한 사건이다. 먼저 불법체류자의 기본권 주체성을 인정할 수 없다는 주장에 대하여 미국 영토 내에 있다면 불법체류자라고 하더라도 법률에 의한 보호를 받는다고 보았다. 또한 아동의 불법체류가 인정된다 할지라도 아동 자신의 주체적 선택이 아닌 행위로 인하여 아동에게 불리한 조치를 귀속시키는 것은 정의롭지 않다고 판단하였다. 이 판결에

---

7) Plyler v. Doe, 457 U.S. 202 (1982).

서 다수의 대법관들은 불법체류자의 국가에 대한 급부청구권이 종류에 상관없이 곧바로 인정되는 것은 아니나, 다른 사회적 기본권과 달리 교육을 받을 권리는 복지국가적 혜택의 차원을 넘어서서 사회를 지탱하고 공동체적 가치를 전달하는 주된 수단으로서 기능하기 때문에 달리 보아야 한다고 판시하였다.[8]

---

8) 정혜영, "다문화가족자녀의 권리보호", 「안암법학」 제27권, 안암법학회, 2008, 32쪽.

IV. 현행 법 제도와 개선방안

1. 국제협약의 가입 현황

국가인권위원회의 주요 국제인권협약 가입 현황[9]에 따르면 우리나라가 아동협약에 가입한 것은 1991년 11월 20일로 20년이 거의 다 되어가고 있고, 동 협약에는 일본과 중국을 포함하여 193개국이 가입해 있다. 그러나 우리나라는 국내법령의 개정이 선행되어야 하고 송출국 중심으로 가입하였다는 점을 근거로 이주노동자 협약에 아직 가입하지 않았다. 이주노동자협약은 전 세계 43개국이 가입해 있고 주요 유입국인 미국, 일본, 중국은 모두 가입하지 않았다. 우리나라는 사실 아동협약 또한 3개 조항(아동의 면접교섭권, 입양의 허가제, 상소권 보장)에 대하여는 사유를 들어 유보조항으로 두었다. 유보조항에 대한 부분은 허용될 수 있다고 하더라도 이주노동자협약이 '송출국 중심으로 가입되었다'는 근거를 들어 가입하지 않는 정부의 태도는 이주노동자조약이 다른 조약에 비해 가입률이 떨어지는 것을 감안하더라도 이해하기 어렵다.

아동협약과 이주노동자협약에서 이주아동의 교육권의 주요 내용과 근거가 도출되는 점은 앞서 본 바와 같다. 바꾸어 말하면, 우리나라가

---

9) 국가인권위원회, "주요 국제인권협약 가입 현황", 2009. 2. 25, http://www.humanrights.go.kr.

이주노동자협약에 가입하는 것을 전제로 삼고 두 협약에 근거한 국내법을 제·개정하려는 노력을 기울이는 것만으로도 이주아동의 교육권은 법적으로 더 명확하게 보장될 수 있다. 이 자체를 시기상조라거나 국내법과 배치되는 내용이 없으므로 굳이 가입할 필요가 없다는 주장은 이주노동자와 이주아동의 권리보호에 대한 소극적 자세를 견지함으로써 그저 현 상태(status quo)를 유지하려는 것에 불과하다고 할 것이다.

2. 공무원의 통보의무조항

『형사소송법』 제234조 제2항은 "공무원은 그 직무를 행함에 있어 범죄가 있다고 사료하는 때에는 고발하여야 한다"고 정함으로써 공무원의 고발의무를 명확히 하고 있다. 이를 재확인한 『출입국관리법』 제84조 제1항은 "국가나 지방자치단체의 공무원이 그 직무를 수행할 때에 제46조 제1항 각 호의 어느 하나에 해당하는 사람이나 이 법에 위반된다고 인정되는 사람을 발견하면 그 사실을 지체 없이 사무소장·출장소장 또는 외국인보호소장에게 알려야 한다"고 공무원의 통보의무를 규정하고 있다. 동 법 제46조 제1항은 강제퇴거의 대상자를 규정하고 있는데, 밀입국자, 여권, 사증의 위·변조자뿐 아니라 '체류기간을 도과하여 무단히 체류하는 자'도 포함한다.

하지만 이 법조항은 체류기간 초과자의 연령을 고려하지 않고 미등록 이주아동까지도 불법체류자로 간주한다. 문제는 이 법조항이 이주아동의 교육권을 정면으로 부정함과 동시에 현행 법령과도 충돌하는 데 있다. 『초·중등교육법 시행령』 제19조 제1항 제4호는 외국인인 아동 또는 학생이 초등학교의 장에게 귀국학생의 입학 또는 전학을 신청할 수 있게 되어 있고, 동조 제2항에서는 초등학교의 장으로 하여금 출입국사실, 외국인등록사실, 또는 거주사실을 증명하는 서류를 확인하도록 하고 있다. 그러므로 교장과 교사가 공무원인 이상 출입국관리법의 통보의무와 교육공무원으로서의 교육의무 또는 교육권은 상호 충돌할 수밖에 없다. 정확히 표현하자면 시행령의 시행이 상위법인 법률에 규정한 의무를 위반하도록 방조하는 셈이다.

그렇다면 법률에 저촉되는 시행령이므로 이를 폐지하는 것이 마땅한가? 그렇지 않다. 문제는 법률에 저촉되는 시행령에 있는 것이 아니라 그 법률조항이 가지는 위헌적 성격에 있다. 출입국관리법은 강제퇴거의 대상자를 연령에 따라 달리 정하지 않음으로써 이주아동 자신이 가지는 교육권과 부모와 교사가 이주아동을 교육시킬 권리를 직접적으로 침해한다. 나아가 해당조항은 내국인과 비교했을 때 헌법이 말하는 평등원칙에 위반되며, 행복추구권 및 인간다운 생활을 할 권리를 침해한다. 현재 법무부는 출입국관리법상 통보의무를 교육공무원에게 적용하는 것을 중지한다는 정책적 기조를 갖고 있으나 이로써는 불충분하다. 위헌으로 해석될 소지의 법률조항은 적용을 중지하는 것이 아니라 개정 또는 폐지하여 합헌적으로 추정되도록 변경하는 것이 타당하다. 결론적으로, 해당조항에 대하여 교육공무원 및 이주아동의 교육과 관계된 자에 대하여는 그 적용을 배제하는 단서조항을 신설하거나 아예 폐지하는 것이 옳을 것이다.

3. 이주노동자의 체류권 인정

등록된 이주노동자는 당연히 체류할 수 있는 권리가 발생하므로 이주노동자의 체류권은 미등록 이주노동자에 한해 의의가 있다. 그런데 미등록 이주노동자의 체류권을 일률적으로 모두 인정하는 것은 이민정책상 허용될 수 없기 때문에 체류권이라는 개념이 모든 경우에 전적으로 인정되기는 어려우나 이주아동의 교육권을 보장하기 위한 전제로서는 이주노동자의 체류권을 인정할 필요가 있다.

출입국관리법상 공무원의 통보의무가 존재하지만 이주아동에게는 적용되지 않는 점을 고려한다면 이주노동자와 이주아동 중에서 강제퇴거될 가능성이 있는 쪽은 이주노동자일 것이다. 이주노동자가 강제퇴거조치를 당할 때에는 특별한 사정[10]이 없는 한 집행이 보류되어야 하고 자녀인 이주아동과 함께 일시적으로 체류할 수 있도록 하여야 한다. 이주노동자의 강제퇴거조치를 속행함으로써 불시에 부모와 자녀를 떼어놓는 결과를 낳는 공무집행은, 형식적으로 적법할지 모르나 아동협약 제3조에서 "공공 또는 민간 사회복지기관, 법원, 행정당국, 또는 입법기관에 의하여 실시되는 아동에 관한 모든 활동에 있어서 아동의 최상의 이익이 최우선적으로 고려되어야 한다"는 규정에 위반됨이 명백하다. 또한 퇴거조치를 성급하게 이행함으로써 얻는 국가의 이익은 미미한데 비해 당사자가 받는 불이익은 심대하므로 일정 기간 조치를 유예하는 것이 옳다.

강제퇴거조치를 유예하여 체류권을 일시적으로 보장한 뒤에도 문제

---

10) 이 경우 특별한 사정이라 함은 표현의 자유에 대한 제한의 법리를 유추 적용하여, 공공의 안전 또는 공익을 해할 명백하고 현존하는 위험이 있는 경우(예를 들어 테러의 위험 등)로 해석하는 것이 상당하다고 생각된다.

는 남는다. 부모만이 본국으로 돌아갈 경우 '아동이 그의 의사에 반하여 부모로부터 헤어지지 않도록 보장한다'는 아동협약 제9조의 규정이 지켜지지 않으며, 이주노동자와 이주아동을 모두 퇴거하도록 할 경우에도 아동의 교육권을 실질적으로 보장할 수 없고 '아동이익 최상의 원칙'에 부합하지 않는다는 점에서 마찬가지로 협약위반일 수 있다. 결국 아동협약을 위반하지 않고 부모가 미등록 이주노동자인 때에도 이주아동의 교육권을 예외 없이 보장해야 한다고 주장하게 되면 아동의 의무교육이 종료되는 시기까지 강제퇴거조치가 유예되어야 한다는 결론에 도달한다. 이러한 결론도 수긍하지 못할 바는 아니나 의무교육이 초등학교와 중학교 9년에 걸쳐 실시되는 점에 비추어 볼 때 현실적으로 강제퇴거조치를 형해화시킬 우려가 있다. 강제퇴거조치 자체에 대한 논란은 별론으로 하고 이를 집행하는 것이 합헌이라고 가정한다면 그것을 최장 9년까지 보류하는 것은 문제가 될 수 있다. 절충적·조화적으로 결론을 맺자면, 이주노동자와 이주아동을 헤어지게 하는 것보다는 본국으로 같이 송환하는 것이 보다 인도적인 조치라고 할 수 있으며 이주아동이 한국에서 학업을 계속할 의사를 표시할 때에는 이주아동의 교육권이 실질적으로 보장됨을 전제로 개별적 사안마다 달리 판단할 수 있을 것이다. 또한 퇴거조치 유예기간은 이주아동의 교육권을 고려할 때 이주아동의 학년이 끝나는 날로 하여 1년을 넘지 않도록 하는 것이 바람직하다고 생각한다.[11]

---

11) 移住労働者と連帯する全国ネットワーク, 2002; 국가인권위원회, 위의 책, 127쪽에서 재인용.

4. 이주아동의 교육권과 연관된 사람들의 인식 제고

이주아동의 교육권과 직접적으로 연관된 사람들부터 나열하자면 부모인 이주노동자, 교사 및 학교장, 교육과학기술부 및 법무부 공무원, 마지막으로 일반 국민들이 있을 것이다. 부모인 이주노동자가 이주아동의 교육에 대한 열의가 충분히 있다는 것은 이미 알려진 사실이다. 예컨대 '외국인 노동자가 원하는 자녀의 교육수준'을 조사한 보고서[12]에 따르면 조사자의 82.8%가 4년제 대학 이상의 학교를 마치기를 원한다고 한다. 같은 연구에 따르면 비록 현실적으로 이주아동이 기대하는 교육수준은 4년제 대학 이상의 학교가 53.4%로 낮아지지만 전반적으로 이주노동자와 이주아동이 중등교육 이상의 높은 수준의 교육을 받기를 희망하는 점은 분명하다. 반면 한국인들의 인식은 그렇지 못하다. 교사들의 경우 미등록 이주자에 대한 공무원의 통보의무가 불필요하다든지 이에 대한 정부 차원의 대책이 필요하다는 의견이 있었으나 대부분 관련 정책에 대해 인지하지 못하는 경우가 많았다. 또 초·중등교육법 시행령에 규정은 있지만 학교장이 재량으로 입학여부를 결정하게 되어 있는 상황에서 많은 학교장들은 관련 정부부처의 명확한 지침을 바라면서도 당장의 입학신청에 대해서 기피하는 이중적 태도를 보였다.[13]

따라서 이 부분에 관하여, 이주아동의 취학여부를 학교장의 재량사항으로 둘 것이 아니라 신고를 통해 또는 의무적으로 신고하도록 함으로써 입학에 어려움이 없도록 하여야 한다. 출입국 관련 정책을 펴는 법무부는 이주노동자를 '근로하고 있다는 사실 또는 취학 중 아동

---

12) 국가인권위원회, 위의 책(각주6).

13) 국가인권위원회, 위의 책(각주6).

을 보호하고 있다는 사실만을 들어 법이 허용하지 않는 불법체류를 정당화·장기화할' 수 있다고 보아 이주노동자를 잠재적 범죄인으로 규정하는 태도에서 벗어나지 못하고 있다.[14] 나아가 기본적 정책기조와 방향도 이러한 관점에 근거하여 유지되고 있으며, '복지 서비스의 수혜자로서의 외국인'과 '합법적 체류 주체로서의 외국인'을 구별하여 다루고 있다. 게다가 미등록 이주노동자의 자녀에 관하여 '불법체류'라고 하여 실태와 통계조사에 손을 놓고 있다. 비단 법무부에만 요구되는 것은 아니겠지만 법적 지위를 떠나 이주노동자와 이주아동을 타자화하고 배제하는 뿌리 깊고 편협한 고정관념은 바뀌어야 한다. 이들을 시혜의 대상으로 볼 것이 아니라 피부색과 문화는 다르지만 한국이라는 국가 안의 구성원으로 인정하는 태도가 필요한 것이다. 그러한 태도를 갖추고, 이들의 법적 지위가 불안정할지라도 인간으로서 누려야 할 최소한의 권리는 보장해야 한다.

14) 이동휘, "이주아동 교육권 관련 이민정책", 「이주아동 교육권 현황 및 개선방안 토론회 자료집」, 국가인권위원회, 2010, 77-78쪽.

V. 교육권의 실질적 보장 방안

1. 한국어 학습환경의 구축

이주아동의 교육권실태조사에 따르면 입학, 전학, 진학 등의 공교육 진입 시 장애요인은 이주노동자와 이주아동의 한국어 능력 부족, 체류자격의 불안정(비자 문제), 학교 측의 입학거부 등이 있다. 한국어 능력 부족은 진입 단계뿐만 아니라 이주아동의 학교생활 중에도 계속적으로 장애요인으로 작용하고 있으며 심지어 이주아동이 학교를 이탈하는 주된 이유가 되기도 한다. 꼭 교육권에 한정시키지 않더라도 언어적 의사소통이 원활하지 않은 이주민이 낯선 환경에서 적응하기란 쉽지 않음을 고려한다면 가장 시급한 일은 이주아동에게 한국어를 습득할 수 있는 공교육기관에 쉽게 접근하도록 하는 것이다.

이를 위해 현재 개인과 민간단체의 선의와 봉사정신에 의존하는 예비한국어프로그램을 국가의 영역으로 흡수하여 보다 체계적·효율적·통일적인 한국어 학습 환경을 마련할 필요가 있다. 또한 다문화가정의 자녀를 대상으로 하는 한국어교육 지원정책의 외연을 넓혀 이주아동에게도 법적 지위에 상관없이 교육권을 보장하여야 한다. 앞으로 계속 늘어날 이주노동자의 존재 자체를 부정할 수 없다면 이들을 포용하는 정책은 내국인에게 오히려 도움이 된다. 이들을 배제하고 부정하는 정책을 펼수록 이주노동자 집단은 우리 사회의 하위계급을 형성하여 계층 간 통합을 막고 사회의 위험성을 높일 것이기 때문이다.

물론 잠재적 위험성을 제거하고 사회 통합을 이루어야 한다는 논거가 이주노동자와 이주아동의 인간으로서의 권리 자체를 보장해야 한다는 논거에 비해서는 다소 순수성과 진정성이 떨어지지만 현 상황을 고려하면 목적이 불순하더라도 우선적으로 실제적 조치를 통해 권리의 하한선을 보장하는 것이 급선무일 것이다. 또한 한국어교육을 지원하는 과정에서 이주아동이 한국의 문화적 측면에도 쉽게 적응할 수 있도록 커리큘럼을 면밀히 짜는 것이 필요하다.

2. 체류자격의 불안정 문제 해결

체류자격이 불안정한 점은 학업을 언제 그만둘지 모른다는 점을 인식하게 되므로 이주아동이 학습에 전념할 수 있는 환경을 막는 가장 큰 장애요인이다. 아동 자신이 법적으로 체류자격의 위반주체가 되지 않고 학습을 계속 할 수 있다 하더라도 부모의 단속과 강제퇴거조치에 대한 염려는 학습의욕과 성취도를 현저히 감소시킨다. 그 결과는 이미 검토한 것과 같이 이주노동자와 이주아동의 본국송환이라는 비극적 결과로 점철될 수 있다. 체류자격의 문제가 이주아동의 학습에만 국한되는 것이 아니라 교우관계의 문제, 진학의 문제, 취업의 문제까지 연결되고 있지만 적어도 교육받는 기간 동안에는 자신 또는 부모의 체류자격에 대한 불안감이 없어야 하고 국가는 이를 보장해야 할 것이다.

3. 학교 측의 입학 거부 문제 해결

위 두 문제에 비하면 상대적으로 가벼워 보이지만 일선 학교의 입학 및 진학 거부도 무시할 수 없다. 현행 법령에는 거주사실 증명서류만으로도 입학이 가능함에도 불구하고 타 학교에 알아보라거나, 시설 및 환경이 갖추어지지 않았음을 이유로 거부하는 사례, 입학을 허용하지만 제출서류로 비자를 요구하는 사례가 보고된 바 있다. 이렇게 거부할 수 있는 근거는 이주아동의 입학이 학교장의 재량 행위로 이루어지는 것을 허용하였기 때문이고, 실질적으로 교육환경이 성적제일주의 일변도로 가기 때문이다.

그렇다면 이주아동들에게 외국인학교와 같은 대안교육기관을 이용하도록 하는 것은 바람직할까? 앞서 언급한 보고서에는 일선 교사들이 이 문제와 관련하여 명확한 입장이 없이 갈등하고 있음이 나타났다. 예컨대 별도학급이나 별도학교를 지정하여 교육하는 것에 대하여 대안교육기관이 장기적으로는 통합교육의 관점에서 바람직하지 않지만 단기적으로는 해결책이 될 수 있다고 생각하는 견해가 있다. 실제로 학교를 이탈하는 비율이 내국인보다 훨씬 높고 현재의 교육여건과 실태가 이주아동에게 충분한 교육의 질을 보장하지 못한다는 점은 이 견해의 설득력 있는 근거로 작용한다. 한국어 교육문제와 비자문제가 선결적으로 해결된다면 분리교육정책이 일시적 방안이 될 수 있을 것이다. 그러나 이주노동자의 사회적 신분이 그리 높지 않고 아직 우리 사회에 자연스럽게 동화되지 않았음을 생각할 때 자칫하면 분리교육정책은 합리적 근거가 없는 차별을 정당화하는 기제로 작동할 수도 있음을 명심해야 한다.

VI. 맺는말

이주노동자와 이주민은 법적으로나 의식적으로나 우리에게 타자로 남아 있다. 그러나 이들은 엄연히 한국에서 노동을 통해 정당한 대가를 얻으며 삶을 살아가고 한국어와 한국 문화를 배우려고 노력하고 있다. 이주노동자를 전적으로 거부하고 싶어 하는 사람들조차 부정할 수 없는 것은 이미 이주노동자들의 노동력이 우리나라 산업의 한 부분을 담당하고 있다는 것이다. 이들의 존재를 노동력이 아닌 인간으로 인정하기 시작하는 것, 우리 안의 타자를 배제하는 의식을 변화시키는 것이 어찌 보면 이주노동자들을 대하는 우리의 마음가짐의 첫 단추가 아닐까 한다. 현재 추세로 볼 때 이주노동자의 수는 계속 늘어날 것이 분명하다. 이에 따라 이주아동의 수도 같이 늘어날 것이 쉽게 예상된다.

그럼에도 불구하고 이주아동들은 현재 실질적 교육제도의 바깥에 위치해 있고 법적 지위조차 불안정하다. 아동협약과 이주노동자협약, 그리고 헌법과 관계법령은 이주아동에 대한 교육권을 명시적으로 규정하고 있다. 협약이 실정법과 같은 근거를 가지는 점을 생각한다면 현 상태는 법은 있으나 적용되지 않는, 하루빨리 고쳐져야 할 상황이라 할 수 있다. 이를 위해 이주노동자협약에 가입하고 비준하기 위한 준비절차가 필요하며, 국내법상 공무원의 통보의무에 대해 교육공무원의 경우 면책을 명시하거나 아예 조항을 폐지하는 조치가 있어야 한다. 이주아동의 교육권을 보장하기 위해 이주노동자와 이주아동의 체류권을 긍정적으로 검토하여야 하고, 나아가 이주아동의 교육권에 대한 인식을 바꾸기 위한 법적, 정책적 노력이 경주되어야 한다. 특별히 이주아동에 대한 한국어교육프로그램을 국가에서 시행하여 학습할 수 있는 기본적 환경을 갖추어 주고, 체류자격의 문제가 교육권을 침해하지 않도록 하며, 학교 측의 입학거부를 통제할 수 있는 방안이 필요하다. 현재 이주아동권리보장법은 이를 어느 정도 구체화하고 있으나 보다 세밀하고 꼼꼼한 조치를 통해 교육권을 실효성 있게 보장하는 방안이 계속 유지되어야 한다.

현실적으로 생각하면 이주노동자와 이주아동의 문제를 완벽히 해결할 수 없을지도 모른다. 그러나 그것이 이주노동자와 이주아동의 인간으로서의 권리를 박탈하는 근거가 될 수 없다. 한국사회가 존속함을 전제로 한다면 우리는 끊임없이 문제 해결을 위해 갈등하고, 토론하고, 합의하고, 이행하여야 하며 언제나 좀 더 나은 해결책을 모색해야 한다. 그 과정에서 법은 여러 방법 가운데 가장 강력한 수단이 될 수 있다. 이주아동의 교육권에 대한 논의가 활발해지고 학습권이 충분히 보장되도록 대안을 마련하기 위해 의식변화와 법제의 마련이 절실히 요구되는 시점이다.

Ⅶ. 보론 : 이주아동권리보장법안의 내용

이주아동권리보장법안은 우리 사회가 급속히 다문화사회로 변화하고 있어 다문화사회에 대한 정책적 대안이 마련될 필요가 있으며 2만 명으로 추산되는 미등록 이주노동자 자녀가 무국적자로 방치되고 있는 상황을 타개하기 위해 발의되었다. 주요 내용은 아동협약을 구체화하여 아동을 보호하고 아동의 권리를 보장하는 것을 골자로 한다. 예를 들면 아동의 생활영역의 합리적 근거가 없는 차별을 없애고, 아동의 이익을 최우선으로 고려하여 정책을 수행하며, 아동의 보호를 위해 교육, 의료, 최저생계수준을 보장하는 것이다. 또 출입국관리법의 규정에도 불구하고 인도적 이유 등의 특별한 사정이 인정되는 경우에는 체류를 허가할 수 있도록 하고, 동 법의 목적과 합치하는 활동을 하는 민간단체를 재정적으로 지원할 수 있게 하였다.

■ 참 고 문 헌

설동훈, "한국의 외국인노동자 인권 실태와 대책", 「인권과 평화」 제2권 1호, 2001.

이동휘, "이주아동 교육권 관련 이민정책," 「이주아동 교육권 현황 및 개선방안 토론
회 자료집」, 국가인권위원회, 2010.

이준일, 『인권법 : 사회적 이슈와 인권』, 홍문사, 2010.

이혜원, "이주아동 교육권의 국제적 기준과 해외 사례 - 유엔아동권리협약을
중심으로", 「이주아동 교육권 현황 및 개선방안 토론회 자료집」,
국가인권위원회, 2010.

정종섭, 박종보, 명재진, 임지봉, 『로스쿨 기본권』, 박영사, 2010.

정혜영, "다문화가족자녀의 권리보호", 「안암법학」 제27권, 안암법학회, 2008.

국가인권위원회, 『국내거주외국인노동자아동의 인권실태조사』, 2003.

국가인권위원회, 『이주아동의 교육권 실태조사』 2010.

국가인권위원회, 『주요 국제인권협약 가입 현황』, 2009. 2. 25,

법무부 출입국, 외국인정책 통계월보 (4월)

소수자
인권

제3장

장애인 노동권 보장에 관하여

김유미(인하대학교 법학전문대학원생)

Ⅰ. 서론

모든 국민은 헌법 제32조에 따라 근로의 권리를 가지며, 이에 대하여 국가는 사회적 경제적 방법으로 근로자의 고용의 증진과 적정임금의 보장에 노력해야 하는 등 국민의 기본권인 노동권을 보장해야 한다. 이러한 헌법의 취지에서 본다면 비록 장애를 가지고 있다고 하여도 근로를 할 권리를 가지며 이에 대하여 보호받을 필요가 있다.

그럼에도 불구하고 우리나라 장애인 중 노동에 종사하는 사람의 비율은 여전히 저조하며 장애인 근로자들 중 상당수는 많은 불평등에 시달리고 있다. 여전히 장애인으로서 직장 내 차별은 감내해야 하는 부분으로 인식되거나, 고용 불안, 부당해고의 두려움 속에 살고 있는 경우 또한 어렵지 않게 볼 수 있다.

2008년 우리나라는 이러한 불평등을 해소하고자 『장애인차별금지 및 권리구제 등에 관한 법률』을 제정하고 시행 중에 있다. 법률의 도입으로 인하여 보다 적극적으로 장애인 차별을 금지하고 장애인 노동문제 역시 차별 금지 법안을 통해 구축하고자 하였다. 본 논문에서는 헌법에서 보장하는 노동권에서 출발하여 고용차별의 현황을 분석하고 결정례를 검토하였다. 아울러 현행법의 한계를 짚어보고 그에 대한 해결방안과 정책 제언을 통해 장애인 노동권 보장의 긍정적인 방향을 모색해보고자 하였다.

II. 노동의 의미와 헌법상 노동권

1. 노동이란

노동[勞動, labor, labour] 또는 근로(勤勞)는 경제활동에서 재화를 창출하기 위해 투입되는 인적 자원 및 그에 따른 인간의 활동을 뜻한다.[1] 한편 노동자 또는 근로자란 근로 계약에 따라, 자신의 노동력을 고용주에게 제공하고, 그에 대한 대가로 급료를 받는 피고용자를 말한다. 육체노동자와 정신노동자 모두 노동자에 포함되며 근로자가 사용자의 지휘, 감독 하에서 노무를 제공함으로써 실질적인 사용종속관계가 존재하는 경우에는 근로기준법상의 근로자라 할 수 있다.[2]

2. 헌법상 노동권의 의미

노동권[勞動權, right to labor]이란 근로의 능력과 의욕을 지닌 사람이 사회적으로 근로할 기회의 보장을 요구할 수 있는 권리[3]로 근로권이라고도 하며 헌법이 보장한 기본권의 하나이다. 우리나라는 헌법에

---

1) 위키백과, wikipedia.org/wiki/노동? wasRedirected=true#cite_note-1

2) 김형배, 『노동법』, 박영사, 2009, 208쪽

3) 두산백과사전.

서 이를 국민의 기본적인 권리로서 보장하고 있다.

　우리나라『헌법』제11조 제1항은 "모든 국민은 법 앞에 평등하다. 누구든지 성별·종교 또는 사회적 신분에 의하여 정치적·경제적·사회적·문화적 생활의 모든 영역에 있어서 차별을 받지 아니한다."고 규정하며 포괄적 의미의 평등권을 보장하고 있으며 제32조 제1항에서 "모든 국민은 근로의 권리를 가진다. 국가는 사회적·경제적 방법으로 근로자의 고용의 증진과 적정임금의 보장에 노력하여야 하며, 법률이 정하는 바에 의하여 최저임금제를 시행하여야 한다."고 하여 노동이 국민에게 주어진 권리임을 표명하고 있다. 나아가 제33조는 노동에 반드시 필요한 노동3권을 제시하고 있어 우리 헌법에서 노동권이 가지는 의미를 공고히 하고 있다.

　그러나 헌법이 노동권을 국민의 기본권으로 규정한다 하여도 그 개념이 포괄적이고 다소 추상적이어서 이러한 노동권 보장을 위한 세부적 법률이 요구될 수밖에 없다. 특히 장애인 고용문제와 관련하여서 심각하게 제기되는 고용차별 문제의 해결을 위해서는 그 개념과 구체적 법률을 살필 것이 요구된다. 다음에서는 고용차별의 개념과 구체적인 법률 규정을 검토해보고자 한다.

Ⅲ. 고용 차별의 개념과 관련 법률 규정

1. 고용차별의 개념

  고용차별(employment discrimination)은 평등(equality)과 반대되는 개념으로 평등에 대한 가정에서 출발한다. 평등은 일반적으로 세 가지 의미를 갖는데, 첫째는 기회(opportunity)에 있어서의 평등, 둘째는 조건(endowment)에 있어서의 균등, 셋째는 결과(outcome)에 있어서의 균등을 의미한다. 반면 차별이란 이 세 가지 의미의 균등이 이루어지지 않은 상태를 의미하며, 따라서 고용차별이란 고용에 있어서의 균등이 이루어지지 않은 상태를 의미한다. 즉, 국적, 신앙, 성별, 임금, 사회적 신분 등 합리적 사유 없이 고용관계의 성립, 내용 및 종료 등에 관하여 사회통념상 허용되는 한도를 넘어 차별적 대우를 하는 것으로 개념정의 하고 있다.[4]

2. 고용차별에 관한 법률 규정

  우리나라의 구체적인 법률에서 고용차별에 대해 다루고 있는 부분을 살펴보자. 먼저 『근로기준법』 제6조(균등한 처우)는 "사용자는 근

---

4) 국가인권위원회, 『장애인 고용 및 승진 실태조사 : 노동시장 차별을 중심으로』, 2002.

로자에 대하여 남녀의 성(性)을 이유로 차별적 대우를 하지 못하고, 국적·신앙 또는 사회적 신분을 이유로 근로조건에 대한 차별적 처우를 하지 못한다."고 규정한다. 이는 근로에 있어서 평등의 개념을 구체화한 것에 해당한다. 아울러 『직업안정법』은, 근로자에게 각자의 능력을 계발, 발휘할 수 있는 직업에 종사할 기회를 부여하고 정부와 민간부문이 노동력의 원활한 수급 지원을 함으로써 근로자의 안정을 도모하고 국민경제의 균형 있는 발전을 돕고자 제정된 법으로, 이 법 제2조에 따르면 "누구든지 성별·연령·종교·신체적 조건·사회적 신분 또는 혼인 여부 등을 이유로 직업소개 또는 직업지도를 받거나 고용관계를 결정할 때 차별대우를 받지 않게" 되어 있다. 이 외에도 『고용정책기본법』 제7조에서 "사업주는 근로자를 모집, 채용할 때에 합리적인 이유 없이 성별·신앙·연령·신체조건·사회적 신분·출신지역·출신학교·혼인·임신 또는 병력 등을 이유로 차별을 하여서는 아니 되며, 균등한 취업기회를 보장하여야 한다."고 하여 균등한 취업기회를 보장하지 않는 것을 차별로 규정하였다. 이러한 법규를 통해 우리 법은 헌법의 포괄적인 노동권의 개념을 구체화하여 그 평등을 규정하고, 이에 대한 차별을 엄격히 금지하고 있음을 알 수 있다.

또한 『국가인권위원회법』에서는 모든 개인이 가지는 불가침의 기본권 보호와 그 수준의 향상을 위하여 제2조에서 "평등권 침해의 대우하는 행위"라고 규정하고 합리적인 이유 없이 성별·종교·장애·나이·사회적 신분·출신 지역·출신 국가·출신 민족·용모 등 신체조건, 기혼·미혼·별거·이혼·사별·재혼·사실혼 등 혼인 여부, 임신 또는 출산, 가족 형태, 또는 가족 상황, 인종, 피부색, 사상, 또는 정치적 의견, 형의 효력이 실효된 전과(前科), 성적(性的) 지향, 학력, 병력(病歷) 등을 이유로 고용과 관련하여 특정한 사람을 우대·배제·구별하거나 불리하게 대우하는 행위라고 규정하고 있다. 이 역시 고용과 관련한 일체의 차별을 금지하고 있고 장애 역시 이러한 차별 대우에 대항할 수 있는 요소로 속해 있음을 발견할 수 있다.

또한 2008년 제정되어 시행 중인 『장애인차별금지 및 권리구제 등에 관한 법률』은 제4조를 통해 "장애인을 장애를 사유로 정당한 사유 없이 제한·분리·배재·분리·거부 등에 의하여 불리하게 대하는 경우 및 정당한 사유 없이 장애인에 대하여 정당한 편의 제공을 거부하는 경우" 등을 이 법에서 금지하는 차별이라 하여 엄격히 금하고 있다. 아울러 고용에 관한 차별의 금지로서 제10조(차별금지) 제1항은 "사용자는 모집·채용, 임금 및 복리후생, 교육·배치·승진·전보, 정년·퇴직·해고에 있어 장애인을 차별하여서는 아니 된다"고 규정하고 있고, "장애인이 해당 직무를 수행함에 있어 비장애인과 동등한 근로조건에서 일할 수 있도록 정당한 편의를 제공해야 한다" (제11조)고 규정하고 있다.

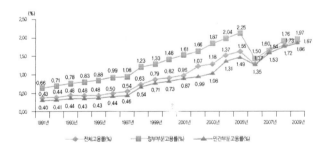

주 1) 장애인 고용의무가 있는 국가와 지방자치단체, 사업주를 모두 포함함
2) 장애인 고용의무 대상이 월평균 상시근로자 300인 이상 사용 사업주에서 2004년부터는 50인 이상으로 확대됨
3) 2006년부터 정부부문 의무고용 적용직종 확대 및 민간부문 업종별 적용제외율 폐지 적용됨
4) 2009년부터 국가 및 지방자치단체의 장애인 고용의무를 2%에서 3%로 상향조정
5) 2010년부터 민간부문의 장애인 고용의무를 2%에서 2.3%로 상향조정단, 공기업 및 준정부기관 3%)

〈그림1〉 장애인 의무고용 현황[5]

---

5) 한국장애인고용공단 고용개발원(EDI), 2010 장애인 통계.

이처럼 우리나라는 세부적인 법률을 통하여, 헌법에서 보장하는 평등권과 노동권을 보다 구체화하고 있으며, 노동과 관련된 다양한 차별의 모습을 제시하여 이를 법률로써 제한하고 있다. 아울러 장애인과 관련한 일체의 차별을 금지하며 특별히 고용 문제에 있어 장애인을 차별하지 못하도록 법률로 규제하고 있음을 알 수 있다.

3. 우리나라의 장애인 고용차별 실태

1) 장애인 고용현황

우리나라는 1990년 1월 『장애인 고용촉진 등에 관한 법률』을 제정한 이후 19차례의 개정을 거쳐 현재 『장애인고용촉진 및 직업생활법』이라는 명칭 아래 장애인의 고용촉진과 직업재활에 관한 법률을 규정하고 있다. 특별히 제28조는 사업주의 장애인 고용의무를 명시하며 제1항을 통해, 50명 이상의 근로자를 고용하는 사업주에게 그 근로자의 총 수에서 100분의 5의 범위에서 대통령령으로 정하는 비율 이상에 해당하는 장애인을 고용하도록 의무를 부과하였다.

이에 따라 그림1에서 확인할 수 있듯이, 정부부문, 민간부문을 모두 포함한 장애인 고용률은 1991년 0.43%에서 2009년 1.87%로 네 배 이상 증가하였고, 정부부문의 장애인 고용률은 1991년 0.66%에서 2009년 1.97%로 약 3배 증가하였고, 민간부문에서는 1991년 0.40%에서 2009년 1.86%로 네 배 이상 증가하였다.

하지만 2006년 국가 및 지방자치단체의 장애인 의무고용 적종직종 확대와 민간부문의 업종별 적용 제외율 폐지에 따라 장애인 고용률이 다

소 하락했다. 한편 한국장애인고용공단이 발표한 『2010 장애인 경제활동
실태조사』에 따르면 2010년 5월 기준으로 장애인구의 경제활동참가율은
38.5%로 고용률은 36.0%, 실업률은 6.6%로 나타난 반면, 즉 전체인구의
경제활동참가율 및 고용률, 실업률은 각각 61.9%, 60.0%, 3.2%로 나타난
다. 즉, 전체인구에 비해 장애인구의 경제활동상태는 현저히 낮은 수준이
며, 장애인구와 전체인구 모두 남성에 비해 여성의 경제활동참가율과 고
용률이 낮다는 것을 알 수 있다.

정리하면 장애인 고용률의 증가에도 불구하고 여전히 전체인구에 비해
장애인구의 경제활동상태는 현저히 낮은 수준이며, 특히 실업률은 전체
인구보다 두 배 이상 높게 나타나고 있어 장애인 고용 실태의 심각성을
보여준다. 또한 본 통계 자료는 각 기관에서 공식적으로 발표한 통계를
활용한 것으로 등록 장애인들만을 대상으로 하고 있으며 다수의 미등록
장애인들의 현황을 반영하지 않았다는 점을 고려한다면, 실제 장애인 고
용 현황은 본 통계치에 한참 밑도는 결과가 나올 것이라고 예상된다.

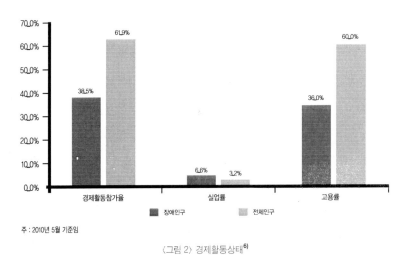

주 : 2010년 5월 기준임

〈그림 2〉 경제활동상태[6]

---

6) 한국장애인고용공단 고용개발원(EDI), 2010 장애인 통계.

2) 장애인 고용차별 실태

앞서 살펴본 바와 같이 다양한 구체적 법률이 존재함에도 불구하고, 과거부터 우리나라 장애인 고용차별은 심각한 수준이다. 국가인권위원회에서 2003년 2월 11일 보도 자료로 내놓은 "취업·승진은 어렵지만, 징계·해고는 쉽다"라는 '장애인 고용차별 실태 조사 자료'에 따르면 노동시장 진입 전 차별행위로서는 각종 편의시설의 설치율이[7] 배우 떨어진다는 점을 알 수 있다. 장애인 고용과 밀접한 관련이 있는 공장은 44.0%, 터미널 39.4%, 학교 45.8% 등으로 시설을 제대로 갖추지 못한 곳이 많았고, 교육기회의 제한과 사회적 인식 및 태도 또한 장애인들의 노동시장 진입을 막는 요인이 되고 있었다.

한편 모집 및 채용 절차상의 결과적 차별은 더욱 극심하여 인터넷에 구인광고를 낸 455개 모집회사 가운데 93.8%에 달하는 427개 업체가 채용 과정에서 연령제한 등의 방식으로 장애인을 차별했고, 시험이나 면접 시 장애인에 대한 배려가 부재한 곳이 대부분(98.9%)이었다. 이 외에도 면접 시 '장애가 있음에도 일을 잘 수행할 수 있겠느냐'라는 질문을 받는 경우가 50.7%이고, 여성장애인의 경우 34.8%가 '결혼 후 직장 생활 여부'에 대한 질문을, 27.3%는 '장애인으로서 직장과 육아 등을 공유할 수 있는가'라는 질문을 받은 것으로 나타나, 여성장애인들은 면접 시 남성장애인에 비해 차별을 더 심하게 받는 것으로 분석됐다.

뿐만 아니라 임금차별을 경험한 장애인 근로자는 23.3%였고, 육아 및 산전 후 휴가 등에서 차별을 당한 여성 장애인 근로자는 31.4%였다. 비록 2003년 통계이기는 하지만 장애인 고용과 관련하여 극심한

---

7) "취업 · 승진은 어렵지만, 징계 · 해고는 쉽다" , 국가인권위원회 보도자료, 2003.2.11.

불평등의 모습이 존재함을 알 수 있다.

최근에는 한국장애인고용안정협회 장애인노동상담센터가 "2010년 장애인노동상담사례"를 분석한 결과 전체 상담 343건 중 부당해고와 관련된 상담이 83(24.2%)으로 가장 높았다. 임금체불 66건(19.2%), 퇴직금 49건(14.3%), 부당처우 48건(14.0%), 실업급여 38건(11.1%), 청각장애(5.2%), 고용장려금 3건(0.9%), 기타 38건(11.1%) 순으로 나타났다.[8] 이에 비추어 보면 우리나라 장애인들은 현재까지도 일반인에 비해 고용 차별을 받는 경우가 많다는 것을 알 수 있다.

---

8) 웰페어뉴스, "지난해 장애인 노동 상담 결과, 장애인 부당해고 심각해", 2011. 1. 6.
http://www.welfarenews.net/news/articleview.html?idxno=24951

Ⅳ. 장애인 고용과 관련한 사례 분석

1. 장애인 부당해고 사례

장애인의 부당해고 사례는 수없이 많다. 각종 법률 상담 사이트, 혹은 노동정보 사이트의 온라인 상담실에는 끊임없이 장애인 부당해고와 관련된 상담 글이 올라오고 있다. 아래 글은 한국장애인고용공단에 올라온 한 상담 내용이다.

저는 경기도 의정부시 신곡동에 살고 있는 차○○이라고 합니다.

근무를 하던 곳은 경기도 의정부시 의정부 1동에 소재하고 있는 제일시장 번영회였습니다.

지난 2002년 7월 1일 의정부 제일시장에 입사하여 2005년 4월 1일 열심히 근무하던 중 당일(4월 1일) 부로 아무런 사전 예고나 준비 없이 부당해고를 통보받고 지금은 하루하루를 정신적 고통에 휩싸여 살고 있습니다.

더욱이 저는 장애3급으로서 비장애인에 비해 신체적 능력은 다소 떨어질 수도 있었으나 시장 번영회에 소속되어 근무함을 천직으로 여기고, 그 어느 누구보다도 성실히 근무했다고 자부합니다.

많이 못 배워서 가진 것 없으나, 열심히 근무한 죄밖에 없는데, 대한민국은 가진 것 없는 사람을 깔보며, 단 한 번의 예고 없이 불현듯 해고를 당해야 하는 억울함을 당해야 하는 사회라는 생각에 요즘은 하루하루 잠도 제대로 이루지 못하고 있습니다.

저를 부당하게 해고한 현재 번영회장은 일각에서는 제가 직무를 태만히 하여서 해고했다 하고, 또 다른 일각에서는 정년에 해당이 되어 해고했다(전 1945년생으로서 해고 당시 보직 상으로는 전혀 정년과는 상관이 없었습니다) 등등의 온갖 유언비어를 살포하면서 저를 매도하고 다니고 있습니다.

전 가진 것 없고 못 배웠을 뿐이지 제가 있지 말아야 할 곳에 머물렀던 사람은 절대 아닙니다.

- 중략 -

더욱 자존심 상하는 것은 바로 퇴직금 관련한 것입니다.

기껏 사람 부당해고 해 버리고 나더니, 고용보험도 확인해보지도 않고 누락되었다 하고 해서 노동부에 고소를 하였습니다. 고소 후 퇴직금은 해고수당 없이 입금을 해버렸습니다. 처음에는 몰라서 그냥 넣으라고 그랬으나, 이대로는 안 되겠다 싶어 퇴직금을 거부하였습니다. 그러나 회장도 아닌 경리가 전화를 하더니 미안하다면서 퇴직금 넣었으니 고소를 취하해 달라는 겁니다.

저는 일하고 싶습니다.[9]

위와 같은 글은 한국장애인고용공단뿐만 아니라 각종 노동 상담센터와 법률 상담센터 등에서 흔히 볼 수 있는 글로, 장애인들의 고용차별 문제의 심각성을 실감할 수 있다. 국가인권위원회를 통하여 이러한 문제들이 일부 해결되기는 하였으나 그 숫자는 전체 고용차별 진정에

---

9) 한국장애인고용공단. 고객제안. '장애인부당해고' https://www.kead.or.kr/view/participation/participation01_04_view.jsp?no=443&gotopage=39&search=&keyword=

비해 극히 미미한 부분을 차지하고 있다. 또한 『장애인차별금지 및 권리구제 등에 관한 법률』이 시행되었으나 그 실효성이 확보되기에는 위원회의 실질적인 활동이 따라오지 못하고 있는 실정이다. 이에 대하여는 아래에서 검토해보고자 한다.

2. 장애인 고용차별 결정례[10]

국가인권위원회는 2008년 4월 11일 『장애인차별금지 및 권리구제 등에 관한 법률』이 시행된 이후부터 2010년 9월 10일까지 국가위원회가 내린 결정 중 장애인 차별에 관하여 의미가 있다고 판단되는 사례들을 묶어 『장애차별결정례집』을 발간하였다.

이 결정례집은 고용차별뿐만 아니라 교육 부문, 재화·용역 제공 부문, 사법·행정·참정권 차별 등 장애인차별금지법에서 규정한 각 부문의 결정례를 실었다. 그 중 고용 차별 부문에 해당하는 두 결정례를 살펴보고자 한다.

1) 2010. 4. 9.자 09진차490 결정 [장애를 이유로 한 해고]

결정요지

피진정인은 진정인에 대한 직권면직을 결정하면서 진정인의 장애와 업무수행간의 관계에 대한 구체적 판단 없이, 단순히 진정인이 『산업재해보상보험법』에 따른 2급 5호의 장해급호를 받아 직무수행이 불가

---

10) 국가인권위원회, 『장애차별 결정례집 (2008. 4. 11 - 2010. 9. 10)』, 2010 참조.

능하다고 판단하여 직권면직을 함. 이는 정당한 사유를 갖추지 못한 것으로 장애를 이유로 한 차별에 해당한다고 판단함.

또한 피진정인은 『장애인차별금지 및 권리구제 등에 관한 법률』상의 정당한 편의 제공 의무에 의거, 진정인이 정당한 편의를 제공받을 경우에도 여전히 정상적인 직무 수행을 감당할 수 없는지 여부 등을 판단하는 과정을 생략함으로써 『장애인차별금지 및 권리구제 등에 관한 법률』의 정당한 편의제공 의무조항을 위반하였음.

주 문

1. 피진정인에게 진정인을 복직시킬 것을 권고한다.
2. 진정요지 나 항은 기각한다.

진정요지

진정인은 ○○공사에 근무하던 중 2004. 10. 업무상 과로에 따른 뇌출혈로 인해 사지 일부가 마비되어 산재판정을 받은 장애인으로, 2년간의 공상휴가를 거쳐 복직하여 근무하다가 2009. 4. 30. 장애로 인하여 업무수행이 불가능하다는 이유로 피진정인들로부터 직권면직을 당하면서 아래와 같은 차별을 당하였다.

(가) 피진정인은 진정인이 장애 때문에 업무를 감당할 수 없다는 주장 이외에 다른 정당한 근거 없이 진정인을 직권면직 시킨바, 이는 장애인에 대한 차별이므로 복직을 권한다.

(나) 피진정인은 진정인의 직권면직 처분 결정 시에 진정인에게 이를 사전에 통보하지 않고 이에 대한 소명의 기회를 주지 않는 것은 차별이므로 시정을 원한다.

가. 판단 기준

『장애인차별금지 및 권리구제 등에 관한 법률』(이하 "장애인차별금지법") 제10조 제1항은 "사용자는 모집·채용, 임금 및 복리수행, 교육·배치·승진·전보, 정년·퇴직·해고에 있어 장애인을 차별하여서는 아니 된다."라고 규정하여 해고에 있어 장애를 이유로 한 차별을 금지하고 있다.

또한 동 법 제4조 제1항은 차별행위를 "장애인을 장애를 사유로 정당한 사유 없이 제한·배제·분리·거부 등에 의하여 불리하게 대하는 경우"로 정의함으로써 장애를 이유로 정당한 사유 없이 해고 등의 불리한 대우를 하는 것을 차별로 보며, 같은 법 제4조 제2호는 그 '정당한 사유'의 하나를 제1항의 규정에 의해 금지된 차별행위가 특정 직무나 사업 수행의 성질상 불가피한 경우로 명시하고 있다.

나아가 제4조 제1항 제3호 및 제3항 제1호와 제11조 제1항은 사용자가 과도한 부담이나 현저히 곤란한 사정 등의 정당한 사유가 없음에도 불구하고 장애 근로자에게 정당한 편의를 제공하지 않음으로써 해당 장애 근로자가 비장애 근로자와 동등하게 직무를 수행할 수 없게 만드는 것을 차별로 규정하고 있다.

따라서 본 사건과 관련하여 피진정인이 진정인에게 직권면직이라는 불리한 대우를 한 것이 "특정 직무나 사업 수행의 성질상 불가피한 경우"가 아님에도 장애를 이유로 행하여진 것이라면, 또는 사용자가 장애 근로자에게 정당한 편의를 제공하여도 여전히 그 장애 근로자가 정상적인 직무 수행을 감당할 수 없는지 여부를 판단하지 아니하였다면, 이는 『장애인차별금지법』상 장애를 사유로 한 차별에 해당한다 할 것이다.

① 장애가 직권면직의 이유였는지 여부

피진정인이 진정인에게 2009. 3. 30. 통보한 직권면직 예고 통지서에 "신체정신상의 장애로 정상적인 직무수행 불가능"과 "산재 2급으로서 노동력 100% 상실"이라고 적시하여 진정인의 장애 상태를 직권면직의 근본 사유로 명시하였던 바, 당해 직권면직은 장애를 사유로 행하여졌다고 판단된다.

② 직권면직에 있어 정당한 사유가 있었는지 여부

장애로 인하여 업무를 수행할 수 없는 정당한 사유 즉, 사업 수행의 성질상 불가피한 경우가 있을 때에는 차별의 예외로 인정된다. 그러나 인정사실에서 보듯이 피진정인은 진정인의 장애와 업무 수행과의 관련에 대한 구체적인 판단을 하고 있지 않다. 진정인의 현재 장애 상태가 진정인이 담당한 또는 담당할 직무의 어떠한 기능을 정상적으로 수행하지 못하는지 전혀 밝히지 않고 있다. 이는 진정인의 장애를 이유로 직권면직이라는 불리한 대우를 한 것이 "특정 직무나 사업 수행의 성질상 불가피"하기 때문이라는 것을 밝히지 않은 것으로 『장애인차별금지법』제4조 제3항 제2호의 차별 예외 요건을 갖추지 못하였다고 판단된다.

또한 피진정인은 『장애인차별금지법』의 정당한 편의 제공 의무에 의거, 진정인의 재활 등을 위해 근무시간의 변경 또는 조정과 같은 편의 제공이 가능한지 여부 등의 과정을 밟았어야 함에도 이러한 모든 과정을 생략함으로써 『장애인차별금지법』의 정당한 편의 제공 조항을 위반하였다고 판단된다.

다. 진정요지 ㈏항에 대하여

대법원판례(대법원 1996. 12. 6. 선고 95다45934 판결 등)는 취업규칙이나 단체협약 등에 해고 결정에 대한 사전 통보 및 소명기회 부여 등의 규정이 없는 경우에 그러한 절차를 밟지 않은 것은 위법하지 않다고 보고 있다. 피진정기관의 '인사규정' 제34조(직권면직) 제2항은 직권면직 절차와 관련하여 "직원을 면직시킬 때에는 미리 30일 전에 그 기일을 정하여 예고"해야 한다는 것만 규정하고 있고, 해고 결정을 위한 인사위원회를 개최한다는 사실을 미리 그 대상자에게 통보하는 규정이나 인사위원회에서 소명할 기회를 부여하는 규정은 없다. 또한 피진정기관의 '단체협약서'에는 징계와 관련해서만 사전 통보 의무 및 소명 기회 부여 의무를 부과하고 있기 때문에 피진정인이 직권면직 결정을 하면서 진정인에게 이를 사전에 통보하지 않고 소명기회를 주지 않은 것은 차별행위에 이르렀다고 보기는 어렵다.

결 론

이상과 같은 이유로 진정요지 가항은 『장애인차별금지법』 제10조 제1항 및 제11조 제1항 위반의 차별행위에 해당하므로 『국가위원회법』 제44조 제1항 제1호에 따라, 진정요지 나항은 같은 법 제39조 제1항 제2호에 따라 주문과 같이 결정한다.

2) 2010. 9. 10.자 10진정1733 결정 [군청의 부당인사에 의한 장애인 차별]

결정요지

신장장애가 있는 피해자의 병가 사용이 잦아 다른 직원들의 업무처리에 애로를 유발하고, 피해자의 몸에서 냄새가 나 동료 직원들의 고충이 있다는 등의 이유로 피해자를 업무부적격자로 선정, 대기발령 조치한 것은 고용 등에 있어 정당한 사유 없이 장애인을 차별한 행위에 해당함.

또한 대기발령 조치 이후 창고로 쓰던 공간에서 정수기 등도 제대로 제공하지 않은 채 피해자 혼자 근무하게 한 것은 장애인의 특성을 고려한 정당한 편의 제공을 하지 않은 것으로 장애를 이유로 한 차별에 해당함.

주 문

1. ○○군수에게, 향후 유사한 차별행위가 발생하지 않도록 재발방지 대책을 수립하여 시행할 것과 전 행정지원과장 ○○○ 및 전 자치행정담당 ○○○에 대해서 경고조치 할 것을 권고한다.

2. ○○○○ 도지사에게, 향후 유사한 차별행위가 발생하지 않도록 ○○군청을 포함하여 관할 지방자치단체에 대해서 지도·감독을 철저히 할 것을 권고한다.

3) 대한법률구조공단 이사장에게, 피해자 가족을 위한 법률구조를 요청한다.

진정요지

진정인의 부친인 피해자는 신장장애 2급 장애인으로, 질병치료를 위해 정기적으로 혈액 투석을 받아야 했고 이로 인해 불가피하게 주 2회 정도 병가를 낼 수밖에 없는 상황이었다. 그런데 ○○군청 행정지원과 계장이 피해자와 피해자의 배우자에게 명예퇴직을 종용하였고, 결국 장애를 이유로 업무부적격자로 선정, 대기발령 조치하였다. 이후 업무부적격자로 선정된 다른 사람들과 달리 피해자에게만 아무런 업무를 부여하지 않았으며 해양수산과 창고에서 혼자 근무하도록 하였다. 그 공간에는 식수문제를 해결할 수 있는 시설이 설치되어 있지 않았고, 헌 책상과 헌 의자, 컴퓨터와 전화기가 전부였다. 피해자의 배우자는 이러한 차별 행위로 인해 힘들어하는 피해자를 위해 당시 ○○군수를 찾아가 시정을 요청하는 등의 사정을 하였으나 소용이 없었다. 결국 정신적 스트레스에 시달리던 피해자는 같은 해 말 대뇌내출혈로 사망하였다.

판 단

가. 판단기준

헌법 제11조는 누구든지 모든 영역에 있어 차별받지 않음을 규정하고 있으며, 『국가인권위원회법』 제2조 제4호는 "합리적인 이유 없이 장애를 이유로 고용과 관련하여 특정한 사람을 우대·배제·구별하거나 불리하게 대우하는 행위를 평등권 침해의 차별행위"로 규정하고 있다.

그리고 『장애인차별금지 및 권리구제 등에 관한 법률』 제4조 제1항 제1호에서는 "장애인을 장애를 사유로 정당한 사유 없이 제한·배제·분리·거부 등에 의하여 불리하게 대하는 행위를 차별행위"로 규정하고 있고, 같은 법 제10조는 "사용자는 모집·채용, 임금 및 복리후생, 교육·배치·승진·전보, 정년·퇴직·해고에 있어 장애인을 차별하여서는 아니 된다"라고 규정하고 있으며, 같은 법 제11조 제1항은 "사용자는 장애인이 해당직무를 수행함에 있어서 장애인 아닌 사람과 동등한 근로조건에서 일할 수 있도록 정당한 편의를 제공해야 한다."고 규정하면서 "재활, 기능평가, 치료 등을 위한 근무시간 변경 또는 조정" 등의 정당한 편의를 제공하도록 하고 있다. 나아가 『장애인의 권리에 관한 협약』 제27조 제1항 ㈎호에서는 "모집, 채용 및 고용, 고용연장, 승진, 안전하고 위생적인 근무환경의 조건을 포함하여 고용관련 제반 사항에 관하여 장애를 이유로 한 차별을 금지한다."고 규정하고 있다.

또한 『장애인 고용촉진 및 직업재활법』 제5조 제2항은 "근로자가 장애인이라는 이유로 채용·승진·전보 및 교육훈련 등 인사관리 상의 차별대우를 하여서는 아니 된다."고 규정하고 있고 같은 법 제14조는 "국가와 지방자치단체는 장애인 중 정상적인 작업조건에서 일하기 어려운 장애인을 위하여 특정한 근로환경을 제공하고 그 근로환경에서 일할 수 있도록 보호고용을 실시하여야 한다."고 규정하고 있다.

위 관련 법규들을 종합하여 볼 때, 사용자는 근로자의 배치 또는 전보와 관련하여 장애인을 정당한 사유 없이 차별하여서는 아니 되며, 오히려 장애인이 장애인 아닌 사람과 동등한 근로조건에서 일할 수 있도록 치료 등을 위한 근무시간의 조정 등 정당한 편의를 제공하여야 할 의무가 있다.

나. 피해자에 대한 인사조치가 장애를 이유로 한 정당한 사유 없는 차별인지 여부

피해자에 대한 불리한 인사조치가 장애를 이유로 한 것인지 여부에 대해 살펴보면, 피해자는 정기적으로 혈액투석을 받지 않으면 일상 및 사회생활이 가능하지 않은 신장장애 2급 장애인이다. 또한 피진정인 기관이 피해자를 업무부적격자로 선정하고 대기발령 조치한 직접적인 이유가 피해자에게 고질병이 있다는 것 때문임이 확인되었다. 이러한 사실을 종합할 때, 피해자에 대한 불리한 인사조치는 『장애인차별금지법』상 '장애'를 이유로 한 것이라 판단된다.

다음으로 피진정인의 행위가 『장애인차별금지법』이 금지하는 차별행위에 해당하는지 여부에 대한 판단을 위해 피진정인의 행위에 '정당한 사유'가 있었는지 여부에 대해 살핀다. 피진정인 및 실무를 처리했던 담당자들은, 피해자를 업무부적격자로 선정하여 대기발령 조치한 후 다른 직원들과 분리하여 혼자 근무하도록 한 것은, 피해자가 계속되는 병가 또는 조퇴로 다른 직원들의 업무처리에 어려움을 주었고, 피해자에게 심한 몸 냄새가 나서 다른 직원들이 함께 근무하기 어려운 고충이 있었기 때문이라고 주장하였다. 그러나 피해자가 일상생활을 지속하기 위해서는 반드시 정기적으로 혈액투석 등의 진료를 받아야 하는 장애인이었다는 점을 고려하면, 진료를 위한 병가사용 허가는 피진정인이 피해자에게 제공해야 할 가장 기본적인 편의의 내용이라 할 것이다. 또한 이러한 편의의 제공은 피진정인의 시혜나 특혜가 아니라 『장애인차별금지법』 제11조 제1항에 의해 피진정인에게 부과된 의무이다. 따라서 피해자의 병가 사용을 당연히 제공해야 할 편의로 생각하지 않고 다른 직원들의 업무처리에 애로를 발생시키는 원인으로 보아 피해자를 업무부적격자로 선정, 대기발령 조치하였다는 주장은, 피진정인에게 차별을 하지 않을 수 없는 과도한 부담이나 현저히 곤란한 사정이 있음을 입증하는 것이라고는 보기 어렵다.

또한 피해자의 몸에서 심한 냄새가 나서 다른 직원들의 고충이 많았다 하더라도 그 원인이 다름 아닌 피해자의 장애에 의한 것이었던바, 피진정인은 다른 직원들의 고충 해결과 장애인인 피해자에 대한 보호고용이라는 양 측면을 균형 있게 고려하여 해결방법을 모색하여야 했다. 그러나 피진정인은 피해자를 업무부적격자로 선정하여 대기발령하고 다른 직원들과 분리시키는 것으로 문제를 해결함으로써, 문제해결의 부담을 오로지 장애인인 피해자에게만 지도록 하였다. 따라서 이 또한 피해자에 대한 불리한 대우의 정당한 사유가 된다고 보기는 어렵다 할 것이며, 위 인사조치 시 업무부적격자로 선정된 총 5명 중에서 장애인으로 등록된 이는 피해자뿐이었다는 점 등을 고려해 볼 경우에도 피진정인에게 피해자를 인사조치 함에 있어 과도한 부담이나 현저히 곤란한 사정 등이 있었다고는 보기 어려워, 피진정인의 주장은 『장애인차별금지법』에서 규정하고 있는 정당한 사유로 인정될 수 없다고 판단된다.

다. 피해자의 장애 특성에 맞는 정당한 편의가 제공되었는지 여부

피진정인은 『장애인차별금지법』, 『장애인고용촉진 및 직업재활법』, 『진도군 공무원 인사관리규정』 등 관련법규에 따라 피해자의 신체적 조건, 특기, 적성 및 피해자의 의사 등을 고려하여 장애특성에 맞는 정당한 편의를 제공했어야 함에도 불구하고, 오히려 피해자를 2009. 2. 2.부터 아무런 보직 없이 대기발령하면서 직원이 한명도 없고, 식수시설도 없으며, 박스가 쌓여 있는 등 '해양수산과 창고'라고 표지판이 부착된 곳에 수개월간 홀로 배치함으로써 장애인 피해자의 입장에서 보면 사실상 모든 업무와 사무실로부터 배제되었음이 인정된다.

라. 소결

피해자에 대한 피진정인의 행위는 『국가인권위원회법』및 『장애인차별금지법』상 고용에 있어서 장애를 고려한 배치 및 전보와 정당한 편의를 제공하지 않은 장애를 이유로 한 차별행위에 해당하는 것으로, 『장애인차별금지법』 제11조 제1항의 정당한 편의제공 의무 적용 시점인 2009. 4. 11. 이전의 피진정인의 행위는 『국가인권위원회법』 제30조에서 규정한 차별행위로서 헌법 제11조(평등권) 위반 및 『장애인차별금지법』 제10조 제1항 및 제11조 제2항을 위반한 차별행위라고 판단되며, 2009. 4. 11. 이후의 피진정인의 행위는 『장애인차별금지법』 제11조(정당한 편의제공) 제1항을 위반한 차별행위라고 판단된다.

이러한 장애인에 대한 차별행위가 장애인에 대한 차별을 방지하고 이를 해소하기 위해 노력하여야 할 의무가 있는 공공기관에서 발생하였던바, 이에 대해서는 당시 ○○군수에게 가장 큰 책임이 있다 할 것이나 이미 퇴직하여 공직생활을 하지 않는다는 점에서 그 책임부과의 실효성이 없다 할 것이므로, ○○○도지사 및 현 ○○군수에게 재발방지대책 수립 및 당시 관련공무원들에 대한 책임 부과 등을 권고할 필요가 있을 것으로 판단된다.

3. 두 결정례에 대한 평가

앞서 살펴본 두 사안은 법률의 적절한 해석을 통해 법률구조 요청까지 이르게 한 긍정적인 결정례이다. 먼저 첫 번째 사안은 직권면직을 결정함에 있어서 단순히 장애를 이유로 결정한 사안으로 이러한 경우 정당한 사유에 관한 판단 없이 이루어짐으로 인하여 법률 위반으로 복직이 결정된 사안이다. 현재 빈번하게 일어나는 장애인 고용 차별 중에 하나가 바로 이와 같은 "장애를 이유로 한 해고"에 해당한다. 그러나 실제로 본 사례처럼 국가인권위원회의 도움을 받아 시정된 사안은 그리 많지 않다.

두 번째 사안 역시 군청의 부당인사와 관련한 것으로 정당한 사유 없이 대기 발령 조치를 내린 후 피해자 혼자 근무하게 하는 등 정당한 편의를 제공하지 않은 경우에 해당하여 권고 조치를 받은 사안이다. 이와 같이 장애를 가진 피용자에 대하여 사용자측의 배려보다는 이를 피용자의 책임으로 돌리고 처리함으로써 장애인에 대한 고용 차별의 모습을 보이는 경우 또한 쉽게 찾아 볼 수 있는 사례이다.

사안에서는 『헌법』제11조, 『국가위원회법』제2조, 제30조, 제44조 및 제47조, 『장애인의 권리에 관한 협약』제27조, 『장애인차별금지법』제4조, 제8조, 제10조, 제11조 및 제47조, 『장애인고용촉진 및 재활법』제5조 및 제14조 등이 활용되어 위와 같은 결정을 이끌어 냈음을 확인할 수 있다. 이와 관련하여 현행법에 대하여 검토하고 현행법의 한계에 대해서 지적하고 해결방안을 모색해보고자 한다.

V. 현행법의 한계 및 문제점

1.『장애인차별금지법』과 의무고용제간의 문제

1)『장애인차별금지법』과 의무고용제는 양립가능한가

의무고용제란 1991년『장애인고용촉진 등에 관한 법률』의 시행과 함께 실시된 제도로서 비장애인에 비해 취업에 어려움이 많은 장애인의 고용촉진을 위해 일정 규모 이상의 사업주에게 일정 비율 이상의 장애인을 고용하도록 의무를 부과하고, 그 의무를 이행하지 않은 경우에는 부담금을 납부하게 하는 제도를 의미한다.

2008년『장애인차별금지 및 권리구제 등에 관한 법률』(이하,『장애인차별금지법』)이 제정되기 이전부터 의무고용제와『장애인차별금지법』이 양립할 수 있는지의 문제는 꾸준히 제기되어 왔다. 특히 경제계는『장애인차별금지법』제정에 반대하며 의무고용제도와『별개의 사안임을 강조해왔다. 그러나 장애계에서는『장애인차별금지법』과 의무고용제는 명백히 다른 관점에서 풀어나가야 한다는 주장을 펼치며 이에 맞선 바 있다. 즉, 의무고용제는 취업하기 어려운 보다 중증의 장애인들에게 노동의 기회를 제공하고 노동현장에서 노동력을 증진시키기 위한 적극적 조치의 일환이며, 반면 차별금지의 경우에는 정당한 직업자격을 가진 장애인들에게 가하는 차별을 해소하기 위한 방안으로 그 목적과 내용이 엄연히 다르다고 강조한 것이다.

『장애인차별금지법』과 장애인 의무고용제도가 공존할 수 있는가를 검토한 건국대학교 법과대학 조용만 교수는 "유럽이나 서구의 예만 보더라도 양 제도의 병존이 일반적이고 『장애인차별금지법』을 도입하면서 의무고용제도를 폐지하는 경우는 오히려 예외적인 상황이었다."며 "미국 역시 정부조달계약 체결 조건으로 사업장에 장애인 고용을 위한 적극적 조치를 채택하도록 하는 등 의무고용제도와 유사한 제도를 운영하고 있다"고 설명했다.

아울러 "의무고용제만 시행할 경우 충분히 노동할 능력이 있는 장애인들이 정당한 사유 없이 채용이나 기타 근로조건에서 불이익을 주는 행위를 규제하기 어렵고, 『장애인차별금지법』만 실시할 경우에는 중증장애인 등의 고용 및 직업통합을 촉진하는 데 한계가 있다."며 "의무고용제와 『장애인차별금지법』 양자가 상호보완적 관계를 형성할 때 장애인 고용효과에 긍정적 영향을 발휘할 수 있다." [11]고 강조했다.

현재 우리나라는 많은 우려에도 불구하고 두 현행법이 공존하고 있는 상태이다. 이에 따라 이 두 법이 어떻게 역할을 수행하고 있는지 검토해볼 필요가 있다.

2) 의무고용제 활용 현황과 한계

의무고용제는 앞서 통계자료에서도 확인한 바와 같이 장애인의 고용률을 높여주는 역할을 하고 있음은 분명해 보인다. 그러나 높아진 고용률도 비장애인의 고용률에 비하면 현저하게 낮은 수준에 불과해 의무고용제의 활용을 긍정적으로 평가하긴 어려워 보인다. 실제로 많은 사례에서 의무고용제에도 불구하고 취업 차별, 부당해고 등 문제를 안

---

11) "장차법과 의무고용제도 상호보완적일 때 장애인 고용효과 상승", 함께걸음, 2007. 5. 30. 일자. http://www.cowalknews.co.kr/news/article view.html?idxno=4534#

고 있는 것으로 보아 의무고용제의 활용에 대해서 정책적인 대안이 요구된다고 할 수 있다. 아울러 현재 의무고용제와 『장애인차별금지법』이 병존하기 위하여서는 의무고용제의 범위가 좀 더 구체화될 필요가 있다.

2. 『장애인차별금지법』의 현실과 한계

『장애인차별금지법』은 장애인 차별과 관련한 구체적 법률 제정의 요구에 힘입어 2008년 4월 11일 시행되었다. 247개 범장애계 단체들이 연대하여 장애인차별금지법 제정에 중추적 역할을 담당했던 '장애인차별금지법제정추진연대'는 법률 제정의 목표를 달성함에 따라 '장애인차별금지추진연대' (이하, '장추련')로 이름을 바꾸고 장애인차별금지법 시행에 따라 국가인권위원회에 대한 집단 진정을 비롯한 장애인차별금지법 실효성 확보 운동에 나섰다.

장추련이 2008년 12월 22일 '장애차별 국가인권위 진정결과 분석 토론회'에서 밝힌 자료에 따르면, 장애인차별금지법 시행 이후 9개월간 장애를 이유로 한 차별 진정은 287건으로 국가인권위원회가 출범한 2001년 이후 8년간 장애를 이유로 한 차별 진정 1,117건 중 25.7%를 차지할 정도로 차별 진정의 숫자가 증가하였다. 그러나 국가인권위원회는 인력부족 등을 원인으로, 2008년 11월 말, 2008년도의 장애를 이유로 한 차별 진정 530건 가운데 절반 정도인 287건만 종결 처리하는 등 그 처리 속도가 매우 늦다.

장애인 차별시정을 위한 조사·구제 업무와 구제의 실효성 제고는 국가인권위원회가 가장 우선적으로 추진해야 할 업무과제임에도 2009

년에도 장애인차별 관련 인력을 충원하려는 계획은 없었고, 행정안전부는 국가인권위원회 조직을 축소하고 지방사무소를 폐지하려는 방침을 밝혔으며, 실제로 조직 및 인원 감축마저 이루어지고 말았다. 따라서 이를 시정할 수 있는 분리된 기구의 설치가 절실한 상황이다.

VI. 해결방안과 정책 제언

1. 의무고용제 활용과 제재

의무고용제의 실효성을 높이기 위한 방안으로 의무고용제의 적용 대상 범주를 구분할 필요가 있다. 현재는 양 제도의 적용대상 범위가 크게 다르지 않아 각 현행법의 실효성이 문제가 되고 있으나 이러한 구분을 통하여 보다 구체적인 법규 적용이 가능할 것으로 보인다. 즉, 『장애인차별금지법』과 의무고용제의 해당범위가 비슷하여 그 실효성이 의심된다고 지적된 부분에 맞서, 의무고용제는 중증장애인에게 초점을 맞추고 『장애인차별금지법』의 대상은 경증 장애인에게 중심을 두어 법규를 적용한다면 두 법 모두 의미 있게 활동될 수 있을 것으로 보인다.

2. 『장애인차별금지법』 활용과 개선 방안

1) '장애인차별금지및시정위원회' 설치

『장애인차별금지법』이 신속하고 효과적인 권리구제에 활용되기 위해서는 힘 있는 기구가 필요하다. 현재는 장애인차별금지법상 국가인권위원회는 시정권고권을, 법무부 장관은 시정명령권을 가지고 있다.

차별시정기구와 관련해서는 두 가지가 쟁점이 된다. 첫째는 국가인권위원회법상의 국가인권위원회나 향후 사회적 차별금지법상 예견되는 '차별금지및시정위원회' 등과는 별도로 독립된 '장애인차별금지및시정위원회'를 둘 것인지 여부, 둘째는 '장애인차별금지및시정위원회'에 어느 정도의 권한을 부여할 것인지 여부가 그것이다.

그러나 앞서 언급한 바와 같이 국가인권위원회는 전체 진정 중 절반 정도만을 종결 처리할 정도로 신속성이 떨어지고 있고 장애인 차별 시정을 위한 민감성이 떨어지는 것으로 판단된다. 따라서 별도의 '장애인차별금지및시정위원회'를 설치하여 장애인 고용차별을 포함한 사회 전 분야의 장애인 차별문제 시정을 위해 힘쓸 수 있도록 조정해야 한다.

2) 『장애인차별금지법』의 보완

『장애인차별금지법』의 문제점으로 또한 지적되고 있는 점이 다른 법안과의 조율이다. 특히 장애인권리협약과의 균형이 요구되고 있다.

법률사무소 지향의 이은우 변호사는 2011년 6월 9일 정하균(미래희망연대) 의원과 장애인단체총연합회 주최로 열린 '장애인권리협약과 국내 법률과의 관계재조명을 통한 장애인 인권향상방안모색토론회' 발제를 통해 "현재의 장애인차별금지법의 규정들은 장애인권리협약에 맞도록 개정하거나 보완하는 것이 바람직하다"고 주장한 바 있다.

장애인권리협약은 장차법보다 실질적으로 상위규범으로 효력을 발휘하게 되는데, 장애인권리협약에서 보장하는 권리들이 현재 『장애인차별금지법』에서는 충분히 보장되지 않는다는 것이다. 즉, 장애인권리협약은 보다 적극적으로 장애인의 권리를 규정하고 있는 반면 우리의 『장애인차별금지법』은 이보다 소극적인 태도로 장애인차별에 대한 금지조항을 두고 있어 그 차이가 극명해 보인다.

우리나라의 현실에서 『장애인차별금지법』의 도입은 혁신적이었으며 이 자체의 의미 또한 크다. 하지만 보다 적극적이고 강력한 권리 보호를 위해서는 장애인권리협약에서 제시하는 바와 같은 방향으로『장애인차별금지법』의 개정을 고려할 필요가 있다. 이를 통해 장애인 고용문제에서도 역시 그 차별만을 금지할 것이 아니라, 그 권리 자체에 대한 보장을 기반으로 한 법률로서『장애인차별금지법』이 활용되는 것이 바람직하다.

3. 기타 정책 제언

장애인 고용문제 해결을 위해서는 법률적인 접근 이외에도 사회 문화적인 변화 또한 수반되어야 한다. 그것에 대한 정책 제안을 다음의 세 가지로 정리해 보았다.

1) 직장 내 차별 금지 교육 실시 의무화

실제로 많은 경우 장애인 차별 금지에 대해 무지하거나『장애인차별금지법』의 존재자체를 모르는 경우도 많은 것으로 보인다. 따라서 이에 대한 교육 의무화를 통해 직장 내에서 차별받는 일이 없도록, 만약 차별행위가 있다면 직원들 모두가 이를 시정하려는 노력을 강구할 수 있도록 직장 내에서의 차별 금지 교육을 의무화해야 할 필요가 있다.『장애인차별금지법』과 의무고용제가 병존하는 현 상태에서 모든 것을 의무로만 받아들이는 것이 아니라, 전 직원들의 인식 차원의 변화를 이끄는 것이 중요하기 때문이다. 특히 의무고용제를 통해 단순한 의무만을 이행하는 것이 아니라, 보다 앞서 전 직원들을 대상으로 직장 내에서 이루어져야 하는 건전한 평등 문화를 구축하는 초석을 만드는 것이 필요하다고 판단된다.

아울러 직장 내 차별 금지 조항을 명시하는 것도 이를 지지할 수 있는 하나의 방편이 될 수 있다. 즉, 『장애인차별금지법』의 내용을 토대로 직장 내에서 어떠한 평등이 이루어져야 하는지 직장 내규에 포함하도록 의무화하여 장애인들로 하여금 자신들의 권리를 보장받도록 하는 것이다.

2) 근로자 역량 강화 시스템 구축

장애인들의 고용 문제를 직면하게 되면 가장 많이 이야기되는 것이 장애인들의 직무 수행 문제이다. 실제로 직무 수행이 잘 이루어지는지 확인도 하지 않은 채 직무 수행 문제를 끌어들이는 것은 문제가 될 수 있지만, 그보다 장애인들 스스로 자신의 직무 수행 능력을 길러 이를 입증받을 수 있도록 하는 것 또한 중요하다. 이를 위해서는 국가 차원에서 근로자 스스로의 역량을 강화할 수 있도록 돕는 시스템을 구축해야 한다. 직업 수행 능력이 현저히 떨어지는 근로자를 억지로 채용하게 하는 것보다는, 어느 정도 수행 능력을 가졌다는 전제 하에 고용될 수 있도록 사용자를 배려하는 것도 필요하기 때문이다.

현재 우리나라는 고용을 촉진하기 위한 법률은 제정이 되었지만 그에 수반하는 시스템이 갖추어져 있지 않은 상태이다. 이에 대하여 국가 차원의 교육 시스템을 마련하여 많은 장애인들로 하여금 스스로 자신의 능력을 계발할 수 있도록 도울 필요가 있다. 이러한 도움은 사용자들의 만족도를 높여줄 수 있을 뿐만 아니라 장애인들 역시 자신의 능력에 대한 자부심을 기를 수 있어 효과적일 것이다.

3) 법률의 제재 강화

결국은 우리에게 법을 통한 제재를 강화하는 것이 현재까지 제시된 문제점의 기본적인 해결방안일 것이다. 실제로 많은 사례들이 차별을 받고 있지만 그 도움을 제대로 받지 못하고 있는 실정이며, 명백한 법률 위반을 저질렀음에도 아무런 반성 없이 운영되고 있는 사업체들이 대다수이기 때문이다. 따라서 법률의 제재를 강화하여 차별 자체를 근절할 수 있는 노력이 필요하다. 이렇게 되기 위해서는 앞서 언급된 '장애인차별금지및시정위원회'와 같은 조직체의 설치 역시 하루 빨리 수반되어야 할 것이다.

Ⅶ. 결론

장애인 노동권은 반드시 보장되어야 하며 노동 시장에서의 장애인 차별은 반드시 해결해야 할 과제이다. 지금까지 오랜 시간 동안 수많은 장애인들이 노동 차별에 의해 노동 시장에서 배제되어 왔고 이를 시정하기 위한 많은 사람들의 노력이 있었다. 그 노력 끝에 『장애인차별금지 및 권리구제 등에 관한 법률』이 제정되어 성과를 거두기도 하였다. 그러나 단순히 법률의 제정으로 일의 완성을 이루는 것은 아니다. 살펴본 바와 같이 앞으로 해결해 나가야 할 일들이 더 많다. '장애인차별금지및시정위원회'의 설치로 인해 더욱 신속한 문제 해결을 위해 노력해야 하며 지속적인 법률의 개정과 함께 다른 법규들과의 균형을 이루어 나가야 한다.

이 외에도 의무고용제와의 병존을 위하여 의무고용제의 범위를 구체화하고 이를 활용하되, 의무만을 부과하여 장애인 고용 문제를 해결하려고 하는 것이 아니라, 보다 근본적인 인식의 문제를 해결하는 것부터 실시하여야 한다. 또한 근로자 스스로의 역량 강화를 위해 적절한 교육 시스템이 구축되어야 한다. 아울러 각종 법률의 제재 강화로 인해 실효성을 거두도록 노력하는 것도 하나의 방책이 될 것이다.

이러한 다양한 방법을 통해 장애인의 노동권을 온전히 보장해주는 날이 하루 속히 오기를 바란다. 이를 통해 장애인과 비장애인이 함께 이루어 가는 건진한 노동 문회를 만들어 나간다면 보다 건강한 사회가 세워질 수 있을 거라 확신한다.

참 고 문 헌

EDI 2010 장애인 통계

김형배, 『노동법』, 박영사, 2009

국가인권위원회, 『장애인 고용 및 승진 실태조사 - 노동시장 차별을 중심으로 -』,
       2002

박중운, "장애인차별금지법의 문제점과 개선방안", 「장애관련 9대법의 문제점과 개
       선방안 모색을 위한 정책토론회_제2차 토론회 자료집」, 장애우권익문제연구
       소, 2010

통계청, 『경제활동인구조사(2010년 5월)』, 2010

한국장애인고용공단, 『2010 장애인 경제활동 실태조사』, 2010

한국장애인고용공단, 『장애인 구인·구직 및 취업 동향』, 2011

에이블뉴스, "차별금지법과 의무고용제, 양립할 수 없나", 2006. 11. 9.

에이블뉴스, "장차법, 장애인권리협약에 맞게 보완 필요", 2011. 6. 10.

웰페어뉴스, "지난해 장애인 노동 상담 결과, 장애인 부당해고 심각해", 2011. 1. 6.

웰페어뉴스, "취업·승진은 어렵지만, 징계·해고는 쉽다", 2003. 2. 11.

함께걸음, "장차법과 의무고용제도 상호보완적일 때 장애인 고용효과 상승", 2007. 5. 20.

제4장

내부고발자 관련 노동법적 쟁점 및 법·제도 개선 방안

송도인(인하대학교 법학전문대학원생)

I. 서론

지난 2011년 3월 대법원은 직장 내 비리를 고발하였다는 이유로 회사 간부의 지시에 따라 사내에서 집단 따돌림을 당한 뒤 결국 해고된 원고 근로자가 L 모 전자를 상대로 제기한 해고 무효 확인소송에서 '해고사유가 근거 없다'는 항소심 판결을 깨고 사건을 서울고등법원으로 환송하였다.[1] 반면, 이와는 반대로 2009년과 2010년 하급심 법원에서는 내부고발 후 직장 내에서 집단 괴롭힘을 당한 근로자에 대하여 '내부고발자에 대한 파면처분은 부당하다'는 판결은 해당 근로자에 대한 회사의 보호 의무를 근거로 손해배상책임을 인정하기도 하였다. 뒤집힌 판결결과와 삼성에 재직했던 김용철 변호사의 경우처럼 내부고발자는 아직까지 우리 사회에서 정의와 공익의 실현가라기 보다, 조직의 배신자로 낙인찍히기 일쑤이다. 또한 내부고발을 하는 순간 동료들의 손가락질과 험담 등으로 괴롭힘을 당하는 것은 물론 회사의 명예를 훼손하거나 비밀유지의무를 위반하였다는 이유 등으로 징계처분을 받기까지 한다.

---

[1] 이 사건은 L전자 근무 당시 본사와 하청업체 사이의 납품 비리 의혹을 회사에 고발했다가 사내 메일 수신 대상에서 제외되고 일체의 업무협조, 작업도구 제공 등을 하지 말라는 소위 '왕따 메일'을 회사로부터 받아 주변 근로자들로부터 집단 따돌림을 당한 원고가 해고당한 후 해고무효 확인소송을 제기한 사건으로서, 항소심에서는 회사가 든 해고사유 중 근무태만 등은 근거가 없어 해고가 무효라는 판결을 받았으나, 대법원에서는 '원고가 해고당하기까지 증거가 수집한다는 이유로 동료직원이나 상사와의 대화내용을 몰래 녹음하는 등의 행위는 그 동기를 참작하더라도 회사와 동료지원과의 신뢰 관계를 파괴한 것으로서 해고가 징계 재량권의 범위를 벗어났다고 본 원심은 위법하다'는 결론을 내린 사건이다. 대법원 2011. 3. 24선고 2010다21962판결.

이에, 이 글에서는 내부고발자에 대한 근로관계에 있어서 발생할 수 있는 여러 가지 문제점들에 대하여 노동법적 접근을 통한 법·제도의 개선 방안을 연구해 보고자 한다. 왜냐하면 근로관계 속에 있는 상당수 내부 고발자들은 그러한 행위를 함에 따라 내부고발[2] 이후 겪게 되는 해고나 징계 등의 고통을 법적 구제수단 등을 통해 보호받기를 원하고 있으며 그 필요성도 크기 때문이다. 또한, 내부고발자들은 내부고발 이후 그들이 속한 회사 내에서 왕따를 당하는 등의 행위로 인해 말로 헤아릴 수 없는 정신적 피해를 받으며, 심지어 집단 따돌림 등을 넘어 징계처분과 같은 불이익을 겪거나 아예 근로관계가 단절되는 해고까지 당하는 위험에 노출되는 경우가 빈번하다.

따라서 이하에서는 근로자의 법적지위와 관련하여 내부고발시 근로자는 어떠한 보호를 받을 수 있는지, 내부고발행위를 이유로 해고 등 징계처분을 하는 경우에 대하여 정당성이 인정될 수 있는지, 내부고발자에 대하여 직장 내 집단 따돌림 등의 행위가 발생하는 경우 사용자에게 해당 근로자에 대한 보호의무를 인정할 수 있는지 등을 검토하고자 한다. 이를 통하여 내부고발자에 대한 논의가 더욱 활발하게 이루어져 향후 내부고발 근로자에 대한 법적 보호를 더욱 충실히 하고 사용자에게도 그 책임을 인식시키어 보다 공익에 이바지할 수 있는 내부고발이 적극적으로 이루어질 수 있기를 바란다. 나아가 내부고발 등을 이유로 직장에서 집단 따돌림을 당하는 다수의 근로자들에게 노동법적 권리를 강하게 인식시키고 권리의 보호를 떳떳하게 요구할 수 있는 기회를 제공하게 되기를 희망한다.

---

2) 내부고발은 통상적으로 개인이나 단체가 그 소속 조직의 위법행위나 비리행위를 인지하고 공공의 이익에 반하여 발생시킬 수 있는 위해를 방지하기 위하여 그것을 상급조직 내지 외부 공공기관에 알리는 행위로 정의할 수 있다.

II. 내부고발자에 대한 법적 보호 제도의 현황 및 문제점

내부고발자(공익신고자)의 법적 보호를 위한 법률로는 2011월 3월 29일에 제정되어 같은 해 9월 30일자로 시행된 『공익신고자 보호법』이 있다.[3] 본 법률은 지금까지 『부패방지법』 등을 통해 규율해 오던 내부고발과 관련하여 발생된 여러 가지 문제점들을 해결하고자 보다 구체적인 측면에서 많은 내용을 보강하여 제정된 것으로서 일단 공익신고자에 대한 적극적인 보호를 위한 법·제도를 확립하겠다는 점에서는 그 의미가 크다. 그러나 근로관계에서 발생할 수 있는 내부고발의 보호와 관련하여서는 아직 그 수준이 미비하거나 충분하지 못한 점도 다수 발견할 수 있는 바, 이하에서는 『공익신고자 보호법』에서 내부고발자에 대한 법적 보호가 어떻게 이루어지고 있는지를 간략하게 살펴본 후 그 문제점을 지적하고자 한다.

---

3) 동 법 이전에는 부패방지법(2001. 7. 24. 법률 제6494호)에서 '국민은 이 법에 의한 신고나 이의 관련한 진술 그 밖에 자료 제출 등을 이유로 소속기관·단체·기업 등으로부터 징계조치 등 어떠한 신분상 불이익이나 근무조건상의 차별을 받지 아니한다(제32조)' 는 규정으로 공인신고자를 보호하였다.

1. 공익신고자 보호법의 내부고발자 보호제도 현황

『공익신고자 보호법』은 공익을 침해하는 행위를 신고한 사람을 보호하고 지원할 것 등을 목적[4]으로 하여, 공익침해행위를 신고한 공익신고자에 대하여 불이익조치 금지, 보호조치, 보상금 지급, 책임감면 등의 보호·구제 수단을 제공하고 있다.

1) 공익침해행위 및 공익신고의 의의와 내용

이 법에서 말하는 공익침해행위란 "국민의 건강과 안전, 환경, 소비자의 이익 및 공정한 경쟁을 침해하는 행위로서 농산물품질관리법, 시설물의 안전관리에 관한 특별법, 식품위생법, 품질경영 및 공산품안전관리법, 혈액관리법소비자기본법, 독점규제 및 공정거래에 관한 법률, 하도급거래 공정화에 관한 법률 등의 벌칙에 해당하는 행위"를 말하며, 공익신고는 "법률이 규정하고 있는 자[5]에게 공익침해행위가 발생하였거나 발생할 우려가 있다는 사실을 신고·진정·제보·고소·고발하거나 공익침해행위에 대한 수사의 단서를 제공하는 것"을 말한다.[6]

---

4) 제1조(목적) 이 법은 공익을 침해하는 행위를 신고한 사람 등을 보호하고 지원함으로써 국민생활의 안정과 투명하고 깨끗한 사회풍토의 확립에 이바지함을 목적으로 한다.

5) 그 밖에 공익신고를 하는 것이 공익침해행위의 발생이나 그로 인한 피해의 확대방지에 필요하다고 인정되어 대통령령으로 정하는 자

6) 제2조(정의) 이 법에서 사용하는 용어의 정의는 다음과 같다.
　1. "공익침해행위" 란 국민의 건강과 안전, 환경, 소비자의 이익 및 공정한 경쟁을 침해하는 행위로서 다음 각 목의 어느 하나에 해당하는 행위를 말한다.
　가. 별표에 규정된 법률의 벌칙에 해당하는 행위
　나. 별표에 규정된 법률에 따라 인허가의 취소·정지처분 등 대통령령으로 정하는 행정처분의 대상이 되는 행위
　2. "공익신고" 란 제6조 각 호의 어느 하나에 해당하는 자에게 공익침해행위가 발생하였거나 발생할 우려가 있다는 사실을 신고 진정 제보 고소 고발하거나 공익침해행위에 대한 수사의 단서를 제공하는 것을 말한다. 다만, 다음 각 목의 어느 하나에 해당하는 경우는 공익신고로 보지 아니한다.
　가. 공익신고 내용이 거짓이라는 사실을 알았거나 알 수 있었음에도 불구하고 공익신고를 한 경우
　나. 공익신고와 관련하여 금품이나 근로관계상 특혜를 요구하거나 그 밖에 부정한 목적으로 공익신고를 한 경우

2) 보호제도의 종류 및 내용

이와 같은 공익신고에 대하여는 첫째, 공익신고등과 관련하여 공익신고자의 범죄행위가 발견된 경우라 하더라도 형을 감경하거나 면제할 수 있고, 특히 내부고발과 관련하여 유의미한 내용으로서 '공익신고등과 관련하여 발견된 위법행위 등을 이유로 공익신고자등을 징계하는 경우 위원회는 공익신고자등의 징계권자에게 그 징계의 감경 또는 면제를 요구할 수 있고 이 경우 요구를 받은 자는 정당한 사유가 있는 경우 외에는 그 요구에 따라야 한다. 나아가 근로관계 내부에서 고발이 있게 되는 경우 근로자 신분에 따른 의무와 배치되는 경우가 있을 수 있는데, 이에 대하여 "공익신고등의 내용에 직무상 비밀이 포함된 경우에도 공익신고자등은 다른 법령, 단체협약, 취업규칙 등에 따른 직무상 비밀 준수 의무를 위반하지 아니한 것으로 본다."고 규정하여 책임을 감면하고 있다.[7]

둘째, 공익신고등을 이유로 한 불이익조치를 금지하고 있으며[8], 이때

---

3. "공익신고등" 이란 공익신고와 공익신고에 대한 조사·수사·소송 및 공익신고자 보호조치에 관련된 조사·소송 등에서 진술 증언하거나 자료를 제공하는 것을 말한다.
4. "공익신고자" 란 공익신고를 한 사람을 말한다.
5. "공익신고자등" 이란 공익신고자와 공익신고에 대한 조사·수사·소송 및 공익신고자 보호조치에 관련된 조사·소송 등에서 진술·증언하거나 자료를 제공한 사람을 말한다.

7) 제14조(책임의 감면 등) ① 공익신고등과 관련하여 공익신고자등의 범죄행위가 발견된 경우에는 그 형을 감경하거나 면제할 수 있다.
② 공익신고등과 관련하여 발견된 위법행위 등을 이유로 공익신고자등을 징계하는 경우 위원회는 공익신고자등의 징계권자에게 그 징계의 감경 또는 면제를 요구할 수 있다. 이 경우 요구를 받은 자는 정당한 사유가 있는 경우 외에는 그 요구에 따라야 한다.
③ 공익신고등의 내용에 직무상 비밀이 포함된 경우에도 공익신고자등은 다른 법령, 단체협약, 취업규칙 등에 따른 직무상 비밀준수 의무를 위반하지 아니한 것으로 본다.
④ 피신고자는 공익신고등으로 인하여 손해를 입은 경우에도 공익신고자등에게 그 손해배상을 청구할 수 없다. 다만, 제2조 제2호 가목 및 나목에 해당하는 경우에는 손해배상을 청구할 수 있다.
⑤ 단체협약, 고용계약 또는 공급계약 등에 공익신고를 금지하거나 제한하는 규정을 둔 경우 그 규정은 무효로 한다.

8) 제15조(불이익조치 등의 금지) ① 누구든지 공익신고자등에게 공익신고등을 이유로 불이익조치를 하여서는 아니 된다.
② 누구든지 공익신고등을 하지 못하도록 방해하거나 공익신고자등에게 공익신고등을 취소하도록 강요하여서는 아니 된다.

불이익조치에는 근로관계의 유지여부와 직접 관련이 되는 파면, 해임, 해고 등 신분상의 조치는 물론 징계, 정직, 감봉 등의 부당한 인사 조치와 전보, 전근 등의 인사명령과 임금, 평가, 교육·훈련 등 인사권한이 미치는 全영역을 포괄한다.[9]

셋째, 불이익 조치 금지와 관련하여 '공익신고자등의 사용자 또는 인사권자는 공익신고자등이 전직 또는 전출·전입, 파견근무 등 인사에 관한 조치를 요구하는 경우 그 요구내용이 타당하다고 인정할 때에는 이를 우선적으로 고려하여야[10] 하며, 불이익조치 금지에도 불구하고 불이익조치를 받은 때에는 위원회에 원상회복이나 그 밖의 필요한 조치(보호조치)를 신청할 수 있도록 하고 있다.[11]

그리고 넷째로는, 공익신고로 인하여 국가 또는 지방자치단체에 직접적인 수입의 회복 또는 증대를 가져오거나 그에 관한 법률관계가 확

---

9) 제2조(정의) 6. "불이익조치"란 다음 각 목의 어느 하나에 해당하는 조치를 말한다.
　가. 파면, 해임, 해고, 그 밖에 신분상실에 해당하는 신분상의 불이익조치
　나. 징계, 정직, 감봉, 강등, 승진 제한, 그 밖에 부당한 인사조치
　다. 전보, 전근, 직무 미부여, 직무 재배치, 그 밖에 본인의 의사에 반하는 인사조치
　라. 성과평가 또는 동료평가 등에서의 차별과 그에 따른 임금 또는 상여금 등의 차별 지급
　마. 교육 또는 훈련 등 자기계발 기회의 취소, 예산 또는 인력 등 가용자원의 제한 또는 제거, 보안정보 또는 비밀정보 사용의 정지 또는 취급 자격의 취소, 그 밖에 근무조건 등에 부정적 영향을 미치는 차별 또는 조치
　바. 주의 대상자 명단 작성 또는 그 명단의 공개, 집단 따돌림, 폭행 또는 폭언, 그 밖에 정신적·신체적 손상을 가져오는 행위
　사. 직무에 대한 부당한 감사(監査) 또는 조사나 그 결과의 공개
　아. 인허가 등의 취소, 그 밖에 행정적 불이익을 주는 행위
　자. 물품계약 또는 용역계약의 해지(解止), 그 밖에 경제적 불이익을 주는 조치

10) 제16조(인사조치의 우선적 고려)

11) 제17조(보호조치 신청) ① 공익신고자등은 공익신고등을 이유로 불이익조치를 받은 때(공익침해행위에 대한 증거자료의 수집 등 공익신고를 준비하다가 불이익조치를 받은 후 공익신고를 한 경우를 포함한다)에는 위원회에 원상회복이나 그 밖에 필요한 조치(이하 "보호조치"라 한다)를 신청할 수 있다.
　② 보호조치는 불이익조치가 있었던 날(불이익조치가 계속된 경우에는 그 종료일)부터 3개월 이내에 신청하여야 한다. 다만, 공익신고자등이 천재지변, 전쟁, 사변, 그 밖에 불가항력의 사유로 3개월 이내에 보호조치를 신청할 수 없었을 때에는 그 사유가 소멸한 날부터 14일(국외에서의 보호조치 요구는 30일) 이내에 신청할 수 있다.
　③ 다른 법령에 공익신고등을 이유로 받은 불이익조치에 대한 행정적 구제(救濟)절차가 있는 경우 공익신고자등은 그 절차에 따라 구제를 청구할 수 있다. 다만, 제1항에 따라 공익신고자등이 보호조치를 신청한 경우에는 그러하지 아니하다.

정된 때에는 위원회에 '보상금'의 지급을 신청할 수 있으며, 공익신고등으로 인하여 육체적·정신적 치료 비용이 소요되거나, 전직·파견근무 등으로 이사비용이 소요된 경우 또는 원상회복과 관련한 쟁송절차에 소요된 비용과 불이익조치 기간 동안의 임금 손실액 등이 발생한 경우 위원회에 '구조금'의 지급을 신청할 수 있다.

2. 공익신고자 보호법의 내부고발자 보호제도의 문제점

상기와 같은 『공익신고자 보호법』의 내용은 우선 공익침해행위와 공익신고행위를 법률에서 정하는 내용으로 한정함으로써 우리가 일반적으로 생각할 수 있는 모든 부당·위법행위를 포함하고 있지 아니하며, 신고하여야 할 대상과 기관도 정해져 있어 그 요건에 부합하여야 공익신고로 인정되는 등의 문제점이 있다. 이는 『공익신고자 보호법』이 반부패·청렴을 목적으로 정부 및 공공기관을 중심으로 적용된 『부패방지법』에 그 기반을 두었다는 데 이유가 있을 것이다.

그러나 정부 및 공공기관에 대하여는 다른 법률과 감사기관을 통해서 내부의 문제점을 쉽게 발견해낼 수 있는 것에 반하여 오늘날 기업은 우리 사회에서 그 비중과 영향력이 현저하게 증가하고 있음에도 불구하고 이러한 감시(감사)·관리체계 안에 속하지 아니하여 오히려 더 많은 비리와 위법·불법행위들이 자행되고 있음에도 이를 규율할 수 있는 제도가 갖추어지고 있지 아니한 바, 회사 내부에서 일어나는 이 같은 행위를 고발하여 알리는 것이 사회 전체의 이익과 정의구현을 위하여 매우 중요하고 더불어 이들에 대한 보호를 더욱 강력하게 해야 할 필요성이 제기된다. 즉, 기존의 내부고발들이 대개 군이나 정부기관을 중심으로 이루어져왔다면 근래에는 일반 기업과 공익사업체에서 근무하는 근로자들에 의하여 내부고발이 이루어지고 있으므로, 이러한 최근의 특징에 따라 법적으로 내부고발행위에 대한 보다 폭넓은 정의와 근로관계 속에서의 내부고발자에 대한 보호제도가 만들어 질 수 있도록 하여야 한다.

따라서 이하에서는 내부고발이 공익신고자 보호법의 보호제도 내용 중 특히 기업에서 발생하는 내부고발과 관련하여 상기 법률을 적용하는 데 있어 어떠한 문제점이 있는지를 집중적으로 검토하고자 한다.

1) 공익침해행위 정의 관련

『공익신고자 보호법』의 가장 큰 목적 중 하나인 내부고발이 공익신고자로서 보호될 수 있는 신고가 되기 위해서는 어떠한 신고가 공익침해행위에 속하는가를 정의내리는 것이 필요하다. 하지만 앞서 살펴본 것과 같이 이 법은 공익침해행위에 대하여 "국민의 건강과 안전, 환경, 소비자의 이익 및 공정한 경쟁을 침해하는 행위로서 별표에 명시된 법률의 벌칙에 해당하는 행위"로 한정하고 있다. 그러나 이러한 정의에 한하여 공익신고 대상을 규정하는 것은 여러 가지 문제를 내제하고 있다.

우선 이러한 정의는 별표에서 정하고 있는 법률 자체가 제한적이라는 한계가 있으며 이에는 해당하지 않으나 공익에 위해를 가져올 수 있는 충분한 행위들을 모두 포괄하지 못한다.[12] 그 결과 공공기관, 공익사업의 경우와 같이 국민의 건강, 안전 등과 직접적으로 관련 있는

---

12) 공익침해행위의 대상이 되는 법률 자체가 제한적이기 때문에 발생하는 문제와 관련하여 어떠한 입법적 개정이 필요한지에 관한 자세한 내용은 개선방안과 관련된 뒷부분에서 구체적으로 다루고자 한다.

사업을 하고 있는 경우에는 동 법이 적용될 수 있는 여지가 있겠으나 그 밖의 사업의 경우에는 현실적으로는 국민생활에 영향을 끼칠 수 있고, 국민생활에 직접적으로 연관되는 않더라도 해당 기업의 규모, 시장 지배력 등을 고려했을 때 기업내부에서 일어나는 부정·위법 행위가 다수의 사람들에게 부정적인 영향을 끼칠 수 있음에도 불구하고 이를 규율하지 못하는 공백이 발생한다.

다음으로, 열거된 법률 위반 중 벌칙규정에 해당하는 내용만 공익신고의 대상이라고 하는 경우는 법률에서 어떠한 행위를 금지하고 있음에도 불구하고 별도로 벌칙 규정을 두고 있지 아니한 다수의 경우에 대하여 공익신고의 대상이 될 수 없다는 결론이 나와 법에서 보호하고자 하는 공익침해행위가 강행규정 위반에 한정되는 것으로 해석될 수 있는 문제가 있다. 즉, 이 경우 임의규정으로 규율하는 위법·부당 행위를 제외함으로써 동 법이 공익신고의 범위를 축소하고 가능한 공적인 영역에 한정하여 신고자들을 보호하겠다는 취지로 해석될 수 있는 위험이 있는 것이다. 또한 이러한 규정은 그 해석상 위반 시 과태료에 해당하는 행위가 여기에 포함되는지 여부도 불분명하다.

한편, 이렇듯 법률 위반에 대한 벌칙 규정을 적용 받는 행위라는 정의 외에 동 법이 공익침해를 어떠한 행위로 상정하고 있는 것인지를 파악하기 위해 해당 법조문을 살펴보면, 국민의 건강과 안전, 환경 등에 영향을 주는 행위라고만 규정하여 그 정의가 포괄적이고 불분명하며, 구체적인 세부내용에 대하여는 정확히 설명하지 않고 있음을 알 수 있다. 즉, 이는 공익신고자 보호라는 특수한 목적을 띤 법률이 그 핵심이 되는 공익침해가 무엇인지에 대하여 단지 열거한 법률에 대한 위반으로서 벌칙이 적용되는 경우라는 정의 외에 『공익신고자 보호법』에서 특수하게 규정하고 있는 공익침해행위가 무엇인지를 명확히 규정하고 있지 아니한 것이다.

그러나 『공익신고자 보호법』이 공익신고라는 행위를 보호하고자 만들어진 법이라면 해당 법률에서 공익침해행위가 구체적으로 무엇을 의미하는 지에 대하여 단지 특정 법률의 위반행위라고 규정할 것이 아니라 그 입법목적과 보호의 취지를 살려 보다 면밀한 정의 규정을 둘 필요성이 있을 것이다. 그리고 이러한 정의에는 특히 앞서 설명하였듯 기업의 對근로자적·對사회적 영향력이 우리 사회에서 점차 증대되는 것을 고려하여 기업내부에서 발생할 수 있는 위법·부당행위를 포괄할 수 있도록 보다 그 범위를 확대할 필요가 있다.

이렇듯 기업내부 질서 위반행위를 공익신고의 대상으로 포함하게 되면 이는 기업내부행위를 법률을 통해 사전적으로 간섭하고 규율한다기보다는 사회적으로 강력한 영향력을 행사할 수 있는 기업의 부정행위에 대하여 사전적 예방활동을 통해 그 파장을 최소화하고 투명한 사회를 만들 수 있는 기초를 다진다는 의미를 지닐 수 있을 것이다.

2) 공익신고기관 관련

『공익신고자 보호법』은 '공익침해행위를 하는 사람이나 기관·단체·기업 등의 대표자 또는 사용자, 공익침해행위에 대한 지도·감독·규제 또는 조사 등의 권한을 가진 행정기관이나 감독기관, 수사기관, 위원회, 대통령령으로 정하는 자에 한정하여 공익신고할 것을 규정(제6조)하고 있으나 대통령령으로 정하는 자가 누구인지는 아직 입법화되지 않은 상태이다. 하지만 공익침해행위가 발생하고 있는 기업 내부에서 해당 사업의 대표자나 사용자에 대하여 이를 신고할 것을 규정하고 있는 것은 공익침해 행위에 대한 적절한 후속조치가 이루어질 것인지와 관련하여 대단히 그 효용성이 낮다.

기업 내부의 비리와 위법행위들은 대개 독자적으로 이루어지는 것이 아니라 회사 내부 차원에서 전사적으로 이루어지는 것일 수도 있고 대표자의 구체적인 지시에 의하여 이루어질 수도 있기 때문이다. 또한, 조사기관이나 위원회가 공익신고를 받은 경우에는 해당 내용을 조사·수사하고 그 결과를 공익신고를 한 자에게 통지하도록 하고 있으나 기업의 대표자나 사용자에게 공익신고를 한 경우에 대하여는 이와 같은 결과 공지 절차가 규정되어 있지 않다. 따라서 기업 내부에서 이 같은 공익신고 행위가 있는 경우에 대하여는 근로자가 접근하기 용이하고 1차적으로 문제를 기업 내부에서 먼저 지득하여 풀 수 있도록 사용자인 대표자, 사업주 외에 해당 기업의 '감사부서 또는 준법감시부서(준법지원인)[13]'를 공익 신고할 수 있는 기관으로 추가하여야 할 필요성이 있다. 또한, 해당 부서들은 공익신고의 접수를 받은 때 해당 내용이 법령위반이나 수사의 필요성이 있다고 판단되는 경우 즉시 위원회 또는 수사기관에 신고사항을 이첩하도록 하고 추후 해당 사안이 법위반으로 확정되었음에도 불구하고 해당 부서들이 신고를 받고 조치를 취하지 아니한 것이 드러나는 경우 제재를 가하도록 해야한다.

　그 밖에 공익신고기관과 관련하여 가장 큰 문제가 되는 것 중의 하나는 과연 신문사, 방송사 등 언론기관을 통한 공익신고를 과연 이 법의 보호대상으로 포함시켜야 할지 여부이다. 현재 법률의 내용대로라면 언론기관은 공익신고의 대상에 해당하지 않으나 내부고발을 하는 다수의 경우 사회적 영향력과 파급력 등에서 가장 큰 힘을 발휘하는 언론

---

13) 상법 개정을 통해 2012. 4.부터 준법지원인 제도가 시행된다. 이는 상장기업의 경우 준법통제기준을 마련한 뒤 1인 이상의 준법지원인을 선임하도록 의무화한 것으로서 이들을 활용하여 내부통제를 통한 준법·윤리경영을 유도할 수 있을 것으로 보인다. 따라서 이러한 준법지원인을 내부고발의 대상기관으로 삼아 문제를 해결하도록 유도하고 관련 책임을 부담하도록 하는 것이 유용할 것으로 생각된다.

을 상대로 그 고발이 이루어지고 있는 실정이기 때문이다. 사실 내부고발의 경우 비밀보장이나 신속성 등을 요건으로 하는 만큼 기업 내부의 대표자를 통한 고발이나 국가기관(위원회와 수사기관 모두)을 통한 고발이 효율적이고 문제를 해결할 수 있는 최적의 수단이 되지 못할 가능성이 농후하다. 그럼에도 불구하고 언론기관을 통한 공익신고를 법에서 보장하고 있지 아니한 이유는 언론을 통한 무분별한 고발 행위, 공익적 목적을 띄지 않고 언론의 특성을 이용한 명예훼손적 행위가 이루어질 수 있다는 등의 위험성을 내포하고 있기 때문이며, 수사기관이나 위원회의 전문적이고 독자적인 조사·수사 이전에 언론의 공격으로 인해 사건이 제대로 조사되지 않고 피해가 발생하는 경우를 염두에 두었기 때문이라고 보여진다.

그러나 지금까지 이루어진 내부고발 행위들의 다수가 언론기관을 통해 최초로 공개가 되었음에도 이후 수사기관 등 관련 기관의 조치와 대처에 큰 문제가 없었음을 생각해 보면 언론기관을 그 대상에서 무조건 제외하는 것에 바람직하지 못하다고 볼 것이며 오히려 신고기관으로서 언론기관을 명확히 특정하고 그 범위를 정하여 올바른 방향에서 언론을 통한 내부고발이 이루어질 수 있도록 유도하는 것이 필요하다고 보인다.[14) 15)]

---

14) 주민소환투표 당시 허위 또는 부정한 방법으로 청구인 본인이 서명하지 않은 서명부가 다수 발견됐고 이것이 법령에서 정한 무효 사유에 해당한다는 사실을 방송사에 제보한 선거관리위원회 공무원에 대한 파면처분과 관련하여 수원지법은 2010.12.22. "원고가 이를 해결하고 문제를 제기함에 있어 공무원으로서 위법하고 적절치 않은 방법을 사용한 것은 사실이나 파면까지 한 것은 지나치게 가혹하다"고 판시한 바 있다. 즉, 주민소환투표와 관련한 무효사유 발생이라는 명백히 공익적 사항에 대하여도 현재의 공익신고자 보호법을 적용하면 공익침해행위에 해당하지 않을뿐더러 언론기관을 상대로 고발을 하였기 때문에라도 동 법의 보호를 받을 수 없다. 나아가 이 판시 내용을 보면 오히려 법원은 언론기관을 통한 제보·신고를 적절치 않은 방법이라고 여기고 있는 듯하다.

15) "국회 또는 시민단체나 대중언론매체 등에 제보한 행위는 국민권익위원회법에 의하여 보호되지 못한다. 그러나 국회는 국민의 청원을 수리할 수 있는 권한 있는 국가기관이라는 점에서 이를 배제한 것은 중대한 입법실수이며, 언론매체나 시민단체가 소속기관 등도 아니고 권한 있는 국가기관도 아니라는 이유로 무조건 언론매체나 시민단체 등에 제보한 경우를 보호대상에서 제외하는

3) 보호조치 내용 관련

『공익신고자 보호법』제17조 제1항은 "공익신고자등은 공익신고등을 이유로 불이익조치를 받은 때 위원회에 원상회복이나 그 밖에 보호조치를 신청할 수 있다'고 규정하고 있고 제20조는 "위원회의 조사 결과 불이익조치임이 인정되는 경우 보호조치를 취하도록 요구하는 결정으로 원상회복조치, 불이익조치에 대한 취소 등을 요구할 수 있다"고 규정하고 있으나 이와 관련하여서는 해석상 문제가 있다.

우선 이에 대하여는 내부고발을 한 기업 소속 근로자가 해고를 당하거나 전직·전출 등의 인사상 불이익조치를 받은 경우를 예상해 보자. 제18조는 신고자의 보호조치 신청과 관련하여 "다른 법령에 따른 구제절차를 신청한 경우 위원회가 결정으로 신청을 각하할 수 있다'고 규정하고 있는데, 해당 인사처분에 대하여 『노동위원회법』에 따라 노동위원회에 부당 해고·전직구제신청을 한 자에 대하여는 위원회가 보호조치를 실시하지 아니할 수 있다는 것이 됨으로 부당하다. 더욱이 노동위원회에 구제신청을 하는 경우 그 구제여부를 정확히 예측할 수 없음은 물론 지방노동위원회와 중앙노동위원회로 사건이 계속되며 해당 근로자에 대한 보호가 장기간 제대로 이루어지지 않을 수 있는 위험이 존재함에도 불구하고 다른 구제절차에 따른 신청을 하였다는 이유로 위원회가 임의로 보호조치 신청을 각하 할 수 있도록 하는 것은 타당하지 않다.

다음으로, 제20조에서 위원회가 보호조치결정으로서 하는 '원상회복 조치'가 과연 사업주에게 해고된 근로자의 복직의무를 부과한 것인

것은 국가만능주의의 표현으로서 국가가 모든 것을 해결할 수 없다는 점에서 그리고 이들 단체가 일정한 공적 기능을 수행하고 있다는 점을 고려할 대 국가기관에 제보하는 경우보다 보호요건을 보다 강화하여 보호하는 것이 바람직하다." ; 박경철, "내부공익제보자 보호제도의 현황과 문제점", 「법학연구」제18권 제3호, 연세대학교 법학연구소 2008. 9, 172쪽.

지가 명확하지 않으며, 설령 복직의무를 부과한 것이라 하더라도 사업주가 이에 응하지 않는 경우 위원회가 어떠한 제재도 가할 수 없어 그 결정의 실효성 여부가 낮다(법은 행정소송을 제기하여 확정된 보호조치결정을 이행하지 아니한 자에 대하여만 벌칙을 적용하고 있으며 위원회의 보호조치결정위반에 대하여는 벌칙규정을 두고 있지 않다). 따라서 위원회의 보호조치결정과 다른 법률에 따른 구제가 병행·선택적으로 이루어질 수 있도록 보장되어야 함은 물론, 공익신고와 관련하여서는 위원회의 우선적인 권한을 인정하여야 함을 원칙으로 하고 다른 구제절차에서 위원회의 보호조치결정과 배치되는 결론이 가능한 도출되지 않도록 해당 구제절차에 있어 위원회가 의견을 개진할 수 있도록 하여야 할 것이다.[16] 그리고, 끝으로 위원회 자체의 보호조치결정의 실효성을 확보할 수 있도록 보호조치결정의 불이행·위반에 대한 벌칙규정을 신설·강화해야 한다.

---

16) 노동위원회가 근로자위원, 사용자위원, 공익위원으로 구성되어 결정을 내리는 만큼, 내부고발과 관련한 부당해고구제신청 등의 사건에 있어서는 공익위원이 반드시 위원회의 의견을 참조하도록 하는 절차를 마련할 수 있다.

Ⅲ. 내부고발자 관련 노동법적 쟁점

아래에서는 내부고발자에 관련 노동법적 쟁점으로 내부고발 이후 기업 내에서 발생할 수 있는 직장 내 괴롭힘(집단따돌림 등)에 대한 근로자의 보호청구권 존재여부와, 내부고발 근로자에 대한 해고 등 징계처분의 적법성 여부 등을 부산지방법원 2008가단167281판결을 중심으로 다루어 보겠다.

1. 내부고발자에 대한 직장 내 괴롭힘(집단 따돌림 등)

1) 손해배상청구권의 내용

여러 사람이 어떤 사람을 의도적으로 계속하여 정신적 또는 육체적으로 괴롭히는 행위를 우리 사회에서는 흔히 왕따라고 한다. 이런 집단적 괴롭힘은 학교뿐만 아니라 직장에서도 드물지 않게 발견되는 사회적 병리현상이다.[17] 영어권에서는 이러한 행위를 'bullying'이라고 하는데, 인터넷 백과사전인 위키디피아에서는 이를 '언어적 희롱이나 육체적 가해 그 밖에 조작과 같은 보다 교묘한 방법들을 통해 사람에게 의도적으로 해를 가하는 행위'라고 정의하고 있다. 이 사전은 'bullying'의 한 유형으로 직장 내 괴롭힘(workplace bullying)을 들면

---

17) 강성태, "내부고발자에 대한 '직장 내 괴롭힘' 과 손해배상책임", 「노동법학」 제35호, 2010. 9, 378쪽.

서 육체적 가해 등 물리적 형태가 더 일반적인 학교 내 괴롭힘과는 달리 해당 직장의 규칙이나 정책을 이용하는 경우가 흔하다고 한다. 이와 같은 직장 내 괴롭힘과 관련하여 하급심 법원에서는 내부고발 근로자에 대하여 직장 내 괴롭힘을 한 가해자인 동료 근로자들에게 손해배상책임을 인정하는 최초의 직장 내 괴롭힘 사건의 판결이 나왔다(부산지방법원 2009.12.18. 선고 2008가단167281 판결). 이는 내부고발을 한 근로자들이 내부고발 이후 가장 힘들어 하는 부분이 대부분 조직 내에서 배신자로 낙인찍히며 받게 되는 따돌림, 괴롭힘인 것으로 볼 때 상기 판결은 시사하는 바가 크다고 하겠다.

보다 자세히 살펴보면, 이 판결은 아파트 관리사무소에서 영선기사로 근무하던 원고가 아파트 관리사무소에서 관리직원으로 근무하던 자들이 횡령을 한 사실을 알게 된 후 이를 회사와 입주민들에게 공포한 사건에 대하여 "내부의 비리를 제보하고 외부에 알렸다는 이유로 내부고발자인 원고(근로자)를 축출하기 위하여 피고들이 원고를 비난하고 음해하는 등 괴롭혔음을 인정할 수 있는 바, 이와 같은 불법행위로 인하여 원고의 인격권과 근로의 자유가 침해되어 원고가 상당한 정신적인 고통을 입었음이 경험칙상 명백하므로 피고들은 이를 위자료를 지급할 책임이 있다"는 판시를 하였다.

그런데 우리가 이 판결을 주목하여야 하는 이유는 단지 직장 내 괴롭힘이라는 방식의 불법행위를 한 피고들에 대하여 손해배상책임을 인정하였다는 데 있는 것이 아니라, '내부고발'이 직장 내 괴롭힘의 원인이 되었다는 측면에서 손해배상책임을 가해자들인 동료 근로자들뿐만 아니라 나아가 회사에까지 물을 수 있는지를 고민하게 하는 판결이기 때문이다. 즉, 이 사건에서 원고는 자신을 괴롭힌 일부 동료 근로자들을 피고로 하여 손해배상을 청구하였고 처분권주의에 따라 이들에 대하여만 손해배상책임이 인정된 것이지만, 원고가 내부고발을 한 과정, 특히 회사에 비리사실을 고발하였다는 점에 주목해 본다면 회사가 해당 근로자에 대한 보호를 적절히 하지 않아 이 같은 직장 내 괴롭힘이 발생하였다고 볼 수 있기 때문에 회사가 이에 대한 손해배상책임을 져야 할 지위에 있다고 추론할 수 있다.[18]

특히 판례가 설시한 바와 같이 직장 내 괴롭힘은 해당 근로자의 인격권과 근로의 자유를 침해하는 것이고, 특히 근로의 자유를 침해하였다는 것은 안전하고 쾌적한 환경에서 근로를 할 근로자의 노동권을 침해하는 행위로 볼 수 있는 바, 사용자는 근로자에게 안전하고 쾌적한 근로환경을 제공할 근로계약상 보호의무 내지 안전배려의무가 존재한다는 측면에서 이에 대한 위반에 따른 채무불이행책임이자 불법행위책임이 성립할 수 있는 것이다. 참고로, 사용자가 근로자에 대하여 안전하고 쾌적한 근로환경을 제공해야 하는 의무를 부담하고 근로자는 사용자에 대하여 안전하고 쾌적한 근로환경을 요구할 권리를 지닌다는 것은 ILO가 1990년대 말부터 직장 내 괴롭힘을 금지하고 이를 위반하는 경우 회사에 대한 처벌규정을 마련하면서부터 널리 인정된 것이기도 하다. 즉, 이에 따른다면 근로자는 단지 괴롭힘 행위를 한 개인에 대하여 손해배상을 청구할 수 있는 것에 그치는 것이 아니라 직장 내 괴롭힘이 발생한 해당 사업장의 사업주에게 안전하고 쾌적한 근로환경을 요구할 권리에 근거하여 이에 대한 침해를 이유로 손해배상을 청구할 수 있는 것이다.

---

18) 이 사건에서 해당 근로자가 『공익신고자 보호법』의 보호대상이 될 수 있는가를 살펴보면 현재의 『공익신고자 보호법』이 공백이 많다는 것을 알 수 있다. 즉, 횡령이라는 것이 범죄행위에 해당함에도 불구하고 공익신고자 보호법에서 명시하고 있는 법률에 『형법』이 포함되지 않고, 설령 『형법』이 시행령상의 법률에 포함된다 하더라도 이것이 국민의 건강, 안전, 소비자 이익 등과 직접적인 관련이 있는지를 판단해 보면 해당하지 않는다는 결론이 나오게 되어 이를 공익침해행위에 해당한다고 볼 수 없게 되는 바, 법에서 보호하는 공익신고의 대상이 얼마나 협소한지를 알 수 있게 되는 것이다.

한편, 근로자의 이러한 권리는 앞선 언급한 것과 같이 근로계약상 사용자의 부수의무로서 보호의무 또는 안전배려의무에 근거할 수 있음은 물론이요, 나아가 『산업안전보건법』상 사업주가 부담하는 의무에서도 그 근거를 찾을 수 있을 것이다. 즉 『산업안전보건법』은 사업주로 하여금 '산업재해를 예방하고 쾌적한 작업환경을 조성함으로써 근로자의 안전과 보건을 유지·증진하여야 할 의무(제5조)'를 부여하고 있는 바, 사업주는 당해 사업장의 근로환경과 관련하여 '적절한 작업환경을 조성함으로써 근로자의 신체적 피로와 정신적 스트레스 등으로 인한 건강장해를 예방하여야 할 의무'를 구체적으로 부담하는 것이다.

따라서 사용자는 직장 내 괴롭힘의 발생을 방지하여 적절한 작업환경을 조성할 의무가 있는 것이고 이에 반하여 직장 내 괴롭힘이 이루어져 해당 근로자가 이를 원인으로 스트레스 등을 받아 질병이 발생하는 경우 당연히 산업재해로 인정되게 될 것이다. 결론적으로 보건대, 내부고발로 인하여 직장 내 괴롭힘이 발생하는 경우 해당 내부고발이 공익신고자 보호법상의 공익신고에 해당하여 회사 내부에서 발생할 수 있는 여러 불이익조치 등으로부터 보호받는 것인지 여부를 불문하고 근로자는 내부고발에 기한 직장 내 괴롭힘 등으로부터 보호받을 수 있는 안전하고 쾌적한 근로환경을 제공받을 권리가 있으며 이러한 권리를 근거로 사용자에게 보호를 요청할 수 있고, 사용자가 이러한 보호 의무를 제대로 이행하지 못하는 경우 손해배상책임이 인정된다.

2) 산업재해보상보험법상 산업재해 해당 여부

내부고발을 이유로 집단적 따돌림을 당하여 그 결과 정신질환 등 질병이 발생한 경우 이를 『산업재해보상보험법』상 산업재해에 해당한다고 볼 수 있는지 여부가 문제가 된다. 이에 대하여는 앞서 살펴본 판결에서도 "내부고발을 이유로 직장 내에서 집단적 따돌림을 당하는 경우 해당 근로자가 정신적 스트레스를 받게 된다는 것은 경험칙상 당연히 인정할 수 있다"고 보기도 하였는데, 작업장 내에서 사업주 내지 관리자, 동료 근로자들에게 받은 정신적 스트레스가 우울증 등의 정신질환으로 이어지는 경우 이는 업무상 발생하게 된 질환이라고 보는 것이 당연하다. 그리고 이때 왕따 행위와 정신질환과의 인과관계에 대하여는 해당 근로자가 집단적인 괴롭힘이 있었음을 객관적으로 증명하고 정신질환의 발생사실이 명확함을 입증하면 인과관계가 있는 것으로 추정하여 이에 대한 책임을 회피하고자 하는 측에게 반증의 입증책임을 부담시키는 것이 타당하다.

2. 내부고발자에 대한 해고 등 징계처분

내부고발행위가 이루어지는 경우 대개 사측에서는 이를 비리척결이나 쇄신의 기회로 삼기보다 해당 근로자에 대하여 비밀유지의무 위반이나 회사에 대한 명예훼손, 동료 간의 불신 및 불화 유발 등을 근거로 오히려 해고 등의 징계처분을 하는 경우가 많다. 따라서 내부고발행위가 『근로기준법』 제23조에서 규정하고 있는 해고, 전직, 전보, 감봉 등에 대한 정당한 이유가 될 수 있는지 여부가 우선 검토되어야 할 것이다. 그런데 이때의 문제는 다시 『공익신고자 보호법』의 보호범위의 협소함으로 돌아간다.

왜냐하면 동법상 해당하는 공익신고 요건을 갖추는 경우에는 법률 규정에 의하여 자동적으로 사용자에게 '공익신고 등의 내용에 직무상 비밀이 포함된 경우에도 다른 법령, 단체협약, 취업규칙 등에 따른 직무상 비밀준수 의무를 위반하지 아니하는 것으로 보게 되는 제한규정이 적용되기 때문이다. 그러나 엄격한 공익신고의 기준에 부합하지 못하는 대부분의 내부고발자들의 경우 이러한 보호를 받지 못하여 근로자의 비밀유지의무와 회사의 명예를 실추시키지 않을 취업규정상의 의무 위반을 이유로 징계처분을 받고 있는 것이다.[19]

따라서 이러한 경우를 방지하기 위해서라도 공익신고자 보호법상의 공익침해행위와 공익신고행위는 확대해야 할 필요가 있다. 그리고 해석상으로는 해당 행위가 결과적으로 비밀유지 의무를 위반한 것이 되거나 회사의 명예를 훼손시키는 일이 발생하였다 하더라도 단지 취업규정에 이를 징계사유로 삼고 있다는 것만으로 해당 처분이 정당화 되어서는 안 될 것이며, 정당한 사유를 갖추었는지 여부에 대한 판단에 있어서는 고발행위가 해당 내용이 거짓임을 알면서도 오로지 회사의 명예를 실추시키거나 기업비밀의 유출하기 위한 목적으로 행하여진 것이 아닌 한 내부고발의 목적과 취지를 고려하여 그 정당성의 유무를 가려야 할 것이다. 즉, 고발의 목적이 타당한 이상 해당 고발이 『공익신고자 보호법』상의 보호받을 수 있는 행위에 해당하지 않더라도 내

---

19) 이러한 입장에 따라 판례가 그간 내부고발에 대하여 취하여온 태도를 살펴보면 판례는 내부고발과 징계사유와의 관계에서 내부고발을 언제나 정당한 것으로 평가하지는 않았다. 즉, 판례는 "뚜렷한 자료도 없이 사용자를 수사기관에 고소, 고발하거나 그에 대한 인격을 비난하는 내용까지 담긴 진정서 등을 타 기관에 제출하는 행위는 징계사유가 된다고 할 것이고(대법원 1996. 3. 12. 선고 95다51403판결)… 다만 고소, 고발하거나 언론에 제보한 내용이 진실한 것이거나 상당한 근거가 있는 경우에는 이를 징계사유에 해당한다고 보더라도 이를 이유로 근로자를 징계해고까지 하는 것은 재량권을 일탈한 것(대법원 195. 3. 3. 선고 94누11767판결)"이라는 입장을 취하되, 어디까지나 "근로자는 사용자의 이익을 배려해야 할 근로계약상의 성실의무를 지고 있으므로 근로자가 직장의 내부사실을 외부에 공표하여 사용자의 명예, 신용 등을 훼손하는 것은 징계사유에 해당한다(대법원 1999. 9. 3. 선고 97누2528 판결)"고 보았다. 다만 이에 대한 구체적 판단에 있어서는 공표된 내용과 그 진위, 그 행위에 이르게 된 경위와 목적, 공표방법 등에 비추어야 한다고 판시하였다. 그러나 이 같은 판례의 입장은 오히려 필자의 의견과는 반대로 사용자에게 근로자에 대한 안전배려의무에 기하여 내부고발로 인한 어떠한 불이익도 받지 않게 할 보호의무를 인정하는 것이 아니라 오히려 근로자에게 철저히 내부의 사건을 외부로 표출하지 않을 사용자에 대한 이익 배려·성실의무를 강조하고 있다는 점에서 타당하지 아니하다고 볼 것이다.

부고발을 이유로 징계처분 등을 하는 경우 『근로기준법』 제23조의 정당한 이유는 존재하지 않는다고 보아야 할 것이다.

참고로 판례는 관련 사건에서 "근로자의 비밀유지의무는 근로자가 근로제공과 관련하여 지득한 사업이나 경영상의 비밀을 제삼자나 기업 외부에 누설 또는 공표를 금지하는 것이다. 그러나 기업의 신용이나 명예 등과 관련된 비밀을 제삼자나 공공기관에 공표하여야 할 정당한 이익이 있고, 그 이익이 기업이 침해받을 이익과 비교하여 더 클 경우에는 근로자의 비밀유지의무는 성립되지 않는다. 특히, 형사범죄에 관한 정보는 적격성 있는 내부고발의 대상으로서 보호되어야 한다. 중대한 범죄인가 아닌가, 범죄 발생지가 어디인가는 불문한다. 따라서 모든 형사범죄에 관한 정보에 대하여는 근로자의 비밀유지의무는 성립되지 않는다고 보아야 한다" [20]고 판시 하였는바,[21] 이는 반드시 국민전체의 건강, 환경 등과 관련한 사항이 아니고 기업의 신용이나 명예 등과 관련된 사항이라 할지라도 '공표하여야 할 정당한 이익'이 있는 경우 이를 내부고발의 대상으로 삼을 수 있다는 것이며 이때 내부고발의 적법성 여부는 정당한 이익과 기업이 침해받을 이익을 비례형량하여 결정할 수 있는 것이고, 형사범죄에 관한 정보는 이러한 비례형량 없이 내부고발의 정당성이 인정된다는 취지로 해석할 수 있을 것이다(이분법적 적용).

20) 부산지방법원 2009. 12. 18. 선고 2008가단167281 판결

21) 그러나 이 같은 상기 판결의 입장을 우리 대법원의 입장이라고 말하기는 어렵다. 오히려 대법원은 내부고발을 한 근로자에 대하여 근로계약상 비밀유지의무 위반을 이유로 징계처분을 한 사안들에서 "내부고발이 상당한 징계의 원인이 되는지 여부는 구체적으로 공표된 내용과 그 진위, 그 행위에 이르게 된 경위와 목적, 공표 방법 등에 비추어 판단하여야(대법원 1999. 9. 3. 선고 97누2528 판결)" 하며, "뚜렷한 자료 없이 사용자를 수사기관에 고소·고발하거나 공개석상에서 진실과 다른 내용이나 과장된 내용을 가지고 회사를 비방하는 행위나 그러한 내용이 담긴 진정서를 타 기관에 제출한 행위는 정당한 징계 사유가 된다(대법원 1996. 3. 12. 선고 95다51403 판결 등)"고 보았다.

또한 해당 판례에서 밝히고 있는 중요한 내용 중 하나는 본인의 업무(직무)를 수행함에 있어 '공동의 이해관계를 가지는 자'들에 대하여 내부비리를 알린 것은 정당한 내부고발권의 행사로서 취업규칙에 관련 내용에 대한 금지규정이 존재한다 하더라도 이를 취업규칙 위반에 해당한다고 보기 어렵다고 판시한 것이다. 즉, 판례는 내부고발의 정당성을 단지 공익신고라는 협소한 범위에서 해석하는 것이 아니라 국민 전체가 아니더라도 해당 사항과 관련하여 공동의 이해관계를 가지는 자들에 대한 권리 침해의 위험이 있는 경우 이와 관련한 직무를 수행하는 자에 대하여 내부고발권을 인정하고 있다. 이는 내부고발이 『공익신고자 보호법』에 해당하는 공익신고에 해당하지 않는다 하더라도 근로자가 내부고발을 하는 경우 이 법에서 규정하고 있는 '공익신고의 내용에 직무상 비밀이 포함된 경우라도 해당 근로자는 단체협약, 취업규칙 등에 따른 직무상 비밀 준수 의무를 위반하지 아니한 것으로 본다'는 책임의 면제가 동일하게 적용되어야 함을 의미한다.

결론적으로, 이 같은 판례는 하급심 판결이긴 하나 앞으로 『공익신고자 보호법』에는 해당하지 않으나 정당성이 인정될 수 있는 내부고발에 대하여 어떻게 해당 근로자를 보호할 것인지 여부에 대하여 그 기준을 제시하여 준 의미가 있다고 볼 수 있을 것이다.

IV. 내부고발자 보호를 위한 노동법적·제도 개선방안

1. 공익신고자 보호법의 개정

아직 시행된지 얼마되지 않은 법률에 대한 개정의견을 내는 것이 다소 부담스러운 측면은 있으나 『공익신고자 보호법』이 그 필요성과 내용구성에 대하여 오랜 시간 동안 논의되어 왔던 것에 비하여 이번에 제정된 법률이 내용상 다소 미흡함을 지적하지 않을 수 없다. 이에, 노동법적 관점에 한정하여 개선방안을 제시하여 보면 다음과 같다.

우선, 강조한 바 있듯이 공익침해행위에 대한 정의가 다시 내려질 필요가 있다. 현재 『공익신고자 보호법』상의 공익침해행위는 공무원의 공무수행의 청렴을 목적으로 하였던 『부패방지법』상의 개념을 이어받아 그 범위가 협소하기 그지없다. 그러나 공익신고자 보호법은 제정과 운용에 있어 『부패방지법』과는 그 목적과 취지는 물론 차원을 달리하여야 할 것이다. 『공익신고자 보호법』의 구체적 제정 필요성이 논의되었던 것도 사실 공공영역에서의 청렴이나 반부패라기보다 우리 사회 전반의 도덕적 해이를 바로잡고자 하는 필요성과 그에 따라 일반 사기업들에서 많은 내부고발이 발생하였기 때문이라는 것을 염두에 두더라도 그러할 것이다.

따라서 '공익'의 개념을 반드시 국민 전체를 대상으로 한, 국가적 사업과 공공의 영역에 한정하게 되는 경우 실제로 사회적으로 중요한 영향력을 지니는 집단에서 발생하는 위법·부당행위가 사회적으로 확산되는 것을 사전에 방지하고 자정할 수 있는 기회를 놓치게 되는 경우가 발생할 수 있다. 또한 오늘날 기업(특히 대기업)의 영향력은 사인에 대한 기본권 침해부터 공적인 영역의 위협으로 확산되고 있는 바, 이에 대한 규율 또한 필요하다.

따라서 구체적으로는 공익의 범위를 확대 재정의하는 방법, 공익침해행위를 형법을 포함한 위법행위 전반으로 설정하는 방법, 공익신고와는 별도로 보호수준은 낮추되 위법행위에 대한 내부고발의 보호제도를 별도의 수준으로 두어 개인의 권리침해 및 구제와 관련한 사익적 측면에서의 고발에 해당하지 않는 한 법적으로 보호되는 고발의 대상으로 상정하는 이원적 보장 방법 등을 고려할 수 있다.[22] 한편, 현재의 공익침해행위가 그대로 유지되는 체계 내에서라면 다만 해당 법률에 『근로기준법』, 『노동조합 및 노동관계조정법』 등 노동관련 법률을 포

---

22) 이와 관련하여 영국의 공익고발법에서 제시하고 있는 내부고발의 대상행위 정의규정은 참고할 만한 가치가 있다고 할 것인 바, 노상헌 교수의 논문("내부고발과 근로자의 법적 보호", 「노동법학」제18호, 2004. 6, 169쪽.)에서 해당 내용을 재인용하고자 한다.
(1) 적격성 있는 내부고발
(a) 범죄행위 : 모든 범죄에 관한 정보는 이 항목에 해당한다. 중대한 범죄인가 아닌가, 범죄발생지가 어디인가를 불문한다.
(b) 법률의무위반행위 : 법령위반, 계약상의 의무위반, 불법행위 등이 해당한다.
(중략)
(d) 개인의 건강과 안전에 대한 침해행위 : 근로자의 건강과 안전을 침해하는 작업환경, 공용시설을 이용하는 이용자, 고객 등의 개인 건강과 안전을 침해하는 행위가 해당한다.
(후략)
영국의 경우 이상의 항목과 같이 고발대상 행위에 범죄행위는 물론 법률의무위반행위를 모두 포함하며 법령위반 뿐 아니라 계약상의 의무위반에 대하여도 내부고발의 대상에 포함시키고 있는 바, 우리나라와 달리 법의 적용대상자 자체를 공익부문에 한정하기보다 오히려 근로자 개념을 넓게 정의하여 근로자를 공익을 지키기 위한 사회적 장치에서의 일원으로 해석하여 공익고발법에 기한 보호범위를 축소할 필요가 없음을 의미하였다고 할 것이다. 또한 고발 근로자는 고발대상에 해당하는 위법과 부정행위가 발생했다고 합리적으로 믿고 고발하면 족하고 그 정보가 진실한 것인지를 증명할 필요가 없으며, 정보의 비밀성 정도, 비밀유지의무가 면제되는 정당한 이유의 유무, 고발행위의 합리성, 근로자의 행위태양도 묻지 않는다.

함시켜야 한다.[23] 왜냐하면 대부분의 내부고발이 근로관계 하에서 이루어지고 있으며 임금을 매개로 한 종속적 근로관계의 특수성으로 인하여 노동법적 보호를 관련 법률을 통하여 근로계약기간 중에 받기는 어려운 실정이기 때문이다(예를 들면 비정규직에 대한 차별은 『공익신고자 보호법』상 공익에는 해당하지 않지만 이를 단지 사익이라고 하기는 어렵고 오히려 근로관계의 적법한 규율을 통해 사회 내 노동관계의 적법한 정립에 이바지할 수 있다는 측면이 있는 사항일 것인데, 해당 비정규직 근로자들의 경우 종속적 근로관계로 인하여 노동관련 법률상 구제신청 절차가 존재함에도 불구하고 이를 이용하지 못하는 것이 현실이다).

다음으로, 신고기관에 기업의 대표자 또는 사업주 외 감사부서(준법지원부서, 준법지원인)와 근로감독관을 추가적으로 규정하여야 하며, 이들이 신고를 받은 경우 반드시 위원회 또는 수사기관에 해당 내용을 보고하고 이에 대한 결과를 대표자(또는 사업주)와 (신원을 밝힌 경우)신고자에게 통보하는 절차를 두어야 한다. 또한 이러한 내부적 자정활동을 고취시키고 실효성을 확보할 수 있도록 신고를 하였음에도 사실여부를 조사하지 않는 경우, 법 위반으로 밝혀졌음에도 불구하고 아무런 조치를 취하지 아니한 경우에 대하여는 제재조치를 해야 한다.

그리고 위원회는 단지 사업주에게 보호조치를 권고하는 수준에서 그쳐서는 안 되고 공익신고의 요건을 충족하는 행위에 대하여는 반드

---

23) 물론 근로기준법은 노동법규의 위반사항을 고용노동부의 감독기관에 신고하거나 진정할 수 있도록 근로자의 권리 행사를 보장하고 있고 이에 대하여 불이익처분을 하는 것을 금지하고 있기는 하나 근로감독관 등에 의한 근로감독이 현실적으로 제대로 이루어지고 있지 않다는 점과, 설사 감독을 나오더라도 감독의 대상이 사업주를 상대로 하여 노동법령 위반 여부에 한정한다는 점에서 내부고발이 일어나게 된 기타의 사건에 대하여 이를 충분히 조사하지 못할 가능성이 높기 때문에 별도의 보장이 필요한 것이다.

시 보호조치결정을 내리되 위원회가 행한 원상회복 등의 보호조치결정에 대하여 이를 이행하지 않는 자에 대하여는 해당 보호조치결정이 행정소송을 통하여 확정되기 전이라 하더라도 벌칙이 적용되도록 하여야 할 것이다. 또한 신고가 접수된 후 조사결과가 나오기 전이라도 사업주가 행하는 신분상·인사상 불이익처분에 대하여는 임시로 그 정지를 명할 수 있도록 하는 절차를 도입하여 사전에 이루어지는 불이익조치를 방지하고, 나아가 위법한 것으로 밝혀진 불이익처분에 대하여는 벌칙규정 등의 적용 외에 민사상 손해배상을 청구할 권리가 있음을 법률에 명문화하는 것도 필요하다.

끝으로 『공익신고자 보호법』 외 다른 법률에 의하여 인정된 구제절차를 이유로 위원회가 구제신청을 기각할 수 없도록 하여야 할 것이며, 위원회가 기각하지 않아 근로자가 구제절차를 통해 구제를 받게 되는 경우 위원회는 이를 따라야 함은 물론, 다른 행정기관에서 구제절차가 동시에 진행되고 있는 경우 위원회나 수사기관이 반드시 의견을 개진하도록 하여 통일적인 결론이 도출되도록 하여야 할 것이다.

2. 사용자에 대한 내부고발 근로자의 권리 강화

앞서 살펴본 것과 같이 내부고발 근로자에 대하여는 『공익신고자 보호법』으로 이들을 모두 포괄하여 보호할 수 없는 한계가 존재하는 바, 이들에 대한 집단적 괴롭힘에 대하여는 근로계약상 사용자가 부담하는 의무를 기반으로 하여 해당 근로자에게는 보호요구권을 부여하고 사용자에게는 보호의무를 부여하는 법 이론을 정립할 필요성이 있다. 즉, 사용자의 근로계약상 안전배려의무는 단지 근로자의 생명·건강침해에 대한 보호에 한정되는 것이 아니라 육체적·정신적 안전을 보장할 수 있도록 안전하고 쾌적한 근로환경을 설정할 의무를 포함한다. 그런데 직장 내에서 발생하는 집단적 괴롭힘은 대부분 작업과정 중 발생하여 피해 근로자의 정신적·육체적 건강을 심각하게 위협함은 물론 근로자의 인격에 대한 침해가 됨으로 사용자는 안전배려 의무의 이행으로서 자신의 사업장에서 집단 괴롭힘 등이 발생할 경우 이를 방지하고 집단 괴롭힘을 하는 행위자에 대하여는 그러한 행위를 중단하도록 적절한 조치를 취할 적극적인 의무를 부담한다고 보아야 한다. 특히 이때 내부고발자가 사용자나 사업주에 대하여 내부고발을 한 경우에는 사용자 등은 해당 근로자에 대하여 집단 괴롭힘 등의 행위가 발생할 수 있다는 위험을 충분히 인식할 수 있을 것임에도 불구하고 집단적 괴롭힘이 발생하는 경우에는 '사용자는 이에 대하여 주의를 기울였으면 쉽게 이를 알 수 있었음에도 불구하고 알지 못한 경우에 해당하여 안전배려의무 위반 책임이 중과실로서 성립된다'고 볼 것이고 이에 따른 손해배상책임을 부담한다고 하겠다.[24] [25]

---

24) 향후 우리나라에 징벌적 손해배상제도가 도입되는 경우 이 같은 직장 내 집단적 괴롭힘에 대하여는 반드시 적용되도록 하여야 할 것이다.

25) 한편, 서울고등법원은 2003. 10. 24. 2002누13910 판결에서 "직장 내 비리를 고발하고 진급에서 탈락된 이후 원고가 원하지 않는 업무를 맡게 되고 집단 따돌림을 당하는 등 참가인 회사나 직장상사로부터 다소 부당한 처우를 받았다 하더라도 그 원인에 있어서는 원고가 자신이 원하지 않는 업무일지라도 이를 성실히 수행하는 한편, 불화가 있는 직장상사나 동료들과의 관계를 개선하는 등 참가인 회사와의 근로관계를 계속 유지하려는 노력을 다하였다기보다는… 자신을 방어하기 위하여 과도한 행동을 취하고 그 과정에서 직장상사나 동료들과의 사이에 마찰을 빚는 등 원고 본인의 무리한 대응이 그 원인의 큰 부분을 차지하고 있다고 보여지므로 결국 참가인 회사의 잘못에 비해 원고 본인의 책임이 크다"는 판시를 하였는바, 이는 내부고발로 인하여 집단 따돌림이 회사와 직장상사에 의하여 자행되었음을 인정하였음에도 불구하고 사용자의 안전배려의무에 기한 보호의무를 인정하기는커녕 오히려 이러한 상황에서 잘 대응하지 못한 근로자의 책임이 더 크다고 지적하고 있는바, 내부고발이 회사에 대하여 이루어졌음에도 회사가 불이익처분을 하고 나아가 주도적으로 왕따 행위를 지시한 본 건에 대하여는 앞서 살펴본 사용자의 의무와 근로자의 권리에 기하여 비판받아 마땅하다 할 것이며, 가사 근로자가 판결에서 설시하고 있듯 과도한 행동을 취하고 동료 사이에서 마찰을 빚었다 하더라도 이는 회사가 그 원인된 행위를 제공하고 집단따돌림 등에 대한 충분한 조치를 취하지 아니하고 오히려 고의로 근로자에게 위법행위를 함으로써 일어나게 된 것이라고 볼 것이므로 책임을 부담하여야 할 주체가 잘못됐다고 할 것이다.

한편, 사용자에게 이러한 의무가 부과되는 동시에 근로자로서는 안전하고 쾌적한 근로환경에 대한 적극적인 요구 권리를 가진다고 보아야 한다. 따라서 내부고발로 인하여 집단적 괴롭힘을 당하는 근로자가 사용자에게 이에 대한 금지 및 적정한 처분(가해근로자에 대한 인사조치·징계처분 요구 등)을 요구하였음에도 불구하고 사용자가 이를 이행하지 않는 경우 근로계약상 의무 불이행에 해당한다고 보아야 할 것이다.

3. 노동위원회 구제절차상 특별 보호

내부고발을 이유로 근로자가 신분상·인사상 불이익을 받은 경우에 대하여는 해당 불이익조치의 종류에 따라 부당해고·부당전직·부당징계에 대한 구제신청을 노동위원회를 통하여 할 수 있다. 이는 사법적 구제와는 별개로 노동사건에 대한 행정적 구제를 신속하게 처리하기 위한 목적으로 기능하는 것인데, 그 내부에 내부고발 사건에 대하여 특별한 보호절차를 두는 것을 고려해 볼 수 있을 것이다.

구체적으로는 첫째, 불이익처분을 당한 자가 이미 『공익신고자 보호법』상의 공익신고를 신고기관에 한 경우 노동위원회 구제신청 시 신고여부를 기재하도록 하며, 이에 대하여 노동위원회는 구제여부를 심사하는 결정 과정에서 반드시 해당 신고기관(위원회, 수사기관, 기업의 대표자 또는 사업주 등)의 의견을 청취하도록 하는 것이다.[26] 둘째,

---

26) 사실 공익신고자 보호법에서는 다른 법률의 구제절차를 동시에 할 수 있는 여지를 부여하고 있어 신고 기관의 조사 및 처분결과와 노동위원회의 구제신청에 대한 결정 여부가 일치하지 않을 가능성이 존재한다. 다만, 이러한 의견청취 과정을 통하여 행정기관 간에 서로 상반되는 결과를 낳지 않도록 조정할 수 있을 것이다.

『공익신고자 보호법』상의 공익신고에 해당하지 않는 내부고발에 대하여는 고발된 사안이 법 위반에 해당하는 내용인 경우 『근로기준법』 제23조 소정의 정당한 이유가 없는 것으로 보아 구제신청을 인용하도록 하는 내부적 심사기준을 마련하는 것이다.[27] 셋째로는 '중간구제'라는 새로운 구제방법을 도입하는 것인데, 이는 노동위원회의 결정이 사법적 구제에 비하여 비록 단시간 내에 이루어진다 하더라도 지방노동위원회과 중앙노동위원회를 거치며 근로자가 이를 기다리는 시간이 길어져 발생할 수 있는 손해를 미연에 방지하고자 하는 목적의 제도이다. 즉, 보호되는 내부고발을 이유로 해고를 당한 근로자가 노동위원회에 구제를 신청하는 경우 노동위원회는 우선 '고용(복직)명령'을 발하고 이후 심문이 종료하여 구제여부가 결정될 때까지 이 상태를 지속하도록 하는 것이다. 이는 근로자에 대한 계속 고용이 이후 적법한 해고 조치로서 원인무효의 것이 되는 경우 입게 되는 회사의 손해와 일단 해고된 후 구제절차를 통해 회복을 받더라도 그 기간 동안 근로자에게 발생한 손해를 비교하여 보았을 때 후자의 경우가 더 크기 때문에 인정될 수 있는 권리라 할 것이며, 내부고발자에 대한 이러한 빈틈없는 보호를 법에서 보장함으로써 근로자들이 근로관계 종료에 대한 불안감 없이 내부고발을 정정당당하게 할 수 있는 환경을 조성해 주는 데 그 의미가 있다고 하겠다.

---

27) 노동위원회에서는 사용자위원과 근로자위원에게 판단기준 등 심사기준 자료를 제공하고 있는바, 내부고발과 관련한 사건에서의 판단·심사 시 유의사항을 자료 내용에 포함시키도록 하는 실무상 방법을 의미하는 것이다.

4. 기타 개선방안

이 외 기타 개선방안과 관련하여서는 근로자가 내부고발로 인하여 가장 큰 불이익을 받는 부분이 근로계속과 관련된, 해고의 경우이고 이에 대하여 공익신고자 보호법의 보호를 받을 수 있는 경우가 거의 없음을 고려하여, 근로기준법 또는 공익신고 관련 법률에서 '내부고발을 이유로 행하여진 해고를 불공정한 해고로 간주'하는 부당해고간주규정을 신설하는 것을 고려해 볼 수 있다. 이는 앞서 언급한 영국의 공익고발법에서 채택하고 있는 제도이기도 한데 영국의 경우는 내부고발을 이유로 행하여진 해고는 자동적 불공정 해고사유로 간주되어 부당해고로 되고(고용심판소가 해고의 합리성에 관한 판단을 하지 않고 해고 이유만으로 불공정 해고로 인정), 해고의 이유가 경합하는 경우에 있어서도 보호되는 내부고발이 결정적 원인이면 당연히 부당해고가 되며 정리해고에서도 내부고발 여부를 기준으로 근로자를 선택하는 경우 부당해고임을 명문으로 규정하고 있다.[28] 이는 내부고발을 이유로 한 불이익 조치가 당연히 위법적이라고 생각하더라도 내부고발에 대한 적법성 여부가 판단되기 전 불이익조치가 우선 행해지는 경우가 다수임을 고려하였을 때 내부고발과 관련된 해고를 우선적으로 부당하다고 간주하고 후에 구체적인 원인과 결과를 판단한다는 점에서 근로자 보호를 더욱 기할 수 있다는 장점이 있다고 할 것이므로, 우리나라의 경우도 노동위원회나 법원에서 내부고발 사건에 대한 해고와 관련하여서는 이러한 부당해고 간주규정을 적용하여 근로자를 선보호한 후 적법성 여부를 판단하는 절차를 운영할 수 있을 것이다.

---

28) 노상헌, 앞의 글, 174쪽.

V. 결 론

　지금까지 우리사회에서 내부고발을 한 근로자들은 직장 내에서 집단 따돌림 등으로 스스로 사직하거나, 해고, 전직, 감봉 등의 징계처분을 받는 것이 현실이었다. 이에 공익신고자 보호법이 제정되어 시행을 앞둔 현재시점에서 과연 사회의 건전한 발전을 위해 오히려 장려되어야 할 내부고발자들의 법적 지위를 어떻게 보장해 줄 것인가에 대해 보다 고민할 필요성이 있다.

　그러나 살펴본 것과 같이 공익신고자 보호법의 내용은 반부패·청렴의 관점에서 공공부분을 우선 규율하는 데 한정하고 있어 일반 기업에서 일어날 수 있는(반드시 공익은 아니더라도) 사회적 이익에 관한 고발자들에 대하여는 그 보호가 미흡하다. 또한 공익신고의 대상, 주체, 기관 등의 요건이 엄격하게 정해져 있어(우리가 일반적으로 내부고발하면 생각할 수 있는 언론에 대한 고발은 포함되지 않음을 명확히 확인하였다) 이를 충족하기도 어려운 것이 현실이다. 그러나 직장이 임금이라는 생계수단을 제공하는 중대한 터전이라는 점에서 내부고발자들이 적어도 근로관계에 있어서만은 반드시 보호받아야 한다. 따라서 빠른 시간 내에 법률을 개정하거나 현재까지 소수의 하급심 법원에서 인정되어 온 법리를 더욱 발전시켜 근로자와 사용자에게 내부고발과 관련하여 발생하는 법적 의무와 권리가 존재함을 인식시키는 것이 요구된다.

참 고 문 헌

강성태, "내부고발자에 대한 '직장 내 괴롭힘' 과 손해배상책임", 「노동법학」
제35호, 2010. 9.

노상헌, "내부고발과 근로자의 법적 보호", 「노동법학」 제18호, 2004. 6.

박경철, "내부공익제보자 보호제도의 현황과 문제점", 「연세대학교 법학연구」
제18권 제3호, 2008. 9.

전윤구, "내부고발의 동기와 징계", 「조정과 심판」 제30호, 중앙노동위원회, 2007.

소수자
인권

군(軍) 내 동성애자 인권침해에 관한 소고

신광현(인하대학교 법학전문대학원생)

Ⅰ. 서론

지난 2006년과 2007년 군대 내 남성 동성애자들의 심각한 인권침해 사례가 언론에 공개되었다. 그간 성적소수자의 존재와 적절한 처우에 대해 눈감고 있던 국방부는 동성애자들에 대한 차별과 편견을 해소하는 조치를 마련하라는 국가인권위원회 권고안을 수용해 '병영 내 동성애자 관리지침'을 내놓았다. 2008년 6월에는 모 전경이 커밍아웃을 선언한 뒤 육군으로의 복무전환을 요구하면서 성적소수자의 인권보호와 군 기강확보가 양립할 수 있는가라는 명제를 두고 사회적 논란이 일어났다. 또한 지난 2011년 3월, 헌법재판소는 구 군형법(1962. 1. 20. 법률 제1003호로 제정되고, 2009. 11. 2. 법률 제9820호로 개정되기 전의 것) 제92조, 이른바 '계간죄' 조항이 헌법에 위반되지 아니한다는 결정을 한 바 있다.

한편 美 오바마 정부는 지난 1993년 부대 내에서 성적 취향을 묻거나 밝힐 경우 강제 전역시키는 정책(DADT)을 17년 만에 폐지하고 동성애자도 군 복무를 할 수 있도록 하였다.

본 연구는 이러한 사회적인 배경을 바탕으로 징병제 국가인 우리나라에서 군대 내 동성애자의 인권침해가 어떻게 이루어지고 있는지 몇몇 사례를 살펴보고, 주요 국가는 동성애자의 군 복무를 제도적으로 어떻게 다루고 있는지 알아볼 것이다.

이와 같이 국내외적인 상황과 외국의 입법례를 분석한 뒤 우리나라 국방부의 동성애자에 대한 인식에 대하여 비판적으로 고찰하고자 한다. 이를 위해 군형법 및 군인사법, 병영 내 동성애자 관리지침과 부대관리훈령 등 동성애자의 입대부터 전역까지 적용될 수 있는 법과 제도를 살펴볼 것이다.

II. 군(軍) 내 동성애자 인권침해 사례 - 입대부터 전역까지

1. 입대와 전역절차에서

> 대한민국 국민인 남성은 18세부터 제1국민역에 편입된다. (병역법 제8조)
> 병역의무자는 19세가 되는 해에 병역을 감당할 수 있는지를 판정받기 위하여 지방병무청
> 장이 지정하는 일시(日時)·장소에서 징병검사를 받아야 한다. (병역법 제11조 제①항)

우리나라는 징병제 국가이다. 주민등록번호가 1로 시작하는 모든 생물학적 남성은 19세가 되는 해에 징병검사를 받는다. 입대절차에서 동성애자는 정도에 따라서 인격장애로 규정받고 징집을 면제받을 수 있다. 이하에서 근거 규정을 살펴본다.

> 국방부령 제728호(일부개정 2011. 2. 14)
> 102. 인격장애 및 행태장애(습관 및 충동장애·성주체성장애·성적 선호장애 등)
> 가. 향후 일정기간 관찰이 필요한 경우
> 나. 경도(진단을 내리기 위한 최소한의 증상이 있으며 이로 인한 사회적·직업적 장애가
>   적은 경우)
> 다. 중등도(경도와 고도 사이의 증상이나 기능장애가 존재하는 경우)
> 라. 고도(1년 이상의 치료경력이 있거나 1개월 이상의 입원력이 확인된 사람 또는
>   학교생활기록부 및 그 밖의 증빙자료로 입증된 사회부적응 행동이 있는 사람 가운데
>   진단을 내리기에 충분한 여러 가지 증상이 있거나 몇 가지의 심각한 증상이 있어서 군
>   복무에 상당한 지장이 초래된다고 판단되는 경우)

위와 같이 현재 시행중인 〈징병신체검사등검사규칙〉에 따른 '질병심신장애의 정도 및 평가기준'에 의하면 성적선호장애는 인격장애 및 행태장애에 포함된다. 동성애자를 '성 선호장애' 환자로 규정하고 있는 것이다.

하지만 미국 정신의학회는 1974년 정신질환에 대한 통계편람인 DSM에서 '동성애'를 정신질환 목록에서 영구 삭제했고, 세계보건기구는 1993년 발간한 국제질병분류 ICD-10에서 성적지향은 정신적 장애와 아무런 관련이 없다고 발표하였다. 또한 한국의 경우 한국표준질병사인분류(통계청)와 성교육교사지도지침서(교육부)는 동성애를 질환이 아니라 '성적지향'으로 규정하며, 국가인권위원회법은 '성적지향'에 기한 평등권침해를 차별행위로 규정한다.[1] [2]

그러나 우리 군 내에서는 동성애자임이 드러난 경우 강제전역조치를 할 수 있는 근거 규정이 존재한다. 즉 '군인사법시행규칙' 제56조 제2항 제4조는 '변태적 성벽자'의 경우 강제전역조치를 시킬 수 있다고 규정하고 있다.

---

1) 국가인권위원회는 2003년 4월 2일 국가인권위원회가 청소년보호위원장에게 권고한 내용을 살펴보면 청소년보호법시행령 제7조의 별표1 개별심의 기준에서 '수간을 묘사하거나 혼음, 근친상간, 동성애, 가학·피학성음란증 등 변태성행위, 매춘행위 기타 사회통념상 허용되지 아니하는 성관계를 조장하는 것' 등을 청소년 유해매체물로 규정하고 있었다. 따라서 "청소년보호법시행령에 '동성애'가 청소년 유해매체물 개별심의기준으로 규정된 것은 성적지향에 의한 인권침해"라며 청소년보호위원회위원장을 상대로 낸 진정사건에 대해서 동성애를 차별적으로 명시한 것은 헌법 제10조(행복추구권), 제11조(평등권), 제21조(표현의 자유) 등을 침해한 행위라고 판단하고 청소년보호위원장에게 청소년보호법시행령 제7조 '개별 심의기준' 중 '동성애'를 삭제할 것을 권고했다: 조국, 『보노보찬가』, 생각의 나무, 2009, 160쪽.

2) 2003년 4월 국가인권위원회가 청소년위원회에 '동성애 사이트'를 청소년유해매체 심의기준에서 삭제하도록 권고하자, 청소년보호위원회는 이를 수용한 바 있다. 인터넷포탈 사이트도 '동성애', '이반'이란 단어를 성인용금칙어에서 해제하였다.

군인사법
제37조 (원에 의하지 아니하는 전역 및 제적) ① 다음 각 호의 1에 해당하는 자는 각 군 전역심사위원회의 심의를 거쳐 현역에서 전역시킬 수 있다.
2. 대통령령으로 정하는 현역복무에 적합하지 아니한 자

군인사법시행령
제49조 (현역복무에 적합하지 아니한 자의 전역) ① 법 제37조 제1항 제2호에 규정된 현역복무에 적합하지 아니한 자라 함은 다음 각 호의 1에 해당하는 자를 말한다.
2. 성격상의 결함으로 현역에 복무할 수 없다고 인정되는 자

군인사법시행규칙
제56조 (현역복무 부적합자 기준) ①영 제49조 제1항 제2호에 규정된 자는 다음 각 호의 1에 해당하는 자를 말한다.
4. 변태적 성벽자

이상과 같은 규정을 볼 때 우리 군은 동성애자를 정신과적 치료가 필요한 '정신병자' 또는 '정신적 장애자'로 판단하고 있음을 알 수 있다.

2. 군 복무 중 침해사례

(1) 2011. 5. 26자 연합뉴스 기사

서울중앙지법 민사합의14부(노만경 부장판사)는 25일 동성애자의 성 정체성을 지니고 살다 군 복무 중 자살한 김 모 씨의 아버지가 국가를 상대로 제기한 손해배상 청구소송에서 "국가는 김 씨의 아버지에게 3천여만 원을 지급하라"고 원고 일부 승소로 판결했다.

재판부는 "김 씨의 부대에서는 그가 성적 정체성 및 부대적응 문제로 혼란을 겪었고 자살을 시도한 것을 인지했으므로 심리치료 프로그램을 이수하게 하거나 전문기관의 진료 및 가족 면담 등 즉각적인 조

치를 하고 선임병의 폭언, 욕설을 방지할 의무가 있음에도 필요한 조치를 하지 않았다"고 밝혔다.

재판부는 이와 관련 "지휘관은 김 씨가 부대에 전입한 때부터 자살할 때까지 전문가에게 상담을 받게 하지 않았고 그가 선임병의 잦은 지적이나 압박으로 총기 자살을 생각했다는 점을 알면서도 조치를 하지 않는 등 보호·배려의무를 다하지 않은 것과 사망 사이에 상당한 인과관계가 있다"고 판단했다.

재판부는 그러나 정신적 고통을 극복하려고 노력하기보다는 극단적 선택을 한 김 씨 자신의 책임이 80%라고 보고 나머지를 국가 책임으로 인정해 배상액을 산정했다.

2009년 8월 입대한 김 씨는 신병 면담 도중 '중학교 2학년 때부터 동성애자로 생활했다'고 밝혀 보호관심병사로 분류됐으며 성적 정체성 혼란 등을 겪다가 화학물질을 마시고 자살을 시도했으나 미수에 그쳤다.

이후 부대 측은 김 씨의 보호관심병사 등급을 올렸지만 별다른 조치를 하지 않았고 그는 선임병의 폭언에 시달리다가 몸에 항공유를 뿌리고 불을 붙여 전신 3도 화상을 입고 치료 중 숨졌다.

이에 김 씨의 아버지는 부대의 관리 소홀 책임을 물어 국가를 상대로 3억 원을 요구하는 소송을 냈다.

위의 사례를 살펴보면, 동성애자가 받을 수 있는 가능한 인권침해의 모습들을 단계별로 모두 살펴 볼 수 있다.

① 우선 입대 후 군대내 적응의 문제이다. 동성애자들은 자신들의 성적인 성향 때문에 남성문화가 만연해 있고, 상명하복의 조직

인 군대내 부대생활에 고충을 겪고 적응을 어려워할 수 있다.

② 내무실 단체 생활 과정에서 여성스럽다, 조용하다, 부대원들과 어울리지 않는다는 이유로 관심사병이 될 수 있다. 훈련 등 일과 외에도 거의 대부분의 시간을 함께 하고, 선임병이 후임병의 사생활에 간섭하기 쉬운 군대문화 속에서 아웃팅(Outing)되기 쉬운 구조적 환경이 마련되는 것이다.

③ 관심사병으로 지정된 이후에는 지휘관과의 면담과정을 통해서 부적응문제를 해결을 시도할 수 있다. 많은 동성애자들은 이성애자인 지휘관과 동료병사들이 자신의 성적지향을 인지할 경우, 그 이후 정상적인 군 생활이 불가능할 것임을 이미 군 생활을 마친 동성애자들의 경험을 통해서, 혹은 자신들의 과거 사회생활의 경험을 통해서 알고 있으므로 자신의 성적지향을 끝까지 밝히지 않고 이성애자의 기준에서의 '정상'을 가장하여 2년간의 과정을 마친다.

④ 그런데, 집요한 지휘관의 질문을 통해서 혹은 동성애자 본인의 자살시도 등 극단적인 선택을 하는 경우와 같이 정상적인 군 복무생활의 어려움을 경험한 이후 심리적으로 극단적인 상황까지 몰리는 경우에 동성애자의 성적지향을 지휘관 기타 상급자가 알게 될 수 있다. 부대부적응으로 인한 전역절차를 밟기 위해서는 동성애자임을 밝히고 '입증'을 요구받게 된다.

⑤ 자발적으로 타인에게 커밍아웃하는 경우 외에도, 선임병이 후임병인 동성애자의 사생활을 침해하는 경우는 다반사로 일어나므로 동성애자에게 온 편지를 뜯어 읽거나 일기장을 동의 없이 읽는 방법으로도 아웃팅이 일어날 수 있다. 동성애자들은 아웃팅을 '인격적 살인'의 수준으로 심각하게 받아들인다. 그동안 쌓아왔던 인간관계, 사회적 활동과 지위 등 모든 것들이 무너지는 경험을 단

한순간에 경험하게 되는 것이라고 간주한다. 이런 의식을 갖고 있기에 일부 동성애자들은 자발적으로 군대 내에서 커밍아웃하는 동성애자를 두고 얼간이 내지는 심약한 동성애자로 치부하기도 한다.

⑥ ⑤단계 이후에는 지휘관(이 경우 계급체계에 따라 수인의 장교 내지는 부대 최상위 지휘관까지 동성애자의 성적지향을 알게 된다)과 군의관의 이해도와 역량에 따라서 인권보호조치가 이루어지느냐 침해가 이루어지느냐가 갈리게 된다. 동성애자가 다른 병사들과 마찬가지로 폭언과 욕설 등을 피할 수 있도록 보호조치와 함께 정상적인 군 복무를 할 수 있도록 배려해주어야 할 것이고 동성애를 이유로 해서가 아니라, 동성애로 인한 정신질환이 동반된 경우 그 정신질환이 군 생활에 심각하게 장애가 된다고 판단된다면(예컨대 동성애를 이유로 인권침해가 자행되어서 우울증, 대인기피증 등의 질환이 동반되는 경우) 전역조치를 밟는 것이 타당할 것이다. 그런데 비밀유지의무를 위반하여 동료병사, 부모 등 가족들에게 동성애자의 성적지향을 아웃팅하는 경우가 생길 수 있고, 인권침해적인 방법으로 성적취향을 조사하는 경우가 발생할 수 있다.

위의 기사와 유사한 동성애자 관련 사건과 사고들이 오래전부터 여러 통로를 통해 문제제기가 이루어졌음에도 불구하고 기본적으로 우리 군은 동성애자들의 인권침해문제에 대하여 다분히 고의적으로 눈을 감고 있다. 이하에서는 이 같은 인식을 확인할 수 있는 군 관령 법령들을 살펴본다.

(2) 복무과정 중 동성애자를 억압하는 군 관련 법령들

a. 〈부대관리훈령〉[3]

국방부는 2006년 2월 한 동성애자 사병에 대해 동성애자임을 입증한다며 성관계 사진을 요구하는 등 군이 저지른 인권침해 사건이 공개되어 사회적 파장이 크게 일어난 가운데 시민단체와 법조계, 여성계, 학계의 질타와 인권위의 조사 등에 쫓겨 같은 해 3월에 〈병영 내 동성애자 관리지침〉을 제정, 시행하였다. 이 지침은 동성애자를 '관리' 대상화하고 동성애를 '유입·확산'이 가능한 '질병'으로 인식하는 등 국방부의 잘못된 지식과 편견을 여과 없이 드러낸 조악한 규정으로 각계의 비난과 빈축을 샀다. 이후 군 관련 성소수자 인권증진을 위한 시민단체의 활동이 계속되고, 국민의 동성애에 대한 편견이 조금씩 사라지면서 〈관리지침〉은 국방부훈령 〈병영 내 동성애자 관리에 관한 훈령〉으로 격상되었고(시민단체가 제기하였던 많은 문제점들이 거의 반영되어 수정되었다), 이후 〈부대관리훈령〉안에 통합되어 운용되기에 이르렀다.

〈관리지침〉이 동성애자의 인권보다 지휘관의 입장에서 동성애자를 잘 통제함으로써 '사고'를 억제하는 데에 그 기능을 하기 위함이었다면, 〈부대관리훈령〉은 동성애자의 인권보호의 기능과 편견의 해소에 일조하는 데 그 기능을 다해야 할 것이다.

하지만 아무리 빈틈없이 마련된 훈령이라고 하더라도 이것이 잘 활용되고 준수되는지 여부는 별개의 문제라고 할 것이다. 기사의 사례는 〈훈령〉이 제정되었음에도 동성애자의 인권침해를 막지 못했음을 보여준다. 또 많은 수의 지휘관들은 침묵하고 있는 동성애자 사병을 관리

---

3) 별지 부대관리훈령 제5장 동성애자 병사의 복무 참조.

하면서 〈훈령〉의 존재를 모르고 있을 가능성도 크다. 훈령을 제대로 마련하였다면 그 훈령이 제대로 지켜질 수 있도록 교육과 계도의 고삐를 늦추지 말아야 할 것이다.

b. 군형법 제92조의5 '계간'에 대하여

군형법은 동성 간의 성행위를 계간(鷄姦)으로 처벌하고 있다.[4] 계간이란 용어는 남성 간 항문을 이용한 성행위를 말한다. 남성 간의 성행위를 동물적인 행위로 비하한 것이다. 군형법상 계간죄는 복무 중인 병사 또는 군 간부가 영내 또는 영외에서 사육하는 동물들을 대상으로 하는 성교행위를 규제하기 위해서 처벌하는 것이 아니다. 종래에 계간이라는 용어는 동성애를 의미하는 것이었으며 계간의 주체는 동성애자가 되는 것이다. 즉, 현재 한국 군은 동성애자를 인간이 아닌 동물로 보고 있으며 동성애혐오를 법률에서 그대로 드러내고 있는 것이다. 동성애자가 가지고 있는 성적인 주체성을 '닭'의 그것으로 폄훼하고 있는 군의 시각으로 인해서 동성애자의 인권이 빈번하게 침해되고 방조되는 일이 일어나고 있는 것이다.

이러한 문제제기에 따라 사법개혁법안 중 정부발의 군형법 일부개정법률안이 제출되었다. 내용은 다음과 같다.

---

4) 제92조의5(추행) 계간(鷄姦)이나 그 밖의 추행을 한 사람은 2년 이하의 징역에 처한다.

여전히 현행 군형법 제92조의5와 마찬가지로 '계간'이라는 별도의 행위를 규정하고 있음을 알 수 있다. 하지만 이 '계간'이라는 용어 자체에는 강제성에 대한 의미가 포함되어 있지 않다. 군형법의 적용을 받는 자는 업무와 상관없이 사적인 영역에서 동성애 행위를 이유로 징역형을 받을 수 있는 것이다.

그러나 '폭행 또는 협박' 내지 '위계 또는 위력'이라는 범죄의 구성요건을 두면서 굳이 추행[5]과 계간을 구분해서 규정할 필요가 있는지는 의문이 든다. 우리 형법은 현재 강간죄의 객체를 '부녀'에 한정하고 있기 때문에 폭행 또는 협박, 위계 또는 위력에 의한 동성 간 성교행위는 추행의 죄로 포섭해야 하기 때문이다. 개정안에 굳이 '계간'이라는 용어를 계속 사용하는 것은 결국 동성애에 대한 차별적 구분을 포기하지 않겠다는 의지를 표명한 것으로 해석할 수밖에 없다.

그런데 개정안에 따르면 형법상 강제추행죄(10년 이하의 징역 또는 1천 500만 원 이하의 벌금)보다도 병영 내에서 이루어지는 추행(5년 이하의 징역)에 대한 처벌의 강도가 절반으로 현저히 낮음을 알 수 있다. 개정안은 추행에 대한 형량을 정함에 있어 형법상의 형량과 비교를 하지 않았으며 특히 군대라는 특수한 집단 내에서 발생하는 추행의 위험

---

5) 제298조 (강제추행) 폭행 또는 협박으로 사람에 대하여 추행을 한 자는 10년 이하의 징역 또는 1천500만 원 이하의 벌금에 처한다.

성에 대해서 역시 충분한 숙고를 하지 않았음을 알 수 있다.

현행 군 형법은 ① 군 기강 확립을 저해하는 행위를 처벌하기 위해 다른 법률에서 규율하기 어려운 군(軍) 내의 특수한 경우를 규정한 부분, ② 형법 또는 기타 법률에 의해 처벌되는 범죄를 가중처벌하는 것을 내용으로 하는 부분으로 나눌 수 있다. 예컨대 군 기강 확립을 위한 것은 예를 들어 제3장 지휘권 남용의 죄, 제4장 지휘관의 강복과 도피의 죄, 제5장 수소이탈의 죄, 제6장 군무이탈의 죄, 제7장 군무태만의 죄, 제8장 항명의 죄 등이 있으며 형법 또는 기타 법률에 의해 처벌되는 범죄의 가중처벌을 규정하고 있는 것은 위 규정 이외의 각 죄가 될 것이다. 그런데 형법 또는 기타 법률에 의해 처벌되는 범죄의 경우 군대라는 특수한 환경과 상명하복관계라는 구성원 간의 계급질서가 존재한다는 이유만으로 군형법을 통해 가중처벌될 이유가 없고 군 기강확립 및 군대보호를 위하여 특히 형법 등 다른 법률에 의해 규율하기 어려운 범죄만을 한정하여 군형법으로 다룰 필요가 있다 할 것이다.

이런 전제로 판단할 때, 현행 군 형법 제92조의5(추행)가 군 형법에 존재할 이유가 있는지에 대해서도 근본적인 고민이 필요하다. 일반 형법에 비해 가중처벌이 아닌 오히려 낮은 처벌 규정을 가지고 있고 다만 '계간' 문구만 추가되고 있는데, 이는 "다른 유형의 추행에 대해서는 낮게 처벌하되 일단 군대에서의 동성(애) 성행위는 절대로 불가이다"는 국방부의 동성애자에 대한 인식을 드러내고 있을 뿐이다.

c. '기타 추행'과 관련하여

그렇다면 같은 맥락에서 계간 '기타 추행'의 위헌성에 대하여도 검토해 볼 수 있다. 헌법재판소는 2011. 3. 11선고 2008헌가21결정 '군형법 제92조 위헌제청' 사건에서, 다수의견은 '기타 추행'이란, 계간에 이르지 아니한 동성애 성행위 등 객관적으로 일반인에게 혐오감을 일으키게 하고 선량한 성적 도덕관념에 반하는 성적 만족 행위로서…… 그 전형적인 사례인 '계간'은 '추행'이 무엇인지를 해석할 수 있는 판단지침이 되며, 대법원 판결 등에 의하여 구체적이고 종합적인 해석기준이 제시되고 있는 이상, 이 사건 법률조항은 죄형법정주의의 명확성원칙에 위배되지 아니한다"고 밝히고 있다. 하지만 '계간' 문구가 앞서 살펴본 바와 같이 동성애자를 비하하기 위해 헌법상 보장되는 사생활의 자유와 평등권을 현저히 침해하고 있는 규정이라고 한다면 이러한 '계간'의 의미에 기대어 '기타 추행'이라는 추상적이고 모호한 규정을 해석하고 적용하는 것은 이 죄형법정주의 원칙 중에서 명확성의 원칙에 위반되어 위헌무효라 할 것이다.

또한 '군(軍)이라는 공동사회의 건전한 생활과 군기'라는 보호법익이 실제 존재한다고 하더라도 군형법 제92조의5를 통하여서 동성애자의 비군영 내의 합의하에 이루어진 성행위를 처벌할 수는 없을 것이다. 여기에 덧붙여 군인과 동성 민간인의 성행위도 규율하는 것인지 여부도 불분명하다고 볼 것이어서 그 위헌성을 면치 못한다.

정리하자면 첫째로, 계간이란 용어는 군형법에서 삭제되어야 하다. 법령에 실려야 한다면 그것은 동성 간의 성행위로 표현해야 옳다(하지만 따로 '동성 간의 성행위'에 대해서 규율할 일은 없다. 복무시간과 일과 중 성행위는 제한하기 위함이면, 동성애/이성애를 구분하여 규정할 것은 아니기 때문이다). 이는 용어 자체가 과도하게 도덕적인 비하감정을 싣고 있다. 둘째, '계간 기타 추행'의 규정은 죄형법정주의 원칙에 어긋나고 과잉금지원칙에 위배되므로 위헌 무효의 규정이다.

III. 동성애자의 군 복무에 관한 각국의 현황[6]

1. 전체 현황

전세계적으로 군 복무와 관련하여 동성애자의 차별이 점차 소멸되고 있으며, 특히 유럽의 국가들은 동성애자의 군 복무 제한을 철폐하고 있다. 나토 회원국 25개국 중에서 12개국이 동성애자의 군 입대를 공개적으로 허용하고 있고, 안보리 상임이사국 중에서 프랑스와 영국이 동성애자의 군 복무를 허용하고 있다. 이를 징병제 국가와 모병제 국가로 분류하면 다음과 같다.

■ 동성애자 군 복무를 허용하는 국가
  징병제 국가 : 오스트리아, 덴마크, 독일, 이스라엘, 스위스, 대만, 태국 등
  모병제 국가 : 호주, 캐나다, 프랑스, 네덜란드, 남아프리카공화국, 영국 등

---

6) 전수영, 『법여성학』, 한국학술정보, 2009. 4. 25. 213쪽 이하.

■동성애자 군 복무를 금지하는 국가

　징병제 국가 : 브라질, 이집트, 헝가리, 이란, 이탈리아 등

　모병제 국가 : 룩셈부르크, 페루, 베네수엘라 등

2. 유럽의 경우

(1) 영국과 유럽인권재판소

　유럽인권협약은 성차별을 금지하고 있다(제14조). 그리고 성차별에는 성적지향에 따른 차별도 포함하는 것으로 해석되고 있다.

　영국은 1967년 성폭력법(Sexual Offence Act)이 제정되기 이전에는 동성 간의 성행위는 사회나 군대에서 동일하게 처벌되었다. 하지만 이 법이 통과되면서 성인(21세 이상) 간의 합의한 성행위는 비범죄화되었다. 반면 군대 내에서의 동성 간의 성행위는 1955년 육군 및 공군법(Army and Air Force Acts), 1957년 해군기율법(Naval Discipline Act) 이래로 범죄로 규정되었다.

　그러나 1994년 국방부는 동성애에 관한 정책과 지침을 쇄신하였다. 이 지침에 따르면 군인은 동성애를 이유로 군사법정에서 처벌을 받지 않지만 행정적인 전역조치의 대상이 되었다. 이러한 내용을 정확하게 반영한 지침이 군인들에게 배포되었다. 그에 따르면 군인이 동성애자임이 드러난 경우에는 전역되며, 동성애자임을 선언했던 입대 희망자도 모병과정에서 배제한다는 것이다.

　동성애자의 복무금지규정을 이유로 1993년부터 1995년 사이에 강제로 전역당한 4명의 영국 군인이 유럽인권재판소에 제소하였다(Lustig-Prean & Bekett case, Smith & Grady case). 네 사람은 성적 지향에

관한 조사활동과 전역조치가 유럽인권협약 제8조에 보장된 사생활의 권리를 침해하고 협약 제14조를 위반한 차별이라고 주장하였다. Smith 와 Grady는 제8조(사생활 및 가족생활을 존중받을 권리), 제14조(차별의 금지), 나아가 제3조(비인도적 굴욕적 처우금지)와 제10조(표현의 자유)를 위반했다고 주장했다. 결국 국방부의 지침은 이중생활을 강요하고 있다고 주장했다. 유럽인권재판소는 두 사건에서 성적지향성에 대한 조사뿐만 아니라 동성애자에 대한 전역조치는 유럽인권협약 제8조에 위반이라고 결정하였고, 4인의 입장을 지지하여 국방부의 정책은 인권협약을 위반하였다고 판결하였다. 이 사건으로 영국은 동성애금지규정(gays ban)을 철폐하였고, 다른 국가들도 이러한 결정의 취지를 수용하기 시작하였다.

유럽에서는 전체적으로 동성애금지규정을 철폐하는 방향으로 이행 중이다.

(2) 독일

독일은 동성애자와 관련하여 우울한 역사를 가지고 있다. 10여만 명의 동성애자가 홀로코스트의 희생자가 되었기 때문이다. 구형법(1871년 제정) 제175조는 동성애를 처벌하였으며, 이러한 형법은 제2차 대전이 종결된 후에도 한동안 존재하였다.

연합국은 과거청산차원에서 종래의 악법과 악법에 기초한 유죄판결을 폐기하였다. 독일정부가 수립된 이후에도 정치범이나 병역거부자를 처벌하였던 종래의 악법들은 폐지하면서 아울러 해당 판결도 자동적으로 무효화하는 법률을 수차례 제정하였다(나치불법판결무효화법 1998년 제정, 2002년 개정). 구형법 제175조에 입각한 종래의 유죄판결도 2002년 법에 의하여 완전히 무효가 되었다.

2차 대전 후에 새로이 수립된 독일은 여러 가지 면에서 인권보장원칙에 충실하였다. 병역거부권을 인정하였고, 국제인권규범에 대해서도 매우 적극적이고 개방적인 자세를 취하고 있으며, 동성애자에 입대 제한을 두고 있지 않다. 특히 2000년 군(軍) 내에서 '성에 관한 상세한 정훈지침(Umgang mit Sexualität)'을 마련하였으며, 이 지침은 서두에 여성군인과 동성애적 성적 지향을 갖는 군인에 대한 군대의 종전 태도를 확실하게 개선시키기 위하여 제정하였다고 밝히고 있다.

3. 미군과 동성애자

(1) DADT 정책 이전 단계

미군 내에서 2차 세계대전 이후 동성애자는 군 입대 금지되었고, 군 내 형사처분의 대상이었다. 그러나 현실적으로 동성애자는 군대 내에서 지속적으로 존재하였고, 동성애자를 일일이 처벌하는 것이 용이하지도 않았다. 따라서 부대장의 재량이 매우 넓었다.

입대 전에는 성적 지향에 대하여 조사를 하였고, 입대 후에는 성적 지향이나 동성 간 성행위가 발견되는 때에는 처벌되었다. 또한 게이임이 발각되어 제대하는 경우에는 불명예제대에 해당하므로 군인연금이나 은퇴혜택을 누릴 수 없었다.

(2) DADT 정책

1992년 빌 클린턴 대통령 후보는 동성애자 군 입대제한조치를 혁파하겠다고 선거 과정에서 약속하였다. 그러나 동성애자 입대문제에 대한 반발이 거세게 일자 타협적인 DADT(묻지도 말고, 말하지도 마

라) 정책을 1993년에 채택하였다. 이 정책은 동성지향성이나 동성 간의 성행위가 드러나는 경우에는 불명예제대를 시키겠다는 정책(USC Title10 §654)이다.

ㄱ. 주요내용

DADT 정책의 주요 내용은 ① 자신이 게이, 레즈비언, 양성애자라고 진술하는 경우, ② 동성 간의 성행위가 드러난 경우, ③ 동성 결혼을 시도하는 경우 불명예 제대시키는 것이다. 이는 완전금지 정책보다는 동성애자의 인권을 보장하는 것으로 평가할 수 있지만, 실제로 동성애자를 더욱 위험에 빠뜨리기도 하고 제도의 남용 가능성도 매우 높았다.

실제로 DADT 정책은 성적 지향성에 따른 제대자 수를 증가시켜 9,000여 명이 불명예제대를 하였고, 이에 따른 비용도 2억 5천만 달러가 소요되었다. 여기에는 전문기술자나 언어능통자의 해고에 따른 비용의 증가도 포함된다.

뿐만 아니라 부대 내에서 모욕과 폭행은 계속되었으며, 1999년에 동성애자로 의심받은 Barry Winchell이 동료병사들로부터 야구방망이로 구타당하여 사망하는 사고가 발생하였고 이는 '병사의 여인'이라는 제목으로 영화화되기도 하였다. 당시 부대장이었던 육군소장 클라크(Robert Clark)는 사건 전이나 사건 후에도 게이 혐오 폭력이나 괴롭힘을 방지하는 교육을 실시하지 않았고 동성애를 비방하는 언어와 행동들이 부대 내에 난무하는 것을 방치하였다. 그러나 부시는 2003년 클라크를 중장으로 승진시켰고, 이에 대하여 많은 인권단체들이 심각한 우려를 표명하였다.

결국 DADT 정책은 정확하게 자신의 성적 정체성에 관해서 비밀을 유지하는 능력에 따라 동성애자의 운명이 좌우되는 매우 불합리한 것이 되었다.

ㄴ. DADT 정책의 기타 문제점

이 정책의 다른 문제점으로 부대장의 재량이 너무 크다는 것을 들 수 있다. 즉 게이임이 밝혀져 제대해야 하는 상황임에도 그렇지 않는 경우가 있었는데, 이는 DADT 정책에 대한 부대장의 개인적인 반대, 임무의 성격, 인력 부족, 진술의 신빙성 등에서 그 이유를 찾을 수 있다.

ㄷ. Rumsfeld v. FAIR 사건(2006)

연방법원은 다섯 차례에 걸쳐 DADT 정책을 지지하는 결정을 내렸다. 그중에서 Solomon Amendment와 연관된 Rumsfeld v. FAIR사건(2006)이 가장 최근의 결정이다.

다수의 로스쿨들이 차별방지정책을 따르지 않는 고용주의 취업담당자에게 대학출입을 허용하지 않는 정책을 유지하고 있었고, 이에 따라 군대의 DADT 정책을 반대하여 군 모병관계자들의 대학 내의 출입을 거절하였다. 이에 의회는 솔로몬 의원의 제안에 따라 대학 내에서의 모병활동에 우호적이지 않은 대학에 대하여 연방정부의 재원을 분배하는 것을 유보하는 법을 제정하여 연방자금을 수령하는 대학은 모병관의 출입을 허용하도록 요구되었다. 이에 '대학과 연구기관의 권리를 위한 포럼(FAIR: Forum for Academic and Institutional Rights)'은 이 법률(Solomon Amendment)이 수정헌법 제1조 언론의 자유와 결사의 자유를 침해한다고 연방법원에 제소하였다. 대법원(Supreme Court)은 2006년 3월에 이 법률이 대학이나 연구기관의 자유로운 연구와 발언을 금지하거나 특정한 사항을 발언하도록 강요하지도 않는다는 점을 이유로 합헌이라고 선언하였다.

ㄹ. '거짓 게이'의 문제

미 국방부가 1999년에 Forces Command(Regulation 500-3-3)에 따라 게이임을 밝히거나 게이로 기소된 예비군이나 국가경비대원을 적극적 군사작전에 투입하였다는 사실을 '캘리포니아 산타바브라 대학의 군 복무중인 '성적 소수자의 권리센터'가 2005년에 밝혀냈다.

이러한 지침은 전시상황이나 위험업무 앞에서 게이라고 거짓 선언하여 군무를 회피하려는 병사들의 기선을 제압하기 위한 것이라고 한다. 이러한 명령이 법에 저촉되는 것은 아니었지만 올바른 방법이라고 할 수는 없을 것이다.

결국 동성애자임이 드러난 군인들은 위험한 전투에 투입되어 작전을 마치고 귀환한 후에 제대를 강요당하게 되었고 이는 매우 부당한 조치였다. 이러한 작전투입 사실은 군인으로서 군사작전을 수행하는 데에 동성애자 여부가 아무런 관련성이 없다는 것을 스스로 입증하고 있기 때문이다. 그리고 실컷 부려먹고 멋대로 자른다는 비난을 자초하기도 하였다.

ㅁ. DADT 정책의 폐지

DADT 정책은 버락 오바마 미 대통령이 자신의 2010년 12월 22일 그의 대선공약대로 동성애자의 군 복무 금지 폐지 법안에 서명함으로써 폐지되었다. 오바마 대통령은 서명식에서 "이 법안은 국가안보를 강화할 것"이라며 "이 법안에 서명하게 돼 뿌듯하다"고 밝혔다. 이날 서명으로 17년간 이어진 동성애자 군 복무금지 정책이 끝나고 오바마 대통령의 대선 공약이 실현됐다. 오바마 대통령은 "군인의 용기와 희생은 더 이상 성적 성향으로 규정되지 않는다"고 말했다. 이에 앞서 상원은 '묻지도 말고 말하지도 말라(Don't ask, don't tell)'는 국방부 정책을 폐지하는 법안을 65대31로 통과시켰다.[7]

앞에서 지적한 바와 같이 DADT 정책은 개인의 양심의 자유를 억압하고, 동성애자의 군 복무를 제한하는 수단으로 남용될 수 있으며, 지휘관의 재량에 따라 군 복무 계속 여부가 좌우되는 불합리한 제도였다. 징병제 국가인 우리와 모병제 국가인 미국의 상황이 꼭 같지만은 않지만, 동성애자의 군 복무 수행에 대한 인식의 전환, 미국의 동성애 정책의 흐름을 우리는 반면교사로 삼을 수 있을 것이다.

---

7) 뉴시스, 오바마, 동성애자 군 복무 금지 폐지법안 서명, 2010. 12. 23일자 기사.

IV. 개선방안

1. 국가의 기본권 보호의무 이행

개인의 성적 지향은 헌법 제10조 행복추구권과 제17조 사생활의 비밀의 자유를 침해받지 않을 권리에 의해 보호되어야 할 기본권임을 국가는 잊지 말아야 할 것이다. 비록 군 복무를 하고 있는 병사일지라도 헌법이 국가에 보호 의무를 부과하고 있는 인권의 주체이다.

즉, 우리 한국의 군대 내 병사 모두가 향유해야 할 기본권의 내용에는 분명 헌법 제10조와 제17조가 포함되어 있다고 할 것이다. 이러한 기본권의 보장은 그 병사가 이성애자냐 동성애자냐를 구분하지 않고 모두에게 적용된다. 그렇게 본다면 조금 더 논의를 확장하여 현시점에서 동성애자를 보호하기 위한 훈령·지침이 필요한 것이 아니라 이성애자, 양성애자, 동성애자, 성전환자 모두를 포함한 구성원 전부를 위한 인권보호 규정이 제정되어야 한다는 결론을 이끌어 낼 수 있다.

현재의 상황을 5, 6년 전 동성애자의 인권을 보호할 규정이 전무한 상황과 비교해 한 걸음 나아갔다고 볼 수 있지만, 궁극적으로 국가와 군대가 지향해야 할 목표는 군대 내에서 이유를 막론하고 소수자가 다수자와 '다름'을 이유로 차별을 받아서는 안 된다는 데에 두어야만 할 것이기 때문이다.

한국의 군대는 글 첫머리에서 살펴본 것처럼 징병제로 운영되고 있다. 한국의 군(軍)은 가장 규모가 크고 강력한 무력보유집단인 동시에 역설적으로 가장 집중적이고 보편적인 교육이 이루어질 수 있는 장소라는 성격을 갖는다.

이에 따라 60만 사병의 인권을 수호해야 할 장성을 비롯한 군 간부들에 대한 대대적인 인권교육이 요구된다. 특히 고위 지휘관으로 갈수록 성 인지교육 및 성 지향에 따른 부분에 대한 교육이 더더욱 필요하다. 성 지향에 대한 교육과 성문화에 대한 다양성을 수용하는 것이 엄정한 군 기강의 확보에 방해가 될 수 있다는 군 수뇌부의 우려와 반발을 예상해 볼 수 있다. 그러나 '다름'을 차별과 경멸의 근거로 삼고 권리를 빼앗아왔던 지난 시절을 RGJ 성적소수자와 관련되어 불거져 나왔던 논란을 돌이켜본다면, 그리고 점차적으로 다양성을 수용해가는 국민의식을 수용하고, 또한 후발 인권발전국가로서의 이점을 갖고 선진국의 동성애자에 대한 정책이 어떻게 변화해왔는지 검토해 본다면 이러한 우려와 반발은 불식시킬 수 있을 것이다.

이에 더불어 병사들에 대한 인권교육 프로그램 개발 및 교육진행이 꾸준히 이루어져야 할 것이다. 한국에는 이른바 '군사문화'라는 용어가 있다. 병영 내에서 이루어지는 장기간의 교육은 사회에 복귀한 후에도 개인의 내면에 오랫동안 남아서 평생의 가치관을 좌우하기도 한다. 따라서 군대에서 체험하고 익히게 될 인권에 대한 개념은 그 어느 장소, 시간에서 이루어지는 교육보다 값진 것이 될 수 있다.

이러한 인권교육 프로그램의 일환으로 성적 지향성에 관한 교육을 실시하여서 징병제 국가인 우리나라에서 구성원간의 '다름'을 이해할 수 있는 기반을 마련해야 한다.

2. 법제의 정비

　동성애를 '계간, 성선호도 장애, 변태적 성벽자' 등의 표현으로 규정하고 있는 현행 법령을 모두 정비한다. 동성애에 대한 멸시와 혐오가 담겨있는 법 조항들은 모두 삭제되어야 마땅할 것이다.

　이성애 또는 동성애를 불문하고, 또 군인, 민간인의 신분을 불문하고 합의에 의한 성관계를 보호되어야 할 내밀한 프라이버시로서 인정하여야 한다. 범위를 제한하여 '병영 내에서의 군 기강확보'를 위해서 병영 내 성적행위를 제한한다고 하더라도 강제력, 위계, 위하가 개재되지 않은 당사자 간 합의에 의한 성관계에 대해서는 복무관리규율로 의율해야 할 것이지 형법적인 제재가 가해져서는 안 될 것이다.

　부대관리훈령이 마련되어 있으나 동성애자 인권침해 사례가 드물지 않게 발생하고 있다. 훈령이 규정하고 있는 바대로 동성애자의 병사는 성적지향을 이유로 차별받아서는 안 될 것이며, 신상비밀의 유지와 아웃팅의 방지가 확실하게 담보되어야 할 것이다. 또한 앞서 밝혔듯이 동성애가 질병이 아니고 타고난 성정(性情)이라면, 병원이나 비전캠프의 입소가 동성애자 병사를 격리시키는 수단으로 사용되어서는 안 될 것이다. 또 군 복무의 애로사항을 동성애자와 지휘관이 공유하고 가용시 내밀 공간(침실, 샤워장)의 원활한 사용여건을 확보, 개선하는 것도 중요한 과제가 될 것이다.

3. 사법기관의 인식전환과 사법 적극적 해석

대법원은 군 형법상 추행죄의 보호법익이 형법상 추행죄와 다르다는 점을 밝히면서, '군대가정'의 비유를 사용한다. 이에 따라 이성애자이며 '가장'의 역할을 수행하는 중대장이 다른 사람도 아닌 '형제' 내지는 '아들' 역할을 하는 사병을 공개적으로 양 젖꼭지를 비틀거나 잡아당기고 손등으로 성기를 때린 정도의 경우에는 성적 수치심을 느끼거나, 혐오감을 일으키거나 성적 도의 관념에 반하지 않는 것으로 평가하면서, 동성 간의 성행위 즉 '군대가정'의 비유 속에서 '형제' 간의 합의된 성관계는 '근친상간의 금기'와 자연스럽게 결합시키는 해석을 한다.[8] 이와 동일하게 헌법재판소도 '계간 기타 추행'은 동성애자의 합의된 성관계를 미연에 방지하여 동성애를 조장·미화하는 것을 방지한다고 판단하는 듯하다.

군과 마찬가지로 사법기관 역시 동성애에 대하여 법적 판단을 내리기 이전에 동성애자 등 성적소수자에 대한 합리적이고 과학적인 인식이 필요하다. 또한 국민 다수의 의식변화와 법 감정에 발맞추어 사법기관은 소수자를 억압하는 상황의 개선에 사법적극주의적인 해석 노력을 다해야 할 것이다.

---

8) 군형법 제92조에서 말하는 '추행' 이라 함은 계간에 이르지 아니한 동성애 성행위 등 객관적으로 일반인에게 혐오감을 일으키게 하고 선량한 성적 도의관념에 반하는 성적 만족 행위로서 군이라는 공동사회의 건전한 생활과 군기를 침해하는 것. (대법원 2000. 7. 14. 2003도 7107판결)

V. 결론

세상에는 늘 다수자가 있고, 소수자가 있다. 어느 영역이든 마찬가지이겠지만 인간의 성과 관련된 영역에서도 다수자와 소수자가 존재한다. 이 구도에서 중요한 것은 소수자에 대한 다수자의 '인정'과 '배려'이다. 특별히 성과 관련된 영역에서는 소수자에 대한 지독한 편견, 심지어 혐오감마저 존재한다. 더군다나 군대라는 조직 내에서는 성적소수자가 인정받고 배려받기란 사회에서의 그것보다 비교할 수 없을 정도로 어려워 보인다. 그러나 세계적인 추세는 성적 소수자에 대한 관심과 이해가 성장하고 법적보호가 강화되고 있는 방향으로 가고 있다. 동성애자에 대한 태도가 혐오, 공포, 호기심의 대상에서 벗어나 동등한 사회구성원으로서 그들을 인정하고 존중하는 태도가 다수의 구성원들에게 요구되는 시점이다.

참 고 문 헌

김현영, "병역의무와 근대적 국민정체성의 성별정치학", 이화여자대학교 대학원
여성학과 석사학위논문, 2002.

이재승, 『국가범죄』, 앨피, 2010.

이준일, 『인권법』, 홍문사, 2010.

전수영, 『법여성학』, 한국학술정보, 2009.

정종섭, 『헌법학원론』, 박영사, 2006.

군대내 동성애자 인권 침해 사건 진상조사단(준), 민주 노동당 최순영 국회의원실, 『군대
내 동성애자 차별 철폐 토론회 자료집』, 2006.

제5장 동성애자 병사의 복무

제235조(목적) 이 장은 병영 내 동성애자 병사의 인권을 보호하고, 동성애자 병사가 다른 병사들과 마찬가지로 군 복무를 할 수 있도록 제반 여건을 보장함으로써 군의 전력 향상과 복무수행의 능률 증진을 목적으로 한다.

제236조(기본원칙)

① 병영 내 동성애자 병사는 평등하게 취급되어야 하며, 동성애 성향을 지녔다는 이유로 차별받지 아니한다.

② 제1항에도 불구하고 동성애자 병사의 병영 내에서의 모든 성적행위는 금지된다. 이에 위반한 경우 형사 처벌 또는 제4편 제4장 '성 군기 사고 예방'에 따른 절차에 따라 징계처분 한다.

③ 병영 내 동성애자 병사의 지휘관을 비롯하여 동성애자 병사의 인적사항을 기록·관리하고 있는 인사장교, 군의관, 군종장교, 법무장교, 행정보급관 등(이하 이 장에서 "지휘관 등"이라 한다)은 동성애자 병사의 인권이 부당하게 침해받지 않도록 노력하여야 한다.

④ 지휘관 등은 병영 내 동성애자 병사의 고충 및 애로사항을 파악하여 보직·근무여건·생활여건 개선·상담 등의 조치를 하되, 위 병사의 복무부적응이 현저한 경우 현역복무부적합처리 후 전역 조치를 할 수 있다. 다만, 동성애 사유만으로는 현역복무부적합처리를 할 수 없다.

제237조(신상비밀 보장)

① 지휘관 등은 병영 내 병사들에 대하여 성지향성 설문조사 등을 통해 적

극적인 동성애자 식별 활동을 할 수 없다.

② 지휘관 등은 병영 내 동성애자 병사에 대하여 성 경험·상대방 인적 사항 등 사생활 관련 질문을 금지한다.

③ 지휘관 등은 병 생활기록부를 제외한 각종 서류에 동성애자 병사의 인적사항 기록을 금지한다. 다만, 동성애자 병사는 전역 시까지 대대장의 관심병사로 보호 및 지도하도록 한다.

④ 지휘관 등은 동성애자 입증 취지의 관련자료 등의 제출 요구를 금지한다.

⑤ 지휘관 등은 병영 내 동성애자에 대한 면담·상담기록 및 의무기록 등이 관계자 이외의 사람에게 유출되지 않도록 주의하여야 한다.

제238조(아웃팅의 제한)

① "아웃팅(Outing)"이란 타인에 의해 동성애자인 것으로 밝혀지는 것을 말한다.

② 어느 누구도 동성애자 병사의 동의가 없는 한, 부모·친구·부대에 동성애 사실을 알려서는 아니 된다. 다만, 자살 등 사고 가능성이 현저한 경우 또는 군의관이 지휘관의 사고예방업무에 중요하다고 판단하는 경우에는 예외로 한다.

제239조(차별금지)

① 동성애자에 대한 구타·가혹행위·모욕·욕설·성희롱·성폭력 등을 금지한다. 이러한 사실이 있는 경우 즉각 보고하고, 해당자를 엄중 처벌한다.

② 지휘관 등은 동성애자 병사가 단순히 동성애자임을 스스로 밝히는 경우에 강제 전역조치를 할 수 없다.

③ 지휘관 등은 법령에 위반하여 동성애자 병사에 대하여 강제 채혈 및 후천성면역결핍증(AIDS) 검사의 강요를 할 수 없다.

④ 비전캠프나 병원에의 입소·입원 조치가 부대에서 동성애자 병사를 격리시키는 수단으로 사용되어서는 아니 된다.

제240조(교육 및 상담 강화)

① 양성 및 보수교육 시 성적 소수자의 올바른 이해를 포함하는 성 군기 위반 예방교육을 실시한다.

② 동성애자 병사는 지휘관 등에게 복무상의 고충 등을 해소하기 위해 성적 소수자에 대한 전문지식이 있는 자와의 상담을 요청할 수 있다.

③ 지휘관 등은 동성애자 병사 관련 교육 및 상담에 있어 필요한 경우 국방부 및 각 군 인권과에 지원을 요청할 수 있다.

④ 지휘관 등은 장병 인권교육에 '성적소수자 인권보호'에 대한 교육 내용을 포함하도록 한다.

제241조(지속적인 지휘관심 경주)

① 지휘관 등이 병사와의 면담 또는 제238조 제2항 단서 등으로 인하여 동성애자 병사임을 안 경우에는 즉시 보호 및 관심병사로 선정하여 지속적인 지휘관심을 갖도록 한다.

② 지휘관 등은 동성애자 병사의 애로사항을 파악하고, 다음 각 호의 조치를 하도록 한다.

 1. 필요 시 보직 및 근무지를 조정

 2. 가용 시 침실 및 샤워장 사용여건을 개선

소수자
인권

제6장

불법체류자 문제에 대한 소고

신정현(인하대학교 법학전문대학원생)

I. 서론

2011년 5월의 서울에서는 노숙자들이 주섬주섬 박스를 챙기고 아침 무료 급식을 기다리는 오전 7시 회사로 가는 직장인들과 학교로 가는 학생들로 지하철, 버스와 도로는 붐빈다. 오늘도 개당 배달비가 1000원도 안 되는 택배 물건을 실은 택배 차들이 움직여서 10시부터 아파트 경비실에는 택배 물건들이 쌓여간다. 11시 정도부터 대로변의 가게들은 문을 열고 손님보다 더 많은 파리를 날리다가 12시가 넘으면 그나마 잘되는 식당들은 손님맞이에 여념이 없다. 이 시간부터는 카드사, 보험회사, 판매회사의 지나치게 친절한 전화도 심심치 않게 받을 수 있다. 오후 6시부터 도로는 퇴근 인파로 또 한 번 몸살을 앓는다. 퇴근 후 대기업 직원들은 넘치는 일을 끝내고 고단해서, 중소기업 직원들은 회사걱정과 월급걱정에 한잔한다. 새벽 2시, 빈 택시의 행렬이 넘치는 강남역 사거리에는 핸드폰 2-3개를 들여다보는 대리운전 기사들이 지나가는 행인들의 수보다 많다. 새벽 3시에도 문을 연 채인 순댓국집에서 북한 사투리의 아주머니들이 졸리는 눈으로 대충 테이블을 닦고 물수건을 건넨다. 그 시간에도 노래방의 불빛은 휘황찬란하고 새벽의 테헤란로는 성매매를 암시하는 전단들이 바닥에 깔린다. 지하철역의 노숙자들은 구걸한 돈으로 컵라면에 소주를 마신 후 바닥에 박스를 깔고 소음에도 아랑곳하지 않고 잠을 청한다.

대한민국은 불황이다. 90년대까지 보기 드물었던 노숙자 문제가 생긴 지 오래이며, 대기업의 비정규직 근로자, 파견근로자 문제는 그나마 다행이다. 소규모 자영업은 이미 위기 단계를 넘었고, 중소기업은 설 자리를 잃고 있으며, 대한민국 사람들은 택배로, 콜센터 판매원으로, 택배기사로, 노래방 도우미로 내몰리고 있다. 그나마도 운전을 할 수 있고, 한국어를 자유롭게 구사할 수 있기 때문이다. 이런 중에 불법체류자 수가 20만[1]을 넘는다고 한다. 현재 실업자 수가 107만 명[2] 정도이고 불법 체류자의 수가 그 20% 정도이니 불법노동으로 생계를 유지할 수밖에 없는 그들에 대한 국민들의 시선이 고울 수 없다. 하지만 이미 우리사회는 그들의 노동력 없이는 유지할 수 없는 소규모 기업이 부지기수이고 특히 농업과 축산분야는 외국인 노동자가 없으면 지금보다 훨씬 비싼 농산물과 육류를 먹어야 할 것이다. 내국인 실업자가 넘치지만 불법체류자를 포함한 외국인 노동자가 없으면 현재의 생활을 유지할 수 없는 이런 모순에 대하여 어떻게 대처해야 할 것인지가 이 글의 논의대상이다.

---

1) 헌법재판소 2008헌마430 공개변론에서 언급된 수치는 23만이고, 2011년 4월말 기준 법무부 발표 자료는 168,545명이다(법무부 홈페이지/출입국외국인정책 통계월보 2011.4). 따라서 이 글에서는 20만 명 정도로 판단하였다.
2) 통계청 2011년 3월 발표자료 107.3만 명

II. 불법체류자의 현황[3]

먼저 〈표1〉을 통해 2001년부터 현재까지 불법체류자들의 현황을 살펴보자. 2000년대 초반에는 등록외국인보다 단기체류 외국인의 불법체류가 높았으나 현재는 등록외국인과 단기체류 외국인의 비율이 비슷해졌으며, 전체 불법체류자의 수는 2007년에 22만 명으로 정점이었으나 그 이후 조금씩 줄어들고 있다.

연 도	총 계	등록외국인	단기체류외국인	거소신고
2001년	272,626	67,064	205,562	0
2002년	308,165	83,779	224,386	0
2003년	154,342	72,500	81,842	0
2004년	209,841	89,857	119,216	768
2005년	204,254	107,049	96,373	832
2006년	211,988	106,657	103,835	1,496
2007년	223,464	107,278	114,295	1,891
2008년	200,489	93,461	106,486	542
2009년	177,955	83,729	93,613	613
2010년	168,515	78,545	89,238	732
'10년 4월	175,570	82,628	92,090	852
'11년 4월	168,545	80,151	87,364	1,030
증감률(%)	-4.0	-3.0	-5.1	20.9

〈표1〉 불법체류자 연도별 증감추이3)

---

3) 이 장의 자료는 법무부 홈페이지/출입국외국인정책 통계월보 2011. 4. 기준을 따랐음.

〈표1〉에서 등록외국인은 취업자격이 있는 외국인[4]과 외국국적 동포[5]가 주를 이루고 단기체류외국인은 관광목적 등으로 입국한 외국인을 의미한다. 즉 불법체류자의 절반가량은 정식으로 취업 등록되었다가 비자의 기간 도과 등의 사유로 불법체류자가 된 자들이며, 나머지 절반은 취업목적이 아닌 상태로 관광 등의 목적으로 입국한 자들이라고 볼 수 있다.

구 분	총 체류자	합법체류자	불법체류자	불법체류율[6]
총계	1,354,414	1,185,869	168,545	12.4%
중국[7]	667,488	594,266	73,222	11.0%
한 국 계	447,601	426,164	21,437	4.8%
미국	133,576	127,237	6,339	4.7%
베트남	111,495	95,199	16,296	14.6%
일본	52,787	51,958	829	1.6%
필리핀	49,071	37,580	11,491	23.4%
타이	42,080	29,423	12,657	30.1%
몽골	30,788	20,037	10,751	34.9%
인도네시아	29,846	24,811	5,035	16.9%
우즈베키스탄	28,843	23,287	5,556	19.3%
타이완	25,513	24,607	906	3.6%
캐나다	21,478	20,825	653	3.0%
스리랑카	19,436	17,449	1,987	10.2%
캄보디아	13,711	12,516	1,195	8.7%
방글라데시	13,328	7,986	5,342	40.1%
네팔	11,383	9,585	1,798	15.8%

4) 51,639명(산업연수인력 제외)

5) 22,600명

6) 불법체류율 = 전체 불법체류자/총 체류자

7) 한국계 포함

파키스탄	10,711	7,643	3,068	28.6%
러시아	10,520	9,254	1,266	12.0%
인도	7,638	6,312	1,326	17.4%
호주	7,393	7,175	218	2.9%
영국	6,235	6,171	64	1.0%
미얀마	5,358	4,102	1,256	23.4%
홍콩	4,808	4,601	207	4.3%
독일	3,802	3,709	93	2.4%
기타	47,126	40,136	6,990	14.8%

〈표2〉 국적별 불법체류자 현황

〈표2〉를 보면 확인할 수 있듯이 상당수는 중국, 베트남, 필리핀, 타이, 몽골을 비롯한 동남아시아 국가 또는 구소련 출신들이다. 이들의 불법체류 목적은 자국과 한국과의 노동임금의 차이에서 비롯된 소위 '코리안 드림' 때문일 것으로 파악된다.[8] 특히 방글라데시, 몽골, 타이, 파키스탄, 미얀마 등 저개발국가의 불법체류율은 상당히 높은 편이다.

불법체류자의 문제를 단순히 다루기는 어렵다. 불법체류자가 되는 경로나 원인은 외국인의 체류자격[9]만큼 다양하기 때문이다. 현재 불법체류자에 대한 논의도 단속의 문제, 외국인 보호 및 강제퇴거의 문제, 난민 인정 문제, 노동 허가의 문제, 노동 현장에서의 문제, 노동3권의 인정 문제, 재판청구권의 문제 등 매우 다양하다. 이 중 핵심은 왜 그런 불법 체류자가 양산되는지와 그들을 어떻게 대우해야 하는지에 있다고 판단된다. 따라서 현재의 논의가 불법체류자에 대한 세부적인 해결 방안에 집중되어 있다면 이 글은 불법체류의 원인에 대한 문제 해결에 초점을 두고자 한다.

---

8) 헌법재판소 2008헌마430 공개변론에서 법무부측 전문의견과 동지

9) 대분류 기준으로 30여 가지로 분류된다(외교, 공무, 관광, 통과, 유학, 연수, 어학, 취재, 종교, 복지, 상용, 투자, 전문인력, 예술흥행, 기타취업, 동거, 동반, 거주, 재외동포, 영주, 승무원 등).

Ⅲ. 외국인근로자의 고용 등에 관한 법률[10]에 대한 검토

1. 취업제한에 대한 검토

불법체류의 주된 목적이 임금을 위한 경제적인 것이라면 불법체류의 원인을 이해하기 위해 먼저 외국인 근로자에 대한 노동법령을 살펴보아야 한다. 『외국인근로자의 고용 등에 관한 법률』은 제1조에서 그 목적을 "외국인근로자를 체계적으로 도입·관리함으로써 원활한 인력수급 및 국민경제의 균형 있는 발전을 도모함을 목적으로 한다.[11]"고 밝히고 있다. 법문상 이 법의 일차적 목표는 원활한 국민경제의 발전을 위한 원활한 인력수급이고 이차적인 목표는 외국인 근로자를 체계적으로 도입하고 관리하는 것이다. 필자는 이 목적이 잘 관철되지 않았기 때문에 불법체류의 문제가 심화되었다고 판단한다.

동법 제18조 제1항을 보면 "외국인근로자는 입국한 날부터 3년의 범위에서 취업활동을 할 수 있다."고 규정되어져 있고, 제2항은 "고용허가를 받은 사용자에게 고용되어 국내에서 취업한 후 출국한 외국인으로서 출국한 날부터 6개월이 지나지 아니한 사람은 이 법에 따라 다시 취업할 수 없다."고 하고 있다. 일반적으로 이 규제는 외국인 근로자로의 장기간 취업, 체류에 따른 부작용을 피하고 우리나라에서 취업하려

---

10) 2003. 8. 16. 제정 현재 8차 개정

11) 이 목적은 제정시부터 현재까지 변하지 않았다.

는 다수의 외국인에게 취업의 기회를 고루 부여하려는 취지에서 취업 활동 허용의 기간을 3년으로 제한하되, 재취업하려면 일단 출국한 다음 6개월이 경과하도록 절차상의 제한을 가한 것이라고 해석된다.[12]

하지만 이 규제는 타당하지 않다. 외국인 근로자 입장에서는 매우 불리한 규정이고 비현실적일 뿐 아니라 이 법의 목적인 국민경제의 균형 있는 발전에도 오늘날에는 적합하지 않기 때문이다. 우선 국민경제의 균형 있는 발전 입장에서 생각해 보자. 오늘날 우리 사회가 국제화, 선진화와 동시에 고령화로 가고 있다는 것은 주지의 사실이다. 국가의 유지를 위해서는 그 나라 국민들만으로는 그 노동력을 충당할 수 없는 경우는 우리보다 앞선 유럽의 선진국들이 이미 겪었던 일들이다. 우리나라도 독일로 간호사와 광부를 보낸 역사를 가지고 있지 않은가. 더 이상 우리 국민, 정확히는 한민족의 순수혈통만으로 국가에서 일부 업종, 소위 3D업종에서는 필요 최소한의 노동력을 충당할 수 없는 미래에 놓여있는 국민경제의 입장에서는 새로 입국한 단기 비숙련의 외국인 노동자보다는 장기 숙련 외국인 노동자가 많은 것이 당연히 유리하다고 할 수 있다.

또한 우리나라에 취업하고자 하는 외국인의 입장에서도 3년의 고용허가는 지나치게 짧다. 입장을 바꿔 생각해도 한국인도 직장에 들어가서 자리를 제대로 잡기 위해서만도 1~2년 정도는 족히 소요될 것이다. 불과 2,30년 전 이들과 같이 아메리칸드림을 꿈꾸며 태평양을 건너던 우리 동포들 역시 3년간만 미국에서 일하기를 계획하지는 않았을 것이다. 그리고 동법 제25조 제4항은 외국인 근로자의 직장 변경은 원칙적으로 3년간 3회로 제한하고 있다.[13] 이는 외국인 근로자의 지위를

---

12) 임종률, 『노동법』 제7판, 박영사, 2008, 640-641쪽.

13) 휴업, 폐업, 그밖에 외국인근로자의 책임이 아닌 사유로 그 사업장에서 근로를 계속할 수 없

불안정하게 만드는 역할을 하고 있다. 직장의 성격이 취업 외국인과 맞지 않을 수도 있고, 내국인이든 외국인이든 직장생활 중 사정변경이라는 것은 얼마든지 생길 수 있는 일인데 3회의 제한을 두는 것은 직업선택의 자유를 지나치게 침해하는 것으로 볼 수 있다. 우연히 마지막 3회에 해당하는 직장에서의 퇴출은 외국인 근로자에게 곧 강제출국을 의미하는 것이기에 낮은 임금으로 힘든 노동을 강요하게 만들 수도 있기 때문이다.[14]

국가 경제적으로나 외국인 근로자 개인에게 불합리한 이런 3년간 3회의 제한 속에서 우리나라에 취업하고자 하는 외국인 근로자에게 반드시 법을 준수하라고 강요하는 것은 옳지 못하다. 우리는 이런 규제가 적법한 외국인 근로자를 불법체류자로 전락시키는 역할을 하지 않는지 생각해 보아야 한다. 또한 3년간 취업이라는 제한의 이유가 무엇인지도 다시 한 번 검토해 봐야 한다. 우리 국가의 목적이 사해동포주의(Cosmopolitanism)[15]가 아닌 이상 적어도 외국인에게 고른 취업의 기회를 제공하기 위하여 취업기한을 3년간으로 제한하는 것은 바람직하지 않다. 아직 우리나라와 관련이 없는 외국인의 취업의 권리를 보호하지 않기 위하여 국내에서 정당한 노동을 제공하고 세금을 낸 외국인을 내보낸다는 것은 이해할 수 없는 정책이다.

게 되었다고 인정되는 경우에는 제외된다.

14) 비슷한 이유로, 위헌소원이 제기된 사건으로 헌재 2011. 9. 29선고 2007헌마1083결정이 있다.

15) 인류전체를 하나의 세계의 시민으로 보는 입장. 어원적으로는 그리스어의 kosmos(세계)와 politēs의 합성어로, '세계시민주의' 혹은 '세계주의' 등으로 번역된다. 국가에 특유한 가치라든가 편견등을 부정하려고 하는 사상 또는 하나의 세계국가를 적극적 원리로 하는 사상이라 할 수 있다. '폴리스'가 붕괴되어 가고 있던 BC 4세기 그리스에서, 시노페의 디오게네스는 스스로 코즈모폴리테스(kosmopolites:세계를 고국으로 삼는 사람)라 자칭하며 사회적 관습을 무시하고 자주독립적인 생활을 하였는데, 이 자세는 그 후의 헬레니즘세계의 사상, 특히 스토아학파의 사상의 기조가 되었다. 그리고 기독교는 신의 섭리에 의하여 지배되고 있는 우주국가가 세속적 국가를 규율하는 원리라 하고, 칸트는 국제법을 중시하여 그 최후적 이상)으로서의 국제국가를 역설하고 있다; 네이버 백과사전.

헌법재판소 2008헌마430[16] 공개변론의 헌법재판관의 첫 번째 질문은 불법체류로 강제 퇴거된 외국인 노동자들이 국내에서 형성한 관계 등에 대한 것이었다. 또한 데이비드 밀러(David Miller)는 약한 사해동포주의를 주창하고 있다.[17] 그는 동료 시민에 대한 의무와 전체 인류에 대한 의무가 전적으로 동일하다는 사해동포주의자들의 주장(강한 사해동포주의)은 부적절하다고 한다. 즉 강한 사해동포주의의 주장을 전적으로 부정하지는 않지만 동료 시민들에 대한 책임과는 달리 전체 인류에 대해서 복지와 고용기회 등과 같은 사회적 권리를 보장해 주어야 할 책임은 없다고 본다. 약한 사해동포주의는 지구적 차원에서 최소한 인간으로서 향유해야 할 권리는 보장받아야 한다는 것이다. 밀러는 이런 경우에 우리의 행위가 가져온 해악에 대해 갖는 직접적인 책임과 최소한의 조건이 결핍되어 고통을 받는 사람들의 요구에 응답해야 할 책임이 있다고 주장한다. 필자는 그의 견해에 전적으로 공감한다. 자신의 가족과 이웃이 동시에 굶고 있는 상황에서 가족을 우선적으로 구조했다고 비난하는 것은 인간의 본성을 무시하는 것이다. 확장하면, 우리나라와 먼저 관계를 맺은 외국인을 아직 우리와 관계를 맺기 전의 외국인보다 우선적으로 보호하는 것은 자연스러운 것이다. 따라서 3년간의 취업제한은 철폐되거나 연장이 자유롭게 수정되어야 한다.

2. 고용허가에 대한 검토

동법 제12조 제1항은 외국인근로자 고용의 특례로 "건설업으로서 정책위원회가 일용근로자 노동시장의 현황, 내국인근로자 고용기회

---

16) 노조활동을 하던 불법체류외국인이 강제로 퇴거된 사건

17) David Miller, 『National Responsibility and Global justice』, Oxford University Press, 2007.

의 침해 여부 및 사업장 규모 등을 고려하여 정하는 사업"(제1호) 또는 "사업장, 서비스업, 제조업, 농업 또는 어업으로서 정책위원회가 산업별 특성을 고려하여 정하는 사업 또는 사업장"(제2호)에 한해서만 외국인 근로자의 고용을 허용하고 있다. 즉 국가에서 취업가능 업종과 사업장을 허가하고 있는 것이다. 물론 정부는 최선을 다하여 취업가능 업종과 사업장을 정하고 있겠지만 계획과 현실은 항상 괴리가 있다. 따라서 가능업종을 허가하는 방식보다는, 반대로 보호업종을 지정하는 방식이 더 적합할 것이다. 왜냐하면 현대사회의 다양한 업태를 단일 업종으로 분류한다는 것은 거의 불가능할 뿐 아니라 동일 업종에서도 각 사업장은 그 차이가 크기 때문이다. 사업장을 허가하는 방식도 마찬가지로 위험하다. 지정받은 사업장에는 특혜가 될 수 있지만 지정받지 못한 사업장에는 원가경쟁력을 제한하는 요소로 작용될 수 있기 때문이다. 이 또한 반대로 흑자를 내는 등 외국인 노동자의 고용 이유가 없는 기업을 제한하는 방식이 균형 있는 국민경제의 발전이라는 동 법의 입법목적에 더 부합할 것이라고 생각한다.

지나친 추론일 수 있지만 위와 같은 고용허가의 제한으로 인해 실제 고용이 필요한 업체와 외국인 노동 시장의 수급균형이 맞지 않아서 위장입국 취업형태의 불법체류와 취업허가 노동자의 작업장 이탈이 부추겨지고 있지 않은지 검토해야 한다.[18] 실제로 현재 일부 업종 중 중소기업의 외국인 노동자 수급경쟁이 치열하다고 한다.[19] 특히 농축산의 일부업종은 이미 외국인 노동자 없이는 운영이 불가능한 상태이다. 예를 들어 축산중 양돈은 1년 365일 24시간 관리가 되어야 하는 업종으로 지난해 구제역의 이유가 근거 없이 외국인 노동자 때문이라는 낭설

---

18) 한국정책방송 "외국인 노동자 4명 중 1명은 불법체류", 2011. 4. 5일자.
19) SBS, "외국인 노동자 '귀한 몸'… 구인경쟁 치열하다", 2011. 6. 5일자.

이 있을 정도로 이미 내국인 노동자[20]는 임금의 고하를 떠나서 지원자를 찾기 어려운 분야라고 한다.[21] 이런 상황에서 취업허가를 받은 정식 외국인 노동자가 불법화되지 않고, 실제로는 취업목적의 위장입국이 일어나지 않는 것이 수요와 공급으로 움직이는 노동시장에서 오히려 이상한 일이 아닐 것이다.

---

20) 외국인 노동자에 대응하는 단어로 필자가 자의적으로 선택했음.

21) 노컷뉴스 "구제역이 외국인 노동자 탓? 채용금지 추진에 '인종차별', 외국인 · 축산농가 반발", 2010. 12. 23일자.

VI. 출입국관리에 대한 검토

　출입국관리사무소 공무원들이 불법 취업·체류 외국인을 단속하면서 인권 침해 소지가 있는 행위를 한 사실이 드러나 국가인권위원회로부터 잇따라 권고를 받고 있다. 2011년 4월 말에는 남성 피단속자의 상의를 탈의시킨 채 여성공무원이 있는 차량에 동승시켜 연행한 사건으로 인권위는 단속팀에게 인권교육을 권고하는 결정을 하였다.[22] [23] 이주노조의 간부였던 불법체류자들의 강제퇴거가 그 단속과정과 강제출국 과정상의 문제로 헌법재판소에 헌법소원심판이 제기되어 있기도 하다.[24] 불법체류 노동자의 문제는 다른 나라도 예외는 아니어서 미국의 오바마 정부도 최근 불법고용주들을 단속하는 과정에서 기업의 반발을 사고 있다.[25] 동 기사에 따르면 미국은 세계의 노동시장답게 우리

---

22) 연합뉴스 "불법 체류자 단속과정 인권위반 지적", 2011. 4. 26일자.

23) 반면 이런 노력의 결과로 최근 몇 년간 불법체류자의 수가 줄어들었다고 볼 수 있다. 〈표 1〉참조.

24) 헌재 2008헌마430 사건

25) 세계일보 "오바마 정부, 불법 체류 외국인 고용 단속 강화", 2011. 6. 16일자 ; "미국의 버락 오바마 대통령 정부가 불법 체류 외국인을 고용한 기업에 대한 단속을 대폭 강화하고 있다. 미국 정부는 전국 50개 주에 있는 1000개 기업에 대해 고용 기록을 조사하기로 했다고 월스트리트 저널이 16일 보도했다. 미국의 많은 기업들은 정부의 단속을 피하려고 불법 체류 외국인 노동자를 대거 해고하고 있다. 미국 기업들은 이로 인해 생산성을 유지하는 데 중대한 차질이 빚어지고 있다고 하소연하고 있다. 정부 당국이 불법 취업 현장을 불시에 단속하는 일이 늘어나자 상공회의소와 이민 단체들이 크게 반발하고 있다.(중략) 정부의 감사로 타격을 받고 있는 대표적인 업종은 의류 제조업, 농장, 패스트푸드 체인점 등이다. 기업주가 불법 체류 외국인을 고용한 사실이 밝혀지면 탈세, 신분 위조 등의 혐의로 민·형사 책임을 지게 된다. 미국 정부가 불법 체류자 고용 단속을 하게 되면 화물 수송 운전자, 음식 주문 배달 사업자, 이민 변호사 등이 결정적인 타격을 입게 된다. ICE는 현재 어떤 직종에 대해 대대적인 조사를 할지 공개하지 않고 있다.(중략) 오바마 대통령은 기업주를 단속하는 방법이 불법 체류자 고용을 막는 가장 효과적인 수단이 될 것으로 판단하고 있다."

와는 그 규모가 다른 1100만 명 정도의 외국인 불법 체류자들이 있는 것으로 추정되고 있다 하며, 그중 3분의 2 가량이 노동 시장에서 활동하고 있다고 알려져 있다. 이들은 가짜 사회 보장 번호와 위조된 신분증을 이용하고 있으며, 미국 정부가 불법 체류자 고용 단속을 강화하면 현재 농업 노동자의 70~80%가 불법 체류자인 상태에서 농촌 경제가 심각한 타격을 입게 될 것으로 보인다고 한다.

앨빈 토플러는『부의 미래』에서 지식경제화 사회에서는 공간의 범위가 확대되고 경계가 와해됨에 따라 고부가가치의 장소들도 변하고 있다고 예견한 바 있다. 그는 이미 국가단위가 아닌 경제지역들이 부상하고 있고, 저임금 노동력 경쟁이 공간을 넘어서 일어나고 있다고 지적한 후 이미 중국과 멕시코의 노동자들은 미국시장을 놓고 지역을 떠나 경쟁하고 있다는 견해를 제시하였다. 이 견해에 따르면 우리나라도 이미 동남아 노동 시장에서 고부가가치 시장 중의 하나로 인식되고 있으며 그가 예견한 세계적인 노동력 경쟁에서 피해갈 수 없는 없는 곳이 되었다고 생각한다. 아마도 불법체류자의 문제는 우리가 조선 말 흥선대원군처럼 쇄국정책을 취하지 않는 한 우리의 인구구조와 산업구조가 안정될 때까지는 현재의 미국처럼 점점 대규모로 장기간 지속될 것으로 예측된다. 이런 환경에서 국가의 출입국관리시스템을 어떻게 작동시켜야 할까는 우리만의 문제가 아닌 선진국들의 세계적인 문제인 것이다. 아래에서 이 문제를 논의의 편의를 위해 입국관리와 출국관리로 나누어서 논의하고자 한다.

1. 입국관리

『출입국관리법』은 외국인의 입국에 대하여 제7조에서 제2항의 예외를 제외하고는 모두 해당국의 여권과 법무부가 발행한 사증을 가지고 입국하여야 한다고 규정하고 있다. 동법 제10조에서는 체류자격을 제11조에서는 입국금지 외국인에 대해 규정하고 있다.[26) 또한 입국자는 제12조에 의하여 입국심사를 받아야 한다.

이 절차는 매우 강하게 예외 없이 지켜져야 한다. 입국관리는 주권의 문제이며 입국관리의 허술함은 곧 국경의 붕괴를 의미하기 때문이다. 특히 체류목적의 허위 입국을 막기 위해서는 해외공관이 발행하는 사증의 심사를 강화해야 한다. 과거 우리가 미국 여행 비자를 받기 위해서는 직업이 있고 은행 잔고를 증명하고 영사와의 인터뷰를 통과해야만 했다. 모든 조건을 갖추어도 비자가 거부되어 우리 입장에서는 그 심사결과에 억울한 경우도 있었지만 참을 수밖에 없을 때가 있었다. 우리의 공관도 입국비자를 내 줄 때에는 그 요건을 강화해야 한다. 특정 국가를 비하하는 것은 아니지만 〈표 2〉를 참조하면 우리나라를 여행할 경제적 여유가 없어 보이는 국가에게도 여행비자가 발급된

---

26) 제10조(체류자격) ① 입국하려는 외국인은 대통령령으로 정하는 체류자격을 가져야 한다.
② 1회에 부여할 수 있는 체류자격별 체류기간의 상한은 법무부령으로 정한다.
제11조(입국의 금지 등) ① 법무부장관은 다음 각 호의 어느 하나에 해당하는 외국인에 대하여는 입국을 금지할 수 있다.
1. 감염병환자, 마약류중독자, 그 밖에 공중위생상 위해를 끼칠 염려가 있다고 인정되는 사람
2. 「총포·도검·화약류 등 단속법」에서 정하는 총포·도검·화약류 등을 위법하게 가지고 입국하려는 사람
3. 대한민국의 이익이나 공공의 안전을 해치는 행동을 할 염려가 있다고 인정할 만한 상당한 이유가 있는 사람
4. 경제질서 또는 사회질서를 해치거나 선량한 풍속을 해치는 행동을 할 염려가 있다고 인정할 만한 상당한 이유가 있는 사람
5. 사리 분별력이 없고 국내에서 체류활동을 보조할 사람이 없는 정신장애인, 국내체류비용을 부담할 능력이 없는 사람, 그 밖에 구호(救護)가 필요한 사람
6. 강제퇴거명령을 받고 출국한 후 5년이 지나지 아니한 사람
7. 1910년 8월 29일부터 1945년 8월 15일까지 사이에 다음 각 목의 어느 하나에 해당하는 정부의 지시를 받거나 그 정부와 연계하여 인종, 민족, 종교, 국적, 정치적 견해 등을 이유로 사람을 학살·학대하는 일에 관여한 사람
가. 일본 정부
나. 일본 정부와 동맹 관계에 있던 정부
다. 일본 정부의 우월한 힘이 미치던 정부
8. 제1호부터 제7호까지의 규정에 준하는 사람으로서 법무부장관이 그 입국이 적당하지 아니하다고 인정하는 사람
② 법무부장관은 입국하려는 외국인의 본국(本國)이 제1항 각 호 외의 사유로 국민의 입국을 거부할 때에는 그와 동일한 사유로 그 외국인의 입국을 거부할 수 있다.

것으로 보인다. 입국 심사만으로는 그 한계가 있고, 불법 위장 입국자가 많은 국가의 공관에는 인사상의 불이익 등의 제제도 고려해야 할 것으로 생각된다. 실제로 상하이 스캔들과 같은 사중발급 비리가 얼마 전에 있지 않았는가.[27] 또한 현재 불법체류자가 많은 국가에 대해서는 새로운 입국쿼터를 제한하는 등의 조치를 취해나가야 할 것이다.

2. 출국관리

불법 입국 시도자와 이미 입국해 있는 입국심사를 통과한 불법 체류자는 동일한 출입국관리법 위반자이지만 그 성격은 무면허 운전자와 면허증 갱신 위반자처럼 크게 다르다. 적법한 취업비자를 받아서 들어왔거나 단기체류 비자로 입국했거나 그 점에 있어서는 마찬가지이다. 우리나라에 우연히 관광을 왔다가 우리나라에 정착하고자 하는 생각이 드는 것도 충분히 있을 수는 있는 일이기 때문이다. 이미 노동법상으로는 불법체류자라고 하더라도 근로기준법의 적용이 배제되지 않고 있다. 이들에게도 우리 헌법 중 인간의 권리에 해당하는 기본권은 보장되어야 한다.[28]

출국관리는 출입국관리법상의 강제퇴거 절차로 집약된다고 할 수 있으며, 동 절차는 의심되는 외국인의 조사(단속)와 보호결정, 심사결정 그리고 강제퇴거의 집행 순으로 진행된다. 우선 조사에 관해 살펴보면 출입국관리법 제47조는 "출입국관리공무원은 제46조 제1항 각 호의 어느 하나에 해당된다고 의심되는 외국인(이하 '용의자'라 한다)에 대하여는 그 사실을 조사할 수 있다."고 규정하고 있다. 즉, 조사권한

---

27) 노컷뉴스, " '상하이 스캔들' 여파…감사원, 19개 재외공관 감사 착수 사증심사 및 외교관 공직기강 등 집중점검" , 2011. 4. 24일자.

28) 권영성, 『헌법학원론』, 법문사, 2006, 317쪽.

은 출입국 관리 공무원에게 있고 그의 주관적인 의심으로도 조사에 착수할 수 있다.[29] 하지만 조사(단속)과정은 헌법상 비례의 원칙을 준수하여야 하며 권한을 남용하여 인권을 침해하는 과격한 수준에 이르러서는 곤란할 것이다. 우리의 여권에는 국가명으로 여권소지인에 대하여 상대국의 보호와 협조를 당부하는 문구가 삽입되어 있듯이 그들의 여권에도 마찬가지의 문구가 기재되어 있다. 또한 출입국관리법 제84조는 국가 또는 지방자치단체의 공무원이 그 직무를 수행함에 있어 강제퇴거의 사유에 해당하는 자를 발견한 때에는 그 사실을 지체 없이 사무소장, 출장소장 또는 외국인 보호소장에게 통보하여야 할 의무를 부과하고 있다. 당연한 규정이지만 긴급 상황 또는 인도적인 차원의 사항은 제외해야 한다. 불법체류자의 자녀가 교육을 받지 못하거나, 불법체류자가 형사피해자가 된 경우까지 적용할 수는 없지 않은가.

(1) 보호와 신체구속의 문제

출입국관리법 제51조에 따르면 출입국관리공무원은 외국인이 제46조 제1항 각 호의 어느 하나에 해당된다고 의심할 만한 상당한 이유가 있고 도주하거나 도주할 염려가 있으면 사무소장·출장소장 또는 외국인보호소장으로부터 보호명령서를 발급받아 그 외국인을 보호할 수 있다. 보호명령서의 발급을 신청할 때에는 보호의 필요성을 인정할 수 있는 자료를 첨부하여 제출하여야 한다. 그리고 보호명령서를 발급받을 여유가 없을 때에는 그 사유를 알리고 긴급히 보호할 수 있으며 긴급보호서를 작성하여 그 외국인에게 내보여야 한다. 그리고 48시간 이내에 보호명령서를 발급받아 외국인에게 내보여야 하며, 보호명령서를

---

29) 형사 절차에서도 수사는 주관적 의심으로 착수가 가능하다.

발급받지 못한 경우에는 즉시 보호를 해제하여야 한다. 즉, 형사절차의 구속 대신 보호라는 용어와, 법관의 영장 대신 보호소장이 발급한 보호명령서를 사용하는 것이다.

출입국관리법의 집행이 형법이 아닌 행정절차라는 점은 당연하다. 행정상 즉시강제나 강제적 성격의 행정조사에 영장제도가 적용되는가에 대해서는 학자들의 견해가 영장필요설, 영장불요설, 절충설로 대립된다. 헌법재판소는 행정상 즉시강제는 그 본질상 급박성을 요건으로 하고 있어 원칙적으로 영장주의 적용되지 않는다고 판시한 바 있으며,[30] 대법원은 "사전영장주의는 인신보호를 위한 헌법상의 기속원리이기 때문에 인신의 자유를 제한하는 모든 국가영역에서 존중되어야 하지만, 헌법 제12조 제3항 단서도 사전영장주의의 예외를 인정하는 것처럼 사전영장주의를 고수하다가 도저히 행정목적을 달성할 수 없는 지극히 예외적인 경우에는 형사절차에서와 같은 예외가 인정된다."고 판시[31]한 바 있다. 이런 판례로 볼 때 대규모의 불법체류자가 존재하는 현실에서 이들의 보호에 법관의 영장주의가 관철되기는 어려워 보인다. 하지만 영장의 대체적 역할을 하는 보호명령서가 형식적으로 발부되는 것에는 동의하기 어렵다. 헌법재판소 2008헌마430 사건의 공개변론에서도 내부 기관의 형식적인 통제 절차 운영에 대한 헌법재판관의 질타성 질문이 있었듯이 법관은 아니지만 법관에 준하는 공정한 판단과 단속의 절차적 위법을 통제할 수 있는 운영 장치가 필요하다. 미국의 경우에도 이민행정관 등에게 불법체류자 단속에 대한 광범위한 수권을 주고 영장의 발부 또한 ICE의 권한이지만 강제퇴거의 조사와 심

---

30) 헌법재판소 2002. 10. 31. 선고 2000헌가12 결정
31) 대법원 1997. 6. 13. 선고 95다56115 판결

사는 엄격하게 분리되어 상호견제가 가능한 구조로 되어 있다.[32]

그리고 『인신보호법』은 부당하게 인신의 자유를 제한당하고 있는 개인의 구제절차를 마련함으로써 헌법이 보장한 국민의 기본권을 보호하는 것을 제1조의 목적으로 하고 있으며, 제2조에서는 거의 대부분의 보호시설과 수용시설을 포함하여 감금된 자에 대하여, 제3조에서는 피수용자를 비롯하여 이해관계인이 법원에 그 구제를 청구할 수 있도록 규정하였다. 하지만 제2조의 단서에서 출입국관리법에 의해 보호된 자를 형사절차로 구속된 자들과 함께 배제하고 있다.[33] 형사절차상 구속된 자는 형사소송법의 보호를 받은 자들임에 비하여 불법체류 외국인은 그에 걸맞은 절차적 보장 없이 보호라는 명목으로 신체가 구금당한 자들임에도 동등하게 배제하는 것은 불합리하다. 따라서 이 조항은 위헌의 소지가 있다는 견해[34]가 있으며 필자도 동의한다.

(2) 구제절차의 문제

구제절차는 내부적으로 법무부장관에 대한 이의신청을 할 수 있으며, 행정쟁송을 제기할 수 있다. 하지만 그 실효성이 의심되는 것은 법무부장관에 대한 이의신청은 전항에 기술하였듯이 기관내부의 견제장

---

32) 외국인 보호 및 강제퇴거절차와 구제절차에 대한 공법적 고찰, 하명호, 고대법학 제52호, 2009 "강제퇴거절차 중 조사와 체포는 2002년 이후 국토보안부 소속 ICE와 CBP가 담당하고, 청문과 판정은 법무부의 이민심판원(EOIR)소속 이민심판관이 담당한다."

33) 제2조(정의) ① 이 법에서 "피수용자"란 자유로운 의사에 반하여 국가, 지방자치단체, 공법인 또는 개인, 민간단체 등이 운영하는 의료시설·복지시설·수용시설·보호시설(이하 "수용시설"이라 한다)에 수용·보호 또는 감금되어 있는 자를 말한다. 다만, 형사절차에 따라 체포·구속된 자, 수형자 및 「출입국관리법」에 따라 보호된 자는 제외한다.

34) 하명호, "외국인 보호 및 강제퇴거절차와 구제절차에 대한 공법적 고찰", 『고대법학』 제52호, 2009, 205~6쪽 "신체의 자유에 대한 박탈은 어떠한 행정목적보다도 우선되는 가장 중요한 기본권이고 (중략) 외국인의 보호명령이나 강제퇴거명령에 오류가 없다고 단정할 수도 없다. 따라서 위헌적인 인신보호법 제2조의 단서는 하루빨리 개정되어야 한다고 생각한다."

치 없이 이루어지는 것으로써 지금까지 받아들여진 사례가 없으며[35], 2008헌마430 사건의 청구인들은 행정소송을 인권위원회의 긴급구제 권고결정을 받고, 행정소송을 제기한 상태임에도 불구하고 강제 추방 되었다. 그들이 제기한 행정소송과 헌법소송에서 승소한다 하여도 현실적인 구제가 이루어졌다고 보기는 어렵고 국가배상이나 손해배상과 같은 민사상의 절차에 따른 사후구제가 가능할 것이다.

따라서 현실적인 구제가 인정되기 위해서는 불법체류 외국인들의 현재 상태에 따라서 개별적 구체적 구제가 이루어져야 할 것이다. 이미 국내에서 삶의 터전을 잡았고, 우리 경제에 도움을 주는 외국인에 대해서는 그의 입국상태가 어떠하든지 그 상태를 인정하여 체류를 연장해 주어야 할 것이다. 위 사건의 법무부측 참고인 진술에 따르면 최근의 국민여론조사에서는 외국인 노동자에게 가족을 초청할 수 있는 권리를 부여해야 한다는 국민의견이 다수였다고 한다. 이는 우리의 국민의식이 법보다 먼저 변해가고 있음을 의미한다.

---

35) 2008헌마430 사건의 공개변론

V. 마치며

법은 사회보다 그 변화의 속도가 느리다. 앨빈 토플러는 『부의 미래』에서 미국의 각 영역의 변화속도를 자동차의 속도에 비유할 때 기업이 시속 100마일로 움직이고 있다면 시민단체와 NGO는 90마일, 가족은 60마일, 노동조합은 30마일, 정부는 25마일, 학교는 10마일, 국제조직은 5마일로 움직이고 있으며 정치조직과 법은 겨우 각각 3마일과 1마일의 속도로 움직이고 있다고 한다. 물론 법의 안정성을 위해서는 어쩔 수 없는 현상이다. 하지만 법과 관료주의가 안정성 유지를 넘어 사회변화의 발목을 잡아서는 안 될 일이다.

우리 사회는 이미 국제적인 외국인 노동자와 함께 살아가야 하는 입장이며, 그 변화는 거부하기 어려울 것으로 보인다. 이런 변화 속에서 현재의 외국인 노동제도와 출입국제도는 수정되어야 한다. 먼저 입국은 강하게 막아야 한다. 하지만 강제퇴거는 신중해야 한다. 외국인의 인권을 학문적으로 따지기보다 먼 외국인보다는 현재 한국에서 일하고 있는 그들은 최소한 이웃사촌이기 때문이다. 그리고 외국인의 취업과 고용허가에는 노동시장의 시장원리를 어느 정도 수용해야 한다. 경제학자 하이예크에 따르면 정부의 계산은 가능하지만 그 변수가 너무 많아 정확한 수치의 계산은 불가능하기 때문에 항상 수요와 공급의 불일치에 의한 시장왜곡이 발생하기 때문이다.

필자가 이 글에서 주목한 사실은 어떻게 현재의 불법체류자의 문제를 해결할지가 아닌 '왜 불법체류자들이 생길 수밖에 없는가'였다. 현진건의 단편소설 '술 권하는 사회'에서는 뭔가 해보려는 지식인인 남편이 아무것도 할 것 없는 세상에 술만 마시고 그 심정을 모르는 아내를 애태우는 장면이 나온다. 혹시 현재 우리 사회의 불법체류자들이 많은 것이 아니라 불법체류자가 될 수밖에 없는 사람들이 많지 않은가?

성남시립병원설립 조례제정운동을 통하여 본 주민발의제

양태정(인하대학교 법학전문대학원생)

I. 서론

1991년 지방자치제도의 도입과 1995년 민선자치단체장의 선출은 지방자치에 대한 회의적인 시각에도 불구하고 지방수준에서의 민주화를 위한 제도적인 기틀을 마련하였다. 이와 더불어 주민들은 과거에 중앙에만 의존하던 환경, 교육, 복지 등에 대한 요구를 지방차원에서 요구할 수 있게 됨에 따라 지방정부의 정책결정에 대한 관심이 날로 증가하고 있다. 이러한 요구와 더불어 주민들이 참여를 실질적으로 보장하기 위한 직접주민참여제도가 도입되기 시작하면서 제도적 차원에서의 지방자치는 민주화의 심화단계에 진입하고 있다. 특히, 주민조례청구제도는 주민의 일정 수 이상의 연서를 통해 주민이 조례를 청구할 수 있는 제도로서 시의회와 시장이 보유하고 있던 입법권(입법발의)의 일부를 주민이 행사할 수 있다는 점에서 의의가 크다.

이 글에서 다루고자 하는 성남시립병원 사례는 전국 최초로 주민이 발의한 시립병원설립 조례제정안이 통과된 것으로서 한국의 지방자치사에 있어서 매우 중요한 의미를 갖는다. 왜냐하면 '주민조례청구제도가 과연 실효성이 있는가?'에 대한 의문을 풀 수 있는 실마리를 제공해 주기 때문이다. 직접주민참여제도의 도입이 점차 확산되고 있는 시점에서 주민조례청구제도의 효과를 살펴보는 것은 다른 직접주민참여제도의 도입 및 정착에도 많은 시사점을 줄 것이다.

II. 주민직접참여 제도

 지역 차원의 직접민주주의 제도는 일반적으로 여기서 주민발의란 주민이 자치조례를 제정 또는 개정할 수 있는 제도를 말한다. 주민투표, 주민소환제를 지칭한다. 주민발의와 주민투표는 시민이 입법과정에 주요 행위자로 나선다는 점에서 직접참여 입법제도라고 할 수 있다.

 여기서 주민발의란 주민이 자치조례를 제정 또는 개정할 수 있는 제도이며, 직접주민발의는 주민이 일정 수[1]의 서명을 하여 청원한 조례를 주민투표에 부의하여 과반수의 찬성으로 의결하는 제도를 말한다. 따라서 이것은 지방의회 혹은 지방정부가 간과한 의안을 주민이 직접 표결에 부쳐 결정하는 적극적인 직접참여 입법제도이다. 한편, 간접주민발의는 주민이 일정한 수의 유권자들의 서명을 받은 후에 청구한 조례를 지방의회에 제출하여 심의를 거친다. 이때 법안이 가결되지 않거나 지방의회가 법안을 수정 가결하게 되면, 주민은 서명을 받아 청원한 조례에 대해 주민투표 할 수 있다. 어떤 경우에는 의회의 수정안이나 대체안과 주민의 청구법안을 동시에 주민표결에 붙이는 것도 인정되고 있다. 이 경우에도 주민발의제도는 단순히 주민발의를 통한 안건을 지방의회에 회부하는 데에 그치는 것이 아니라 주민의 의사에 따라 끝까지 자신의 요구를 반영할 수 있는 주민투표 장치가 마련되어

---

1) 미국의 경우 보통 5-8%의 비율이다.

있다.

주민투표는 미국에서는 주헌법개정, 지방자치단체의 창설, 기초에 관한 사항을 정할 때 사용되어 왔다. 주법률에 관한 주민투표를 채택한 주도 상당히 많이 있다. 미국의 경우 주헌법수정안은 유권자의 주민투표를 거쳐 승인받아야 한다. 이 경우를 의무적 주민투표(compulsory referendum)라고 부른다. 이 외에도 주헌법과 법률에서 공채 발행과 시헌장 개정안은 반드시 유권자의 투표로 결정되어야 한다. 이와 달리 의회가 재량으로 주민투표에 부치는 경우는 선택적 주민투표(optional referendum)라고 한다. 그리고 유권자가 의회가 제정한 법률의 시행을 지연시키거나 저지하기 위하여 유예기간 동안 일정수의 서명을 모아 이 법률에 관한 주민투표를 청원할 수 있다. 이것은 법률 주민투표(statutory referendum)에 해당한다.

주민소환제는 주민들이 잔여임기가 있는 공직자의 해임여부를 묻는 주민투표를 청구할 수 있는 제도이다. 일반적으로 임기 초반 몇 개월은 주민소환의 대상에서 제외된다. 미국에서 주민소환 청구는 유권자의 10-35% 서명을 필요로 한다. 위의 직접민주주의 제도는 주민들의 직접 참여가 어떤 공공기관을 매개로 하지 않고 그 효력을 발휘할 수 있다는 점을 그 특징으로 한다.

우리나라의 경우, 민선지방자치제도가 본격적으로 실시된 1995년부터 지금까지 10여 년의 기간 동안 주민들의 직접 참여 채널을 넓혀가는 방향으로 제도의 변화가 이루어지고 있다. 1999년 8월 31일 지방에서의 주민직접참여를 합법적으로 보장한 제도들이 도입되어 2000년부터 시행되었다. '주민조례제·개폐청구제', '주민감사청구제'가 그 예이다.

주민조례제·개폐청구제(지방자치법 제13조 제3항)는 주민들이 일정수 이상의 유권자 연서를 받아 조례제정, 개정, 폐기를 청구하여 지방자치단체장이 발의할 수 있는 제도이다. 그동안 연서인 수가 20세 이상 주민 20분의 1 이상의 연서를 청구요건으로 하여 서울특별시만 해도 무려 14만 명 이상을 받아야 청구할 수 있었다. 이렇게 상당히 많은 수의 서명을 두 달 안에 받아야 하는 까닭에 주민참여에 의한 주민의 이해를 반영하기에는 상당히 까다로운 제도적 장벽으로 작용하였다. 그런데 2006년 2월 지방자치법 개정에 의하여, 청구인 수가 "50만 이상 대도시에서는 19세 이상 100분의 1 이상 70분의 1 이하, 시·군·자치구에서는 19세 이상 50분의 1 이상 20분의 1 이하의 범위"로 각 지방자치단체들이 조례로 정하게 하였다. 이에 경기도는 3월 2일 선거권 있는 19세 이상 주민 총수의 100분의 1(1%)로 청구인 수를 결정함에 따라 개정 전의 14만 명 이상에서 4월부터는 19세 이상 주민 수 7백86만 9천 명 중 약 7만 8천 명의 주민서명만 갖추면 되게 되었다(경향신문 2006년 3월 3일).

주민감사청구제는 지방자치단체와 그 장의 권한에 속하는 사무의 처리가 법령에 위반되거나 공익을 현저히 해한다고 인정되는 경우 시·도에 있어서는 주무부장관에게, 시·군 및 자치구에 있어서는 시·도지사에게 당해 주민들이 일정 수의 연서를 받아 감사를 청구할 수 있는 제도이다(지방자치법 제13조의4). 그러나 이 제도가 실시되기 전, 즉 시민감사청구 제도를 도입한 31개 자치단체[2]에서 약 3년간 총 128건 시민감사청구가 이루어진 것에 비해, 법 개정 후 1999년부터 2005년 8월까지 6년간 총 51건에 불과한 감사청구가 이루어졌을 뿐이다. 이러한 수치는 주민감사청구제의 주민참여의 문턱이 시민감사청구제보다

2) 서울특별시가 1996년 1월 시민감사청구제를 도입한 것을 시작으로, 서울, 부산, 인천, 울산과 기초자치단체(종로구, 용산구, 강북구, 동작구, 관악구, 성동구, 동대문구, 은평구, 영등포구, 양천구, 군포시, 안성시, 광명시, 평택시, 안산시, 구리시, 남양주시, 파주시, 용인시, 화성군, 성남시, 오산시, 제천시, 전주시, 정읍시, 순천시, 남원시)가 도입하였다.

더 높아졌고 그만큼 실효성이 약화되었음을 증명한다.[3] 이렇게 제도의 실효성이 약화되자 2005년 8월 지방자치법 개정을 통해 주민감사청구를 위한 연서인 수가 시·도는 500명, 50만 이상 대도시는 300명, 그 밖의 시·군 및 자치구는 200명 이하의 범위에서 지방자치단체의 조례로 정하도록 하여 포항처럼 5000명의 연서인 수를 규정한 지역은 조례개정이 불가피해졌다.

이와 더불어 2005년 지방자치법 개정 사항에는 주민소송제도가 신설되어 2006년 1월부터 시행되었다. 주민소송(지방자치법 제13조의5)은 지방자치단체의 재무·회계사항에 관하여 주민감사청구인은 소송을 통해 그 위법·부당성을 시정할 수 있도록 해당기관의 장을 상대로 하여 소송을 제기할 수 있는 제도이다. 반드시 주민감사를 먼저 청구하여 상급 지방자체단체의 감사를 받아 위법한 사실이 드러날 때 소송을 제기할 수 있다. 이러한 절차와 더불어 소송대상을 지방자치단체가 2년 내 저지른 위법한 재무행위로 한정해 놓았기 때문에 시행 후 5개월이 지난 2006년 6월 현재 주민소송 건은 성남참여자치시민연대가 청구한 단 한 건에 불과하다.[4]

가장 최근에 도입된 직접참여제도는 주민소환제이다. 주민소환제는 지방자치실시 이후 논의되어 오다가 1998년 김대중 대통령 인수위원회의 100대 과제로 선정되었고, 2000년 고양시 일산구 러브호텔 항의 사

---

3) 시민감사청구제(1998년까지)는 연서인 수가 서울은 300명, 인천은 500명 정도의 수이지만, 주민감사청구제(2005년 8월까지)의 연서인 수는 각각 50분의 1 이하의 연서로 규정. 서울 200명, 서울 자치구는 100-500명, 상시구성원 수가 100인 이상으로 공익활동을 하는 시민사회단체의 대표자도 청구 가능. 최다 청구인 수는 포항의 5000명이, 최소 청구인수는 100명을 규정한 과천, 정읍, 남원 지역이다. 이 외에도 두 제도의 가장 큰 차이는 시민감사제가 해당자치단체에 직접 감사를 청구하여 자체 감사관실에서 감사를 하지만 주민감사제는 각기 상급기관(시군구는 도 및 시, 시도는 중앙정부)의 주무부서에서 감사를 한다는 점이다.

4) 성남참여자치시민연대는 "성남시가 공군의 반대를 무시하고 서울공항 옆 탄천 변에 도로를 개설했다가 4개월 만에 4개 차로 중 3곳을 폐쇄해 180억 원의 혈세를 낭비했다" 고 소송제기, 서명을 받는 데 3개월이 걸렸다고 한다(국민일보 2006. 6. 2.).

건에서 주민소환제의 필요성이 제기되었고, 행정자치부 장관이 도입의 사를 밝히면서 사회적 논의가 활성화되었으며, 2001년 정치권에서도 관련 안을 제시하기도 했다. 시민사회단체는 2002년 정치관계법-지방 자치법 개정안에서 주민소환제 도입을 주장했고, 그 이후 광주, 구리 등 각 지역의 시민단체와 민주노동당 등을 중심으로 한 주민소환조례 제정운동이 전개되어 광주와 전남에서 2004년 4월 주민소환조례를 제 정하였다. 하지만 이것은 주민소환법이 제정되기 이전의 일로 상위법 의 부재로 인해 조례의 효력에 대해 논란이 있어 왔다. 이렇게 2003년 참여정부 지방분권로드맵에서 도입의사를 밝힌 이후 오랫동안 제정되 지 못하다가 적극적인 민주노동당의 입법노력과 여권의 협조로 2006 년 5월 2일 주민소환제가 제정되었다. 2007년 7월부터 발효된 이 제도 는 지방 선출직 공무원의 비리에 대한 주민의 심판을 목적으로 한다. 시·도지사는 10%, 기초단체장은 15%, 지방의원은 20% 이상의 지역유 권자 서명을 받아 소환을 청구하고, 소환이 청구되면 주민투표를 실시 하여, 유권자의 3분의 1 이상 투표와 과반수 찬성으로 사퇴시킬 수 있 다. 취임 후 1년 이내, 임기 말 1년 이내에는 소환을 청구할 수 없어 4 년 임기 중 절반만 소환이 가능하다는 점도 문제로 거론된다(경향신 문 2006년 6월 5일). 주민소환제에 대해 정략적으로 남용될 가능성이 있다는 점 등을 이유로 부정적으로 보는 견해가 있는가 하면, 주민소 환제의 서명요건이 까다롭고 청구기한의 제한으로 직접 활용하기에 장 애변수가 많다는 두 가지 상반된 입장들이 있다.

위에서 살펴본 제도들은 주민참여의 효력을 얻기 위해서는 공적기 관을 매개로 해야 한다는 점에서 직접민주주의 제도와는 차별성을 가 지고 있다. 그러나 매개기관 없이도 효력을 발휘할 수 있는 제도로서 주민투표법은 우리나라에서는 1994년 지방자치법 개정으로 도입근거가 마련되었고[5] 거의 10년간 국회에서 계류되다가, 노무현 정부의 지방분권정책의 일부로서 2003년 12월 29일 국회에서 통과되어, 2004년 7월 30일부터 시행되었다. 이렇게 오랫동안 입법이 지연된 것은 직접민주제에 대한 소극적 의견과 적극적 의견의 상충 때문이었다.[6] 이때 통과된 주민투표법은 소극적인 방향에서 이루어졌다고 평가할 수 있다.

그 대표적인 예로 주민투표법 제7조는 재정, 조직, 인사 문제를 그 대상에서 제외시킴으로써 '주민자치'라는 주민투표 본래의 입법취지를 살리지 못하고 있다. 청구 요건에서 필요한 서명인 수는 주민투표청구권자 총수의 20분의 1 이상 5분의 1 이하의 범위 안에서 지방자치단체의 조례로 정하는 수 이상(주민투표법 제9조)으로 상당히 까다로운 것으로 평가된다.[7] 이에 대해 시민단체들은 주민청구에 의한 주민투표는 거의 불가능하고, 중앙정부의 장관은 언제든지 지방자치단체에 주민투표를 요구할 수 있게 되어있다는 점 등이 주민참여의 보장이라는 측면에서 미흡하다는 입장을 표명한 바 있다. 법 시행 후 지금까지 실시된 주민투표는 2005년 하반기 제주특별자치도 추진, 부안핵폐기물처리장 유치 등 중앙행정기관의 요구에 의한 주민투표가 전부라는 사실은 주민투표제도의 미흡한 점을 단적으로 드러낸다고 볼 수 있다. 특히 핵폐기물처리장 유치 주민투표 결과에 대해 아무런 법적 다툼을 할 수 없게 만든 제8조 제4항을 민변 환경위원회는 동년 11월 2일 재판청구권과 평등권을 침해하는 독소조항으로 헌법소원을 청구한 바 있다.

---

5) 1994년 3월 16일 법률 제4741호에 의해 개정된 지방자치법 제13조의 2에서 근거 마련.

6) 투표남발과 선정주의로 인한 행정의 혼란, 대의민주제의 약화, 지방자치단체장과 의회의 책임회피 및 다수의 횡포를 우려하는 입장과 직접민주제의 개방성을 적극적으로 주장하는 입장이 상충하였다.

7) 서울특별시의 경우, 최저 청구 요건인 20분의 1을 적용해도, 2005년 기준 유권자 중 약 38만 7천 명의 이상의 서명이 필요하다.

III. 주민발의제의 이해

1. 주민발의제의 의의

'주민조례제·개폐청구권'은 의안 발의자가 공식적으로는 단체장 발의로 분류가 되지만 실제적으로는 주민들의 발의로 조례안을 지방의회에 상정할 수 있는 제도라는 점에서 주민발의제로 명명하기도 한다.[8] 이는 기본적으로 지방의회와 정부가 의제형성과정에서 간과하기 쉬운 주민들의 의사를 공식적인 절차에 의해 반영하기 위한 것이다.

주민들의 의사를 정책에 반영하기 위한 민주적 취지에서 도입된 우리나라의 주민발의제는 엄격히 말하면 직접민주주의 제도가 아니다. 미국, 스위스, 캐나다, 라틴아메리카 등지에서 보장하고 있는 주민발의(initiative)제와는 상당히 차이가 있다. 직접민주주의 제도로서 서구의 주민발의제는 간접발의와 직접발의 두 가지 형태가 있는데, 둘 다 주민발의에 의한 의안에 대해 주민들이 투표·결정할 수 있도록 법적인 보장을 마련하고 있다.[9] 이것은 주민에 의한 의사형성과 의사결정

---

8) 주민발안제로도 부른다.

9) 직접주민발의는 주민이 일정수의 서명이 있는 청원에 의해 법안을 주민투표에 부의하여 과반수의 찬성으로 의결하는 제도이다. 간접주민발의는 주민이 일정한 유권자들의 서명을 받은 후에 청원안을 의회에 제출하는 제도이다. 이 법안은 의회에서 심의된다. 그런데 일정한 기간이 경과한 뒤에도 법안이 의회에서 가결되지 않은 경우 또는 의회가 제안된 법안을 수정하여 가결한 경우에 나머지 필요한 서명을 받아 주민이 청원한 법안을 주민투표에 부의할 수 있다. 경우에 따라 의회가 수정안 또는 대체안을 가결하여 주민의 청원법안과 함께 2가지의 법안을 주민표결에 붙이는 것도 인정되고 있다. 단순히 주민발의를 통한 안건을 의회에 회부함으로써 그치는 것이 아니라 주민의 의사에 따라 끝까지 자신의 요구들을 반영할 수 있도록 후속 장치가 마련되어 있다.

을 보장하는 직접민주주의 제도이다.

이에 비해 우리나라 주민발의는 일정 수 이상의 연서를 통해 주민의사를 의회의 의안으로 상정할 수 있지만, 그 후 의사결정에 대한 권한이 주어지지 않은 제도이다. 이는 의제를 직접 설정한다는 의미에서는 직접참여의 의미를 가지지만 의제에 대한 결정은 의회에서 내린다는 점에서는 대의민주주의 제도로, 의사 형성은 주민이, 의사 결정은 의회가 내리는 절충적인 제도이다. 대의민주주의를 보완하기 위하여 시민 참여 채널을 마련한 참여민주주의 제도라고 할 수 있다. 참여민주주의는 직접민주주의적 요소와 대의민주주의적 요소가 모두 포함된 민주주의 제도로서, 궁극적인 의사결정과 입법기능은 소규모의 선출대표 기구에 의해 이루어지는 것을 수용하지만 정치체제에 시민참여를 훨씬 더 많이 늘려야 한다는 입장을 가진다. 모든 민주주의가 어느 정도 참여적이지만 참여민주주의는 자치과정에 더욱 적극적인 시민참여를 내포한다.

그러나 지방정부차원에서 제도로서 직접민주주의와 참여민주주의는 공통점과 차이점이 있다. 둘 다 시민들의 의사결정에의 참여 혹은 주요 선출직지역정부기구들 외부에서 의사결정과정에의 참여에 관심을 둔다는 점에서 서로 공통된다. 그러나 이 양자 사이의 구분은 의사결정에 관한 책임과 관련되어 있다. 우리나라의 참여민주주의 제도는 지역수준에서 의사결정에 시민을 참여시키지만 일반적으로 공식적인 최종결정에는 이르지 못한다. 협의회, 공청회, 미팅, 자문위원회에의 참여는 대개 공식적인 결정권이 없는 의견제시나 자문기능만을 한다. 이와 대조적으로 구미의 전통적 형태의 직접민주주의 제도(시민의회, 주민총회)는 결정에 대해 최종 승인을 할 수 있다. 이러한 차이를 가진 직접민주주의 제도와 참여민주주의 제도의 작동은 둘 다 참여민주주의를 이루는 중요한 구성요소라고 할 수 있다.

참여민주주의 제도로서 주민발의는 지역민의 생활과 관련된 이슈들, 삶의 질과 관련된 이슈들을 의제화할 수 있다는 점에서 생활정치를 가능하게 하는 통로로서의 의미를 가진다. 그리고 그 이슈들을 제기하며, 서명을 받는 과정에서 주민들 간의 의사소통 그리고, 의회에 상정되기 전까지의 의원 및 관료 그리고 단체장과의 접촉과 설득 과정 그리고 의회에서의 토의과정 등은 토의정치의 일면을 기대하게 한다.

따라서 주민발의는 생활정치, 토의정치, 참여정치의 장을 열어주는 참여기제로서 의의를 갖는다고 본다. 그리고 의제형성에 대한 접근권력을 부분적으로 허용한다는 점에서 지방의회와 지방정부의 정치과정과 권력구조 및 지역 시민운동의 양상에 변화를 가져올 가능성이 높다.

2. 주민발의제의 과정

1995년 6월 27일 민선 지방자치가 실시되면서 주민발의제에 관한 논의가 시작되었다. 1997년 전국시군구의회회의장 대표협의회에서 제시한 지방자치법개정안에 주민발의제 도입이 포함되었고, 이후 시민단체, 학계, 정치권에서 주민발의제 도입에 관한 논의가 이어져 왔으며, 같은 해 내무부(현 행정안전부)는 지방자치발전방안 10대 과제를 선정하면서 도입을 천명하였다.

한국에서 운영되는 주민조례청구제는 지방자치단체의 유권자 일정 수 이상의 서명을 받아 지방자치단체장에게 조례의 제정이나 개폐를 청구하면, 지방자치단체장이 청구된 조례안을 지방의회의 안건으로 회부해야 하는 제도이다. 주민이 직접 의회에 안건을 낼 수 있다는 점에서 주민발의제라고 부르기도 한다.[10] 안건 상정 이상의 권한이 시민에게 주어져 있지 않은 점, 조례 및 주민발의의 청구대상을 아래와 같이 제한하고 있다는 점이 제도적 한계로 지적되고 있다.

관계법령 및 상위법에 위배되는 사항과 물가정책, 금융정책, 수출입정책 등 전국적으로 통일된 처리를 요하는 사무(농림·축·수산물 및 양곡의 수급조절과 수출입 등)와 지방세·사용료·수수료의 부과·징수 또는 감면, 행정기구의 설치·변경, 공공시설의 설치 반대는 제외된다.[11]

청구절차는 다음과 같이 4단계로 나눌 수 있다.

[의사형성기]

1단계: 대표자증명서 교부신청 및 교부

2단계: 서명요청

3단계: 청구인명부작성 및 제출, 청구인명부 열람 및 이의신청, 청구
　　　　요건 심사

[의사결정기]

4단계: 청구수리 후 의회 심의

즉 주민조례청구절차는 크게 두 시기, 의사형성기와 의사결정기로 구분된다. 1-3단계는 주민들이 원하는 조례안을 청구하는 기간으로 의사형성기에 해당하고, 의회에서 심의가 이루어지는 단계인 4단계는

---

10) 조례 제·개정운동의 법적 수단으로는 지방자치법상의 조례제정 및 개폐청구권이나 청원권을 이용할 수 있다. 청원권은 지방의원 1명의 소개만 있으면 행사할 수 있다는 편한 점은 있지만, 별도로 의원발의가 추진되지 않는 이상, 의회에서 아예 안건으로도 상정하지 않아도 된다는 문제점을 안고 있다. 따라서 청원권을 행사하는 경우에는, 의원입법이 가능하도록 지방의원들을 조직하는 것이 병행되어야 할 것이다. 의원발의의 경우 재적의원 1/5 혹은 10명의 연서가 있어야 한다.

11) 지방자치법 제13조의 3 제1항 단서

의사결정기에 해당한다. 그래서 의사형성기에는 주민이 공식적 정책참여자이며, 의사결정기에는 집행부와 의회가 공식적 정책참여자가 된다. 이 중 구체적인 청구절차는 다음과 같다.

가. 조례안의 작성, 청구대표자의 선정

나. 조례제정 및 개폐의 청구: 조례제정 및 개폐청구서의 제출(조례안 첨부), 대표자 증명서의 교부신청

다. 서명을 받을 사람(수임인)의 선정

라. 청구인 명부에 서명요청(기초자치단체는 3개월, 광역자치단체는 6개월), 서명방식은 성명·주민등록번호·주소·서명날짜를 기록하고 서명날인, 청구인 명부는 동별로 작성, 서명수집

마. 확정된 수임인의 이름과 위임연월일을 신고, 위임신고증의 교부

바. 청구인명부의 제출

사. 청구인명부의 열람(7일간) 및 이의신청 기간

아. 청구 수리

자. 청구 수리일로부터 60일 이내에 자치단체장이 조례(안)에 대한 의견서를 첨부하여 의회에 제출

차. 의회 심의하여 의결(가결, 수정가결, 부결 등)

카. 가결되면 조례공포, 시행

타. 단체장 재의요구, 의회 재의결, 대법원제소, 폐기

의회 심의 후 가결되면 공포 후 시행하는데, 만일 단체장이 재의 요구를 하면, 이에 의회는 재심의하고, 재차 가결된 경우에 대법원에 제소되어 판결에 따라 폐기되거나 효력을 발생할 수 있다.

3. 주민발의제의 현황

2000년 3월부터 2005년 12월 31일까지 총 청구건수는 140건이다. 연도별로 보면 2002년 2건, 2003년 49건, 2004년 30건, 2005년 41건이다. 이 중 2003년 8월부터 청구건수가 급증했는데, 이는 학교급식조례제정 운동이 전남을 비롯해 전국으로 퍼져나가면서 학교급식관련조례청구가 2003년에 40건, 2004년에 19건, 2005년에 31건으로 총 90건으로 전체의 65.7%에 해당한다.

주민조례청구는 그 성격상 한 지역의 조례제정의 예가 타 지역에 확산되는 성격이 강하다고 할 수 있다. 특히 학교급식조례제정운동은 각 지역별 운동을 지원하는 전국적인 운동네트워크(학교급식네트워크)가 결성되어 더 탄력을 받았다는 점, 전남의 학교급식조례제정을 통해 중앙의 학교급식조례 근거 마련 등 상위법의 장애 변수가 상당부분 제거된 상태라는 점 등의 변수가 조례제정청구에 기폭제가 되었다고 볼 수 있다. 이외에도 영유아 보육 관련 조례는 10건, 주거 및 상수도 시설 관련 조례 청구는 12건, 도시계획 관련 조례 청구는 16건, 참여 예산, 시민감사관, 판공비, 주민소환 관련 조례 청구는 7건, 기타[12]가 2건이 있다. 한편, 청구 결과를 보면 총 137건 가운데 원안의결 15건, 수정의결 12건, 부결 14건, 폐기 7건, 진행 중 75건이다. 즉 의결률은 20% 정도로, 청구 요건을 충족시키기 위해 들이는 주민들의 노력에 비하면 그다지 높다고 할 수 없다.

학교급식을 비롯하여 보육, 지방의료원설립, 장애인 시설, 교육비 보조, 주거 및 상수도 시설 관련 조례는 모두 주민의 삶의 질을 향상시키는 것과 직접적인 관련이 있는 것으로 가장 많은 건수를 차지하고 있

---

12) 2005년 '부산광역시 동래구교육경비보조에 관한 조례안', '경기도 성남시의료원설립 및 운영에 관한 조례안'이 있다.

다. 이를 통해 우리는 주민의 직접적인 참여에 의한 의제설정은 행정적인 의제보다는 주민의 생활상의 문제 해결과 삶의 질 개선을 위한 조례들이 주를 이루고 있다고 볼 수 있다. 여러 가지 이유로 의회 혹은 시장이 미처 발의하지 못한 주민들의 필요를 의제화할 수 있게 한다는 점에서 긍정적으로 활용되었다고 본다.

또, 의회에서 간과하기 쉽거나 꺼리는 정책들, 즉 지방자치개혁 의제들이 7건 청구되었다. 판공비 공개, 시민참여예산, 주민소환, 시민감사관제 등은 모두 지방의 권력을 감시하고 시민의 권한을 강화하는 방향의 개혁적이고 혁신적인 조례들로 국가적 규모에서 실현하기 어려운 민주주의를 작은 규모의 지역에서 보다 민주적으로 실행하고자 하는 의제들로 평가된다. 주민에 의한 발의는 이렇게 더욱 개혁적이고 민주적인 정책을 의제화할 수 있다는 이점을 갖는다는 것을 알 수 있다. 그러나 도시 건축과 관련한 사례는 일부 이해관계에 얽힌 주민들이 건폐율 관련 조례들을 청구하는 예가 있었다. 이처럼 주민발의가 일부 집단의 경제적 이득을 추구하는 도구로 전락하기 쉽다는 점에서는 우려할 만하지만 그 건수가 극히 적었고, 의제설정의 권한만을 부여하는 제도의 특성상 공동체의 형평을 해치는 큰 혼란은 가져오지 않았다고 평가할 수 있다.

Ⅳ. 성남시립병원설립 조례제정운동

1. 성남시의 특성[13]

성남시는 경기도와 서울의 접경 지역에 위치하고 있으며 행정구역 상 경기도에 속하는 기초자치단체이다. 2006년 12월 기준으로 총면적 141.75㎢, 인구 977,627명의 도시이다. 행정구역을 살펴보면 성남시는 수정구와 중원구 그리고 분당구의 3구 45동 1,148통 6,926반으로 구성되어 있다. 그리고 구시가지는 26동 571통 3,349반으로 도시 전체의 약 절반에 해당한다.

성남 구시가지의 면적(72.38㎢)은 성남시 면적의 약 51%를 차지한 다. 구별로 볼 때 수정구는 45.99㎢이고 중원구는 26.39㎢이다. 그리 고 신시가지인 분당구는 69.37㎢이다. 전반적으로 구시가지와 신시가 지가 성남시를 양분하고 있다고 볼 수 있다.

인구구성이란 지역의 인구가 성, 나이에 따라 어떻게 구성되어 있는 지를 말한다. 그리고 이는 지역의 성장잠재력과 활동력을 측정할 수 있는 간접적인 척도로 활용할 수 있다. 성남 구시가지(수정구, 중원구) 는 20대 인구가 신시가지에 비해 높다. 반면에 신시가지(분당구)의 경 우에는 20대의 인구가 구시가지에 비해 적고 10·40대 이상 인구가 각 각 7.4%, 19.1%로 구시가지에 비해 소폭 높다. 그리고 두 지역 모두

---

13) 박승진, "주민조례청구제도의 성공요인연구 : 성남시립병원사례", 아주대학교 행정학 석사학 위 논문, 2008, 42~46쪽.

30·50·60대 인구는 비슷하다.

사회경제적 구성은 교육정도, 직업, 종교, 소득, 주거 등 개인이나 가구의 사회경제적 배경에 따라 구분된다. 사회경제적 구성은 인구의 질과 사회적 의미를 살피는 데 도움을 준다. 대표적인 지표로서 소득, 직업분포, 주거형태 등이 사용된다. 1980년대 초부터 정부는 도시지역의 주택난 해소가 국민의 복지수준 향상을 위한 우선순위 과제라 인식하고 택지개발사업을 통해 꾸준히 주택공급을 늘려왔다. 그러나 주택에 대한 수요가 공급을 초과하여 만성적인 주택 부족 현상을 겪자 1989년 9월에 주택 200만호 건설계획을 수립하게 된다. 특히, 수도권의 주택 공급 부족현상은 극에 달하게 되어 신도시 건설을 통한 주택 공급을 추진하였다. 이 과정에서 수도권에 90만호가 건설되고 수도권 인근지역에 50만호가 건설되었다. 수도권 인근지역에 건설된 도시 중 성남시 분당구는 서울의 중산층 이상 거주자들의 유입으로 강남과 비슷한 생활수준을 가지고 서울로 통근을 하는 생활패턴을 보이고 있다. 따라서 구시가지와는 다른 생활수준을 보인다. 성남시의 주거형태를 살펴보면 공동주택의 형태에서 아파트의 비중이 매우 높다는 것을 확인할 수 있다. 특히, 신도시는 구도시에 비해 아파트의 가구 수가 94,972가구로 수정구와 중원구에 비해 월등히 많다는 것을 확인할 수 있다.

제4대 성남시의원의 소속정당은 한나라당 의원이 전체 41명 중 22명이었다. 이 제4대를 지역적으로 살펴보면 구시가지에 비해 신시가지의 의원들이 한나라당의 당적을 가진 경향이 매우 높다는 사실을 확인할 수 있다. 분당구의 경우 17명의 시의원 중 13명이 한나라당 소속이며 나머지는 민주당(1), 민주노동당(1), 열린우리당(2)의 순서를 유지하고 있다. 반면에 중원구의 경우 14명의 시의원 중 한나라당 소속의원은 7명이고 민주당(4), 열린우리당(2), 무소속(1)의 순으로 한나라당의 비율이 50%로 분당구에 비해 낮은 편이다. 그리고 수정구는 세 곳 중 한나라당 의원 비율이 가장 낮다. 총 10명의 의원 중 한나라당 의원이 2명에 불과하여 20%에 이르고 있다. 수정구의 경우 민주당(5)이 가장 높고 열린우리당(2)과 민주노동당(1)이 그 뒤를 잇고 있다. 이는 구시가지와 신시가지의 정치성향이 다르다는 것을 의미한다. 신시가지가 구시가지에 비해 보수적인 정치성향을 가지고 있음을 유추할 수 있다.

2. 성남시립병원설립 조례제정운동의 배경

성남 신·구도시 간의 의료관련 사회복지의 격차는 인구 1,000명당 의사 수와 병원현황을 통해서 살펴볼 수 있다. 구시가지인 수정구의 1,000명당 의사 수는 1996년 1.7명에서 1999년 1.2명으로 0.5명 줄었다가 2001년의 1.3명으로 0.1명이 늘어났다. 중원구는 1996년 0.8명에서 2001년 0.9명으로 0.1명 늘어났지만 인구 1,000명당 의사 수는 1명도 되지 않는다. 반면에 신시가지인 분당구는 1996년 1명에서 1998년 1.5명, 2000년 2명으로 늘어나다가 2001년 1.9명으로 줄어들었다. 여기에서 확인할 수 있는 내용은 신·구도시 간 의료혜택에 있어서 많은 차이가 난다는 것이다. 신시가지는 구시가지에 비해 2배 정도 많은 의사수를 가지고 있다.

신·구도시간 병원수를 파악해 보면 구시가지의 경우 2003년 인하·성남병원이 폐업하면서 큰 병상 수를 가지고 있는 종합병원이 사라지게 되어 분당구에 비해 의료시설이 부족하게 되었다. 일반병원과 치과병원/의원 및 한방병원/의원의 수치는 구시가지가 앞서지만 다양한 질병을 치료할 수 있는 종합병원은 부족한 편이다.

이러한 사회복지 격차가 있는 상황에서 성남 구시가지의 종합병원 규모인 인하·성남병원의 폐업은 병원노조원들의 생존권 문제뿐만 아니라 상대적으로 의료서비스에 대한 박탈감을 느끼고 있는 구시가지 시민들의 참여를 유도할 수 있는 원인으로 작용하였다.

3. 성남시립병원설립 조례제정운동의 전개과정

(1) 개요

성남시립병원설립 조례제정운동의 전개 과정은 다음과 같이 구분할 수 있다.

제1기는 '폐업철회운동기'로 인하병원이 폐업공고(2003년 6월 10일)된 이후에 인하병원노조가 인하병원폐업철회운동을 시작한 시점부터 시민사회단체와 협력하여 시민건강권 확보를 위한 인하·성남병원폐업 범시민대책위원회(2003년 7월 10일)로 조직을 개편한 후 성남시립병원 범시민추진위원회를 결성하기 이전까지이다.

제2기는 '조례제정운동기'로 인하·성남병원폐업범시민대책위원회를 성남시립병원범시민추진위원회(2003년 11월 7일 발족)로 바꾸고 운동의 목표(대안)를 성남시립병원설립으로 한정하면서 조례제정운동을 시작한 시점(조례가 발의되었으나 부결되었음)부터 성남시의 시립병원 설립정책이 발표되기 전까지다.

제3기는 '정책결정기'로 성남시가 본격적으로 시립병원설립을 검토하겠다고 밝힌 이후(2005년 7월 1일)부터 의원발의조례가 부결되다가 마침내 2006년 3월 16일 두 번째 주민 발의된 조례가 통과되는 시점까지로 설정하였다.

(2) 폐업철회운동기

1) 인하병원 직원의 생존권

성남시는 구시가지(수정구, 중원구)와 신시가지(분당구)로 이분화 되어 있고 각각 3개씩 총 6개의 종합병원이 있었다. 분당구의 경우에는 대형병원인 서울대병원, 차병원, 분당재생병원이 있었다. 이에 비해 구시가지의 경우에는 인하병원, 성남병원, 중앙병원이 있었다. 그러나 성남병원이 2003년 6월 9일 성남병원 부지에 아파트 사업 승인을 시작으로 병원을 축소 이전할 계획을 발표하고 인하병원[14]이 경영적자를 이유로 문을 닫게 되면서 문제는 시작되었다. 이에 따라 가장 직접적인 피해를 입은 집단은 바로 의료원의 직원과 가족이었다. 특히 인하노조 직원들은 '생존권 사수'라는 이름으로 노조를 결성하게 되었다. 총 600여 명의 직원 가운데 170여 명의 조합원을 차지하고 있던 인하노조는 인하병원폐원이 결정되기 전 2003년 6월 12일부터 비상대책위를 구성하고 인하병원의 폐업을 철회하라는 구호와 함께 철야 농성에 돌입하였다. 그리고 인하중앙의료원장, 인하병원장, 인하대학교 총장, 시의회 의장, 시장에게 면담을 요청하는 공문 발송과 함께 무기한 천막농성을 진행하였다. 이들은 하나같이 경제적 논리에 따른 폐업으로 노조원들의 생존권을 묵살하는 행위를 비난하였다. 이 시기에는 생존권이 문제의 핵심이었다.

2) 의료공백

인하병원이 폐업한 후 시민단체들은 인하노조와 손을 잡고 2003년

---

14) 인하병원은 1985년 개인병원이던 한미병원을 한진그룹이 인수하여 1987년에 474개 병상, 435명의 의료진과 직원을 갖춘 병원으로 성남구시가지의 의료서비스의 상당 부분을 담당하는 대형병원이었다.

6월 24일 '시민건강권 확보를 위한 인하·성남병원 폐업 범시민대책위원회' (이하 '범대위'라 한다)를 구성하면서 성남시민들의 참여를 유도하였다. 범대위는 2003년 6월 30일 1차 대표자회의를 시작으로 본격적인 활동을 시작하였다. 이후의 문제의 흐름은 인하병원 노조의 생존권을 포함한 성남시의 의료공백에 초점이 맞추어졌다. 이러한 사실은 2003년 9월 26일 성남시민회관 소강당에서 열린 '성남시 수정구·중원구 의료공백 해결과 시민건강권 확보를 위한 대공청회'를 통해서 확인할 수 있다. 범대위 위원장(이재명 변호사)은 인사말을 통해 의료공백의 심각성과 시민건강권의 확보를 촉구하였다.

기조발제의 주제 또한 '지역발전과 의료문제', '의료공공성과 현안문제', '범시민대책위에서 제안하는 의료공백해소방안' 등으로 의료공백으로 인한 시민건강권의 침해가 주된 문제였다. 그리고 첫 번째 주제인 '지역발전과 의료문제'에서 발제자(이창수 교수)는 성남 신·구시가지의 의료시설현황을 제시하면서 두 지역 간 종합병원의 수와 병상 수에 있어서 많은 차이가 난다는 점을 지적하였다. 성남 구시가지의 종합병원인 인하, 성남, 중앙병원이 1,084개의 병상이 있었으며 신시가지의 경우 분당, 차, 재생병원이 1,792개의 병상을 가지고 있다고 설명하였다. 이러한 상황에서 성남 구시가지의 인하·성남병원의 폐업은 총 784병상이 없어지는 것을 의미한다고 설명하였다. 범대위는 이러한 상황을 의료공백으로 정의하고 이로 인해 성남구시가지 주민의 건강권이 위협을 받고 있다는 점을 강조하였다.

1기에서 성남시의회의 다수의원은 인하·성남병원 폐업 사태를 의료공백으로 진단하였다. 이는 한선상 의원 외 13인이 성남시 '인하병원 폐업철회 및 구시가지의 의료시설대책촉구결의안'을 발의한 것을 통해 확인할 수 있다. 이 발의안에서 시의원들은 성남시의 사태를 의료대란

으로 판단하고 시급한 대책이 필요하다는 주장을 하였다. 발의안은 제
108회 2차 본회의에서 학교법인 인하병원은 영리의 목적보다는 의료
기관으로서 사명감을 갖고 지역사회 복지사업을 우선하여 시민건강증
진과 근로자의 고용안정을 통한 병원정상화를 촉구하면서 원안 가결
되었다. 그리고 2003년 7월 10일 인하병원이 폐업을 신고하고 9월 1일
250병상의 성남병원이 휴업을 결정하자 제109회 2차 본회의에서 윤춘
모 의원은 의료공백사태가 야기되었고 매우 심각한 상황이라고 주장
하면서 대책을 촉구하였다.

3) 의료불편

성남시 구시가지(수정구·중원구)의 종합병원 가운데 2개가 동시에
폐업하는 상황이 발생하자 성남시는 범대위와 성남시의회의 입장과는
달리 성남 구시가지의 문제를 의료불편으로 진단하였다. 성남시는 성
남시의회가 본회의 제108회 한선상 의원 외 13인의 의원발의가 있은
후 성남구시가지의 문제가 의료공백이 아닌 의료불편이라는 입장을 고
수하였다. 이러한 사실은 본회의뿐만 아니라 언론을 통해서도 확인할
수 있다. 제108회 2차 본회의 시정질문 및 답변에서 김기명 의원이 성
남병원 용도변경과 폐업조치 관련한 60만 수정, 중원 주민들을 위한
보건의료대책에 대해 묻자 성남·인하병원폐업 관련 용도변경 허가에
대해서는 법대로 처리하고 있음을 밝혔다. 그리고 2003년 7월 4일 인
하·성남병원폐업 범시민대책위원회는 시민의 날 행사에서 이러한 사
실을 시장에게 알리기 위해 면담을 신청하였다. 그러나 시장은 이러
한 사실에 대해 알고는 있었으나 정확한 대답을 회피하는 태도를 보였
다. 그리고 제111회 2차 본회의 시정질문 및 답변에서 부시장(서효원)
은 성남 구시가지의 문제가 의료공백이 아닌 의료불편일 뿐이라는 점

을 분명히 전달하였다.

(3) 조례제정운동기

1) 의료공백

2003년 11월 7일 '성남시립병원설립을 위한 범시민추진위원회' [15](이하 '추진위'라 한다)가 발족됨에 따라 성남구시가지의 의료공백에 대한 문제가 구체적으로 제기되었다. 추진위는 성남시의 현재 상황을 의료공백사태로 보고 이에 대한 대안 마련을 촉구하면서 성남 구시가지(수정구, 중원구)의 의료현실이 너무나 열악하다는 점을 강조하였다. 특히, 성남 구시가지(수정구, 중원구)가 신시가지(분당구)에 비해 소득수준이 낮고 의료시설의 수준 또한 낮다는 점을 지적하면서 의료공백을 강조하였다.[16] 추진위는 '성남시에게 성남의료원 설립을 촉구하는 제안서'를 통해 성남구시가지의 의료공백 사태를 구도심지와 신시가지의 병상수를 통해 지적하였다. 추진위는 응급환자의 경우 1분 1초를 다투는 상황에서 제대로 된 종합병원의 부재가 상대적으로 가난한 성남 구시가지의 주민에게 미칠 영향이 매우 크다고 주장하였다.

실제로 의료공백을 나타내는 사건들이 발생하였다. 이00(64, 신흥3동)은 인하병원에서 치료를 받았던 부인이 지병이 악화돼 성남중앙병원으로 응급후송 중 사망하였다고 밝혔다. 뒤늦게 이러한 사태가 발생하자 의료공백에 대한 문제가 현실화되었다는 지적이 뒤따랐다(성남우

---

15) 성남시립병원설립을 위한 범시민추진위원회는 이재명 준비위원장 등 지역대표와 시민단체 등 10여 명이 참석하였고 상임대표와 공동대표(이윤수 국회의원, 김상현 시의회 의장, 이재명 변호사)와 특별, 전문, 정책위원회 등의 조직을 갖추었다(뉴시스, 2003. 11. 7.).

16) 성남시는 청계천 일대 철거민과 전국에서 유입된 빈민중심에서 출발한 인구 55만의 구시가지(수정구, 중원구)와 중산층 중심으로 출발한 인구 41만의 분당구로 구성되어 있다. 쾌적한 분당구에 비해, 산비탈인 구시가지는 중산층 이탈과 열악한 도시환경으로 점차 슬럼화. 구시가지와 분당구는 그린벨트로 분리되어 있다(성남시립병원추진위 보고자료).

리뉴스, 2003년 11월 15일). 이와 비슷하게 인하병원에 입원했던 한 할머니가 한 대학병원에 갔다가 약을 잘못 처방받아 위독한 상황에 처하기도 하였다(성남우리뉴스, 2003년 11월 25일). 이러한 개별적인 사건 외에도 2004년 3월 1일 성남시의 대출지원으로 의료서비스를 개시하던 예일병원이 2004년 12월 2일 응급의료센터 지정취소로 인해 사실상 의료공백에 대한 불안감이 점점 커져갔다. 이와 동시에 성남시가 2003년 9월 대학병원 공모 이후, 2004년 10월 8일 가천학원이 병원 사업자로 선정된 이후, 땅값이 비싸다는 이유로 가천학원이 대학병원 유치를 포기하는 사건이 발생하였다. 이 사건은 의료공백에 대한 우려를 가장 증폭시키는 기폭제 역할을 하였다(경향신문, 2005년 6월 16일).

추진위는 2003년 12월 29일 조례안을 접수시키면서 성남구시가지의 문제를 의료공백으로 정의하였다. 의료공백 사태를 해결하기 위한 유일한 대안으로 시립병원이 필요하다는 주장을 한 것이다. 시립병원 설립을 위한 조례제정운동은 성남시의 문제가 의료공백이라는 운동본부의 입장을 확인할 수 있는 사건이었다.

2) 의료불편

성남시는 60만 명이 거주하는 수정·중원 지역에서 인하·성남병원이 폐업한 것을 의료불편이라고 정의하였다(연합뉴스, 2003년 12월 1일). 이와 같은 사실은 대안을 내세우면서 항상 의료불편이라는 용어를 사용한 것을 통해서 확인할 수 있다.

성남시는 2004년 7월 방문보건센터가 수정구, 중원구, 분당구의 보건소 내에 설치되었기 때문에 의료공백이 아니라는 입장을 밝혔다. 방문보건센터는 저소득 만성질환자, 치매환자를 대상으로 가정방문진료, 간호서비스 및 건강 상담 역할을 하였다. 그리고 2004년 3월 1일 구인하병원 자리에 100병상의 예일병원이 개원함에 따라 성남시의 의료 상황이 나아졌다는 논리를 사용하였다(성남우리뉴스, 2004년 8월 19일).

성남시의회의 다수의원들은 성남시와 같은 입장을 고수하거나 명확한 입장을 회피하였다. 다만, 소수의원들이 성남 구시가지의 문제를 의료공백이라고 인식하였다. 대표적인 의원으로는 김미라, 지관근, 윤춘모, 한선상 의원이 있다. 김미라 의원은 초기에 시립병원설립을 강력히 주장하다가 의료공백문제에 대한 해결책을 요구하는 입장을 보이기도 하였다. 지관근 의원 또한 성남 구시가지의 문제가 의료공백이라는 입장을 밝혔다. 이외에도 윤춘모, 한선상 의원은 성남 구시가지의 문제를 의료공백이라 진단하고 성남 구시가지의 문제를 접근하였다. 그러나 다수의 의원은 무응답을 보이거나 반대의 입장을 보임으로써 결국 성남 구시가지의 문제를 의료불편으로 보고 있었다.

이 시기에 가장 대표적인 사건은 2003년 12월 29일 전국최초주민에 의해 발의된 주민조례청구의 부결이다. 시민단체와 시민들의 주민조례청구가 이루어지자 시의회에서는 두 차례의 심사보류와 한 차례의 부결[17]을 통해 성남 구시가지의 문제가 의료공백이 아닌 의료불편이라는 진단을 내렸다.

(4) 정책결정기

3기에서는 예일병원의 폐업과 가천학원의 대학병원 폐업 등으로 1기와 같은 신·구도시간 의료상황이 나타나게 되어 의료공백에 대한 문제가 제기되었다. 이러한 상황에서 성남시가 2005년 7월 1일 성남시립병원 설립을 발표하면서 문제의 흐름은 서서히 변화하기 시작하였다. 이

---

17) 2004년 3월 24일 1만 8,595 명의 주민발의 조례안은 제114회 성남시의회 자치행정위원회에서 심사 보류되었다. 그리고 제115회 자치행정위원회에서도 심사 보류되었다. 마지막으로 2004년 9월 14일 제119회 자치행정위원회에서는 찬성 1명, 반대 8명으로 부결되었다.

와 동시에 성남시의회 또한 지관근 의원 외 20인의 성남시립병원설립 조례안 발의를 통해 성남시의 의료공백사태에 대해 우려하기 시작하였다. 이러한 성남시와 성남시의회의 문제인식의 변화는 추진위의 문제인식과 유사하였다.

성남시는 의료공백을 줄이기 위해 2005년 7월 1일 서울시립 보라매병원을 모델로 1,500억 원(추산)을 들여 300병상 이상 규모로 신흥동 시유지 7,530평에 시립병원을 세워 대학이나 민간의료법인에 위탁운영을 맡길 것이라고 밝혔다(한겨레, 2005년 7월 1일자). 이러한 입장 변화는 지난 2년간 완고하게 버티던 기존의 입장을 바꾼 것으로써 문제인식의 변화가 있었음을 확인할 수 있는 증거가 된다. 이처럼 입장을 바꾼 이유는 예일병원 폐업과 대학병원의 사업선정자인 가천학원이 땅값이 비싸다는 이유로 대학병원유치를 포기로 인해 궁지로 몰렸기 때문이다.

초기의 성남시의회에서는 소수의 의원들이 의료공백이라는 점을 강조하였고 다수의 의원들은 무응답을 하거나 의료불편이라는 입장을 고수하였다. 그러나 지관근 의원 외 20여 명이 '성남시 의료원 설립 및 운영에 관한 조례안'을 발의하면서 의료공백에 대한 문제인식으로의 변화가 조금씩 나타났다. 발의안은 사회복지위원회를 무기명 비밀투표로 찬성 7, 반대 3으로 통과하였다. 찬성 의원들은 "공공재원을 투입해 구시가지 의료공백해소를 위해 최선을 다해야 한다"고 주장하였다(세계일보, 2005년 11월 10일자).

그러나 조례안이 2005년 11월 3일 129회 2차 본회의에서 찬성 12, 반대 26으로 부결되었다. '의료공백해결을 위한 성남시립병원설립운동본부'(이하 '운동본부'라 한다)는 시의원 발의 조례안이 부결되자 2차 주민조례안을 제출하였고, 성남시의 조례안의 수리가 확정되었다. 운동본부는 '의료공백해소를 위한 성남시립병원 설립운동본부'라는 공식 명칭을 사용함으로써 성남시의 문제를 의료공백으로 정의하였다(기자회견문, 2005년 7월 4일). 이와 더불어 조례안을 발의하기 이전에 선창선 공동집행위원장은 성남 투데이와의 인터뷰에서 "의료공백을 해결하기 위해 시립병원이 필요하다"는 대답을 여러 차례 하면서 의료공백이라는 문제를 계속 언급하였다(성남투데이, 2006년 2월 24일자).

V. 결론

성남시립병원사례는 직접주민참여 제도 중 전국 최초로 시립병원 조례가 통과된 사례이다. 먼저 1기에는 인하노조의 생존권 문제와 의료 공백문제 및 의료불편문제가 문제의 흐름을 차지하고 있었다. 그리고 정책의 흐름에서는 인하병원폐업철회와 시립병원설립 및 대학병원설립이 있었다. 이러한 정책의 흐름을 결합시키기 위해 인하노조 및 범대위는 시의회와 시장을 압박하였다. 그러나 인하병원폐업촉구결의안 통과 이후 정책의 창이 열리지 않음으로써 정책결정이 이루어지지 못하였다. 2기에는 인하노조원의 생존권 문제가 의료공백으로 흡수되고 의료불편이라는 문제가 맞서는 상황이 연출되었다. 이와 더불어 대학병원설립과 시립병원설립이라는 대안이 충돌한 시기였다. 추진위는 주민조례청구운동을 시작하면서 시민들의 참여를 확장시켰고 시의회 의장 및 시의원을 추진위에 포함시키면서 조례통과를 위한 전략적 투쟁을 하였다. 그러나 한나라당 시의원들의 반대로 인해 끝내 정책결정이 무산되었다. 3기에는 성남시의 입장변화로 인해 문제의 흐름이 급격히 의료공백으로 수렴하게 되었다. 성남시의 입장변화와 더불어 시의원들 또한 '성남지방공사의료원 설립에 관한 조례'를 발의하였다. 이와 더불어 시립병원의 설립이라는 대안이 운동본부에 의해 끊임없이 제시되었다. 그리고 시의원의 포섭과 시민들의 참여를 유도하여 결국 2006년 3월 16일 조례제정이 이루어졌다.

성남시립병원조례가 성공할 수 있었던 요인으로는 성남시의 입장변화를 들 수 있다. 1, 2기 동안 의료불편이라는 문제인식이 대안의 채택 가능성의 어려움으로 인해 변화한 것이다. 그리고 가천학원의 대학병원 유치 사업자의 포기로 인한 대학병원 유치 실패를 들 수 있다.

이 사례를 통해 다음과 같은 몇 가지 결론을 얻을 수 있다. 우선 주민조례청구의 성공을 위해서는 주민조례청구제도를 활용하여 정책의 창을 열어둠과 동시에 문제를 정의하고 대안의 가치타당성과 실행가능성을 제고하고 지속적인 활동을 통해 지역의 분위기와 의원들을 포섭할 경우 성공가능성이 높아질 수 있다. 그리고 이와 같은 상황에서 선거가 임박할 경우 더 성공가능성이 높으며 한국의 경우, 외국의 주민조례청구제도와는 달리 주민이 직접 조례를 제정하는 형태가 아니라는 점 때문에 정치적인 흐름에 따라 주민의 정책의지가 무산될 가능성이 많았다. 따라서 한국적 상황에 맞도록 제한된 범위부터 단계적으로 조례제정 권한을 부여하는 방안을 검토해 볼 필요가 있을 것으로 판단된다. 마지막으로 지속적인 시민단체의 정책결정 참여 확대는 제도적 제한 속에서 정책결정을 유도할 수 있는 기폭제 역할을 할 수 있다는 점을 발견할 수 있었다.

참 고·문 헌

김선주, "주민참여에 의한 지역복지실천으로서 조례제정과정에 관한 사례연구: 학교급식조례제정을 중심으로", 충남대학교 행정학 석사학위논문, 2005

김수진, "독일과 한국의 지방의사결정과정에의 주민참여제도" 「공법연구」 제30권 제3호, 2002

김영성, "주민직접참여제도의 문제점과 활성화 방안연구", 부산대학교 행정학 석사학위논문, 2003

김종률, "주민에 의한 조례입법청구의 실태와 활성화 방안에 관한 연구", 창원대학교 행정학 석사학위논문, 2005

박승진, "주민조례청구제도의 성공요인연구: 성남시립병원사례" 아주대학교 행정학 석사학위논문, 2008

박현희, "주민조례청구운동의 정치적 동학과 효과 : '성남시립병원설립조례제정운동'을 중심으로", 서울대학교 박사학위논문, 2007

백종만, "직접주민참정제도의 운영실태와 개선에 관한 연구", 전북대학교 교육학 석사학위논문, 2003

서희정, "과천시 보육조례 개정과정 분석", 가톨릭대학교 사회복지대학원 석사학위논문, 2002

제8장

결혼이주여성에 대한 인신매매
형태의 인권침해에 대한 검토

장선영(인하대학교 법학전문대학원생)

Ⅰ. 서론

세계화 시대의 오늘날에는 물자와 자본, 기술의 국제적 이동뿐만 아니라 전 세계 인구 역시 활발하게 이동하고 있고 점차 증가하는 추세에 있다. 우리나라의 경우도 세계화 흐름과 함께 외국인이 국내에 체류하는 경우가 점차 증가하고 있으며, 세계 경제의 자유주의적 흐름과 함께 경제적 이유로 이주하는 사례가 대부분에 해당한다.

1. 우리나라의 외국인 이주 배경

지난 20여 년간 이주와 관련된 한국의 위상은 극적으로 변화했다. 1980년도 초까지만 해도 한국은 다른 아시아 국가들과 다를 바 없는 적극적인 노동력 수출 국가였다. 1965년에 설립된 '한국해외개발공사'라는 국가기관이 노동력 수출 전담기관이었다. 1980년대를 경유하면서 한국은 말레이시아, 태국, 홍콩 등과 노동력의 수출입이 비슷한 국가계열에 합류했다. 그러나 1988년 올림픽 개최를 계기로 한국은 아시아의 주요한 이주 노동력 유입 국가의 위상을 갖게 된다. 단기간에 이뤄진 이민 송출국에서 이민 유입국으로의 위상의 변화는 국내외적 차원에서 여러 가지 긍정적인 효과들을 가져다주었고 국제사회에서 한국의 국가 이미지는 제고되었다. 한국은 아시아 출신 노동자들이 선망하는 '코리안 드림'의 목적지가 되었다.

이렇게 한국은 불과 몇십 년 사이에 노동력 수출국에서 수입국으로 급격하게 위상을 변모하였다. 또한 국내적인 요인도 있다. 외국인 노동자가 유입되기 시작한 시점은 강력한 노동운동과 그로 인한 임금상승이 이루어진 때와 정확히 일치한다. 1987년 이후 강력한 노동운동은 국내 대기업 생산직 노동자의 임금을 급속히 상승시켰고, 동시에 내국인 노동자의 '3D 직종 기피 현상'이 광범위하게 확산되었다.

이로 말미암아 한국인 노동자들이 기피하는 3D업종에 외국인 노동자들이 주로 투입됨으로써 한국은 제조업 경쟁력을 유지할 수 있었으며, 나아가서는 OECD에도 가입하는 성과를 이루어낸다. 2006년 노동부의 통계에 따르면 국내 체류 외국인 수는 총 910,149명이며 국내 인구의 2%를 차지하고 있다. 추정치로 미등록된 외국인 수까지 합치면, 대력 100만 명이 국내에 거주하고 있다고 볼 수 있다. 또한 최근에 '외국인 노동자 인권을 위한 모임' 정귀순 대표는 2020년이 되면 전체 인구의 5%가 넘을 것으로 예상했다. 이렇게 1980년대 후반부터 외국인 노동자들이 국내에 유입되면서 한국 사람과의 혼인을 통한 다문화 가정을 꾸리게 되었다. 그러나 이들 외국인 노동자들을 통해 형성된 다문화 가정은 대체로 가정형편에 어려움을 겪고 있다. 대부분이 저임금의 생산직의 3D업종이다 보니 경제적으로 어려움에 처해 있는 가정이 대다수이다.

현대에는 여성의 이주 증가율도 눈에 띠고 있으며, 이는 전 세계적인 현상이 되고 있다. 특히 아시아에서 이주의 여성화 현상이 대두되고 있는데, 크게 두 가지 경향을 보이고 있다. IOM(International Organization for Migrant)의 보고에 의하면 하나는 기혼여성의 비율이 증가하고 있다는 것과 미혼여성의 경우 나이가 점점 어려지고 있다는 것이다. 이는 국제결혼을 통한 이주 여성의 나이가 점차 어려지는 추세에 기인한 것으로 보인다. 다른 하나는 여성들의 일자리가 대부분 전통적인 성역할에 따라 배치되고 있는 현상이다. 실제 이주하는 여성들은 대부분 남성과는 달리, 가사노동이나 제조업, 성매매와 관련한 분야에 종사하는 추세에 있다.[1]

이러한 이주의 여성화 현상 원인은 여러 가지가 있으나, 기본적으로는 세계적 빈곤의 여성화에 기인한다고 볼 수 있다. 그러나 이주 여성은 경제적인 이유 때문에 이주를 하기도 하지만 나아가 새로운 삶을 개척하려는 결단의 측면도 있다.[2] 그 외 가부장적 질서와 관련한 요인으로, 고용국에서 단순 산업노동과 가사 노동이나 연예 영역 등 서비스 분야에서의 여성 노동력에 대한 수요가 높아졌다는 점을 들 수 있다. 또한, 여성의 경우 남성보다 송출비용이 비교적 저렴한 측면도 이주의 여성화 현상을 증가시키는 원인이 되고 있다. 여성의 경우 송출브로커 비용이 남자보다 저렴하며, 부모나 가족에게 밀려 이주노동을 떠나는 경우가 많다. 국제결혼의 경우는 송출국과 유입국에서 보다 빈곤한 계층 간에 주로 발생한다. 송출국 여성의 경우 브로커 비용이 필요 없고 결혼이 성사되면 집안의 경제를 도울 수 있고, 여성 본인에게도 새로운 삶의 기회로 작용할 수 있어, 이를 계기로 빈곤층 여성들의 국제결혼 이주가 증가하고 있다. 유입국의 경우는 가난한 도시 빈민이나 자국 여성들이 결혼을 기피하는 농촌의 총각이나 장애인들이 국제결혼업체를 통한 국제결혼을 통해 외국 여성과 결혼하여, 이를 통한 결혼이주 여성이 증가하고 있다.

---

1) 한국염, "인신매매성 국제결혼 현황과 과제 · 한국을 중심으로", 「매매혼적 국제결혼 예방과 방지를 위한 아시아 · 이주여성 전략회의 자료집」, 2006, 19쪽.

2) 김현미, "여성의 빈곤화와 이주여성", 「이주여성문제 어떻게 볼 것인가?, 이주여성인권센터 창립2주년 기념심포지엄 자료집」, 2003. 10. http://www.wmigrant.org/xe2/21907

2. 결혼이주의 현황

통계청의 조사에 따르면 2007년 결혼한 농림, 어업 종사 남성의 경우 40%가 외국 여성과 결혼을 했다고 한다. 급격한 산업화 이후 농어촌에 대한 시각은 부정적으로 급변하였다. 그러면서 농어촌의 남녀성비는 깨지고 결혼 적령기의 여성은 농촌에 거의 존재하지 않게 되었다. 더불어 1990년대에 이르러 '농촌 총각 장가보내기' 운동과 함께 함께 농촌의 결혼 적령기를 지나친 남성들을 대상으로 한 국제결혼 중개업소가 성행하게 되었고, 이로 말미암아 농어촌에서 베트남, 말레이시아, 캄보디아 여성과의 결혼이 성행하게 되었다.

그러나 농어촌의 국제결혼은 많은 후유증을 낳고 있다. 다문화가정의 이혼을 보면 2004년에 3,315건이었던 것이 2007년에는 8,828건으로 급격히 증가하였고, 그중에서도 중국, 베트남의 여성의 이혼이 가장 많았으며, 때로는 정식적인 이혼 절차를 밟지 않고 도망가는 경우도 있다고 한다. 또한 결혼 당사자 간의 정보부족 및 상호이해 결여로 가정 폭력이 빈발하고 있다. 다른 문제점으로는 국제결혼 중개업의 성행을 들 수 있다. 2005년 보건복지가족부의 실태조사에 따르면 결혼 중개업을 통한 국제결혼은 13.4%로 조사되었지만 유사 중개행위까지 포함할 경우 실제 50% 이상이 될 것으로 추정하고 있다. 이러한 국제결혼 중개업의 성행이 상업적 이윤추구 수단으로 악용되어 결혼 당사자의 인권침해, 국가이미지 실추 등의 사회문제를 야기하고 있는 실정이다. 실제로 여성가족부의 실태조사에 따르면 여성 결혼 이민자의 13.2%가 결혼 전에 들은 배우자에 대한 정보가 사실과 다르다고 응답하고 있다.

결혼 이민자 수는 2007년 전국적으로 7만 2,000명을 넘어서고 다문화 결혼 비율이 14%를 초과했으며, 농림어업에 종사하는 남성 중 약 35%가 외국인 배우자를 맞이하였다고 한다. 이러한 다문화가정의 증가 이유로는 첫째, 편중된 성 비례로 인해 결혼하지 못하는 남성의 수요 급증, 둘째, 결혼하지 않고 혼자 사는 여성의 증가, 셋째, 한국 여성의 결혼 조건을 충족시키지 못하는 남성이 저개발국의 여성을 선택하는 경우가 증가(여기에는 농촌에서 살기를 꺼려하는 한국 여성의 가치관이 작용한다), 넷째, 정보화, 세계화에 따라 국제결혼에 대한 인식과 가치관의 변화, 다섯째, 저임금 외국인 노동자의 고용정책으로 외국인의 한국으로의 이주가 많아졌고 주변국 여성이 결혼을 통한 한국 이주를 빈곤에서의 탈출로 생각, 여섯째, 국제결혼중매업체들의 적극적인 상술과 노총각 구제 차원의 국제결혼을 독려하는 사회적 분위기가 맞물려 국제결혼의 증가 배경이 되고 있다. 만약 이러한 추세가 지속된다면 20년 뒤엔 이민 2세가 거의 150만 명에 이를 것으로 추산된다고 한다.

외국인 주민 분포 현황

총	국제결혼 이주자	국제결혼 가정 자녀	국적취득자	외국인근로자	기타 외국인
722,686명	87,964명	44,258명	54,051명	259,805명	276,608명

출처: 행정자치부 외국연주민분포현황(2007)

행정안전부의 조사 결과(2010년)에 따르면 한국국적을 가지지 않은 외국인 주민은(외국인근로자, 결혼이민자, 유학생, 재외동포, 기타) 920,887명에 이른다고 한다. 국적을 취득한 외국인까지 합친다면 그 수는 엄청난 것이라고 할 수 있다. 이는 우리나라가 본격적인 다문화 사회로 진입했음을 말해준다. 서구 선진국의 경우 외국인이 인구비중의 4%를 넘어서면서 심각한 사회문제가 발생하였다고 한다. 현(2.2%) 추세대로라면 10년 이내에 한국은 그러한 상황에 당면할 것이라고 한다.

II. 결혼이주와 인신매매

1. 결혼이주여성에게 발생하는 인신매매적 인권침해의 유형

결혼이주여성에게 발생할 수 있는 인신매매적 인권침해의 경우는 대표적으로 결혼후 한국으로 유입되는 과정에서 발생한다. 보통 외국인 여성이 한국인 남성과 결혼을 통해 이주하게 되는 경로, 지인을 통한 소개와 종교단체를 통해서, 그리고 결혼중개업체를 통한 경우가 있다. 그중에서도 특히 여성에 대한 인권침해적인 상황이 빈번히 발생하고, 매매혼적인 성격을 강하게 띠는 상업화된 결혼중개업체를 통한 경우가 인신매매적 인권침해의 발생 여지가 높다고 할 수 있다.

사례1) *캄보디아 여성 Y씨(20세)는 시골로 시집을 왔는데, 남편이 사는 집이 너무나 형편없고, 남편이 제 정신이 아닌 사람이라 도저히 같이 살 수가 없다고 하여, 당시 다른 집에 기거하고 있었다. 남편은 50세였고 농사를 짓고 있었으며 90세가 된 노부와 함께 생활하고 있었다. 처음 결혼이 성사된 것은 평소 아들의 결혼을 바라던 Y씨의 시아버지에게 결혼중개업체에서 당신의 아들을 결혼시켜주겠다며 설득하였다. 그래서 Y씨의 시아버지는 농협에서 대출 1,500만 원을 얻어 결혼중개업체를 통하여 캄보디아 여성을 며느리로 맞아들였다. 그러나*

캄보디아 시골에서 좀 더 안락한 결혼생활을 꿈꾸며 시집온 Y씨가 같이 살아야 하는 집은 그야말로 캄보디아에서 살던 집과 별반 다를 것이 없어 보이는 농촌이었다. 게다가 남편은 간질이 있어 처음 남편의 발작을 보고 Y씨는 도저히 자기는 살 수 없다며 울음을 터뜨렸다. 이를 딱하게 여긴 동네 어르신들이 이 Y씨의 시아버지에게 빚도 졌으니 이 여성을 동네의 다른 총각에게 다시 시집을 보내면서 돈을 받으면 어떻겠냐고 하였고 시아버지는 이를 받아들여 며느리를 동네 다른 사람의 집에 시집을 보내면서 돈을 조금 받기로 하였다. 하지만 이 일이 쉽게 성사되지 않아 Y씨를 다시 집에 데리고 오려고 하니 Y씨가 자기는 도저히 같이 살 수가 없다며 집 앞에서 들어가지 않겠다고 계속 눈물을 흘리며 강력하게 저항하여 결국 보호시설에 보내게 되었다.[3]

위와 같은 사례가 중개업체의 잘못된 정보를 통해 국제결혼을 결심하고, 실상 한국에서는 자신의 생각과는 너무 다른 현실을 경험하게 되는 여성의 대표적인 사례이며, 돈을 주고 신부를 데려왔다는 생각은 중개업체 뿐만 아니라, 위에서 보듯이, 시아버지, 남편 등 한국의 가족에서조차 그러한 생각을 하고 있고, 이러한 생각이 여성에 대한 비하적인 시각을 갖게 함으로써, 가정폭력이나 언어폭력 등을 너무 쉽게 행하도록 하고 있어 문제가 되고 있다.

다음으로는 위장결혼을 통한 이주 과정에서 인신매매가 발생할 수 있다. 위장결혼은 대개 두 가지 경우로 나타난다. 하나는 이주여성 당사자가 위장결혼이라는 것을 알고서 입국을 한 경우와 위장결혼인줄 모르고 한 경우다. 위장결혼이라는 것을 알았다고 해도 그것이 불법인

---

3) 한국이주여성인권센터, 『적응과 폭력 사이에서 결혼이주여성의 인권실태조사 및 상담사례 모음집』, 2008.

238 소수자 인권

줄 모르고 입국한 경우가 많다. 이들의 말에 의하면 국제결혼 중개업체에서 한국에 입국해서 남편과 한두 달 살다 외국인등록증이 나오면 집을 나와 취업해도 된다고 해서 국제결혼을 택한 경우가 있다. 다른 경우는 남편과 같이 살긴 하는데 실제적으로 혼인생활은 안 해도 되고 본인이 원하는 대로 취업해서 살 수가 있다고 해서 한국인과 결혼을 할 결심을 했다는 것이다.

알고 했건 모르고 했건 국제결혼 알선업자들에 의한 위장결혼 덫에 걸린 것이다. 이런 위장결혼이 발생하는 핵심에는 국제결혼알선업체들의 농간이 있다. 국제결혼중개업들이 중개비용을 챙길 목적으로 허위정보를 제공해서 위장결혼을 알선하는 것이다. 이런 허위정보에 의한 위장결혼 알선은 한국 측 국제결혼중개업의 책임도 있지만, 이주여성 당사자 나라의 브로커들의 농간도 만만치 않다. 중개비용을 챙길 목적으로 자국여성에게 거짓정보를 제공해 위장결혼을 했을 경우 한국에서 생길 수 있는 문제들을 전혀 알려주지 않는다. 그 결과 알게 모르게 위장결혼을 한 이주여성 당사자와 자기 아내의 입장을 모르고 결혼을 한 한국의 남편들이 그 피해를 고스란히 입게 된다.

사례 2) 중개업자들이 한국에서 노숙자나 일정한 직업이 없거나 혹은 신용불량 위기나 빚에 몰린 남자들을 물색해서 3백만 원에서 5백만 원 정도의 돈을 주기로 하고 국제결혼을 알선한다. 물론 이 돈은 이주여성들에게서 나오는 것이다. 베트남이나 네팔에서 한국에 와서 취업을 해 돈을 벌고자 하는 여성들에게 일 인당 일천만 원에서 일천오백만 원의 비용을 받고 소위 한국인 법적 남편을 알선해 준다. 따라서 결혼하는 당사자들은 앞의 경우와 달리 일백프로 자신들이 위장결혼을 하는 것임을 알고 있다. 이 과정에서도 중개업자들의 허위정보제공과 착취가 발생한다. 상담실에서 만난 한 네팔 여성은 브로커에게 육백만 원을 주고 위장결혼을 해서 한국에 왔음에도 불구하고 자기가 돈을 낸 것을 감췄다. 브로커가 자기에게 돈을 준 것을 발설하면 친정 집과 이주여성 당사자가 불이익을 당할 것이라고 협박했기 때문이다. 한 중국 여성은 자기가 한국에 오면 법적인 남편과 동거를 하지 않아도 됨은 물론 2년 후에는 영주권을 얻어서 한국에서 계속 체류하면서 돈을 벌 수 있는 것으로 알았다. 그랬는데 막상 와보니 법적 남편이 성관계를 요구하고, 일 년마다 비자를 연장해야 하는데 그때마다 남편이 몇백만 원 씩 돈을 요구하면서 돈을 안 주면 비자를 연장해주지 않겠다고 해 하는 수 없이 돈을 주었다고 했다. 또 2년 있으면 영주권이 나올 줄 알았는데 그것도 거짓말이었다는 것이다. 결혼 후 2년 있으면 영주권을 신청할 수 있는 것을 영주권이 나온다고 중개업자가 거짓정보를 제공한 것이다. 매번 비자를 연장할 때마다 돈을 내야 하면 기껏 벌어놓은 돈을 법적인 남편에게 주어야 하니 어떻게 하면 좋으냐고 하소연했다. 또 다른 경우는 남편과 형식적으로만 사는 것으로 하고 아예 처음부터 공장 기숙사에서 일하다가 출입국직원의 단속에 걸린 경우다. 남편과 같이 산 흔적이 없어 위장결혼으로 적발되었다. 한국에 온 지 불과 6개월 만에 벌어진 일이었다. 올 때 브로커 비용으로 낸 팔백만 원도 빚을 내어 와서 이자만 우선 갚고 있는데 돈도 벌지 못하고 추방당하게 되었다고 하소연했다.[4]

국제 인신매매 조직에서 이주여성을 상대로 한국남성과 결혼시켜주겠다고 속여서 한국에 데려와서 기지촌이나 유흥업소 등에서 성매

---

4) 한국염, 『위장결혼의 덫』, 한국이주여성인권 홈페이지 나눔터-칼럼 2010.3.2게재.
http://wmigrant.org.

매를 강요하고, 법적 남편 역할을 해준 사람에게 얼마의 돈을 주며 여성을 감시하도록 하는 식으로, 위장결혼은 인신매매와 연관이 깊고, 위장결혼의 형태를 빌미로 많이 진행되어온 것이 현실이었다. 그러나 최근에는 이러한 인신매매 조직에서뿐만 아니라, 국제결혼중개업체를 통해서도 자행되고 있는 것이다. 취업해서 돈을 벌 수 있고 이를 자신의 새로운 인생의 기회로 삼고 국제결혼을 선택한 이주여성을 상대로 결혼이라는 이름으로 인신매매 행위를 태연히 하고 있는 것이다.

위의 두 사례에서 검토한 것과 같이, 결혼이주 여성에게 인신매매의 범죄가 결혼이라는 형식상의 명목에 감춰져 중개업체의 상업적 행위와 맞물려 비범죄처럼 가장되어 행해지는 것이 큰 문제이며, 이에 국제결혼의 인신매매적 행태를 파악하고 이를 적극적으로 범죄화하는 노력이 필요하다. 이하에서는 첫 번째 사례와 관련, 중개업체를 통한 국제결혼에 있어서 인신매매적 행태에 대해 상세히 검토하고자 한다.

2. 인신매매의 정의

(1) 국내 관련 법 규정

　우리나라의 경우 별도의 '인신매매'만을 특별법으로서 규정하는 법률은 아직까지 갖춰지지 않고 있으며. 일반 형법상 약취유인죄나 부녀매매죄 등과 특별법으로서는『성매매 알선 등 행위의 처벌에 관한 법률(이하 성매매 처벌법)』에서 성매매를 목적으로 하는 인신매매에 대해 규제하고 있는 정도이다.『형법』제288조에 의한 인신매매의 정의를 검토하면, "추행, 간음, 영리를 목적으로 사람을 약취 또는 유인하는 행위 및 추업에 사용할 목적으로 부녀를 매매하는 행위"라고 정의할 수 있다. 또『성매매처벌법』상의 인신매매 정의를 검토하면, "성을 파는 행위를 하도록 하기 위해 위계, 협박, 폭력을 동원해 대상자를 꼼짝 못하게 하여 다른 사람에게 넘기는 행위"를 '성매매를 목적으로 한 인신매매'라고 정의할 수 있다. 또한 "청소년, 심신이 미약한 사람, 중대장애인을 보호·감독하는 자에게 선불금 등 금품 그 밖의 재산상의 이익을 제공·약속하고 대상자를 지배·관리하면서 제삼자에게 넘기는 행위"를 말한다(제2조). 나아가 이런 사실을 알면서도 성매매를 시킬 목적으로 이들을 돈을 주고 넘겨받거나 대상자를 모집, 이동시키거나 숨기는 행위도 '성매매목적의 인신매매'에 해당되어 처벌되도록 하고 있다.

　이와 같은 측면에서 우리나라의 경우도 인신매매에 관한 형사 처벌을 법 규정으로 마련하여 일응 인신매매 근절을 위한 노력을 하고 있다고 비춰지고 있으나, 국내 관련 법 규정은 다음과 같은 한계를 갖는다.

1) 다양한 형태의 인신매매를 대처할 수 없다.

현행법 내에서 인신매매는 부녀매매, 영리약취유인, 성매매방지법, 청소년성보호법 등 개별적인 법률에 의해서 각기 나누어져 다뤄지고 있는 실정이다. 각각의 경우의 구성요건에는 차이가 있고, 형법상 범죄 성립에 있어서는 이러한 구성요건 해당성의 여부가 가장 큰 논점이 되고 있는 점, 이에 대한 입증이 쉽지 않은 점을 고려해 볼 때, 오늘날에 다양한 형태로 이뤄지는 인신매매를 현재의 국내 법규로써 다 다룰 수 있는지는 의문이 든다. 현대 인신매매는 국제간의 이동을 통해 이뤄지는 경향이 증가하고 있고, 특히 피해자인 여성의 경우에 있어서는, 국제결혼을 통한 경로로 사실상 인신매매의 범죄 피해자가 되는 경우가 많고, 이러한 국제결혼의 형식은 우리나라의 경우 결혼중매업체 등을 통해 합법적 상업화로 여겨지고 있어, 이에 대한 인신매매의 성격을 밝혀내기가 난이하다는 문제를 볼 때, 이에 대한 포괄적인 규제를 할 필요가 있으며, 국제적으로 행해지는 면에 대한 대비 역시 보다 적극적으로 할 필요가 있다. 즉, 인신매매와 관련한 국내법으로는 다양한 형태의 현대 인신매매 범죄를 대처하기 어렵다는 문제가 있다.

2) 실효성 있는 처벌 제고 측면

인신매매와 관련하여 형법상 법규로 처벌받는 경우도 있지만, 성매매를 한 업체에 대해서 행정법으로 다루어질 경우 벌금형을 받는 경향도 있다. 특히 취업을 해주겠다고 속여 인신매매를 한 경우 겉으로는 취업의 형식을 취하고 있어, 이에 대해 행정벌 이상의 형법상의 범죄로 처벌하기가 난이한 문제가 있다. 사실상 인신매매의 피해자가 되는 경로는 주로 취업을 위장하거나 외국인 여성의 경우는 특히 결혼을 통해 피해자가 되는 사례가 많으며, 이 경우 은폐되어 있고 합법적 거래 행위를 띠는 점 등으로 인해 이를 근절시킬 실효성 있는 처벌을 가하기 어렵다는 문제가 생긴다.

특히 결혼중개업체를 통한 이주여성 사례의 경우, 결혼중개업체들은 합법적인 상행위를 보장받고 있고, 그 구체적인 행태가 인신매매에 해당하는지의 여부를 외부에서 밝혀내기 힘들다는 한계가 있으며, 국내법의 한정적인 인신매매 정의로 접근하였을 경우, 그것만으로는 매매혼에 의한 인신매매를 규제할 수 없는 한계가 있다. 더군다나 이 경우는 피해자가 자발적으로 중개업체의 행위에 참여하여 가담하고 있는 특수한 상황이 존재하고, 그 피해는 한국에 와서 생활을 했을 때에 비로소 드러나게 되어, 이미 중개업체는 빠져나간 사후적 상황에서나 범죄상황을 인식할 수 있다는 점, 사전적 예방이나 처벌이 현행법으로서는 한계가 있어, 피해의 규모가 상당함에도 단순히 사회적 제도나 정책을 통해 피해 여성을 '정착'이나 '통합'의 대상으로만 취급하여, 적극적으로 피해자의 성격을 밝혀내지 못하고, 사회에서 묵인되고 있는 점 등도 문제가 된다. 농촌 미혼 남성에 대한 지방자치단체 주도적인 결혼사업 정책 등 국제결혼을 활성화 시키는 정책과 사회 풍토에 휩쓸려, 이주 여성의 인신매매적 범죄 피해에 대해서는 단순히 적응하지 못한 여성 개인의 문제로 돌리거나, 피해 여성에 대한 해결과 보호에 있어서도 가정 내의 정착을 도모하는 등 한국 가족 중심적으로 다가서는 바람에, 여성 개인으로서의 인권은 도외시되는 부작용이 함께 나타나고 있다.

따라서 결혼이주여성에 대해 매매혼적 관행으로 인신매매적 범죄가 발생하는 것에 대해서는 '성매매'라는 점이 뚜렷하게 부각되는 경우에만 한정적으로 범죄화하는 현행법의 정의에 국한하여 해석할 것은 아니며, 다양하고 은폐되는 형태의 인신매매 범죄를 규제할 수 있도록 포괄적인 인신매매에 대한 정의를 모색할 필요가 있다.

(2) 국제협약상

우리나라는 지난 2000년 11월 UN 총회에서 인신매매에 대한 국제적 우려를 불식시키기 위해서 『UN 국제조직범죄방지협약』과 그 협약을 보충하는 '인신매매방지의정서'를 채택하였던바, 먼저, 『UN 국제조직범죄방지협약을 보충하는 인신, 특히 여성 및 아동의 매매 예방 및 억제를 위한 의정서(Protocol to Prevent, Suppress and Punish Trafficking in Persons, Especially Women and Children, Supplementing the United National Convention against Transnational Organized Crime), 2000년』상 인신매매의 정의를 검토해 볼 수 있다. 이에 의하면, '인신매매'란 "착취를 목적으로 위협, 무력의 행사 또는 기타 형태의 강박·납치·사기·기만권력의 남용, 또는 취약한 지위의 이용 타인에 대한 통제력을 가진 사람의 동의를 얻기 위한 보수 또는 혜택의 제공 또는 접수 등의 수단에 의한 인신의 모집, 운반, 이전, 은닉, 인수"를 의미한다. '착취'는 "타인의 성매매 또는 기타 형태의 성적착취, 강제노동 또는 서비스, 노예제도 또는 노예제도와 유사한 관행, 종속 또는 장기의 절제"를 포함한다. 위에 규정된 수단이 사용된 경우, 위에 규정된 착취에 대한 인신매매 피해자의 동의는 무의미하다. 착취를 목적으로 한 아동의 모집, 운반, 이전, 은닉 또는 인수는 이러한 행위가 위에 규정된 수단을 사용하지 않았더라도 '인신매매'로 간주된다고 정의를 내리고 있다.

이와 같은 정의에 따르면, 국내에서 인신매매를 '성매매' 목적이 뚜렷하게 드러나는 행위에 주로 한정되어 규제하는 것과는 달리, 착취를 목적으로 행해지는 것으로 그 수단이나 행위 형태는 무관하게 규제될 가능성이 생기게 된다. 즉, 외형적으로 성매매 목적이 뚜렷하게 드러나지 않는 행위라고 하더라도, 비폭력적인 행위에 의하였더라도 인신매매에 해당될 수 있으며, 착취의 목적에도 성매매나 성적 착취에 한정되는 것이 아닌, 보다 포괄적으로 강제노동이나 서비스, 노예제도와 유사한 관행 등 넓은 의미에서의 인신에 대한 착취를 포함하여 해석할 수 있다.

나아가 피해자의 이에 대한 동의는 범죄 성립에 영향을 주지 않는다고 명시하는 점이 특징적이다. 이에 의하면 국제결혼 형태로 행해지는 인신매매 범죄의 경우도, 비록 그 형태가 결혼이라는 합법적 경로나 형태를 띠고 있더라도, 실질적인 과정에서 약자적 위치에 놓인 피해자에 대해 강요된 형태를 취하고 있다면, 사기나 기망으로 인해 피해자의 자발적인 동의나 가담이 있더라도 그 인정에 문제가 되지 않으며, 결혼 생활이라는 명목 하에 성적 착취뿐만 아니라, 강제 노동이나 노예제도와 유사한 착취가 인정될 수 있다면, 인신매매의 범죄로 의율될 수 있다는 것에서 가치가 있다고 볼 수 있다. 따라서 결혼이주 여성에 대한 인신매매 범죄 해당 여부를 검토함에 있어서는, 본 의정서상의 정의와 같이 보다 포괄적인 인신매매 정의를 근거로 접근해야 한다.

(3) 『인신매매처벌 등에 관한 법률안』

김춘진 의원이 발의한 『인신매매처벌 등에 관한 법률안』에 따르면, 인신매매란 "성 착취, 강제 노동, 장기(臟器) 매매, 구걸 또는 강제 결혼을 하게 할 목적, 성교행위 등 음란하거나 가학적인 내용을 표현하는 사진·영상물 등을 촬영할 목적으로 위계·위력에 준하는 방법으로 대상자를 지배·관리하면서 제삼자에게 인계하는 행위, 인수 받는 행위, 모집·이동·은닉하는 행위를 의미한다고 정의하고 있다. 그 밖에 인신매매알선등행위로서, 알선·권유·유인 또는 강요하는 행위, 장소를 제공, 인신매매에 제공되는 사실을 알면서 자금·토지 또는 건물을 제공, 재산 또는 다른 이익을 요구하거나 받거나 받는 것에 동의하는 행위, 인신매매에 대한 범죄를 하려는 목적으로 조직범죄집단의 구성원이 되도록 타인을 설득·권유하거나 적극적인 연락을 하는 행위"를 의미한다고 규정하고 있다. 그 외에도 인신매매를 할 목적으로 타인을 고용·모집하거나 인신매매가 이루어진다는 사실을 알고 직업을 소개·알선하는 행위 및 그 행위가 이루어지는 업소에 대한 광고(각종 간행물·유인물·전화·인터넷 그 밖의 매체를 통한 행위 포함) 행위도 처벌 대상이 된다고 규정하고 있다.

본 법률안에 따른 정의는 현행법상의 한정적 인신매매의 정의를 벗어나 보다 다양한 형태의 인신매매 행위를 규율할 수 있다는 점, 광고 행위나 직업 알선 행위 등을 적극적으로 규제하여 특히 결혼중개업체에 의한 결혼이주여성을 대상으로 일어나는 인신매매적 범죄 행위에 대한 처벌 근거를 제공할 수 있다는 점에는 그 의미가 크다고 본다. 또한 '인신매매'에 대한 정의를 국제협약이나 법률안과 같이 보다 포괄적이고 다양하게 내림으로써 결혼이주여성에 대한 인신매매적 범죄에 대한 처벌 근거를 마련할 수 있고, 적극적으로 범죄화하여 규율할 수 있음에는 그 의미가 크다. 하지만 구체적인 사례에서는 결혼과 인신매매라는 경계선이 매우 모호한 점이 많다는 점, 실증적으로 범죄 구성 요건 해당성을 입증하는 것이 난이한 현실 등을 고려할 때 그 적용에 있어서는 보다 신중함이 필요하다고 보인다.

3. 국제결혼형태와 인신매매 해당 여부의 검토

위에서 검토한 포괄적 정의로서 '인신매매'의 정의에 입각하여, 구체적으로 국제결혼의 어떠한 형태들이 인신매매에 해당할 수 있는지 그 여부를 검토하고자 한다.

(1) 중개업체에 의한 국제결혼의 인신매매 징표

1) 여성의 상품화

결혼중개업체에 의한 국제결혼의 과정에 있어서 인신매매적 징표를 찾을 수 있는 첫 번째는 대상 여성에 대한 상품화를 꼽을 수 있다. 더 많은 고객을 확보하기 위한 중개업체들의 광고는 이미 도를 넘어섰다. '베트남 숫처녀와 결혼보장, 재혼, 장애인, 65세까지도 백% 성사'라든가 '도망가면 책임짐' 등 이미 광고 문구 자체에서 여성을 배우자로서의 인격체로 존중한다기보다는 단순히 남성이 돈을 주고 선택해서 데려오는 상품과 같은 이미지로 접근하고 있는 실정이다. 나아가 한국 남성에게는 '순종적이다', '도망가지 않는다' 등과 같이 가부장적인 문화에 맞춰 여성을 광고함으로써, 양성평등의 가정 문화보다 남성 중심적이고 우월적인 가부장적 문화에 호소하는 전략을 택하고 있다. 이와 같이 중개업체의 광고 문구에서부터 여성에 대한 비하적인 시각과 성차별적이고 인격을 경시하고 여성을 상품화하는 경향을 볼 수 있으며, 이는 여성을 인격체가 아닌 돈으로 매수하는 대상으로 취급한다는 점에서 인신매매적 징표를 띠고 있다고 볼 수 있다.

2) 여성의 자기결정권의 침해

결혼중개업체에 의한 국제결혼의 절차를 들여다보면, 여성의 결혼에 대한 자기 결정권을 상당히 침해하고 있음을 알 수 있다. 한 남성이 여러 여성을 만난 뒤, 남성에게만 주도적인 선택권이 부여되고 있으며, 여성은 거의 수동적으로 선택을 당한 뒤에나 결정할 수 있도록 되어 있다. 구조나 형식적 절차에서도 이러한 여성의 자기결정권 침해의 국면이 있지만, 나아가 더 심한 것은, 중개업체가 왜곡되고 잘못된 남성에 대한 정보를 제공함으로써, 여성 스스로의 판단에 영향을 미치고 있다는 점이다. 여성의 결혼에 대한 자기결정권은 형식적으로나 실질적 내용으로나 보장받아야 한다.

그럼에도 불구하고 남성에 대한 정보를 과장하거나 정반대로 말함으로써 여성의 실질적 자기 결정권에 침해를 가하고 있는바, 이는 여성의 결정을 형식적이고 수동적인 것으로만 만들어, 여성에 대한 억압적 구조를 형성하는 데까지 이어지는 작용을 한다. 특히 여성으로서는 자신이 기망을 당했다는 사실을 사후적으로나 알 수 있게 되어 있어, 사전적 범죄 예방이나 인신매매적 결혼으로부터 자발적으로 빠져나올 수 있는 기회를 원천적으로 차단한다는 것에 심각한 위험이 있다.

3) 여성의 집단 인솔과 빠른 일정의 강제

결혼중개업체에 의한 여성의 본국에서의 맞선 과정과 결혼 추진 과정을 보면, 여러 여성을 집단적으로 인솔하고 좁은 공간에 가둬 두는 등 여성의 신체에 대한 부당한 구속과 자유에 대한 침해가 너무나도 쉽게 일어나고 있는 실정이며, 대체로 짧은 일정으로 결혼까지 성사시켜 이윤을 취득하려는 목적 때문에, 여성에 대한 보호는 소홀히 하고, 남성의 기호에만 맞춰 진행하는 경향이 있다. 또한 결혼이 성사되었음을 여성에게 강조하면서 합방을 요구하는 등 다분히 여성의 성에 대한 착취적 구조도 띠고 있는 실정이다. 특히 개발도상국의 여성은 경제적 이유로 인해 국제결혼을 선택하는 경우도 많은 점, 성사되지 않음에 따라 경제적 부담이 가중된다는 점 등에서 중개업체의 이러한 인신 구속적이고 성 착취적인 일정에 실질적으로 저항할 수 없는 상황에 처함이 대부분이어서, 반강제적으로 이를 따를 수밖에 없는 실정에 놓여 있다.

(2) 인신매매 해당여부의 검토

상기 검토한 결혼중개업체를 통한 국제결혼의 경우 여성을 상품화하고, 중개업체를 통한 금전 수수 등을 통해 결과적으로 남성의 여성에 대한 성적 착취나 가사 노동으로의 착취, 간병인으로서의 강요, 가정 경제생활을 명목으로 한 노동 강요 등 다양한 성적 착취 및 노예제도와 비슷한 관행을 양산하는 측면에 있어서는 넓은 의미의 인신매매에 해당할 수 있는 여지가 있다. 그러나 모든 국제결혼의 형태가 다 인신매매에 해당한다고 결론지을 수는 없는 것이며, 합법적이고 모범적으로 운영되는 결혼중개업체도 있음을 고려할 때, 모든 중개업체를 통한 결혼이 인신매매라고도 할 수는 없다. 즉, 국제결혼의 인신매매 해당 여부에 대한 검토는 신중을 가해야 하는 측면이 존재하는 것이다.

다만, 여성이 개발도상국에 속해있고, 상대적으로 부유한 우리나라의 남성이 그러한 여성을 상대로 국제결혼을 행함에 있어서는 상황의 특수성을 고려한 접근이 필요하다. 여성의 경우에는 자신의 제2의 인생을 추구하는 차원도 있지만, 가정의 경제적 부담을 해결하고자 하는 목적도 내재하는 경우가 대부분인바, 경제적 연유로 국제결혼에 오르는 과정에서 자신의 인권적 침해나, 성적 착취에 대해 묵인해 버릴 수가 있다.

따라서 범죄 피해에 노출된 결혼이주여성에 대한 약자 보호 차원에서 문제를 재조명할 필요가 있다. 그들에게 단순히 사후적 구제수단으로서 이혼이나 정부의 정책적 제도적 지원은 여성 개인의 인권에 초점을 둔 접근을 갖지 못함에 한계가 있으며, 무엇보다 인신매매적 결혼 현실을 자초한 중개업체나 남편이나 가족 등 실질적으로 책임 있는 자는 도외시한 채, 여성 개인의 사회 부적응 문제라거나, 문화적 차이의 문제로만 결부시켜 여성의 피해는 고스란히 방치되는 악순환을 반복할 우려가 있다. 이에 보다 현실적인 대처 방안으로서 인신매매적 국제결혼에 대한 규제 방법과 그 해당성을 검토할 필요가 있으며, 최근 마련된 『결혼중개업의 관리에 관한 법률』의 검토와 함께 이를 모색하고자 한다.

1) 결혼중개업의 관리에 관한 법률

그동안 결혼중개업체에 의한 국제결혼의 성사 과정에서 드러나는 여성에 대한 인권침해적이고 매매혼적 경향에 따른 인신매매적 관행에 대한 비판에 대응하여, 2008년 6월 『결혼중개업의 관리에 관한 법률』이 제정되었다. 이전까지 국제결혼중개업은 자유업으로 분류돼 정부가 이 같은 행위를 규제할 수 없었지만 정부는 다문화가정에 대한 맞춤형 지원 대책을 발표하면서 국제결혼 중개업을 등록제로 바꿔 본격적인 관리에 나서기 시작했다. 이에 따라 국제결혼중개업자들은 윤리의식 교육을 받아야 함은 물론이고 손해배상책임을 보장하기 위해 보증보험에도 가입하도록 규정하였다. 특히 국가와 인종, 성별, 연령, 직업 등을 이유로 차별하거나 허위, 과장 광고하는 등의 행위가 엄격하게 금지되었으며, 이를 어길 경우에는 2년 이하의 징역이나 1천만 원 이하의 벌금에 처해진다.

정부의 이러한 노력에도 불구하고, 이 법에는 아직까지 인신매매적 국제결혼의 행태를 적극적으로 방지할 수 있는 힘이 결여되어 있다. 이러한 중개행위를 처벌할 수 있는 강력한 형사 처벌 조항이 미흡하기 때문이다. 특히, 국제결혼이 국가 간 경계를 넘어 이루어지는 특성을 고려하여, 상대국가에서는 결혼 중개를 이윤 추구를 목적으로 행하는 것을 불법으로 취급하는 경우도 있는데, 상업적 결혼중개가 합법으로 취급받는 우리나라의 경우와 마찰이 일어나게 된다. 동법에서도 제11조에 따라 현지법 준수 의무를 부과하고는 있지만, 위반시 제재를 현지 형사법령을 위반하여 형이 확정된 경우로 한정, 축소시켜 실질적으로 외국에서 벌어지는 인신매매적 국제결혼의 중개행위를 규제하고 통제할 수 있는 구속력이나 강제성이 결여되었다. 결국 동법에 의하더라도 인신매매적 국제결혼의 중개행위를 강력하게 처벌할 수 있는 방법이 미비한 셈이다.

또한, 이 법은 영리성 결혼중개업체에 한하고 있어서, 그 밖에 법인이나 종교 단체 등이 행하는 비영리적인 부분에 대해서는 확대 적용할 수 없어, 그로 인한 인신매매적 국제결혼에 대해서는 규율할 수 없다는 문제가 있다. 허위 광고를 금지하는 부분에 있어서도 지금까지 많은 지적을 받아 왔던 '인종차별적인 광고'를 규제하지 못하고 있고, '표준계약서'에 포함될 내용을 국제결혼업체에 자율적으로 맡기고 있어 과다 수수료 부과나 국제결혼 과정에서의 허술한 통역 문제가 발생할 수 있으며, 국제결혼 이후에 피해가 발생했을 때 보상이 마련되지 않은 점 등이 여전히 한계로 남아 있다.[5]

---

5) 박지영, "국제결혼 이주여성의 인권 보호를 위한 법적 방안 연구", 이화여대 대학원 석사논문, 2008.

2) 인신매매로 볼 수 있는지 여부

앞서 살펴본 김춘진 의원이 발의한 『인신매매처벌 등에 관한 법률안』에 따른 인신매매의 정의에 입각할 경우, 인신매매적 국제결혼의 중개행위도 인신매매에 해당하게 되어 처벌할 수 있는 여지가 생긴다. 그 외, 『UN 국제조직범죄방지협약』과 그 협약을 보충하는 『인신매매방지의정서』상의 인신매매 정의에 입각하더라도 처벌되는 인신매매에 해당할 여지가 존재한다. 그러나 구체적인 구성요건 해당성을 입증하고 검토함에 있어서는 여러 가지 문제가 따르는바, 이에 대해 검토하고자 한다.

가. 인신매매 해당성의 3요소

인신매매는 크게 목적, 수단, 행위의 3요소로 정의될 수 있다.[6]

① 목적[성매매 또는 성 착취, 강제노동, 노예, 장기제거 등의 착취 목적]
② 수단[위협, 무력의 행사 또는 기타 형태의 강박, 납치, 사기, 기망, 권력(또는 당사자의 취약한 지위)의 남용, 타인의 통제력을 가진 사람의 동의를 얻기 위한 보수 또는 혜택의 제공 또는 접수 등의 수단]
③ 행위[인신의 모집, 운송, 이전, 은닉, 인수]

위의 3요소로 인신매매를 정의하는 것이 일반적인 국제협약상의 정의라고 볼 수 있다. 특히 인신매매에 대한 정의를 명확히 하는 것이 관련한 특별법 제정을 통한 규제에서도 보다 적극적인 대응을 가능하게 하며, 그 실효성을 제고할 수 있다는 점에서 중요하다고 본다.

---

6) 차혜령 변호사(공익변호사그룹 공감), 「성 착취와 인신매매관련 법제화를 위한 정책토론회 자료집」, 2010, 91~92쪽

나. 목적의 요건

인신매매의 목적으로 성매매 또는 성 착취, 강제노동, 노예, 장기제거 등의 착취 목적을 띠는 것을 그 내용으로 하고 있다. 인신매매처벌 등에 관한 법률안의 경우는, 성 착취, 강제 노동, 장기(臟器) 매매, 구걸 또는 강제 결혼을 하게 할 목적, 성교행위 등 음란하거나 가학적인 내용을 표현하는 사진·영상물 등을 촬영할 것을 들 수 있다.

하지만 위 사례와 같이 중개업체를 통한 국제결혼에 있어서는 성 착취나 성매매, 강제노동, 노예, 혹은 인신매매처벌법률안에 있어서의 '강제결혼'의 목적을 밝혀내기가 쉽지 않다. 업체의 입장에서는 합법적으로 보장받은 상행위이며, 자신의 이윤 추구에 있어서도 최종 목표는 의뢰 고객의 결혼의 성사임을 강조하고, 여성 스스로 선택하고 결정하여 내린 자유의사의 합치에 의한 결혼이라는 점, 중개업체는 중간에서 연결만 해줄 뿐, 당사자 간의 자유의사에 의한 결혼의 성립에 관여함에는 한계가 있고, 관여할 수도 없다는 점, 계약상의 의무 등으로 항변을 할 수 있을 것이다.

그러나 중개 과정에 있어서 한국 남성들의 기호 위주로 진행되고 있는 점, 특히 여성에 대한 상품화적 광고나 중개 진행 관행, 합방 요구, 남성으로부터 일정 금액의 수수료를 선불로 받아 진행하고 있고, 결혼이 성사되지 않을 경우의 업체의 부담을 여자 측에게 손해배상이나 계약상의 위약금조로 강요하고 있는 점, 업체 스스로가 가부장적인 문화에 순응하는 여성상을 강조하며 광고하고 있는 점 등을 감안하면, 업체가 결혼을 명목으로 여성의 성 착취적 억압을 중개 과정에서부터 이미 구조적으로 만들어 놓고 있으므로 성 착취 목적이나 노예성 착취 등의 목적에 해당한다고 볼 수 있다.

실제로 평균 4박 5일 정도의 짧은 일정에서 빠르게 진행되는 중개과정에서, 여성에게 하여금 남성과 혼인의 합의가 잘 이뤄졌고, 성사되었다고 부추기면서 합방을 요구하고, "어차피 결혼하면 하게 될 텐데"라는 명목으로 여성에게 합방을 강요하고 있는 실례를 본다면, 이는 남성의 성 착취를 업체 스스로도 묵인하고 조장하고 있는 셈이다. 실제로 이렇게 합방까지 하고 여성의 본국에서 혼인신고도 하고 필요한 서류까지 다 구비하였으나, 한국으로 떠난 남성 측에서 갑자기 연락이 두절된다거나, 결혼 파기 의사를 밝혀오며, 심지어 한국에서 이혼절차를 거치는 등 부당한 결혼 파기의 사례가 종종 발견되고 있다. 이는 여성의 입장에서는 치유할 수 없는 인권의 침해이자 인간으로서의 존엄성을 해하는 것이라 하겠다.

다. 수단의 요건

인신매매의 수단으로는 위협, 무력의 행사 또는 기타 형태의 강박, 납치, 사기, 기망, 권력(또는 당사자의 취약한 지위)의 남용, 타인의 통제력을 가진 사람의 동의를 얻기 위한 보수 또는 혜택의 제공 또는 접수 등을 들 수 있다. 인신매매 조직에 의한 경우에는 여성에 대한 강박, 납치, 폭력 등 보다 유형의 강제적인 억압의 수단이 쉽게 징표될 수 있다. 그러나 중개업체를 통한 국제결혼의 경우에 있어서는, 겉으로 쉽게 드러나는 강압적 수단을 사용하지 않음에 그 수단의 요건 해당성을 밝히는 데 어려움이 있다.

하지만 중개업체가 여성에게 남성에 대한 정보 제공에 있어서 정확한 정보를 제공하지 않고, 왜곡되고 잘못된 정보를 제공했다면 사기나 기망의 수단을 썼다고 볼 여지가 있다. 이 경우, 강제 결혼과 관련하여 혼인을 결정하는 중대한 정보가 무엇인지가 논점이 될 수 있다.

이와 관련하여 대법원 판례를 살펴보면, 민법 제840조 제6호에 정한 '혼인을 계속하기 어려운 중대한 사유가 있을 때'의 의미와 그 판단 기준에 대하여 대법원은 '혼인을 계속하기 어려운 중대한 사유가 있을 때'라 함은 혼인의 본질에 상응하는 부부공동생활 관계가 회복할 수 없을 정도로 파탄되고, 그 혼인생활의 계속을 강제하는 것이 일방 배우자에게 참을 수 없는 고통이 되는 경우를 말하고, 이를 판단함에 있어서는 혼인계속의사의 유무, 파탄의 원인에 관한 당사자의 책임 유무, 혼인생활의 기간, 자녀의 유무, 당사자의 연령, 이혼 후의 생활보장, 기타 혼인관계의 제반 사정을 두루 고려하여야 한다고 판시하고 있다 (대법원 2009.12.24. 선고 2009므2130 판결).

또한 2007년 6월 베트남 신부 살인사건에 대한 대전고등법원 판결을 보면, "결혼정보업체는 피해자의 성장배경, 생활환경 및 피해자의 가족들의 소재에 대한 이 법원의 사실조회에 대하여 아무런 답변을 하지 않았고, 관계 당국이나 피고인을 통하여서도 피해자의 가족들의 소재를 확인할 길이 없었다. 피해자의 가족들에게 피해자의 죽음을 알릴 길을 찾지 못한 채 이 사건 판결에 이른 것을 유감으로 생각하고 있다."고 판결문에 기록되어 있는바, 이를 비롯하면 배우자의 성장배경, 생활환경 및 가족들에 대한 정보는 최소한의 정보로서 판례가 인정하고 있다고 볼 여지가 있다(대전고법 2008.1.23. 선고 2007노425 판결).

판례를 종합하여 보면, 적어도 혼인에 있어서 중요한 정보라고 할 수 있는 것은 최소한 배우자의 성장배경, 생활환경 및 가족들에 대한 기초 정보는 기본이라고 할 수 있고, 이러한 최소한의 정보는 최대한 정확하고 진실에 기초하여 서로에게 전달되어야 함을 도출해 볼 수 있다. 나아가, 혼인을 유지하는 데 중대한 사유로서 자녀의 유무, 당사자의 연령, 혼인 관계와 관련한 제반 사정 등이 중요한 정보에 포함될 수 있는 것임을 알 수 있다.

또한 실제 중개업체의 왜곡된 정보로 문제되었던 사례들을 비추어 중요한 정보의 한 예시로 들 수 있는 것은, 배우자와 관련한 중요한 경제적 정보, 신체적, 정신적 능력에 관한 정보, 재혼 유무, 자녀 유무, 시부모 봉양과 동거 가족의 병이 있는지 여부, 생활환경에 관한 정보 등을 들 수 있을 것이다. 그 외에도 가정 폭력 관련한 기록이나 결혼 전력, 파혼 사유 등도 들 수 있다.

그렇다면, 이러한 중요한 정보가 사기나 기망에 해당한다고 볼 수 있을 정도의 '왜곡성'이나 '비진실성'의 판단 기준은 무엇이 될 수 있는지가 문제가 될 수 있다. 제공된 정보에 대한 진위여부를 누가 판단할 것인가의 판단 주체의 부분과 정보를 제공해야 할 주체가 누구인지, 정보의 누락이나 왜곡이 누구에 의해, 어떠한 과정을 거쳐서 일어났는지, 그것의 진위 여부를 판단하는 기준 등이 구체적으로 논의될 필요가 있다. 특히 이러한 점은 향후에 피해 이주여성들이 입증책임을 부담하는 경우, 이에 대한 입증이 매우 곤란한 위치에 처해있는 점을 감안한다면, 실제 실무에 있어서 중요한 문제가 된다.

먼저, 제공된 결혼에 관한 중요한 정보의 진위 여부의 판단 기준과 관련하여 일반적으로 피해 여성인 결혼이주여성의 경우에는 우리나라의 말이 아직 서툴고, 제대로 문서 정보 등을 해독할 능력이 없다는 점을 고려할 필요가 있다. 따라서 명백하게 사실에 부합하지 않은 정보를 제공했을 경우뿐만 아니라, 간접적으로 진실을 은폐하는 내용으로 담았거나, 사실에 기초한 정보라고 하더라도 그 정보에 대한 전달 과정에 있어서 여성에게 충분히 이해할 수 있는 통역 서비스나 각종의 노력을 제공하지 않은 경우, 여성의 가족에게만 정보를 전달하면서 은폐해줄 것을 부탁한 경우 등도 정보의 누락이나 왜곡이 있거나 진위의 정보가 제대로 전달되지 않았다고 볼 수 있다.

이러한 정보 제공과 전달 주체는 당해 중개를 주도하고 있는 중개업체에서 책임을 감당해야 할 부분임은 마땅하다. 다만, 이용자인 남성 측의 적극적인 기망으로 인해 중개업체에서 착오로 기해 정보를 잘못 전달했을 경우 등은 중개업체 측에서 그러한 기망 사실을 증명해야만 인정받을 수 있을 것이다.

또한, 중개업체에서는 거의 독점적으로 결혼 당사자의 정보를 수집하고 있고, 당사자, 특히 여성의 경우 정보가 거의 없다는 정보 비대칭적 현상을 감안해 볼 때, 제공된 정보가 중개 계약서상의 의무 형식적으로 구비된 서류라고 하더라도, 그것만으로 그 '내용'의 진실성이 당연히 담보된다고는 볼 수 없다. 피해 여성이 결혼생활을 함에 있어, 자신이 전달받은 정보의 내용에 문제가 있다고 생각될 때에는 중개업체의 형식적 정보 제공 행위가 당연히 올바른 행위로 여겨지지 않고, 오히려 자신이 제공한 정보에 허위의 내용이나 누락, 왜곡 등이 없었음을 중개업체 스스로가 입증해야 할 것이다.

둘째, 자유로운 의사에 의하지 않은 결혼 형태를 조장함은 강제적 결혼을 조장한 것으로서, 강제적 수단의 요건에 충족될 여지가 있다. 『1964년 결혼에 대한 동의, 결혼 최소 연령 및 혼인 신고에 대한 조약(결혼 동의에 대한 조약)(Convention on Consent to Marriage, Minimum Age for Marriage and Registration of Marriages) (Convention on Consent to Marriage)』에 따르면 '양자가 완전하고 자유롭게 동의하지 않는 한' 그 어떤 결혼도 법적으로 유효하지 않다. 결혼하는 양쪽 당사자는 법률에 따라(제1조 (1)항) 서로 직접 만나 적절한 절차에 따라 결혼을 알린 후에 엄숙하게 결혼을 선언할 수 있는 법적인 권위가 있는 사람과 증인들 앞에서 서로 결혼에 대한 동의를 표해야 한다. 더욱이 『1995년 베이징 플랫폼 운동(Beijing Platform for Action)』 제274조 (e)항에서는 배우자가 될 당사자들이 모두 자유롭게 완전히 결혼에 동의하는 경우에만 결혼이 비로소 유효함을 확인하는 법률을 입법하여 엄격히 시행할 것을 정부에 요구하고 있다. 또한 『세계 인권 선언문(Universal Declaration of Human Rights)』 제16조 제2항, 『시민적, 정치적 권리에 관한 국제협약』 제23조에서도 결혼하는 양쪽 당사자가 완전하고 자유롭게 결혼에 동의할 수 있어야 한다고 강조하고 있다. 이상의 국제 조약을 미루어 보면, 당사자의 자유로운 의사에 의하지 않은 결혼 형태는 강제적 결혼으로서 여겨질 수 있다.

그러나 여기서의 '강제적'의 의미의 해석에는 주의를 요한다. 개발도상국 여성의 경우는 빈곤이나 경제적 이유, 가정의 경제를 책임져야 한다는 의무감, 부모와의 관계 등으로 인해 자신의 의사나 의견을 제대로 피력하지 못하는 특성이 있음에 유의해야 한다. 때문에 강제성을 물리적이고 실력적인 강제성에 한정해서 해석해서는 안 되며, 경제적 또는 문화적인 종속성의 특성에 기인하여 여성 스스로가 자신의 자유로운 의사 하에 결단을 내릴 수 없는 상황에 놓여 이에 의해 자신의 궁박한 처지의 이용이나 정신적 학대 등 의사결정에 제약요소가 되는 제반 사정을 충분히 고려하여 판단해야 할 필요가 있다.

특히, 중개업체를 통한 국제결혼에 있어서는 대개 여성의 선택권이 미약하게나마 존재하고, 기본적으로는 여성의 의사결정에 의해 혼인이 이뤄진다는 측면에서 그 과정에 가려진 강제성을 입증하는 것이 상당히 난이한 문제에 놓여 있다. 이러한 경우, 여성의 상황적 특수성을 감안하여, 그러한 특수한 상황에 놓임을 잘 알고 있는 중개업체나 남성의 입장에서, 보다 여성의 자유로운 의사결정을 위한 정보 제공과 충분한 기회 제공을 했는지의 여부가 최소한의 강제성을 차단했는지를 판단하는 데 중요한 자료가 될 것이다. 특히 거대한 액수를 결혼 성사되지 못할 시의 계약 위반금 명목으로 요구하는 경우, 결혼이 성사된 후에도 몇 년 안에 이혼하는 경우 등을 계약 위반으로 명시하는 경우, 여성의 가족이나 부모의 경제적 어려움과 여성의 궁박한 처지를 강조하여 진행한 경우에는 여성의 의사결정에 무형적 강제력을 행사한 것으로 볼 수 있다. 이러한 계약 조항이 존재하거나, 여성의 채무를 담보로 여성의 여권이나 체류와 관련한 필수적인 서류 등을 압수하거나 관리하는 등의 사정이 있다면 이러한 강제성을 추정해야 할 것이며, 반대 측에서 이에 해당하지 않음을 입증해야 할 것이다. 결혼이주여성의 결혼에 대한 의사결정에는 보다 구조적이고 경제적인 강압이 크게 작용하며, 때문에 일반 결혼의 경우와 같이 혼인 당사자 간의 자유로운 의사 결정에 의한 것으로만 바라볼 수 없는 것이다. 나아가 적극적 자기 의사를 갖추었음에도 불구하고 외부의 고의적이고 악의적인 기망에 의해 본인이 의도하지 않은 피해자가 되는 경우까지 적극적으로 포섭한다.

라. 행위의 요건

인신의 모집, 운송, 이전, 은닉, 인수가 이에 해당하는 행위의 요건이라 할 수 있다. 중개업체에 의한 국제결혼에 있어서는, 한 남성을 대상으로 여러 여성을 현지에서 실제로 대규모로 한꺼번에 한날에 모집하는 사실을 충분히 확인할 수 있고, 맞선 장소로 운송하는 행위, 맞선을 대기하기 위해 여성들을 일정한 공간에 가두는 행위, 이동하면서 여성을 인계·인수하는 행위 등 다양한 행위가 복합적으로 이뤄지기 때문에 행위의 요건 측면에서는 특별히 문제될 것이 없다고 보인다.

다만, 처벌의 관점에서 문제가 될 수 있는 것은 중개업체의 주도적인 행사 계획에 따라 이에 응하는 현지의 노동자라든가, 현지의 브로커들의 활동을 함께 중개업체의 행위로 의율하여 처벌의 대상으로 삼을 수 있는지의 여부가 문제가 될 수 있다. 이는 case by case로 다뤄져야 하겠으며, 생각건대 당해 중개 결혼 행사의 일률적인 과정을 함께 기획하고 모의 하는 등, 비록 행위는 중간 단계의 인계나 인수의 행위만을 담당하였다고 보일지라도 전체적으로 보아 당해 결혼 행사에 있어 불가결한 역할을 했다고 인정되거나, 행위에 직접적 가담이 없더라도 현지인이 중요한 장소적 제공을 도모하는 것 등이 인정된다면 함께 공범으로서 처벌될 여지가 있다고 판단된다.

마. 피해자의 동의가 범죄 성립에 영향을 미치는지 여부

『UN 국제조직범죄방지협약』과 그 협약을 보충하는 『인신매매방지의정서』상 인신매매의 정의에서 의도적인 착취에 대한 피해자의 동의라는 개념은 인신매매 성립 여부와 전혀 무관한 것으로 명기되며, 따라서 인신매매 피해자가 증명의 부담을 떠안아서는 안 된다는 점을 인정하고 있다. 특히 중개업체를 통한 국제결혼에 있어서, 피해자인 여성의 경우에도 형식적으로는 자신의 의사에 따른 결혼을 행했다는 측면에서 중개업체의 책임을 모면하는 항변으로 주장될 여지가 있다.

그러나 당해 결혼이 인신매매적 성격을 징표하는 한, 피해자인 결혼이주여성의 동의가 있었다는 사실은 범죄 성립에 영향을 미칠 수 없다. 결혼이주여성의 경우 그들이 놓여 있는 특수한 경제적 상황이나 제대로 된 정보를 접할 기회가 미비하고, 서류나 정보가 제공되었다 하더라도 그에 대한 해독력이 낮다는 점, 그 밖에 기망이나 강압적 수단이 작용하는 점을 고려하면 결혼이주여성의 자발적인 의사결정에 기인하였다 하더라도 그러한 사실만으로 범죄의 성립이 부정된다고 보는 것은 오히려 약자적 지위에서 더 착취당하고 피해를 입을 위험에 놓여있는 이주여성의 인권 보호를 포기하는 것과 마찬가지이다. 따라서 피해 여성의 동의 여부는 범죄 성립에 어떠한 영향을 미쳐서도 안 된다. 특히 이렇게 피해 여성의 자발적 의사를 강조할 경우, 결혼이주 여성의 피해를 개인의 선택에 따른 개인적인 문제로만 치부할 우려가 있으며, 그 속에 감춰진 구조적이고 가부장적인 사회적 억압과 성차별적 문제를 경시하여 문제 해결을 할 수 없는 위험이 있음에 유의해야 한다.

3) 해당국의 불법화와 충돌 문제

『결혼중개업의 관리에 관한 법률』의 시행으로 법망을 피해 행해지던 인권침해적인 중개업이 합법화되는 부수적 효과를 입었다. 문제는 베트남의 경우와 같이 결혼 중개를 이윤 추구의 목적으로 행하는 것을 불법으로 간주하는 나라에서 우리나라의 중개업체가 결혼중개업을 행할 경우, 불법과 합법의 충돌이 발생하는 문제가 있다. 실제로 베트남에서 2006년 결혼중개업을 불법으로 하는 법안을 통과시키자, 우리나라의 중개업체는 베트남에서 결혼중개업을 행하기 어려워졌고, 이에 대거 캄보디아로 바꾸어 중개업을 행한 사례가 있다. 문제는 베트남에서 지적된 인권침해적이고 인신매매적인 국제결혼의 관행을 고치지 않은 채 그대로 캄보디아에서 동일하게 진행하였다는 점이다. 이에 캄보디아 정부는 IOM의 주의 경고와 여론의 비판에 따라, 결혼중개업에 대한 검토를 하게 되었고, 2008년 11월, 『캄보디아 국민과 외국인간의 결혼방식과 절차에 관한 시행령』을 제정하여 국제결혼과 관련한 규제를 취하게 된다. 특히 중개업체나 중개인 또는 결혼중개전문회사를 통한 혼인은 절대로 금지한다고 규정하고 있으며, 그 밖에 위장결혼, 강제적 착취나 인신매매 또는 성 착취를 위한 사기 결혼은 절대적으로 금지한다고 명시하고 있다. 이처럼 캄보디아 제정법령에 따라 중개업이 금지됨으로써, 캄보디아에서 국제결혼중개업은 공식적으로 '불법'이 되었다. 그러나 문제는 정부의 국제결혼 중단 조치에도 불구하고 2008년 3월 27일부터 11월 3일까지의 금지기간 동안 한국의 중개업체는 결혼을 성사시켰다. 한국대사관 자료에 따르면 2008년 3월 27일부터 11월 3일까지의 금지기간을 제외하고 2008년 1월부터 2009년 3월까지 미혼공증을 받아갔지만 결혼비자 인터뷰를 받으러 오지 않은 사람들의 수는 612명으로, 이처럼 사실상 '결혼'을 했지만 여성들이 한국으로 입국하지 못하고 대기하는 기간이 1년 혹은 1년 반 이상으로 장기화되면서 많은 피해와 문제가 발생하였다.

또 다른 문제는 시행령이 제정되었음에도 중개업자들이 적법한 절차를 밟지 않는다는 사실이다. 오히려 편법적인 방법을 동원하고 관련 경찰이나 담당 업무자 등에게 뒷돈을 주면서 불법적인 방법으로 여전히 5박 6일의 짧은 결혼 일정을 강제하고 있는 실정이다. 시행령에 따르면 합법적 결혼 허가를 위해서는 외국인 당사자가 캄보디아에 입국하여 최소한 23일을 체류하거나, 장기체류가 어려운 경우라면 두 차례 이상 입국(외무부 서류 접수, 내무부 서류 접수 및 인터뷰, 지방행정기관에서 결혼신청)을 해야 한다. 그러나 이윤 감소를 포기하지 않는 중개업체들은 다양한 수단과 편법을 동원하여 이윤을 추구하다가 결국 금지기간 동안 성사시킨 '불법' 결혼을 뒷돈으로도 서류를 진행할 수 없는 파국적인 상황을 만들게 이르렀다.

문제는 당사자인 결혼이주여성의 경우는 중개업체와 남편이 시키는 대로 행할 뿐이어서 한국에의 입국이 늦어지는 것이 자신들의 불법적인 결혼에 기인한 것이라는 사실조차 모르고 있는 경우가 많고, 대부분은 중개업체나 남편이 어떻게든 해결해 주기만을 바라면서 하염없이 기다리는 실정이라는 점이다. 그러나 남편의 경우는 캄보디아 정부의 합법적 결혼 절차에 대한 정보를 얻기가 쉽지 않고 그저 중개업체가 해결해 주길 바라기만 할 뿐이며, 중개업체의 경우는 오히려 비용이 더 드는 것을 꺼려하고 이러한 상황을 한낱 골칫거리 문제로만 여겨 대충 조치를 취하는 척하다가 신부나 남편 측에서 먼저 포기하길 기다려, 신부에게는 대략의 위약금 정도만 배상한 채 책임에서 벗어나고 남편에게는 다른 여성과 맞선볼 기회를 제공하는 것으로 대체하는 정도로 해결하는 실정이다. 당사자 모두 속수무책으로 중개업체의 횡포에 당하는 꼴이 되는 것이다.[7]

이는 결국 현행 『결혼중개업의 관리에 관한 법률』에 불법적이고 인권침해적인 중개행위를 강력한 처벌로 규율하지 않은 것에 기한 문제점이라고 볼 수 있다. 무엇보다 타국에서 인신매매적 중개 결혼을 방지하고 결혼의 '진정성'을 회복하고 확인하려는 의지와는 충돌되는 상행위의 측면에서만 접근하는 중개업체의 행동이 근본적인 문제가 되고 있는바, 『결혼중개업의 관리에 관한 법률』상에 '중개업'의 행위를 막연하게, '결혼을 위한 상담 및 알선 등의 행위'라고 모호하게만 정의하여서는 안 된다. 오히려 본 법은 자유주의적 경제에서의 당사자 간 계약 자유를 우선적으로 보호하고 근거하고 있는 듯한 모습마저 보이고 있다. 일반적으로 이러한 결혼 알선 행위는 일종의 '위임'계약의 일종이라고 볼 수 있고, 수임인은 선량한 관리자의 의무로서 사무를 처리할 의무가 있다. 그러나 현실의 실정에서 중개업체는 수임인으로서의 이

---

7) 김정선, 김재원, "결혼중개업의 관리에 관한 법률, 의미 없지만 유효한 법. 캄보디아 국제결혼 중개실태를 중심으로", 「경제와사회」 통권 제86호, 비판사회학회, 2010, 305~344쪽 및 382~383쪽

러한 의무를 다하고 있다고 보이지 않는다. 그저 이윤 추구의 목적에만 국한되어 있을 뿐, 실제 결혼의 중개라는 것이 인격체와 인격체의 만남을 주선하는 점이라는 것, 인권의 보장이 기초가 되어야 한다는 점 등은 무시되고 있으며, 동법으로는 이러한 중개업체의 행위를 근본적으로 규제할 강제력이 미비하고, 그 범위로도 포섭할 수 없는 실정이다. 향후 다른 나라에서도 또 비슷한 사례가 발생할 가능성은 얼마든지 있는바, 보다 적극적으로 인신매매적이고 인권침해적인 중개 행위를 강력하게 형사 처벌할 노력이 필요하다.

(3) 남편이나 가족에 의한 착취의 경우

중개업체를 통한 결혼이 성사되었다 하더라도, 결혼이주여성이 한국에서 실제 결혼생활을 하는 과정에서 남편이나 가족에 의해 성적 착취나 노동력 착취 등을 당하는 문제가 발생한다. 이것이 인신매매에 해당할 수 있는지의 여부를 검토해 보고자 한다.

1) 목적의 요건

앞서 살펴본 것처럼 목적의 요건으로는 성매매 또는 성 착취, 강제노동, 노예, 장기제거 등의 착취를 들 수 있다. 하지만 남편이나 가족의 경우에 있어서는 이러한 목적의 해당성을 입증하기가 난이하다. 우선, 남편의 경우 혼인에 대한 진정한 의사가 있다고 인정되면, 인신매매적 목적에 대한 검토가 거의 없이 쉽게 배제되기 때문이다. 또한 세계화의 흐름에 따른 국제결혼의 활성화, 개개인의 다양한 가치관에 따른 결혼에 대한 관점이 상이하다는 점, 결혼에 대한 진정한 의사는 내부적 의사로서 겉으로 입증하기가 매우 어렵고, 적어도 국제결혼 성사 과정에 참여하는 남편에게는 간접적으로 혼인에 대한 진정성이 비교적 쉽게 추정된다는 점을 비롯해 보면, 상당히 악의적인 경우에만 당해 목적성의 요건을 충족시킬 수 있다고 보인다.

개인과 개인 간의 결혼은 당사자의 자유의사를 기초로 이뤄지는 것이 근본이기 때문에, 공권력으로서의 국가의 개입은 사실상 최소한으로 이루어지는 것이 바람직하다고 볼 수 있다. 그러나 비록 사적 영역에서의 결혼이라는 형태라 할지라도 그 실질적 모습이 일방 여성 당사자에게 있어서는 인신매매적인 범죄행위에 해당한다면, 이를 일반적인 결혼의 경우와 동등하게 취급할 수는 없을 것이다. 따라서 피해 여성의 인신매매적 피해가 입증이 된다면, 남편이나 가족의 악의적 목적으로서 착취 목적은 상황으로 비교적 용이하게 입증될 수 있도록 마련할 필요가 있다. 그 예로는, 여성이 이주여성센터나 쉼터 등 국가 공인 기관이나 지방자치단체의 기관, 혹은 사설 전문 기관 등에서 자신의 인권침해적 상황에 대한 진지한 상담을 했던 기록이 있는 경우 당시의 기록을 근거로 남편이나 가족의 여성에 대한 착취 목적의 존재를 추정할 수 있을 것이다. 다만 그 착취 목적의 존재 시기와 관련하여 중개업체에 의한 결혼 진행 과정에 참여했을 당시부터 존재한 것인지, 결혼생활 도중에 발생한 것인지가 문제가 될 수 있다. 중개 결혼 참여 시부터 존재하였다면 결혼생활 중의 인권침해적 행위에 대해 그 유책성을 인정하기 쉽고, 전체적으로 결혼 자체에 대해서도 인신매매적 행위의 가담성을 인정할 여지가 넓어지겠으나, 그런 것이 아닌 결혼 생활 도중에 발생한 것이라면 결혼 자체에 대한 진정성까지 배제할 수 있는지가 문제되기 때문이다.

그러나 중개업체를 통한 국제결혼의 형식이 위에서 살펴본 바와 같이 다분히 인권침해적이고, 여성비하적이며, 여성의 성이나 노동력에 대한 착취가 구조적으로 가능한 상황이라면, 또 이러한 상황이나 기반을 충분히 인지하고 참여한 남성이라면, 미필적으로나마 그러한 고의를 인정할 여지가 있을 것이다. 구체적으로 그러한 고의가 확정된 시기가 혼인의 후라고 할지라도 그것은 남성의 인신매매적 결혼행위 동조에 대한 책임을 경감시키거나 면제하는 사유는 되지 못한다.

물론, 모든 중개업체를 통한 국제결혼 남성을 인신매매의 범죄에 가담한 자라고 단정할 수는 없다. 다만 남성 스스로도 결혼 과정에 참여하면서 의도적으로 여성에게 자신의 결혼에 관한 중요한 정보를 적극적으로 기망하고 왜곡했거나, 여성의 자기 결정권에 억압적 영향을 행사하는 행위를 한 경우에는 그러한 상황을 스스로가 인용하고 인식하면서 이용하려는 의사를 인정할 수 있기 때문에 일정한 경우에 한해서는 다르게 취급할 여지가 있다. 이에 대한 입증은 단순히 중개업체의 결혼 과정에 동의했다는 것으로 충분한 것은 아니며, 차후 결혼과정에서의 남성의 여성에 대한 행동과 가족의 여성에 대한 태도 등을 비롯한 여러 사정을 참작해서 입증해야 할 부분인 것이다.

유형적인 가정 폭력을 행사하였다거나, 여성에게 자신의 경제적 능력이 없음을 속인 채 일방적으로 밖에서 돈을 벌어올 것을 강요하거나, 여성이 몰랐던 부양가족에 대한 간병을 강요하거나, 평소 여성에 대해 자신이 돈으로 매수했다는 식으로 인격적 모멸감을 주는 언동을 자주 하는 등의 구체적 사정이 인정된다면 여성에 대한 착취 목적이 있었음을 인정할 수 있다. 관련한 입증은 상담 기록을 비롯한 이웃의 증언 등을 참작할 수 있다.

2) 수단의 요건

유형의 폭력의 행사나 강박, 협박 등이 행해졌다면 수단의 요건은 쉽게 충족될 여지가 있다. 그러나 강력한 폭력 행사없이 결혼이주여성의 취약한 지위를 이용하여 남성이나 가족의 입장에서 상대적 우위의 권력을 남용하거나, 여성에 대한 통제력을 빌미로 행위를 한 경우에도 수단의 요건이 충족될 수 있다. 이는 특히 결혼이주여성의 경우, 한국인 남성과 혼인 한 후에도 2년의 기간이 경과하기 전까지는 불안정한 체류 신분에 놓여 있는 국적법이나 출입국관리법의 규정과도 연관이 있다. 남편에 의존적인 결혼이주여성의 신분은 그 자체로서 여성이 비교적 남성에 비해 열약한 지위에 놓이도록 구조적으로 조성하는 작용을 하며, 실제 사례에 있어서도 이러한 자신의 불안정한 신분상의 이유로 남편이나 가족의 인권침해적인 행위에 대해서도 묵묵히 견뎌내고 감수하는 결혼이주여성이 많은 실정이다. 특히 이주여성의 경우, 일정한 생활비를 친정에 보내주는 조건으로 혼인이 성사된 경우가 많아 남편이나 가족과의 불화는 자신뿐만 아니라 자신이 책임져야 할 가족에 대한 피해로까지 이어진다는 생각에 더욱더 자신의 인권침해적 상황에 대해 주장할 수 있는 여지가 없어지게 되는 문제가 있다.

이와 관련하여 남편이나 가족이라는 법률상 부부라는 지위와 가족이라는 법적 부양의무가 있는 친족관계라는 점이 피해여성의 노동력의 강제에 위법성을 배제하는 쪽으로 작용할 우려도 있다. 그러나 부부간 서로에 대한 보호 의무와 가족 간 부양 의무는 기본적으로 양성 평등하게 이뤄지는 것이 전제이며 어느 일방에게만 강요할 수는 없다. 특히 남편의 입장에서는 여성에 비해 우월적인 위치를 구조적으로나 간접적으로 보장받고 있는 실정에서 여성의 노동력 착취나 성적 착취를 자신의 의무는 소홀히 한 채, 강요만을 하는 것은 오히려 지위의 남용이자 가정 범죄로 의율될 소지가 있는 것이다.

이와 관련하여, 필리핀 국적의 처가 생리 중임을 이유로 성관계를 거부하자 남편이 가스분사기와 과도로 협박하여 처의 반항을 억압한 후

1회 간음한 사안에서, 강간죄의 보호법익을 성적 성실을 의미하는 여성의 '정조'가 아닌 인격권에 해당하는 '성적 자기결정권'으로 보아 법률상 처를 강간죄의 객체로 인정한 부산지법의 판례가 있다(부산지법 2009.1.16. 선고 2008고합808 판결).

당해 사안에 관하여 판결문에서는 "고국과 가족을 떠나 오로지 피고인만 믿고 당도한 먼 타국에서, 언어도 통하지 않고 친지도 없어 말할 수 없이 힘들고 외로운 처지에 놓인 피해자를 처로 맞았으면 피고인으로서는 마땅히 사랑과 정성으로 따뜻이 보살펴야 함에도, 필리핀에서 결혼식을 거행하고 혼인신고를 한 후 국내에 피해자를 데려다 놓고는 제대로 부양은커녕 피해자로 하여금 갖은 고초를 겪게 함으로써 급기야 그나마 정을 붙일 수 있는 피고인 곁을 떠나 가출할 수밖에 없게 함은 물론 열악한 상태에서 근로자로 일하도록 계속 내버려두는가 하면, 모처럼 당국의 협력으로 피해자를 다시 만났으면 위로와 휴식으로 정상적인 혼인생활을 유지할 수 있도록 노력하여야 함에도 자신의 부당한 욕구 충족만을 위하여 처의 정당한 성적 자기결정권의 행사를 무시하고 가스총과 과도로 위협하면서 유두를 자르겠다든가 죽이겠다든가 하는 차마 사람으로서 생각할 수도 없는 행동을 서슴지 않고 자행한 피고인의 그와 같은 행동은 이를 도무지 이해할 수도 용인할 수도 없는 것이다. 이는 처인 피해자에 대하여도 부끄러운 일일 뿐만 아니라 외국인인 처에 대하여는 그가 한국인이라는 점에서 부끄럽고 참담하기 이를 데 없는 소위라고 아니 할 수 없다. 피고인은 죄질 불량한 이 같은 범행에 대하여 엄한 벌을 받아 마땅하다."고 판시하여 아직까지 많은 논란이 되고 있는 부부간의 강간죄 해당 여부에 대해서 처의 정당한 성적 자기결정권의 행사를 무시하고 침해했다는 점을 적극적으로 인정하였다는 의미가 있다.

이러한 논리를 확장한다면 실제 결혼을 한 부부라고 할지라도, 인신 매매적이고 여성에 대한 부당한 착취 목적의 결혼이라는 범죄에 대한 가담을 반드시 부정할 수만은 없으며, 사안에 따라서는 인정할 여지가 있다고 생각된다. 물론 그 판단에는 신중함을 요한다.

3) 행위

구체적으로 여성의 노동력을 착취하거나 성적 착취를 가하는 당사자라는 점에서 그 행위성이 인정될 수 있고, 특히 중개업체를 통한 결혼 과정에 있어서는 그 자체의 인신매매적 과정에 스스로가 동참하는 행위 및 배우자 여성에 대해 상품처럼 취급하는 결혼생활 과정에서의 인권침해적 행위 등 결혼 후의 제반 사정 등을 참작하여 이를 인정할 수 있다고 생각된다.

4) 처벌 범위의 부당한 확대의 문제

다만, 남편이나 가족에 대해 인신매매적 범죄의 가담의 여지가 있다고 인정된다고 할지라도 그에 대한 판단에는 신중함을 요한다고 할 것이다. 일반적인 결혼 가정 내에서의 인권침해적 사례를 모두 의율하여 결혼 자체마저 유책 당사자에게 범죄적 행위를 하였다고 단정한다면, 이는 오히려 가정사에 법과 공권력의 과도한 개입으로 말미암아 또 다른 가정 파탄의 부작용을 낳을 우려가 있으며, 남겨진 아이의 문제라든가 하는 부차적인 가정의 문제를 연쇄적으로 일으킬 우려가 있기 때문이다.

또한 대부분의 결혼이주여성의 경우는 한국에서의 결혼생활이나 이주 생활을 지속적으로 하길 원하는 경우가 많으며, 이를 무조건적으로 범죄 행위로 몰아간다면 피해 여성의 의사에 반하여 가정이 파탄나고 잘못하면 피해 여성조차 본국으로 돌아가야 하는 처지가 될 위험이 있다. 따라서 부당한 처벌 확대의 문제를 방지하려는 노력과 함께 매우 엄격한 요건 하에서만 인정하려는 시도가 필요하다. 더불어 피해 여성의 의사를 고려할 수 있도록 하는 방향으로 논의가 이뤄져야 한다고 생각된다.

III. 해결 방안

국제결혼을 통한 결혼이주여성의 인권침해에 대한 해결에 있어서, 단순히 여성의 개인적 부적응의 문제로 돌리거나 가족 중심적인 차원에서 여성을 통합과 융합의 대상으로서만 접근하는 정책이나 제도적 지원은 근본적인 문제 해결에 한계가 있다. 여성 개인의 인권에 초점을 두어 보다 근본적으로 인신매매적 국제결혼 행위를 실효성 있게 근절할 수 있는 방안이 검토되어야 한다.

1. 결혼중개업의 관리에 관한 법률의 보완

우선 인신매매적 국제결혼의 행위에 대한 범죄성에 대해 사회적 공감대를 확보할 필요가 있고, 실질적인 예방책이 되며, 관련 당사자의 책임을 제고할 수 있도록 결혼중개업체에 대한 실효성 있는 형벌규정의 마련이 필요하다. 물론 현행 『결혼중개업의 관리에 관한 법률』에서 그러한 의지를 담아 결혼중개업체에 대한 관리와 규제의 시도를 하고는 있지만, 위에서 검토한 바와 같이 여전히 한계가 존재한다.

한국뿐만 아니라 현지국가에서의 인권침해적이고 인신매매적인 중개행위에 대한 감독 의무도 부과할 필요가 있다. 특히 현지에서의 인신매매적 행위나 인권침해에 대한 묵인이 있는 경우, 불법행위를 방조하거나 협력했다고 보아 공동불법행위자로서 엄중한 처벌을 할 필요가 있다. 또한 표준계약서에는 수수료의 총액 및 책정 기준, 허위 정보 제공시 담보 책임 부과 규정 등이 제시될 필요가 있다. 표준계약서에 기재된 이외의 돈을 별도의 명목으로 추가적으로 요구하는 경우에 대한 처벌 및 보상규정 역시 마련되어야 피해를 방지할 수 있다. 또한 짧은 시간에 속행되는 결혼 과정이 아닌, 1대1 만남 형식을 지향해야 하고 당사자가 충분히 서로에 대해 파악할 수 있도록 정확한 정보 제공과 함께 환경 조성에 노력해야 한다. 무엇보다 여성을 상품화로 여기지 않도록 해야 하며, 여성의 자기 결정권에 대한 충분한 보장과 보호가 마련되어야 할 것이다.

2. 국제협약의 준수 및 비준

헌법 제6조 제1항은 "헌법에 의하여 체결, 공포된 조약과 일반적으로 승인된 국제법규는 국내법과 같은 효력을 가진다."고 규정하고 있다. 그리고 여성의 인신매매를 규제하는 협약 중 국제사회에서 실효성을 가지고 있는 주요협약으로는 『인신매매 및 타인의 성매매 행위를 통한 착취금지 협약』과 『여성에 대한 모든 차별 철폐에 관한 협약』, 그리고 『유엔 국제 조직범죄 방지협약을 보충하는 인신매매 특히, 여성 및 아동 인신매매 방지, 억제, 처벌을 위한 선택의정서』등이 있다.

(1) 인신매매 및 타인의 성매매 행위를 통한 착취 금지에 관한 협약
(Convention for the Suppression of the Traffic in Persons and of the Exploitation of the Prostitution of Others)

유엔(UN)은 1949년 『인신매매 및 타인의 성매매 행위를 통한 착취 금지에 관한 협약 (Convention for the Suppression of the Traffic in Persons and of the Exploitation of the Prostitution of Others)』을 채택하였으며, 우리나라는 1962년에 이 협약에 가입하였다. 본 협약은 최초로 실효성을 가진 핵심적인 협약으로서 채택되었다는 데에 그 의의가 있다. 그러나 인신매매보다는 성매매 행위에 따른 인권침해 방지에 초점을 맞추고 있음에 한계가 있다.

(2) 여성에 대한 모든 형태의 차별 철폐에 관한 협약
(Convention on the Elimination of All Forms of
Discrimination against Women: CEDAW)

『여성차별철폐협약』은 법적 구속력을 가지는 여성인권에 관한 종합적인 협약으로 여성에 대한 차별 방지를 국가의 의무로 규정하고 있다. 우리나라는 1984년 가입하여 1985년 1월 7일 공표, 같은 해 1월 26일부터 국내법으로서 효력을 갖게 되었다.

본 협약 제6조에서 "당사국은 여성에 대한 모든 형태의 인신매매 및 매춘에 의한 착취를 금지하기 위하여 입법을 포함한 모든 적절한 조치를 취하여야 한다."고 규정하여 인신매매 방지를 위한 당사국의 조치의무에 대해 언급하고 있다. 여성차별철폐위원회에서는 인신매매 및 성착취의 근본적인 원인으로 빈곤과 실업의 문제를 지적하고 있고, 특히 개발도상국 여성과 외국 남성간의 계획 결혼이 새로운 형태의 성적 착취임을 명시하면서 그 과정에서 여성이 폭력과 학대의 위험에 노출되고 있음을 언급하였다. 우리나라와 관련하여 여성차별철폐위원회에서는 외국여성이 결과적으로 결혼 및 착취의 목적으로 대한민국으로 인신매매되는 결과를 낳는 국제결혼 증가에 대한 우려를 표명하였고, 또한 국제결혼 가정에서 빈번히 발생하는 가정폭력에 대한 우려도 표시하였다. 이에 당사국이 외국여성에게 배우자로부터 받는 학대에 대처하기 위해 실효성 있는 방안을 마련하고, 그동안 피해 여성이 국제결혼 국가에 머무를 수 있도록 체류를 허가할 것을 권고하였다. 하지만 아직까지 우리나라에서는 인신매매 형태에서 변형된 국제결혼을 방지할 수 있는 효과적인 수단이 미비한 상태이다.

(3) 유엔 국제조직범죄 방지협약을 보충하는 인신매매 특히, 여성 및 아동 인신매매 방지, 억제, 처벌을 위한 선택 의정서
(Protocol by Prevent, Suppress and Punish Trafficking in Persons, Especially Women and Children Supplementing the United Nations Convention Against Transnational Organized Crime)

2000년 11월 유엔 제15차 총회에서는 『유엔 국제조직범죄 방지협약을 보충하는 인신매매 특히, 여성 및 아동 인신매매 방지, 억제, 처벌을 위한 선택 의정서(Protocol by Prevent, Suppress and Punish Trafficking in Persons, Especially Women and Children Supplementing the United Nations Convention Against Transnational Organized Crime』를 채택하였다. 우리나라는 협약에 가입 서명만 하고 국회의 비준을 받지 않은 상태이다.

본 의정서는 국제조직범죄방지협약을 보충하기 위한 것으로 국제적인 인신매매, 특히 여성과 아동의 인신매매 퇴치를 위해 인신매매를 예방하고 범죄자를 처벌하며, 국제적인 인권의 보호 등 인신매매 피해자의 보호를 도모하기 위한 것이다. 특히 본 의정서에서는 인신매매에 대한 국제적 정의를 내렸는바, 이에 따르면 '인신매매'란 '착취를 목적으로 다른 사람을 통제하기 위한 동의를 얻어 내기 위해 위협, 폭력의 사용, 강제, 유괴, 사기, 속임수와 같은 행위를 하거나 권력의 남용, 약자의 위치를 악용, 주고받는 임금과 이득을 오용하는 행위 등을 통해 사람을 고용, 수송, 이동, 수령하는 것'을 의미한다. 향후 우리나라도 본 의정서의 비준을 통해 인신매매의 근절에 대한 강력한 의지를 실천할 필요가 있다.

3. 인신매매범 처벌 및 피해자 보호를 위한 법률의 제정

『인신매매처벌 등에 관한 법률안』이 현재 올라와 있기는 하지만, 아직 국회에서 통과되지 못하고 있는 실정이다. 오늘날 특히 국제결혼을 통한 인신매매가 여성을 대상으로 꾸준히 증가하고 있는 이상, 이에 대한 적극적인 대처를 위해서는 현행 형법으로 접근해서는 포괄할 수 없는 한계를 감안하여 특별법을 제정함으로써 이에 대응할 필요가 있다.

국제결혼 형태의 인신매매를 범죄화하여 처벌하는 것과 함께 피해자에 대한 보호에도 각별한 노력을 기울여야 한다. 인신매매 피해 여성으로 된 이주여성의 경우는 무엇보다 체류 보장이 중요하며, 체류 보장 기간에는 취업 자격도 함께 부여됨이 필요하다. 조사가 끝난 후 여성이 다시 본국으로 강제 퇴거를 당하거나 체류를 온전히 보장받을 수 없다면, 인권침해적 상황에도 불구하고 이주여성들의 피해 신고는 현실적으로 불가능하기 때문이다. 뿐만 아니라 피해자의 보호 측면에서 관련 쉼터나 기관에의 보호에 있어서도 신중을 기할 필요가 있다.

자칫 시설에서의 수용이 여성의 자기 결정권을 보호하기보다는 일정한 지침을 그저 명령하는 데 불과하다면, 근본적인 문제 해결이 어려우며, 다시 사회에 복귀하더라도 똑같은 악순환이 반복될 우려가 있기 때문이다.

Ⅳ. 결론

국제결혼을 통한 이주여성은 그 배경에 있어서 복합적인 요인이 작용한다. 일반적으로 개발도상국의 여성이 대부분에 해당하며, 세계적 빈곤의 여성화와 함께 여성의 이주가 자신의 제2의 인생 계획으로뿐만 아니라 부양가족의 생계에 대한 책임으로서도 고려되고 있는 실정이다. 우리나라의 경우 농촌 남성들의 결혼이 어려워진 실정을 감안, 정부나 지방자치단체 차원에서 국제결혼을 정책적으로 지원하고 있는 풍토와 맞물려 특히 개발도상국의 여성을 상대로 한 국제결혼이 증가하는 추세에 있다. 그러나 상업적 이윤 추구에만 목표를 두고 있는 중개업체를 통한 국제결혼은 그 모집과정에서부터 진행 과정에 이르기까지, 특히나 여성을 상품화하는 시각에서 접근한다는 점에서 여성에 대한 인권 침해가 다분히 드러나고 있다. 물론 이에 대한 규제책으로 국내에서도 입법이 이뤄지긴 하였으나 중개업체의 범죄에 가까운 인신매매적 국제결혼 중개행위 자체를 실효성 있게 방지하진 못하고 있다.

무엇보다 이주여성의 개인의 인권에 초점을 두어 인신매매적 결혼 방지를 위한 노력이 절실하며, 이들을 단순히 사회 통합의 수동적 대상으로 보는 시각에서는 근본적인 문제 해결을 할 수 없음에 유의해야 한다. 국제결혼을 통한 인신매매의 범죄 행위에 대한 강력한 처벌 의지를 실현할 필요가 있으며, 이로써 사회적 약자의 위치에 있는 이주여성의 기본적인 인권을 보다 더 보호할 수 있고, 그들에 대한 인식 개선에도 함께 노력할 필요가 있다고 생각한다. 물론 모든 국제결혼을 범죄화할 수는 없으므로 이에는 신중한 요건의 검토가 선행되어야 하고, 사회적, 법 전문적 토론이 더욱 활성화될 필요도 있다. 어쨌거나 현재의 국제결혼에 담겨진 인신매매적 범죄의 양상을 확실히 인식하고, 이를 근절할 국가의 적극적인 대책 수립과 노력이 실천되어야 할 때이다.

참 고 문 헌

김재련, "국제결혼을 통한 이주여성의 지위", 명지대학교 대학원 석사 논문, 2007.

김정선, 김재원, "결혼중개업의 관리에 관한 법률, 의미 없지만 유효한 법 - 캄보디아 국제결혼 중개실태를 중심으로", 「경제와 사회」 통권 제86호, 비판사회학회, 2010.

김춘진 의원실, 『결혼중개업법 제정을 위한 입법공청회 자료집』, 2007

김현미, "여성의 빈곤화와 이주여성 - 이주여성문제 어떻게 볼 것인가?", 「이주여성 인권센터 창립 2주년 기념심포지엄 자료집」, 2003. 10.

김현미, 김민정, 김정선, "안전한 결혼 移住女性", 「한국여성학」 제24권 1호, 한국여성학회, 2008.

박선영, "移住女性과 그 子女의 인권", 「저스티스」 통권 제96호, 한국법학원, 2007. 2.

박지영, "국제결혼 이주여성의 인권 보호를 위한 법적 방안 연구", 이화여대 대학원 석사논문, 2008. 2.

소라미, "국제결혼 이주여성의 인권 실태와 관련 법적 쟁점", 「국제결혼 이주여성, 쟁점과 전망 국제학술대회 자료집」, 서울대 여성연구회, 2007. 11.

오경석 외, 『한국에서의 다문화주의 - 현실과 쟁점』, 한울아카데미, 2007

유경선, "「결혼중개업의 관리에 관한 법률」 : 우리 곁에 다가온 국제결혼을 고민한 법", 「국회보」 통권 제501호, 2008. 8.

이정희 의원실, 『인신매매 범죄의 처벌 및 피해자 보호에 관한 특례법 제정을 위한 전문가 토론회 자료집』, 2010. 11.

이해영 외 2명, 『다문화사회, 한국』, 나남, 2009.

조희원, "한국의 다문화주의와 결혼이주여성", 「유라시아 연구」 제7권 제3호, (사) 아시아·유럽미래학회, 2008.

최윤희, "여성관련 법규정들의 세계화 노력 및 그 과제", 「저스티스」 통권 제92호, 한국법학원, 2006. 10.

표명환, "재한 결혼이주여성의 국가적 보호에 관한 법적 고찰", 「공법학연구」 제10권 제3호, 한국비교공법학회, 2009.

한국염, "인신매매성 국제결혼 현황과 과제-한국을 중심으로-", 「매매혼적 국제결혼 예방과 방지를 위한 아시아 여성의 전략회의 자료집」, 2006.

한국염, "한국 이주여성 현실에서 본 인신매매 피해 이주여성의 귀환과 재통합",「국
제이주기구 국제심포지엄 자료집」, 2010.

한국염, "한국 결혼이주 현실에서 살펴본 인신매매성 결혼이주 방지를 위한 아시아
초국적 네트워크의 중요성",「인신매매 피해 이주여성의 인권보호를 위한
서울국제회의 자료집」, 국가인권위원회, 2010.

한국염, "이주자의 인권과 영주권 전치주의", 한국이주여성인권센터 홈페이지 칼럼,
2011.

홍성필, "국제인권과 결혼이주(marriage migration)",「저스티스」통권 제96호, 한
국법학원, 2007. 2.

결혼문화의 차이와
이주민의 가족결합권

장재원(인하대학교 법학전문대학원생)

Ⅰ. 서론

1. 우리나라의 현황

우리 사회는 이미 이질적인 문화적 배경을 갖는 수많은 다양한 국가 출신의 사람들이 어우러져 살아가는 다문화사회의 성격을 띠고 있는 것이 현실이다. 행정안전부의 공식적 통계에 따를 경우 외국 국적 보유자, 귀화자와 그 자녀 등을 포함해 지난 2010년 1월 기준으로 외국 출신 국내 거주자의 수는 총 113만 9000여 명이나 되며, 법무부 출입국은 지난해 말 이미 그 수가 126만 명을 넘을 것으로 추정하고 있다고 한다.[1] 공식적인 통계상의 숫자만 벌써 우리나라 전체 인구의 약 3%에 육박하는 데에다, 통계청에 따르면 지난해 한국인과 외국인과의 혼인 건수는 3만4235건으로, 총 혼인 건수 중 외국인과의 혼인이 차지하는 비중은 10.5%를 기록한 것으로 나타나[2], 앞으로 다문화 사회로의 이행은 점점 더 빨리질 것으로 예상된다.

다문화사회로의 이행에는 출신 국가와 민족별로 상이한 문화적 차이에 기인하는 갈등과 충돌이 필연적으로 따르게 된다. 특히 다문화

---

1) 문화일보, "126만 외국인 보듬는 우리의 비빔밥 DNA", 2011. 4. 28일자 ;
   http://www.munhwa.com/news/view.html?no=2011042801030624106002.

2) 앞의 기사

사회로의 이행의 출발점이라고 할 수 있는 혼인에 관한 법과 제도는 국가와 민족에 따라 크게 차이가 나는 것이 보통이다. 태어나고 자란 곳이 다른 외국 출신 이주민들과의 문화적 충돌을 완전히 피할 수는 없겠지만, 서로 다른 법과 관습을 배경으로 자라온 이들과의 문화 충돌에 대비하고 이로 인한 문제를 해결할 수 있는 법과 제도가 완비되어 있다면 사회 통합을 위한 사회적 비용을 최소화하고 다문화사회로의 이행을 보다 순조롭게 이루어 갈 수 있을 것이다. 그러나 이러한 현실에 대응하기 위한 법과 제도는 아직까지 미비하기만 하다. 그중에서도 서로 다른 문화권에서 이루어진 혼인의 국내법상 취급에 대한 문제에 관해서는 그 차이가 문화권별로 매우 크게 나타나기 때문에 더욱 큰 갈등과 문제가 벌어질 우려가 있음에도 불구하고, 아직 실무상 문제해결을 위한 매뉴얼이 마련되어 있지 못하며 또한 이론적인 연구가 활발히 이루어지고 있지도 않은 실정이다. 그 결과 최근 혼인에 관한 문화적 차이로 인하여 크고 작은 많은 문제들이 빚어지고 있다.

2. 해결해야 할 문제

대표적인 예로 파키스탄 출신의 귀화 한국인 임란알리 씨의 사례를 들 수 있다.[3] 파키스탄에서는 사촌 사이의 결혼이 관습으로 널리 인정되고 파키스탄의 법률 역시 사촌 사이의 결혼을 불법으로 규정하지 않고 있다. 그런데 우리나라의 민법이 4촌 이내의 근친 사이의 결혼을 무효로 규정함에 따라 임란알리 씨는 파키스탄에 있는 아내를 한국에

---

3) 한겨레, "사촌과 결혼 관습인데…" 귀화 한국인 혼인무효위기", 2007.3.30일자,
   http://www.hani.co.kr/arti/society/society_general/225706.html.

서 법률상의 아내로 인정받을 수 없었고, 결국 그녀를 한국으로 데리고 올 수 없게 되었다.

이 사례는 다음과 같은 두 가지 의문을 던져준다. 즉 '우리나라와 다른 결혼문화를 가지고 있는 외국 출신의 이주민이 자국 법률에 따라 합법적으로 결혼한 경우에 그 결혼이 우리나라의 법 제도와 부합하지 않는다고 하여 언제나 그 효력을 부정하는 것은 과연 다문화사회에 진입한 우리나라에서의 사회 통합에 바람직한 문제해결 방법이 될 수 있을까?' 그리고 '우리나라에서 법률상의 혼인관계를 인정할 수 없다 하더라도, '인권'의 관점에서 그 사실상의 부부가 공동체 생활을 영위할 수 있도록 배려하는 것 역시 인정하지 않는 것을 과연 '정의'라고 할 수 있을 것인가?' 하는 점이다. 이 글은 이러한 의문에 대한 답을 구하기 위하여 작성될 것이다.

3. 글의 구성

이 글은 다음과 같은 순서에 따라 문제의 해답에 접근하고자 한다. 첫째, 충돌이 예상되는 주요 결혼문화의 차이를 분석한다. 특히 우리나라와 가장 크게 차이가 나는 외국 결혼문화의 예로 근친혼과 중혼을 고려할 것이다. 둘째, 문제가 되는 결혼문화에 대한 우리나라 법의 취급에 대하여 살펴본다. 실질적 법치주의 하에서 우리는 내용적 정당성이 없는 법을 법으로 인정할 수 없기 때문에 실정법의 근거규정뿐만 아니라 그 규정의 이론적 근거에 대하여도 살펴보게 될 것이다. 셋째, 일부 외국에서는 허용되지만 우리나라에서 허용되지 아니하는 혼인에 대한 현재의 우리나라 규제체계를 과연 합리적이라고 볼 수 있는지 검토할 것이다. 이는 대체로 그러한 혼인을 지금의 방식대로 규제하는 것이 비례의 원칙에 따른 비교형량 결과 용인될 수 있는 것으로 파악되는지에 중점으로 두어 이루어지게 될 것이다. 마지막으로, 현행 규제가 타당하지 않다면, 현행 법 규정 하에서 합리적 결론을 이끌어 낼 수 있는 새로운 법 해석이 가능할 것인지, 혹시 그것이 불가능하거나 충분하지 않다면 앞으로의 법과 제도의 개선방향은 어떠하여야 할 것인지 생각하여 볼 것이다.

II. 충돌이 예상되는 주요 결혼문화의 차이

1. 근친혼

(1) 우리나라에서 근친혼의 취급

1) 법률 규정

우리나라 『민법』 제809조는 "근친혼 등의 금지"라는 표제 하에 제1항에서 "8촌 이내의 혈족(친양자의 입양 전의 혈족을 포함한다) 사이에서는 혼인하지 못한다."라고 하여 원칙적으로 근친혼의 금지를 선언하고 있다. 이에 따라 8촌 이내의 혈족 사이의 혼인은 우리나라 민법상 무효로 취급된다.[4]

2) 사실혼으로서의 보호 가능성

우리나라 법이 혼인신고를 법률혼의 효력요건으로 규정하고 있는 결과[5] 주관적인 혼인의사와 객관적인 부부공동생활의 실체가 있음에도 불구하고 단지 혼인신고가 없다는 이유로 법률상의 혼인으로 인정받지 못하는 문제가 생길 수 있는바, 학설은 대체로 이러한 경우 일체의 부부관계의 효과를 부정하는 것은 타당하지 않으며 일정한 법의

---

4) 민법 제815조 제2호.
5) 민법 제812조 제1항.

보호가 제공되어야 한다고 본다.[6] 최근의 판례 역시 사실혼을 준(準)혼관계로 보아 법률혼에 대한 민법규정 중 혼인신고와 관련된 것을 제외한 나머지 규정들을 준용하고 있다.[7]

사실혼이 성립하기 위해서는 혼인신고 외에 다른 혼인의 요건들을 모두 갖추어야 하는 것이므로, 무효 사유에 해당하는 근친 사이의 사실혼은 보호받지 못하는 것이 원칙이다.[8] 그러나 우리나라 판례는 무효 사유에 해당하는 근친 사이의 사실혼 관계에서도 일정한 법적 보호가 제공될 수 있는 예외를 인정하고 있다. 실제로 법원은 언니 사망 후 공무원인 형부와 사실혼 관계를 맺고 있던 처제가 형부 사망 후 공무원 유족연금의 수급권을 다툰 사건에서 다음과 같이 판시하였다.[9]

공무원연금제도는 정부가 관장하는 공적연금제도이고(공무원연금법 제2조), 공무원의 의사와 관계없이 강제적으로 징수되는 기여금과 국가 또는 지방자치단체가 부담하는 재원에 의하여 조달된다는 점(같은 법 제65조, 제66조) 등 공익적 요청을 무시할 수 없는 점을 종합하면, 민법이 정하는 혼인법질서에 본질적으로 반하는 사실혼관계에 있는 사람은 유족연금 수급권자인 배우자에 해당한다고 할 수 없다. 그리고 혼인할 경우 그 혼인이 무효로 되는 근친자 사이의 사실혼관계라면 원칙적으로 혼인법질서에 본질적으로 반하는 사실혼관계라고 추단할 수 있다. 그러나 비록 민법에 의하여 혼인이 무효로 되는 근친자 사이의 사실혼관계라고 하더라도, _그 근친자 사이의 혼인이 금지된 역사_

---

6) 지원림, 『민법강의』, 홍문사, 2005, 1509쪽.

7) 재산분할에 관한 민법 규정을 사실혼관계에 준용 또는 유추적용할 수 있는지 여부에 관한 대법원 1995. 3. 28. 선고 94므1584 판결 등.

8) 지원림, 위의 책, 1510쪽.

9) 대법원 2010. 11. 25. 선고 2010두14091 판결. 밑줄은 강조를 위하여 본인이 임의로 그은 것이다.

적·사회적 배경, 그 사실혼관계가 형성된 경위, 당사자의 가족과 친인척을 포함한 주변 사회의 수용 여부, 공동생활의 기간, 자녀의 유무, 부부생활의 안정성과 신뢰성 등을 종합하여 그 반윤리성·반공익성이 혼인법질서 유지 등의 관점에서 현저하게 낮다고 인정되는 경우에는 근친자 사이의 혼인을 금지하는 공익적 요청보다는 유족의 생활안정과 복리향상이라는 유족연금제도의 목적을 우선할 특별한 사정이 있고, 이와 같은 특별한 사정이 인정되는 경우에는 그 사실혼관계가 혼인무효인 근친자 사이의 관계라는 사정만으로 유족연금의 지급을 거부할 수 없다.

즉, 원칙적으로 사실혼 관계조차 인정받을 수 없는 근친 사이의 결합이라 하더라도 제반 사정을 고려하여 그 보호의 필요성이 근친자 사이의 혼인을 금지하는 공익적 요청보다 우선한다고 보아야 할 정도의 특별한 사정이 인정되는 경우에는 예외적으로 사실혼 관계의 성립을 인정하여 일정한 법적 보호를 제공할 수 있다는 것이다.

(2) 주요 외국의 근친혼 취급

근친혼에 법적 취급은 나라마다 크게 차이가 있어서, 어떤 나라에서는 적극적으로 장려되기도 하고, 또 어떤 나라에서는 범죄로 취급되기도 한다. 이러한 차이에 불구하고 세계적으로 8촌보다 가까운 근친간의 결혼이 일어나는 비율은 10%가 넘고 있는데[10], 이하에서는 세계 주요 국가의 근친혼 실태를 간략하게 살펴본다.

---

10) "The NewYork Times", "Shaking off the shame", 2009.11.25일자,
http://www.nytimes.com/2009/11/26/garden/26cousins.html?pagewanted=1&_r=1

1) 유럽

유럽에서는 최근까지 오랫동안 근친혼이 널리 이루어져 왔다. 19세기 유럽 국가들 중에서 근친혼 규제가 있었던 나라는 오스트리아, 헝가리, 스페인의 세 나라뿐이었는데, 그중에서도 헝가리와 스페인에서는 근친혼이 허용되는 많은 예외가 인정되었고, 특히 정부가 근친혼에 대하여 시혜적인 승인을 하여 주는 경우가 많았다.[11]

19세기 근친혼 규제국가들이 출현하게 된 것은 유전학의 연구 성과에 기초하여 볼 때에 근친혼이 그 자손들에게 좋지 않은 영향을 미칠 수 있다는 주장을 하는 학자들이 나타나면서부터였다.[12] 그러나 자유주의의 전통이 강하게 남아 있는 유럽에서는 가장 개인적인 사생활 영역 중의 하나인 결혼 문제에 정부가 개입하는 것은 옳지 않다는 반발이 매우 거세었고, 근친혼이 자손들에게 부정적 영향을 끼칠 가능성은 예상보다 크지 않을 것이라는 학계의 반대 견해도 만만치 않았다. 영국의 예를 살펴보면, 영국 의회는 학계의 논쟁을 "머리로만 생각하는 학자들의 호기심이란 어떻게 해도 채워지지 않는 것"이라고 폄하하며 근친혼 규제 법안을 입안하는 데에 반대하였는데, 특히 논쟁 초기에 가장 강력하게 근친혼 반대를 주장했던 사람들 중 하나인 George Darwin[13]과 그의 다른 두 형제가 근친혼 찬성론자들과 영국 의회의 주된 공격 표적이 되었다.[14] George Darwin의 아버지 Charles Darwin은 사촌인 Emma Wedgwood와 결혼하여 슬하에 세 아들을

---

11) Martin Ottenheimer, 『Forbidden Relatives: The American Myth of Cousin Marriage』, University of Illinois, 1996, p.90.

12) Martin Ottenheimer, 앞의 책, p.84.

13) 유명한 Charles Darwin의 세 아들 중 한 명이다.

14) 영국에서의 근친혼에 관련한 논쟁의 흐름은 Ottenheimer, 위의 책, 제4장을 참조.

두었는데,[15] 이들은 모두 런던 왕립학회의 회원이 되었을 뿐 아니라 기사 작위까지 수여받았고, 이는 근친혼 반대론자들이 주장하는 후손에의 악영향이 실제보다 크게 과장되었을지 모른다는 의미로 많은 사람들에게 받아들여진 측면이 있다.[16]

유럽에서 근친혼 허용여부에 대한 논란은 여전히 진행 중이다. 그러나 사촌 간의 근친혼을 완전히 금지하는 유럽 국가는 현재 한 곳도 없다.[17] 최근의 연구결과는 일반적인 부부 사이에서 태어난 아이에게 유전적 결함이 있을 가능성이 2% 정도라면, 근친혼 관계의 부부 사이에서 태어난 아이에게 유전적 결함이 있는 가능성은 4% 정도라는 실증적 결과를 보여주고 있으며, 이는 근친혼을 금지하여야 할 정도의 중대한 차이로 볼 수 없다는 주장이 설득력을 얻고 있다.[18] 현재 유럽에서 근친혼 관련 규제 신설여부가 쟁점으로 떠오르고 있는 국가들은 영국이나 네덜란드와 같은 나라들인데, 이들의 공통점은 근친혼 비율이 전체 결혼 중에서 차지하는 비율이 50%를 넘는 중동 출신 이민자들에 대한 사회적 반감이 커지고 있는 나라들이라는 점이다.[19] 이에 많은 사람들은 근친혼에 대한 규제는 과학적 근거가 박약한 것이며, 근친혼 금지로 인하여 주로 영향을 받는 집단이 중동 출신의 이민자 집단이라는 점에서 이는 특정 국가 출신 또는 특정 문화적 배경을 갖는

---

15) George, Francis, 그리고 Horace가 그들이다.

16) LA Times 블로그, "Kissin's cousius meant health problems for Charles Darwin's children, researches say", 2005. 5, http://latimesblogs.latimes.com/booster_shots/2010/05/darwin-marriage-first-cousin-genetic-problems.html.

17) http://www.cousincouples.com/?page=facts.; Martin Ottenheimer, 위의 책 p.90.

18) BBC뉴스, "Cousin marrige:Is it a health risk?", // 2008.5.16일자, http://news.bbc.co.uk/2/hi/health/7404730.stm

19) 특히 파키스탄 출신 이민자들로 인한 사회적 영향에 대하여 정부가 큰 우려를 표시하고 있다. 영국의 예를 중심으로 한 자세한 내용은 다음의 웹페이지를 참조하라. http://news.bbc.co.uk/2/hi/uk_news/politics/7238356.stm.

자에 대한 제도적 차별로 이어질 우려가 있고, 그렇다면 근친혼 금지는 가정생활에 관련된 개인적 결정권의 존중을 원칙으로 하는 유럽인권협약 제8조[20] 규정에 위반하는 것이라 주장한다.[21]

2) 미국

미국 역시 건국 초기에 근친혼에 대한 법적 규제가 없었던 것은 유럽과 마찬가지였다. 남북전쟁 이전까지 사촌 사이의 근친혼은 미국의 모든 주에서 합법이었다. 그러나 유전학에 기초하여 근친간의 혼인을 규제하여야 한다는 목소리가 높아지자 미국 각 주의 의회는 유럽에서와 달리 근친혼을 규제하는 입법으로 대응하였다.[22]

미국은 19세기 당시 유럽의 다른 국가들과 달리 신분제 질서가 완전히 붕괴되어 있었다. 유럽과 비교하여 볼 때 근친혼에 따른 영향을 실증할 수 있을 정도의 충분한 표본집단이 미국 내에 존재하지 않았으며, 여론에 휩쓸리지 않고 오직 이성과 진리에 따라 정치적 의사를 결정할 수 있는 종신직의 사회 지도층이 존재하지도 아니하였다. 영국으로부터 독립하여 영국과의 차별성을 강조하던 미국인 사회에서 일반적으로 널리 받아들여진 것은 근친혼에 부정적인 연구결과들이었으며, 오로지 대중의 선거를 통하여 구성되는 의회가 모든 입법의 권한

---

20) 『Convention for the Protection of Human Rights and Fundamental Freedoms(ECHR)』 Article 8 - Right to respect for private and family life
　1. Everyone has the right to respect for his private and family life, his home and his correspondence.
　2. There shall be no interference by a public authority with the exercise of this right except such as is in accordance with the law and is necessary in a democratic society in the interests of national security, public safety or the economic well-being of the country, for the prevention of disorder or crime, for the protection of health or morals, or for the protection of the rights and freedoms of others.

21) Politen, "Can Cousin marriages be bauned?", 2009. 9. 23일자, http://politiken.dk/newsinenglish/article794315.ece.

22) 미국에서의 근친혼 규제 역사에 대하여는 Ottenheimer, 위의 책, 제2장 및 제3장을 참조하라.

을 갖는 미국에서 근친혼 규제 입법이 마련된 것은 어떻게 보면 필연적인 결과였다. 19세기 말 미국의 13개 주 또는 자치령에서는 근친혼 규제입법이 의회를 통과하였고, 1920년대 중반까지 근친혼 규제입법이 이루어진 주 또는 자치령의 수는 초기의 두 배에 이르게 되었다.[23]

하지만 최근 미국에서는 근친혼 규제가 과학적 정당성을 갖지 못한다는 사실에 대한 인식이 확산되고 있으며, 이에 따라 근친혼을 규제하는 법률을 폐지하고자 하는 운동이 활발히 전개되고 있다. 1920년대 중반 이후 더 이상의 근친혼 규제입법의 시도는 강력한 저항을 받게 되었고, 그 결과 추가로 근친혼 규제를 입법하는 데에 성공한 주는 1943년의 켄터키, 1985년의 메인, 그리고 2005년의 텍사스 3개 주에 불과하다.[24] 오히려 미국통일주법위원회는(National Conference of Commissioners ou Uniform State Laws) 만장일치의 의견으로 1970년 각 주 의회에 근친혼 규제입법을 폐지할 것을 강력히 권고하였다.[25] 현재 미국은 사촌 이내 근친 간의 결혼을 금지하는 법률을 갖고 있는 유일한 서방국가이다.[26] 그러나 근친혼이 금지되는 주에서도 근친간의 결혼을 허용하는 타 주의 법률에 따라 결혼이 이루어진 경우, 특히 배우자 일방이 근친혼 금지주의 주민이 아니었던 경우에는 그 근친혼을 승인하는 예외를 규정한 곳이 많다.[27] 본인 또는 조상들의 출신국 문

---

23) http://www.wired.com/wiredscience/2008/12/cousinmarriage/

24) PLOS BIOLOGY, "It's ok, We're Not Cousins by Blood" : The Cousin Marriage Controversy in Historical Perspective,
http://www.plosbiology.org/article/info:doi/10.1371/journal.pbio.0060320.

25) Uniform Law Commission, ; "Model Marriage and Divorce Ad Summary",
http://uniformlaws.org/ActSummary.aspx?title=Model%20Marriage%20and%20Divorce%20Act.

26) Cousin Couples.com; "Facts About Cousin Marriage"
http://www.cousincouples.com/?page=facts

27) Couples.com, "US State Laws", http://www.cousincouples.com/?page=states ; 예를 들어 인디애나 주의 경우, IC 31-11-8-6에 따르면, 인디애나 법을 회피하기 위하여 타주에서

화에서 근친혼이 일반적으로 승인되는 경우에 근친혼이 허용되는 등 근친혼 금지에 대한 많은 예외가 규정되어 있기도 한 것이 오늘날 미국의 근친혼 관련 법 제도의 모습이다.[28]

3) 중동

중동 지역은 세계에서 가장 높은 근친혼 비율을 갖고 있다. 예를 들어, 비록 표본 수가 적어 신뢰성에 의문이 있기는 하지만[29] 사우디아라비아 동부 주에서는 조사대상자 중 50%가 6촌 이내의 근친혼이었다는 보고도 있다.[30]

중동에서의 근친혼은 대체로 여성, 상인계층, 그리고 전통의 명문가에서 그 비율이 높게 나타나는 경향이 있다.[31] 인류학자들은 그 주된 이유를 다음과 같은 두 가지로 분석하고 있다.[32] 첫째, 중동 지역에서의 근친혼은 부계의 유전적 특징을 보존하고자 남성 배우자가 여성 배우자를 근친족 중에 선택하여 왔다는 것이다. 둘째, '명예'를 중시하는 중동에서는 가족 내 여성의 행동을 통제하기 쉽고, 또한 가족 내 여성에 대한 외부인의 행동을 통제하기 쉽도록 하여 불명예스러운 결과를 미리 방지하고자 하는 유인이 있다는 것이다. 따라서 전통적인 정치적

이루어진 혼인의 효력을 대부분 무효라고 규정하고 있으나, 근친혼의 경우에는 인디애나 주법을 회피하기 위하여 타 주에서 이루어진 경우에도 이를 무효로 하지는 않는다.

28) 앞의 홈페이지 http://www.cousincouples.com/?page=states, 미네소타 주와 콜로라도 주가 대표적이다.

29) 중동 지역에서 근친혼 비율에 대한 신뢰할만한 통계조사가 이루어진 적은 한 번도 없다고 한 다. Ladislav, Holý, 『Kinship, honour, and solidarity: cousin marriage in the Middle East』, Manchester University Press, 1989, p.140.

30) http://www.consang.net/images/c/cb/Asia.pdf.

31) Margaret Lee Meriwether, 『The kin who count: family and society in Ottoman Aleppo, 1770-1840』, University of Texas Press, 1999, p.135.

32) Ladislav, Holý, 위의 책, p.110-127.

명문가, 그리고 경제활동을 통하여 부를 축적한 신흥 명문가를 중심으로 근친혼이 여전히 널리 퍼져 있다는 것이다.

중동 지역에서 근친혼은 개인적 '명예'라는 사적 법익과 함께 이를 중심으로 형성되는 가족과 사회의 '질서'라는 공적 법익을 보호하기 위한 수단 중 하나가 된다. 중동에서 근친혼은 단순한 하나의 사회적 현상이 아니라 결혼예정자가 갖는 법적인 권리로까지 고양되었다. 예를 들어, 형의 집안에 아들이 하나 있고 동생의 집안에 딸이 하나 있다고 한다면, 형의 아들이 사촌 여동생을 배우자로 맞이할 수 있는 것은 법적으로 보장되어 있는 당연한 권리이고, 만약 동생 집안에서 딸을 다른 사람에게 시집보내고자 한다면 미리 형의 집안으로부터 허락을 구해야만 한다. 동생 집안에서 딸을 형 집안의 아들에게 보내지 않겠다는 결정을 할 수도 있다. 다만, 이 경우 '명예'와 '질서'를 수호하는 데에 지장을 초래하여서는 안 되며, 따라서 가계 밖의 타인과 결혼하지 않겠다고 하는 조건으로만 형의 집안의 권리 행사에 대항할 수 있다. 만약 이 율법에 위반하여 형의 집안의 허락 없이 동생 집안의 딸이 족외혼을 행하는 경우, 이라크와 같은 곳에서는 형 집안의 사람들이 동생 집안의 딸을 '명예살인'할 수도 있다.[33]

중동의 근친혼에 대하여는 사실상 자의에 의하지 않은 '강요된 결혼'이 이루어지는 것이라는 비판이 가능할 것이다. 그러나 한 가지 확실한 것은 중동에서의 근친혼은 매우 오랜 역사적 전통을 갖고 있는 확고한 결혼문화로서 그 지역의 법 제도로 정착되어 있는 것이라는 점이다. 중동 지역의 근친혼이 반인권적일 가능성이 높다는 이유로 그 결혼을 승인하지 않는 경우 불가피한 선택을 한 혼인 당사자의 개인적

---

33) Raphael Patai, 『Golden River to Golden Road; society, culture, and change in the Middle East』, University of Pennsylvania Press, 1962, pp.145-166.

인권이 보장받지 못하게 될 가능성이 커진다. 더구나 중동에서도 근친혼이 반드시 자의에 반하여 강제적으로 이루어지는 것은 아니다. 중동의 근친혼을 모두 강요된 것으로 취급하는 것은 또 다른 근거 없는 차별로 이어질 가능성이 매우 높다.

2. 중혼

(1) 우리나라에서 중혼의 취급

1) 법률 규정

우리나라 민법 제810조는 '중혼의 금지'라는 표제 하에 "배우자가 있는 자는 다시 혼인하지 못한다."라고 규정하여 일부일처제 원칙을 선언하고 중혼을 원칙적으로 인정하지 않는 태도를 취하고 있다. 근친혼에 대한 규제와 달리 우리나라 민법은 일부일처제 원칙에 위반하는 중혼을 취소사유로 규정하고 있다.[34] 따라서 중혼이라 하더라도 일단 법률상의 혼인으로서의 형식을 갖추기만 하면 취소될 때까지 그 법적인 효력은 정상적인 혼인의 경우와 마찬가지로 인정된다.[35] 다만, 혼인은 『가족관계의 등록 등에 관한 법률』에 정한 바에 의하여 신고함으로써 그 효력이 생기는데,[36] 취소 사유에 해당하는 하자가 있는 혼인신고도 이를 수리하지 않도록 하고 있어[37] 오늘날 중혼이 법률상의 혼인으

---

34) 민법 제816조 제1호.

35) 이 경우 전혼은 법정 이혼사유가 되고, 전혼이 먼저 이혼 등으로 해소되는 경우에는 후혼은 더 이상 중혼으로 취급되지 않게 된다.

36) 민법 제812조 제1항.

37) 민법 제813조의 반대해석.

로 인정받을 수 있는 가능성은 그다지 높지 않는 편이다.

2) 사실혼으로서의 보호가능성

우리나라 법이 혼인신고를 법률혼의 효력요건으로 규정하고 있다는 점은 이미 앞에서 언급한 바 있다.[38] 중혼의 경우에도 이를 이유로 혼인신고가 수리되지 않을 수 있으므로 중혼적 사실혼이 법적인 보호를 제공받을 수 있는지 여부를 검토하는 것은 매우 중요하다. 사실혼이 성립하기 위해서는 혼인신고 외에 다른 혼인의 요건들을 모두 갖추어야 하는 것이므로, 무효 사유에 해당하는 근친 사이의 사실혼과 마찬가지로 중혼적 사실혼은 보호받지 못하는 것이 원칙이다.[39] 그러나 우리나라 판례는 취소사유에 해당하여 혼인신고가 수리되지 않은 결과 등으로 발생하는 중혼적 사실혼의 경우에도 일정한 법적 보호가 제공될 수 있는 예외를 인정하고 있다.

대법원은 법률상 처가 가출한 상태에서 남편이 다른 제삼자와 혼인할 의사로 동거하다가 그의 귀책사유로 중혼적 사실혼 관계가 파탄에 이른 경우, 그 제삼자가 사실혼 해소에 따른 손해배상 및 재산분할 청구를 할 수 있는지를 다룬 사건에서 다음과 같이 판시한 바 있다.[40]

법률상의 혼인을 한 부부의 어느 한 쪽이 집을 나가 장기간 돌아오지 아니하고 있는 상태에서 부부의 다른 한 쪽이 제삼자와 혼인의 의사로 실질적인 혼인생활을 하고 있다고 하더라도 *특별한 사정이 없는 한*, 이를 사실혼으로 인정하여 법률혼에 준하는 보호를 허여할 수는

---

38) 민법 제812조 제1항.

39) 지원림, 위의 책, 1510쪽.

40) 대법원 1996. 9. 20. 선고 96므530 판결. 밑줄은 강조를 위하여 본인이 임의로 그은 것이다.

없다고 할 것이다.

이 판결에서 법원은 비록 문제가 되었던 중혼적 사실혼을 법적으로 보호하지 않는 결정을 내렸지만, 이 결정은 "특별한 사정"이 있는 경우에는 비록 중혼적 사실혼이라 하더라도 법적인 보호를 받을 수 있는 가능성이 있다는 것으로 반대 해석할 수 있다.

한편, 우리나라 대법원은 가족관계의 성립, 변경, 소멸 등을 규정하는 민법의 질서와 다른 법률이 추구하는 질서에는 차이가 있다는 전제 하에, 중혼적 사실혼으로 인하여 형성된 인척이 『성폭력범죄의처벌및피해자보호등에관한법률』 제7조 제5항 소정의 '사실상의 관계에 의한 친족'에 해당하는지 여부에 대하여 다룬 사건에서 다음과 같이 판시한 바 있다.[41]

법률이 정한 혼인의 실질관계는 모두 갖추었으나 법률이 정한 방식, 즉 혼인신고가 없기 때문에 법률상 혼인으로 인정되지 않는 이른바 사실혼으로 인하여 형성되는 인척도 『성폭력범죄의처벌및피해자보호등에관한법률』 제7조 제5항이 규정한 사실상의 관계에 의한 친족에 해당하고, 비록 우리 법제가 일부일처주의를 채택하여 중혼을 금지하는 규정을 두고 있다 하더라도 이를 위반한 때를 혼인 무효의 사유로 규정하고 있지 아니하고 단지 혼인 취소의 사유로만 규정함으로써 중혼에 해당하는 혼인이라도 취소되기 전까지는 유효하게 존속하는 것이므로 중혼적 사실혼이라 하여 달리 볼 것은 아니다.

---

41) 대법원 2002. 2. 22. 선고 2001도5075 판결.

즉, 대법원은 가족관계 질서의 유지가 그 직접적인 보호법익이 아니고 그것이 단지 부차적으로 고려되어 간접적 보호가 이루어지는 데에 그치는 민법 외의 타 법률 규정의 적용에 있어서는 중혼적 사실혼이라 하더라도 그 법률이 보호하는 사실혼의 범위를 그 입법 취지와 목적 등에 따라 넓게 인정하는 경향에 있다.

나아가, 최근의 판례는 민사적 분쟁에 있어서도 중혼적 사실혼이 법적으로 보호받을 수 있는 범위를 적극적으로 넓히려는 경향을 찾아볼 수 있는데, 대표적으로 중혼적 사실혼 관계의 배우자를 부부운전자한 정운전 특별약관상의 '사실혼관계에 있는 배우자에 해당한다고 보아 법적 보호를 제공하여야 하는지 여부를 다룬 사건에서 다음과 같이 판시하였다.[42]

사실혼은 당사자 사이에 주관적으로 혼인의 의사가 있고, 객관적으로도 사회 관념상 가족질서적인 면에서 부부공동생활을 인정할 만한 혼인생활의 실체가 있으면 일단 성립하는 것이고, 비록 우리 법제가 일부일처주의를 채택하여 중혼을 금지하는 규정을 두고 있다 하더라도 이를 위반한 때를 혼인 무효의 사유로 규정하지 않고 단지 혼인 취소의 사유로만 규정하고 있는 까닭에(민법 제816조) 중혼에 해당하는 혼인이라도 취소되기 전까지는 유효하게 존속하는 것이고, 이는 중혼적 사실혼이라 하여 달리 볼 것이 아니다. 또한 비록 중혼적 사실혼관계일지라도 법률혼인 전 혼인이 사실상 이혼상태에 있다는 등의 특별한 사정이 있다면 법률혼에 준하는 보호를 할 필요가 있을 수 있다…… 원심이 들고 있는 대법원 1995. 5. 26. 선고 94다36704 판결은

42) 대법원 2009. 12. 24 선고 2009다64161 판결. 밑줄은 강조를 위하여 본인이 임의로 그은 것이다.

선량한 풍속 기타 사회질서에 위배되어 법적 보호를 받을 수 없는 부
첩관계에 있는 당사자들에 관한 것으로서 이 사건에 원용하기에 적절
하지 않다.

이 판결은 민사적 분쟁에 있어서도 중혼적 사실혼이 법적 보호를 받을 수 있는 범위를 명시적으로 넓게 인정하였다는 점 외에 또 다른 중요한 의미를 갖는데, 바로 이전 1995년 판결이 언급하였던 중혼적 사실혼이 법적인 보호를 제공받을 수 있는 '특별한 사정'이 무엇인지를 추론할 수 있도록 하여 준다는 점이 그것이다. 1995년 판례의 사실관계와 본 판례의 사실관계에 있어 결정적으로 차이가 나는 부분은 후에 이루어진 중혼관계 사실혼에 대하여 법률혼의 배우자가 최소한 '묵시적 동의'를 하였다고 볼 수 있는 사정이 존재하였는지 여부였다. 유사한 법적 추론이 이루어졌던 형사 판례에서 우리나라 대법원은 "이혼합의가 내부적으로 진정하게 성립한 때에는 비록 법률상의 혼인관계가 존속한다 하더라도 앞으로 다른 이성과 정교관계를 종용하는 의사표시도 포함되어 있다고 해야" 한다고 보았다.[43] 즉, 간통죄를 오로지 '성 풍속에 관한 죄'로서 사회적 법익에 관한 죄로 해석하는 경우에 이러한 판결은 나오기 어렵다. 간통죄의 보호법익에 부부간의 성적 성실의무가 포함된다고 보고, 이러한 개인적 법익이 건전한 성 풍속이라고 하는 사회적 법익보다 우선한다고 보는 경우에만 이 판결이 타당한 것으로 받아들일 수 있을 것이라 본다. 결국 우리나라 법원 실무는 중혼 관련 법적 규제의 목적의 핵심을 사회적 성도덕 내지 관념으로부터 개인의 의사결정의 자유와 배우자에 대한 주관적 신뢰로 옮겨 해석하고 있는 추세라고 보인다.

---

43) 대법원 1997. 11. 11. 선고 97도2245 판결 등.

(2) 주요 외국의 중혼 취급

1) 서구

근친혼과 달리 중혼은 거의 모든 서구 국가에서 법률로 금지되어 있다. 이들 국가에서 중혼을 법률로 금지하는 근거는 중혼의 합법화가 성적 자기결정권의 중대한 침해를 야기할 수 있다고 보기 때문이다.[44] 누구나 이상형으로 꼽는 최고 신랑감의 요건을 모두 충족하는 남성의 수는 어느 사회에서나 극소수이다. 예를 들어, 최고의 조건을 갖춘 20%의 남성을 차지하기 위해 50%의 여성이 경쟁하는 사회가 있다고 하자. 만약 이 사회에서 중혼이 합법화된다면 나머지 80%의 남성은 여전히 미혼으로 남아 있는 50%의 여성을 놓고 경쟁해야 한다. 이것은 필연적으로 그 사회의 대부분의 구성원에게 진정한 의사에 기하지 않은 결혼, 혹은 사회적 시스템에 의한 독신생활의 강요로 귀결된다는 것이다. 이는 오늘날 민주주의 사회에서는 용인할 수 없는 결과이다.

그러나 위와 같은 예를 전혀 다르게 해석하는 견해도 있다. 대표적으로 시카고학파 경제학자의 거두인 David Friedman은 위의 예를 통하여 중혼의 합법화를 주장한다.[45] 중혼의 금지는 위의 예에서 제1차 경쟁에 나선 20% 여성들 중 30%의 의사를 좌절시킨다. 중혼이 금지됨으로써 이들 30% 여성들은 오히려 사회적 시스템에 의해 개인적 효용극대화를 달성할 수 없는 상태에 처하게 된다. 나아가, 중혼의 금지

---

44) the Weekly Standard, "Polygamy Versus Democracy", 2006. 6.5일자,
http://www.weeklystandard.com/Content/Public/Articles/000/000/012/266jhfgd.asp.

45) LewRockwell.com, "Should polygamy Be Illegal?",
http://www.lewrockwell.com/french/french9.html.

는 결혼에 필요한 조건을 갖추지 못한 80% 남성들이 상위 20%에 들도록 노력하게 만드는 유인을 제거하는 문제가 있다. 중혼을 개인의 의사결정의 자유문제로 환원하여 '배우자시장'에서의 경쟁을 촉발시키게 되면, 이는 개인 간의 건전한 경쟁을 유도하여 종국적으로 사회 발전에 기여하게 된다는 것이다.

한 가지 재미있는 것은 우리의 일반적인 통념과 달리 서구 사회에서 중혼의 금지는 '남성 보호'를 위한 것이었다는 점이다. 위의 사례에서 중혼 금지 제도로 직접적인 피해를 입는 쪽은 원하는 배우자와 결혼할 수 없게 되는 30%의 여성들이다. 반면, 중혼금지 사회에서 남성들은 경쟁에서 패배하더라도 여전히 배우자를 선택할 수 있는 기회를 보장받을 수 있게 되는 이익을 누린다. 이러한 점 때문에 미국에서 여성 운동가들은 중혼의 합법화를 위해 입법 청원을 계속하고 있다.[46] 미국 자유당의 당론은 경제적 관점 및 개인적 영역에의 정부 간섭 최소화 차원에서 결혼에 대한 규제 법률을 철폐하여야 한다는 것이고, 유럽에서는 최소한 외국에서 그 나라의 법률에 따라 유효한 중혼을 행한 모든 사례를 승인하지 않는 것은 ECHR 제8조에 위반한다고 본다.[47]

영국에서는 중혼 문제가 쟁점이 되기 시작한 것이 다른 문화권으로부터의 결혼 이민자가 증가하기 시작한 이후이며, 중혼 규제가 주로 이러한 비유럽권 이주민을 억제하기 위하여 활용되고 있다는 점에서, 중혼 당사자와 영국과의 '실질적 관련성'을 고려하지 않고 중혼이라는 이유만으로 그 결혼을 승인하지 않는 것은 위법이라는 견해가 확고히 자

---

46) WendyMcElory.com "Get goverment out of Marriage Business", http://wendymcelroy.com/news.php?item.2384.7. 미국의 대표적 여권운동가인 Wendy McElroy는 정부가 개인의 영역인 결혼문제에 간섭하지 말 것을 주장한다.

47) Wibo van Rossum블로그, http://www.wibovanrossum.nl. 특히 네덜란드에서 이러한 견해가 지배적이다.

리를 잡아가고 있다.[48] 이 견해에 따르면, 중혼관계의 당사자 최소한 일방의 출신국 법률에 따라 유효한 혼인이 이루어졌고, 그 결혼 당시 중혼관계의 당사자 모두가 영국 주민이 아니었던 경우에는 그 결혼을 영국에서 승인받을 수 있는 가능성이 매우 높아지게 된다.

2) 중동

중동지역은 이슬람교가 지배적인 영향력을 발휘하고 있는 지역이다. 이슬람교의 경전인 쿠란은 제4장[49] 제3절에서 명시적으로 중혼을 허용하고 있다.[50]

وإن خفتم ألا تقسطوا فى اليتامى فانكحوا ما طاب لكم من النسه مثنى وثلاث ورباع فإن خفتم ألا تعدلوا فواحدة أ
و ما ملكت أيمانكم ذلك أدنى ألا تعولوا

(이슬람교를 믿는 남성들은 적절한 보살핌을 받지 못하는 모든 여성들에게 봉사해야 한다.) 그러나 모든 그러한 여성들에게 동등한 대우를 해 줄 수 없다는 생각이 든다면, 본인이 가장 기꺼이 모든 것을 베풀어 줄 수 있을 것 같다고 느끼는 여성 4명까지와 결혼할 수 있다. 만약 이들 사이에서도 동등한 대우를 해줄 수 없을 것 같다는 생각이 든다면, 가장 마음에 드는 한 명 또는 이미 취한 한 명의 여성에 만족하라. 아마 그렇게 하는 편이 올바른 길에서 벗어날 위험이 적을 테니 더욱 현명한 판단일 것이다.

---

48) Prakash Shah, "Attitudes to pologamy in English Law",
   http://www.casas.org.uk/papers/pdfpapers/polygamy.pdf.

49) 쿠란 제4장인 سورة النسا(수랏 안 니사)는 여성의 권리와 의무를 규정하고 있는 장이다.

50) 아랍어 원문의 의미를 최대한 살려 의역한 것이다. 괄호 안의 기술은 전체 맥락을 보다 쉽게 이해할 수 있도록 원문에 없는 표현을 본인이 임의로 삽입한 것이다.

그러나 이슬람 율법에 따라 중혼을 하기 위해서는 일정한 제한이 따른다. 쿠란 제4장 제3절은 "배우자에 대한 헌신 및 모든 배우자에 대한 동등한 대우"를 중혼의 조건으로 명시하고 있다. 여기에 명시된 외에도, 쿠란 제4장 제129절에는 다음과 같은 구절이 있다.[51]

ولن تستطيعوا أن تعدلوا بين النساء ولو حرصتم فلا تميلوا كل الميل فتذروها كالمعلقة وإن تصلحوا وتتقوا فإن الله كان غفورا رحيما

진심으로 그리 원하는 경우에도 모든 부인들을 똑같이 공평하게 대할 수는 없을 것이다. 그러므로 (보다 실천적인 대안으로) 어느 한 부인을 지나치게 편애하여 다른 부인들이 소외되지 않도록 노력해야 한다. 악행을 멀리하고 선과 정의를 행하며 알라를 경외하라. 자비로우신 알라는 너의 죄를 사하여 주실 것이다.

즉, 이슬람교에서 규정하는 중혼의 본래 의미는 박애정신을 실천하는 종교적 절대 선의 현실적 발현형태이다. 이슬람교에서 결혼생활이란 신이 인간에게 베풀었던 사랑을 인간들끼리 나누기 위한 수단의 한 가지가 된다. 결혼생활은 곧 모든 인간이 행하여야 할 종교적 수행과 구도의 내용이 된다.

이슬람교에서 중혼이 허용되는 이유에 대하여는 잦은 전쟁으로 인하여 돌보아줄 보호자를 잃게 된 사회적 약자를 사회 구성원들이 나누어 책임지도록 하기 위한 기술적 장치 등의 해석이 있지만, 우리의 주제와 관련하여 보다 중요한 사실은 중동의 이슬람 문화권에서의 중혼은 다른 문화권에서의 중혼과 그 목적 및 양상이 완전히 달랐다는

---

51) 아랍어 원문의 의미를 최대한 살려 의역한 것이다. 괄호 안의 기술은 전체 맥락을 보다 쉽게 이해할 수 있도록 원문에 없는 표현을 본인이 임의로 삽입한 것이다.

점이다. 남성중심의 문화권에서 중혼은 여성을 남성의 성욕 해소를 위한 도구로 전락시키고 여성의 성적 자기결정권을 무의미한 것으로 만드는 소위 '축첩'의 형태로 나타나기 쉽다.[52] 하지만 이슬람교는 중혼 허용의 목적 자체가 여성의 인권 보장과 사회적 공동선의 실천을 위한 공익적 측면에 있었던 것이므로 서구의 중혼 금지 논리를 이슬람 문화권에 직접 적용하는 것은 올바르지 않다.

---

52) 서구에서 중혼 금지의 이론적 근거가 성적 자기결정권 보장으로 이어진다는 점을 상기할 필요가 있다. 반면 같은 남성 중심문화권을 대표하는 아시아의 중국의 축첩제도 실태에 대하여는 다음 신문기사 참조 ; 한국일보, "中 다시 고개되는 축첩", 2005.11.23.일자, http://news.hankooki.com/lpage/world/200511/h2005112319031475170.htm.

IV. 문제가 되는 결혼문화의 승인에 대한 법적용

1. 관련 법률 규정

(1) 국제사법

이 글은 근친혼이나 중혼을 우리나라 법률이 일반적으로 허용해야 하는가를 다루는 것을 목적으로 하지 않고, 다른 나라의 법률에 의하여 이루어진 근친혼이나 중혼을 우리나라에서 어느 범위까지 또는 어떠한 조건으로 승인하여야 하는가를 다루는 것을 목적으로 한다. 그렇다면 결혼의 효력에 대한 민법의 규정 외에 우리가 추가적으로 살펴보아야 할 핵심적인 법률 규정은 섭외사건에 대한 준거법을 결정하는 기준이 되는 국제사법의 규정이 될 것이다. 국제사법 제6장은 '친족'이라는 표제 하에 국제결혼에 적용되는 준거법 결정을 위한 규정들을 담고 있다.

이에 따르면 혼인의 성립요건은 각 당사자에 관하여 그 본국법에 의한다.[53] 즉, 혼인의 성립요건은 전 세계적으로 공통되거나 절대적인 것이 아니며 각 당사자별로 혼인의 성립요건은 각 당사자별로 서로 상이하거나 상대적이다. 예를 들어, 혼인신고를 법률혼의 요건으로 하는 우리나라 국민이 혼인신고를 요건으로 하지 않는 국가의 국민과 국제

---

53) 국제사법 제36조 제1항.

결혼 하는 경우, 만약 그 결혼이 관청에 신고하여 수리되지 아니하였다면 그 혼인은 우리나라 국민에 대하여 우리나라 법률에 의해서만 여전히 불성립하는 것이 되는 반면 그 배우자에 대하여 그 배우자의 국가 법률은 그 혼인을 유효하게 성립하는 것으로 취급할 수 있다.

혼인의 일반적 효력은 ①부부의 동일한 본국법, ②부부의 동일한 상거소지법, ③부부와 가장 밀접한 관련이 있는 곳의 법 순위에 따라 결정된다.[54] 부부 쌍방이 동일한 국가의 복수국적을 갖고 있는 경우가 아니라면, 그리고 부부 쌍방의 상거소지가 동일한 국가에 위치하지 않는 경우라면, 어떠한 국제결혼이 어떠한 효력을 갖는지 여부는 그 혼인의 당사자인 부부와 가장 밀접한 관련이 있는 곳의 법에 의하여 결정된다. 예컨대, 일방 혼인의 일방 당사자가 한국인이라는 사실만으로 외국인과의 국제결혼의 일반적 효력이 우리나라 법에 의하여 결정되는 것은 아니라고 할 것이지만, 그 혼인 이후에 무무 쌍방이 모두 한국에 거주할 예정이고 그 혼인으로 인하여 외국인 배우자가 한국 국적을 취득할 것이 예상되는 경우 등에는 부부와 가장 밀접한 관련이 있는 곳을 대한민국으로 보아 우리나라 법에 의하여 그 혼인의 효력을 결정할 수 있게 된다.

---

54) 국제사법 제37조.

(2) 국적법

국제사법에 의하여 우리나라 법이 혼인의 일반적 효력을 결정하는 준거법으로 정하여지는 경우는 그 혼인 이후에 부부 쌍방이 모두 한국에 거주할 예정이고 그 혼인으로 인하여 외국인 배우자가 한국 국적을 취득할 것이 예상되는 경우 등이 대표적이라는 점을 이미 확인하였다. 그렇다면 우리나라 국적법이 외국인의 귀화요건 및 귀화허가 취소요건을 어떻게 규정하고 있는지 역시 살펴보아야 한다.

대한민국 국적을 취득한 사실이 없는 외국인은 법무부장관의 귀화허가를 받아 대한민국 국적을 취득할 수 있다.[55] 일반적인 외국인의 귀화요건은 ①5년 이상 계속하여 대한민국에 주소가 있을 것. ②대한민국의 민법상 성년일 것, ③품행이 단정할 것, ④자신의 자산이나 기능에 의하거나 생계를 같이하는 가족에 의존하여 생계를 유지할 능력이 있을 것, ⑤국어능력과 대한민국의 풍습에 대한 이해 등 대한민국 국민으로서의 기본 소양을 갖추고 있을 것의 다섯 가지이다.[56] 그러나 한국인과 결혼한 외국인은 간이귀화의 방법을 선택할 수 있는데, ①그 배우자와 혼인한 상태로 대한민국에 2년 이상 계속하여 주소가 있는 자, ②그 배우자와 혼인한 후 3년이 지나고 혼인한 상태로 대한민국에 1년 이상 계속하여 주소가 있는 자. ③이 두 가지 중 어느 하나의 요건도 충족하지 못하였더라도 그 배우자와 혼인한 상태로 대한민국에 주소를 두고 있던 중 그 배우자의 사망이나 실종 또는 그 밖에 자신에게 책임이 없는 사유로 정상적인 혼인 생활을 할 수 없었던 자로서 위의 잔여기간을 채웠고 법무부장관이 상당하다고 인정하는 자, ④위의 처음 두 가지 요건을 충족하지 못하였으나, 그 배우자와의 혼인에 따라

---

55) 국적법 제4조 제1항.

56) 국적법 제5조.

출생한 미성년의 자를 양육하고 있거나 양육하여야 할 자로서 위의 잔여기간을 채웠고 법무부장관이 상당하다고 인정하는 자 중 어느 하나에 해당하면 귀화허가를 받을 수 있다.[57]

한편, 일단 귀화허가가 이루어졌다 하더라도 일정한 사유가 있는 경우 그 허가를 취소할 수 있는데, ①귀화허가 등을 받을 목적으로 신분관계 증명서류를 위조·변조하거나 위조·변조된 증명서류를 제출하여 유죄 판결이 확정된 사람, ②혼인·입양 등에 의하여 대한민국 국적을 취득하였으나 그 국적취득의 원인이 된 신고 등의 행위로 유죄 판결이 확정된 사람, ③대한민국 국적 취득의 원인이 된 법률관계에 대하여 무효나 취소의 판결이 확정된 사람, ④그 밖에 귀화허가, 국적회복 허가 또는 국적보유 판정에 중대한 하자가 있는 사람에 대하여는 법무부장관이 그 귀화허가를 취소할 수 있다.

2. 관련 법률 규정의 적용

혼인의 성립요건은 각 배우자에 대하여 그 본국법에 따라 상대적으로 정하여지기 때문에 우리나라에서 어떠한 국제결혼이 법률혼으로 성립하려면 우리나라 법률에 의한 성립요건, 즉 혼인신고와 그 수리를 요한다. 부부 일방이 외국인인 국제결혼 부부의 경우에도 그 결혼생활을 한국에서 영위하고자 하는 경우 또는 더 나아가 그가 궁극적으로 한국으로 귀화하고자 하는 경우에는 한국에서 그 결혼을 승인받는 것이 매우 유리하다.

---

57) 국적법 제6조 제2항.

이때에 혼인의 일반적 효력은 우리나라 민법에 의하여 결정되는데, 민법이 우리나라와 다른 결혼문화를 갖고 있는 나라 출신의 외국인이 최소 일방 당사자가 되는 결혼에 대한 특별한 예외취급 규정을 두고 있지 않은 결과, 그 결혼이 8촌 이내의 근친혼 또는 중혼에 해당하는 경우 언제나 우리나라에서 그 결혼을 법률상의 혼인으로 인정받을 수 없게 될 위험이 있다. 만약 착오로 우리나라에서 무효 또는 취소사유인 혼인신고가 수리되었다 하더라도, 사후에 그 사실이 발견되어 혼인의 무효 또는 취소가 판결로 확정되거나 혹은 수리관청의 착오를 고의적으로 유발시킨 사실 등이 인정되어 유죄판결이 확정되는 경우 등에는 그 혼인관계에 기초하여 이루어진 귀화허가는 취소되고 말 것이다.

3. 이론적 근거

그렇다면 우리나라의 현행 민법 규정이 왜 8촌 이내의 근친혼 금혼제도 및 중혼 금지제도를 두고 있는지 확인하고 그 타당성을 검증하여 볼 필요가 있다.

(1) 근친혼 금지의 근거

근친혼을 금지하는 현행 민법 규정은 과거 동성동본금혼법이 헌법재판소로부터 헌법불합치 결정을 받은 이후[58] 그 결정의 취지에 따라 민법을 개정하는 과정에서 지금과 같은 형태로 완성되었다. 당시 법무심의관의 진술요지에 의하면 "세계적인 추세는 일정범위의 근친간의 혼

---

58) 헌재1997. 7. 16. 선고 95헌가6내지13(병합) 결정.

인만을 금지하는 것이고 그 범위 역시 점차 축소되는 경향이 있으며, 개정안상의 근친혼 제한범위는 다른 주요국가의 그것보다 상당히 넓은 편"이라는 점을 국회에서 이미 인식하고 있었다고 보인다.[59] 당시 공청회 참석자들 사이에서는 "혼인금지는 헌법상 보장되어 있는 기본권인 혼인의 자유를 제한하려는 것으로서 그 제한에 충분한 이유가 있지 않으면" 안 된다는 주장이 있었고, 나아가 "관습상으로도 예컨대 형부와 처제 사이의 혼인은 허용되어 왔던 것"이라는 이유에서 "방계인척 내지 방계인척이었던 자 사이의 혼인은 금지할 이유가 없다"고 하는 등[60] '관습'상의 이유로 금지되어야 하는 혼인의 범위에 대하여는 의견일치를 보지 못하였던 것이다.

민법 개정의 직접적 이유가 되었던 헌법재판소 결정은 그 이유에서 다음과 같이 밝히고 있다.

자유와 평등을 근본이념으로 하고 남녀평등의 관념이 정착되었으며 경제적으로 고도로 발달한 산업사회인 현대의 자유민주주의사회에서 동성동본금혼을 규정한 민법 제809조 제1항은 이제 사회적 타당성 내지 합리성을 상실하고 있음과 아울러 "인간으로서의 존엄과 가치 및 행복추구권"을 규정한 헌법이념 및 "개인의 존엄과 양성의 평등"에 기초한 혼인과 가족생활의 성립·유지라는 헌법규정에 정면으로 배치될 뿐 아니라 남계혈족에만 한정하여 성별에 의한 차별을 함으로써 헌법상의 평등의 원칙에도 위반되며, 또한 그 입법목적이 이제는 혼인에 관한 국민의 자유와 권리를 제한할 '사회질서'나 '공공복리'에 해당될 수 없다는 점에서 헌법 제37조 제2항에도 위반된다.

---

59) 국회법제사법위원회, 『민법중개정법률안에대한공청회 자료집』, 2002. 3. 7.
60) 윤진수 서울대학교 법학전문대학원 교수 등.

혼인은 원래 지극히 개인적인 사생활의 영역으로서, 정부의 규제와 간섭은 최소화하는 것이 옳다. 도덕과 법률은 엄연히 구분되는 전혀 별개의 가치인 것이고, 헌법재판소가 인정하고 있는 바와 같이 혼인과 가족생활의 성립·유지가 '개인의 존엄과 양성의 평등'에 기초하여야 하는 것이라면, '건전한 성도덕 내지 관습'의 보호는 도덕의 영역에 자리를 넘겨주고, 혼인에 대한 국가의 규제는 어떠한 혼인이 '개인의 존엄과 양성의 평등'을 위협하는지 여부만을 기준으로 이루어지는 것이 옳다.

그렇다면 법률상 혼인 장애사유의 범위가 현재와 같이 정하여진 것은 상당 부분 우생학적 고려에 의한 것이라 보지 않을 수 없다. 실제 민법 개정 당시 국회에서는 유전학자들에게 자문을 구하여 유전학계에서는 6촌 이내의 혼인을 근친혼으로 규정하고 있다는 의견을 수령한 바 있으며, "8촌 이내의 금혼제도라면 우생학적인 문제는 전혀 없다"는 유전학계의 견해에 따라 개정안의 혼인 장애사유의 범위가 정당화될 수 있음을 주장한 바 있다.[61]

한편, 근친혼 규제의 또 다른 숨은 근거인 "우생학적 문제"는 이미 미국과 유럽에서의 근친혼 논쟁을 설명하며 밝힌 바와 같이 그 과학적 근거가 없거나 충분하지 못하다. 미국 연방순회항소법원 판사 출신인 Richard A. Posner의 지적에 따르면 우생학적 이유로 어떠한 결혼이 금지되어야 한다면 정신적·육체적 장애를 갖고 있거나 발달에 지체가 나타나고 있어서 유전적 결함 여부가 명백히 확인될 수 있는 모든 사람들에 대한 결혼 규제가 가장 먼저 이루어져야 한다.[62] 그러나 우리는 그것이 인권에 반하는 차별적 조치라는 사실에 거의 의문을 품지

---

61) 국회법제사법위원회, 위의 자료집.
62) Richard A. Posner저, 이민아·이은지 공역, 『성과 이성』, 말·글빛냄, 2007, 293쪽.

않는다. 우생학에 기초하여 특정 인종과 장애인에 대한 강력한 인권 규제를 실시했던 독일 나치정권에 대하여 반인권적이라는 평가를 내리는 것을 매우 일반적이고 자연스럽다고 느끼면서도 말이다.

(2) 중혼 금지의 근거

중혼 금지의 이론적 근거는 근친혼 금지와 비교하여 볼 때에 상대적으로 단순하다. 중혼 금지의 이유는 우리나라가 과거 유교 문화권의 남성 중심 사회였고, 여성의 사회적 지위가 약한 상황에서 중혼이 법적으로 허용된다면 그 결과는 여성의 성을 착취하고 여성의 성적 자기결정권을 침해하는 '축첩'제도의 부활로 이어질 가능성이 컸기 때문이다.

과거 인구의 국가 간 이동이 많지 않았던 때에는 이러한 획일적인 법적 규율이 큰 문제를 일으키지 않았다. 그러나 인구의 국가 간 이동이 상대적으로 쉽고 많아진 현대 사회에서는 문제가 있다. 여성의 사회적 지위가 높은 문화권[63], 또는 여성에 대한 인권 유린이 다른 법적 수단에 의하여 엄격히 금지되거나 사회적으로 매우 큰 비난을 받게 되는 문화권에서는[64] 중혼의 허용이 오히려 사회적으로 합리적인 것으로 받아들여지기 쉽다. 이러한 경우에까지 예외를 인정하지 않고 다른 나라에서 합법으로 인정되는 중혼을 승인하지 않는 것은 이론적으로 정당화되기 힘들다.

다른 문화권에서 정당화되는 중혼을 우리나라가 승인하는 것이 우리나라의 보편적 성도덕 내지 관습에 악영향을 끼칠 것이라고 단정하

---

63) 최근 중혼 합법화를 논의하고 있는 서구의 경우가 이에 해당할 것이다.
64) 원리주의 또는 정통주의에 입각한 이슬람 국가들의 경우가 이에 해당할 것이다.

기도 힘들다. 개인적으로 실시한 통계조사에 의하면[65], 우리나라에서 일반적인 근친혼 규제 철폐가 바람직하다고 응답한 비율은 11/39, 일반적인 중혼 규제 철폐가 바람직하다고 응답한 비율은 3/39로 나타났다. 그러나 본인 또는 조상의 출신국에서 지배적인 문화가 중혼 또는 근친혼을 허용하는 경우에 결혼 이주민에 대하여는 각 규제에 대한 예외를 인정하는 것에 대해 어떻게 생각하는가라는 질문에는 근친혼 규제에 예외를 인정하는 것이 바람직하다고 응답한 비율은 22/39, 중혼 규제에 예외를 인정하는 것이 바람직하다고 응답한 비율은 21/39로 나타났다. 그 이유로 제시된 답 중에서는 "귀화하는 사람들이 이미 있는 사람들에게 미치는 영향이 극히 적을 것으로" 보이기 때문이라는 취지의 답이 6/10, "우리나라의 법을 몰랐을 뿐인데 너무 심하다"는 취지의 답이 4/10으로 나타났다. 종합하면, 우리나라의 결혼관련 규제를 고의로 회피하기 위한 목적이 입증되지 않는 한 우리나라 법률이 금지하는 결혼을 승인하여 발생하는 공익상의 폐해보다 우리나라 법률이 금지하고 있는 결혼을 불승인하여 발생하는 사익의 침해가 훨씬 클 것으로 일반인들이 생각하고 있다는 것이다.

---

65) 기존에 법학을 공부한 바 없고 이제 곧 결혼 적령기에 들어가는 서울시립대학교의 20대 공과대학 남녀학생들 39명을 대상으로 '과학기술과 법' 수업시간 일부를 이용하여 다음의 문항에 대하여 설문조사를 실시하였다. ①중혼과 근친혼에 대하여, 우리나라에서 각 규제를 일반적으로 폐지하는 것에 대해 어떻게 생각하는가? ②중혼과 근친혼에 대하여, 본인 또는 조상의 출신국에서 지배적인 문화가 중혼 또는 근친혼을 허용하는 경우에 각 규제에 대한 예외를 인정하는 것에 대해 어떻게 생각하는가? 각 문항 각 항목에 대하여 ①Y ,②N로 답을 하고 희망자에 한하여 그 이유를 제시하도록 하였다.

4. 소결

그렇다면, 실제 근친혼 또는 중혼의 규제가 우리나라 법에 의하여 실제적으로 작동하는 영역, 또는 그렇게 작동하도록 의도된 영역은 우리나라에서 지배적인 결혼 관련 도덕 및 관습과 상이한 지역 출신인 자들이 일방 당사자가 되는 결혼일 가능성이 매우 높다. 마치 영국 또는 네덜란드에서의 근친혼 규제가 사실상 비유럽 출신의 이주민 유입을 규제하기 위하여 이루어지고 있는 것과 마찬가지로 말이다. 하지만 사회방위의 목적, 개인의 성적 자기결정권 보호의 목적, 후손들의 생명 또는 건강권 보호의 목적 모두 그 근거가 없거나 과학적으로 그 근거가 입증되지 않고 있다는 점을 다시 한 번 강조한다.

Ⅳ. 결론

1. 각국별로 상이한 결혼문화에 대처하는 현행 우리나라 법률 평가

결혼에 대한 규제는 결국 그러한 규제를 통하여 달성할 수 있는 이익과 그러한 규제로 인하여 발생하는 당사자의 피해를 서로 비교형량하여 그 내용과 범위 및 규제의 정도 등을 결정하여야 한다.

(1) 목적의 타당성

"남녀평등과 혼인의 자유를 침해할 우려가 있는 동성동본금혼제도를 폐지하고 근친혼금지제도로 전환하되, 근친혼제한의 범위를 합리적으로 조정함" [66]이 현행 민법의 근친혼 금지규정의 입법 목적이라면, 이는 근친혼 금지규정의 목적으로서 결코 타당하지 않다. 우리나라 판례도 인정하고 있는 바와 같이, 그리고 미국과 유럽에서의 논의 결과가 보여주듯이 근친혼이라는 이유로 예외 없이 그 결혼을 무효로 취급하게 되면 오히려 남녀평등과 혼인의 자유를 심각하게 침해하는 결과로 이어지게 되기 때문이다. 근친혼의 경우 또 다른 금지 목적이 '우생학적 고려'에 있는 것인데, 이는 과학적으로 근거가 없거나 또는 우생학

---

66) 법률 제7427호(2005. 3. 31) 민법 일부개정법률의 개정이유서.

적 문제가 근친혼 금지를 요구할 정도까지 심각한 것이라는 과학적 입증이 부족하는 점을 이미 살펴보았다.

중혼의 경우에도 그것이 언제나 결혼에 대한 사회질서를 해하고 당사자의 신뢰와 성적 자기결정권에 손상을 입히는 것이라 볼 수 없음은 이미 살펴본 바와 같다. 그렇다면 중혼금지규정이 그것을 목적으로 하고 있는 한 규제수단을 통해 달성할 수 없는 목적을 설정한 것이 되어 목적의 타당성을 결여하였다고 평가할 수 밖에 없게 된다.

우리나라에서는 근친혼과 중혼 금지 규정이 근친혼과 중혼에 미치는 영향보다 오히려 사회적인 비난이 미치는 영향이 더 크다고 알려져 있다.[67] 근친혼이나 중혼이 그 자체로 형사적 범죄로 취급되는 것은 아닌 우리나라에서 사실혼 관계를 포함하는 근친혼 또는 중혼에 대한 현실적 억제에는 사회적 비난이 더 큰 역할을 하고 있음을 쉽게 짐작할 수 있을 것이다. 하지만 근친혼 또는 중혼을 우리나라와 같은 방식으로 규제하게 되면 그 주된 영향은 우리나라에서 출생하여 성장한 사람들이 아닌 다른 문화권 출신의 이주민에게 크게 나타나게 된다. 즉, 영국이나 네덜란드에서와 마찬가지로 결혼 규제 법률이 본래의 목적이 아닌 이주민 유입 차단 목적으로 활용될 수 있게 되고, 이는 출신 국가 또는 그가 속한 문화에 근거한 차별로서 그 목적의 정당성을 일탈하는 것이 된다.

---

67) 우리나라에서 근친혼과 중혼은 모두 그 자체가 형사상 범죄로 규정되어 있는 것은 아니다. '네이버 지식인' 질문·답변을 보면 사촌 사이의 결혼에 대한 문의에 대하여 "혼인신고 하지 않고" 조용히 같이 살면 된다고 하는 답변과 함께 "그 누구도 찬성하지 않을 거예요"라는 답변으로 법적 규제보다는 사회적 비난이 더 큰 비용요소로 고려되어야 함을 지적하고 있는 글이 있다; http://kin.naver.com/qna/detail.nhn?d1id=8&dirId=80101&docId=113933678&qb=7IKs7LSMIOqysO2YvA==&enc=utf8&section=kin&rank=5&search_sort=0&spq=0&sp=1&pid=glfuMsoi5UCssvEwEQdsss--327047&sid=TgPq5QHGA04AAH7hE9g.

(2) 목적의 달성 가능성

다른 목적은 그 수단이 되는 결혼 규제와의 관련성 자체가 부정되므로 근친혼 또는 중혼 규제로 인하여 그 목적을 달성하는 것이 원시적으로 불능이 된다.

이미 목적의 정당성을 결여하여 위법하게 평가되어야 하는 경우이지만, 타 문화권 출신의 이주민 유입을 억제하기 위하여 결혼 규제라는 수단으로 활용하는 것이 효율적인지 여부를 검토해 보면, 우리나라 국적법은 출생 당시에 부 또는 모가 대한민국의 국민인 자의 경우 출생과 동시에 대한민국 국적을 취득한다고 규정하고 있고[68], 다른 귀화요건을 갖추지 못한 경우에도 우리나라 국적의 배우자와의 혼인에 따라 출생한 미성년의 자를 양육하고 있거나 양육하여야 할 자에 대하여 일정한 요건을 갖추면 간이귀화가 허용된다.[69] 이 규정의 취지는 한국 국적을 취득한 자를 우리나라 영역 내에서 보호해야 할 현실적 필요를 고려하고, 우리나라 판례가 민사적 분쟁과 관련이 없는 법률의 적용에 있어서 근친혼 또는 중혼에 해당하는 사실혼 관계의 법적 보호를 상대적으로 널리 인정하고 있으며, 나아가 최근에는 그 적용영역을 불문하고 사실혼 관계 당사자의 보호를 우선적으로 고려하여 사실혼으로 보호되는 범위를 넓히고 있는 추세를 반영한 것으로 보인다. 따라서 진정한 가족형성 의사가 있는 당사자들이 자녀를 출산한 다음 그 자녀를 매개로 국내에서 가족 결합을 시도할 경우 이것이 법원에서 받아들여질 가능성이 차츰 커지고 있다.

따라서 이주민 유입 억제라는 목적은 그 자체가 정당성을 잃은 불법한 목적임은 물론, 결혼 규제라는 수단을 통해 그 목적을 달성하기

---

68) 국적법 제2조 제1항 제1호.
69) 국적법 제6조 제2항 제4호.

어려운 것이므로 근친혼 또는 중혼적 관계의 사실혼 당사자들에게 불필요한 고통과 비용만을 추가로 부담하도록 하는 부당한 것이라 하겠다

(3) 국제 질서와의 조화 여부

국제법의 일반원칙은 근친혼 등 일정한 규제목적이 인정될 수 있는 결혼에 대한 승인을 심사하는 국가의 법원이 그 본국법에 따라 그 여부를 결정할 수 있다는 것이다.[70] 그러나 또 다른 국제법의 일반원칙은 그러한 규제가 내외국인을 근거 없이 차별하는 것이어서는 안 되고, 내외국인을 다르게 취급하여야 할 합리적 근거가 인정되는 경우에도 그로 인한 개인의 권리 침해는 최소한이 되도록 하여야 한다는 것을 포함한다. 어느 국가가 그 국가의 단순한 '지배적 도덕관념'에 따른 결혼 규제를 시행하는 경우 이는 국제법 질서에 위반할 가능성이 크다.[71]

이미 살펴보았듯, 출생에 따라 한국 국적을 취득하여 한국에서 성장한 사람들에게 있어 근친혼 또는 중혼에 대한 법적 규제는, 사실혼을 포함하여 해석하는 한, 근친혼 또는 중혼의 억제에 별다른 기능을 하지 못한다. 3인 이상의 당사자가 진지하게 중혼적 집단 혼인을 합의하는 경우, 또는 근친자들이 진지한 혼인의사로 부부관계의 실체를 형성하기로 합의하는 경우 이들이 법률혼이 아닌 사실혼 관계를 형성하는 것까지 억제하는 것은 현행 법률로는 불가능하다. 그러나 결혼 이주민으로 우리나라 귀화를 계획하는 사람들에게 근친혼 또는 중혼 규제 법률은 한국 사회 진입에 매우 큰 장벽으로 작용할 수 있다. 이것이

---

70) I.B. "Conflict of Laws, Marriage between First Cousins, Pa, Act of 1901", 「University of Pennsylvania Law Review」, Vol.61 No.7, May 1913, pp490~495 ; http://www.jstor.org/pss/3313329.

71) 앞의 논문.

합리적이고 근거가 있는, 다른 것을 다르게 취급하는 합법적 규제라는 점은 아직까지 입증된 바 없다. 나아가, 미국이나 유럽에서처럼 합리적 범위에서 예외적 승인규정을 두고 있지도 아니하여 개인의 권리침해가 최소화되도록 배려하는 법 규정을 두고 있지도 아니하다. 내국인에 대하여 법률상의 근친혼 또는 중혼 금지 규정이 실질적 기능을 하지 못한다면, 이 규정은 단지 우리나라 사회의 지배적 도덕관념을 반영한 형식적 규정이라고 볼 수 있는데, 이는 앞서 살펴본 바와 같이 국제법에 위반하는 위법한 조치로 평가될 소지가 크다.

2. 해결책

(1) 현행법을 통한 가족결합권 실현 방법

이러한 문제를 현행 법 규정을 그대로 존치한 상태에서 완전히 해결하기는 쉽지 않을 것으로 보인다. 다만, 국적법 제6조 제2항 제4호의 간이귀화 요건으로서의 '혼인'이 사실혼 관계를 포함하는 것이라는 명시적 유권해석이 내려지거나, 또는 그렇게 판단하는 법원의 판례가 확고히 자리를 잡게 된다면, 진정한 가족형성 의사가 있는 경우 이 조항을 통하여 우리나라 영역 내에서 타 문화권 출신의 결혼 이주민들이 가족결합권을 실현할 수 있게 될 것으로 보인다.

(2) 바람직한 법과 제도 개선의 방향

결혼에 대한 국제 규범을 성문화한 『Convention on Consent to Marriage, Minmum Age for Marriage and Registration of Marriages』에 의하면 '혼인관계를 창설하려는 진지한 의사'는 혼인의 효력을 결정

짓는 가장 중요한 기준이 된다.[72] 우리나라에서의 결혼규제 법률 역시 "남녀평등과 결혼의 자유"를 확보하는 것을 그 목적으로 한다면, 법률로 금지되는 혼인인지 여부는 그것이 형식적으로 '근친혼' 또는 '중혼'인지 여부가 아니라 각 개별적 사건에서 '당사자의 혼인에 대한 진지한 의사 합치를 인정할 수 있는지'에 따라 결정되어야 한다. 우리나라에서는 '근친혼' 또는 '중혼'이 연장자에 대한 연소자의 관계, 남녀 사이의 힘의 균형, 아직도 여전히 잔존하는 가부장제의 영향 등으로 인하여 결혼에 대한 의사결정의 자유를 일반적으로 침해할 우려가 있다고 평가될 수 있을 것이다. 그러나 다문화 사회가 이미 진행되어가고 있고, 다른 문화권 출신의 배우자와의 국제결혼이 증가하고 있는 추세, 나아가 2011년 3월 현재 한국인과 결혼해 국내에 머물고 있는 '국제결혼 비자 체류자' 14만3000여 명 가운데 인도네시아·파키스탄·우즈베키스탄 등 주요 11개 이슬람 국가 출신 무슬림만 4150여 명에 이르는 현실을[73] 감안할 때, 우리나라와 다른 문화권 출신의 사람들에게 우리나라서만 통용될 수 있는 기준을 일방적으로 일률적 적용하는 것은 문제가 있다.

우리나라에서 중혼이든 근친혼이든 그것을 일반적으로 승인하는 것은 아직 쉽지 않을 것으로 보인다.[74] 그러므로 중혼과 근친혼이 모두 일반적으로는 금지되는 미국의 입법례를 참조하는 것이 더 현실적일 것으로 생각된다. 미네소타와 콜로라도 주의 법률처럼, 본인 또는 조상들의 출신국 문화에서 근친혼이 일반적으로 승인되는 경우 그것이 의도적으로 악용되는지 여부를 당사자의 진정한 의사 확인을 위한 인터뷰

---

72) Convention on Consent to Marriage, Minmum Age for Marriage and Registration of Marriages 제1조 제1항.

73) 한겨레, "난 무슬림이다", 2011.5.17일자, http://photo.media.daum.net/photogallery/society/koreanmuslim/view.html?photoid=5462&newsid=20110516222017332&p=hani.

74) 각주 65)의 설문조사 결과도 이러한 결론을 뒷받침한다.

등으로 검증할 수만 있다면 근친혼을 허용하는 예외를 두는 것이 매우 바람직한 개정안이 될 것이라 생각한다. 중혼에 대하여도 그 결혼이 이루어진 원인관계, 그 결혼의 금지가 가져오게 될 당사자의 손해, 그 결혼을 승인함으로 인하여 발생하게 될 사회적 혼란이 그 결혼 당사자와 우리나라의 실질적 관계에 비추어 어느 정도로 예상되는지 여부 등을 종합적으로 고려하여 구체적 타당성 있는 결론을 이끌어낼 수 있도록 하는 명시적 규정을 입법하는 것이 옳다 하겠다.

참고로, 근친혼에 대한 우생학적 고려와 관련하여 현재 외국에서는 자녀를 갖지 않을 것,[75] 가임기가 지난 65세 이상인 자의 결혼일 것,[76] 유전자 스크리닝을 마쳤거나 자녀의 유전적 질환 가능성에 대한 의료 상담을 거쳤을 것[77] 등을 근친결혼의 조건으로 하는 국가들이 있는데, 이는 유전적 결함이 있는 자녀를 낳게 될 가능성이 있는 다른 사람들, 예를 들어 선천성 장애인들과의 차별이 문제되는 경우로서 우리나라에서 수용하기에 적합하지 않은 예라고 생각된다. 우생학적 문제는 그리 심각하지 않다는 연구결과가 계속 발표되고 있어 규제 근거가 과학적으로 입증되지 않은 데에다가, 다른 경우와의 균형상 이는 법적인 규제로 해결할 것이 아니고 일반적인 교육 등의 비법률적 접근으로 해결할 문제일 것이다.

---

75) 미국 애리조나, 위스콘신, 일리노이, 인디애나, 그리고 유타 주의 법이 그러하다; http://www.cousincouples.com/?page=states.

76) 대표적으로 미국 인디애나 주의 법률이 양 당사자가 모두 65세 이상인 경우 근친혼을 합법으로 인정하고 있다 ; http://www.cousincouples.com/info/statelaws.htm.

77) 근친혼이 일반적으로 이루어지는 걸프 지역 국가들에서는 모두 이를 법제화하고 있다. 미국 매인 주에서도 타 주의 근친혼 승인 요건으로 유전학자의 상담을 규정하고 있다 ; http://www.cousincouples.com/?page=states.

소수자
인권

제10장

재외탈북자의 난민 인정 문제

전수미(인하대학교 법학전문대학원생)

I. 들어가며

분단 이후 지금까지 남북관계는 각 정권에 따라 폐쇄적이기도 했지만, 때로는 남북정상회담을 통해 화해와 협력의 통일 환경 조성의 노력이 있었고, 다양한 대북정책과 화해노력이 추진되었다. 그러나 남북 간 대결구도는 여전히 지속되고 있으며, 분단 60년의 시간이 경과하면서 분단체제의 고착화가 진행되었고 일부 국민들의 경우 북한주민을 '한민족'이 아닌 '남'으로 치부하기도 한다.

국내에서 외국인 고용자 문제나 이주노동자, 이주여성에 대한 우려와 그들의 인권에 대한 목소리가 높아져 가고 있지만, 재외탈북자[1]의 인권에 대해서는 다른 인권영역과 다르게 한국의 정치적 견해까지 입혀져 좀 더 편파적으로 치부되고 쉬쉬되고 있다.

탈북자들은 남한 사회의 구조적 문제, 북한과 탈북 후 제3국에서의 경험이라는 과거와 현재의 '부딪힘' 속에서 여러 가지 문제들을 복합적으로 안고 있다. 특히 여성의 경우 남성과 다르게 신체적인 차이로 인해 인신매매나 성매매의 대상으로 치부되고 있다는 점에서 재외 탈북자 중 여성 인권침해 문제 또한 크다.

---

1) 본 논문에서는 주로 국내에 입국하는 탈북자들을 지칭하는 데 사용되어온 '북한이탈주민'이라는 용어와 구분하여, '재외탈북자'로 대상을 한정하도록 하겠다. 여기서 '재외탈북자'란 북한을 떠났으나 최종적으로 정착하기를 희망하는 목적국에 도착하지 못하고 특정 국가나 장소, 시설 등에 일시적으로 은신 또는 체류하고 있는 사람들을 의미한다. 물론 여기에는 북한 국적을 계속 유지하고 있거나 갖고 있었던 사람들만을 재외 탈북자로 볼 것인가, 부모 중 한명 이상이 북한 국적자이지만 제3국에서 출생하여 북한 국적을 취득하지 않고 다른 국적을 취득하지도 않은 무국적 상태에 있는 사람들, 즉 중국 등지에서 출생한 탈북자 자녀들도 재외탈북자로 포함될 것인가 하는 문제가 있을 수 있지만, 모성 보호 및 인도적 차원에서 모두 보호 대상으로 간주하는 것이 당연하다. 또한 이 논문에 사용된 많은 자료수집에 도움을 주시고, 조언을 아끼지 않았던 북한 전략센터의 김광인 소장님과 강철환 대표님께 감사의 말씀을 올린다.

II. 재외탈북자의 규모와 실태

1. 전반적 현황과 문제

지금까지 중국 등 제 3국에 은신 또는 일시 체류하고 있는 재외탈북자 문제에 대한 논의는 주로 규모와 실태 그리고 거기에 따른 '해결의 문제'라는 측면에서 이루어져 왔다.

먼저 '재외탈북자가 그 수가 얼마나 되는가 하는 문제는 오랫동안 난제로 여겨졌다. 그 이유는 다음 〈표1〉과 같다.

---

1. 개념 및 범주화의 문제: 조사를 실시하는 기관에 따라 한국 등 제3국행을 원하는 경우, 처벌이나 갈취만 없다면 돈을 벌어 고향으로 돌아가고자 하는 경우, 공안의 단속이나 강제송환만 없다면 중국에 정착하고 싶은 경우 등 다양한 유형 가운데 어떤 경우를 탈북자로 볼 것인가 하는 개념 및 범주화의 차이로 인해 추정치마다 상당한 차이가 존재한다.
2. 잦은 유동성 변화: 중국 공안의 검열 및 단속의 강약에 따라 유입과 이동의 유동성이 시시각각 변할 수밖에 없어 시기에 따라 조사활동의 가능여부나 파악된 결과도 다를 수 있다.
3. 인신매매로 인한 내륙으로 이동: 많은 이들이 계속되는 인신매매로 인해 강제적, 반강제적으로 내륙 및 농촌지역으로 이동하거나 음성화된 업종으로 팔려가는 경우가 많아 정확한 파악이 불가능하다.
4. 중국과 북한 당국의 방해: 유엔난민기구를 비롯한 국제기구와 NGO의 조사활동에 대한 중국 당국의 조직적 방해와 입국 거부 및 투옥, 추방이 흔할 뿐만 아니라, 탈북 난민들과 자원 활동가들을 색출, 납치하기 위해 북한 당국이 파견한 반탐조 활동이라는 위험성이 있어 적극적인 현장조사가 어렵다.
5. 현지 실태조사의 위험성: NGO의 현지조사활동이나 탈북난민 구호지원활동에 적절한 버팀목이 되어 주지 못하는 한국 재외공관의 소극적 자세로 인해, 전문적인 조사인력들이 다양한 위험성이 존재하는 현지조사에 나서기를 주저할 수밖에 없다.

〈표 1〉 재중탈북자 현황파악과 추정치 산정의 난점

하지만, 특정 시점에서 정확한 통계자료가 확보되지 않았다고 하더라도 문제의 존재자체가 부인될 수 있는 것은 아니다. 그럼에도 불구하고 단체나 연구자에 따라 다른 추정치가 제시된다는 점을 강조하여 북한 인권단체들의 추정치가 과장되어 있거나 탈북난민들의 상황이 열악하다는 것이 의심스럽다며 중국 당국뿐만 아니라 국내에서도 일부단체에서 주장해오고 있는 실정이다. 하지만 재외탈북자의 인권문제는 단순히 양적 차원의 문제 또는 인간의 감성을 무디게 할 수 있는 숫자의 논리로 다루어지는 것을 경계해야 한다.

'실태의 문제'는 국내로 정착한 1만 6천여 명에 달하는 북한이탈주민들의 증언과 심층인터뷰, 언론탐사취재 등을 통해 빠르게 해결되고 있다. 다른 두 문제들에 비해 가장 깊이 규명될 수 있고, 실제로도 많은 문제점들이 이미 파악되어 국내뿐만 아니라 국제사회에서도 비교적 잘 일러지고 있는 상황이다.

그러나 이에 비해, '해결의 문제'에 대한 논의나 성찰은 여전히 부족하다. 물론, 중국 당국에 항의하고 강제송환을 중단할 것을 '촉구'하거나, 국제적 비판과 압력의 강도를 더욱 높이자는 '호소', 한국 정부가 보다 적극적으로 앞장서 중국, 동남아 국가 등 관련당사자국의 지지와 협력을 이끌어 낼 필요가 있다는 등의 '의견'은 수없이 반복되어 왔다.

하지만 이 문제가 특정한 한 행위주체의 노력이나 의지만으로는 해결이 되기 어렵고, 그 대상이 중국이든, 북한이든, 국제사회이든 '협력이 요구되는 공동의 문제라는 인식에는 누구나 공감하고 있다. 하지만 유엔난민기구(UNHCR)를 비롯하여, 재외탈북자들에 대한 보호와 지원에 망설이거나 적극적으로 나서지 못하고 있는 각국의 외교 및 정부관계자들을 효과적으로 설득하는 데 있어서 가장 중요한 부분이 바로 '탈북의 원인'과 '강제송환 될 경우 받게 될 박해의 가능성' 간의 논리적 인과 관계 문제이기 때문에 이러한 '논리의 문제'에 대한 논의가 필요하다.

2. 재외탈북여성의 인권실태

(1) 현지인 남성에 의한 인신매매, 성적학대, 구타 등 인권침해

탈북여성의 이주는 인신매매와 성매매를 통해 음성시장으로 잠식되어 비가시화된다. 청년남성과 고아의 경우는 쓸모가 없어 숨겨주기 어려운 반면에, 많은 여성들은 술집 접대부로 종사하거나, 하급 가사노동을 하고, 농촌지역에 강제결혼으로 팔려가 '사적영역'으로 잠식된다.

제 이름은 김현숙(가명)이고요. 나이는 29예요.

애기는 여자애인데 올해 4살밖에 안되고요. 중국에는 2004년에 왔어요.

00 훈련소 출신이고요. 제대되어 집으로 왔을 때 집이 너무 가난하여 몸이 아픈 제가 머무를 수가 없었어요. 근데 2000원에 팔려올 줄이야.

팔려와서 흑룡강성에 왔었는데 또 거기서 팔려서 연길에 왔어요.

저는 연길인 줄도 몰랐고 2년 반 정도를 집에서 갇혀 살았습니다.

제 남편 되는 사람은 전직 깡패출신이고요. 매일매일 술 먹고 마작 놀고 때리고……. 집에 들어오면 애와 저를 부시고 때리고 하였어요.

심지어 친구들 데리고 와서 제 옷을 벗기고 그런 짓까지 하려고 했습니다.

너무 무서웠어요.

저도 주먹이 그렇게 약한 사람은 아닌데 저를 매일 협박했습니다.

공안에 데리고 간다고……. 공안에 데리고 간다는 그 한마디에 저는 한마디도 못하고 살았습니다. 살려주세요[2].

〈표 2〉 현지 조선족 남성에 의한 인권침해[3]

---

2) 2010년 3월 15일 재중 인권활동가 정베드로 목사에게 배달된 원문 편지 中.

3) 김은실, 『여성의 몸, 몸의 문화정치학』, 또 하나의 문화, 2001, 24쪽.

(2) 강제 북송된 여성탈북자의 인권침해

북한당국에게 있어 민족 = 국가를 의미하는 조국의 육체가 열리는 것은 국가의 생존이 달린 위기의 상황이다. 따라서 느슨해진 내부의 국경을 지키는 일은 국가로서 건재함을 보여주는 일이다. 시스템이 운영되지 않기 때문에 물리적 폭력 등 보다 직접적이고 노골적인 방법으로 국가권력에 의한 내부적 통제를 강화시킬 수 밖에 없다. 북한여성에게 암묵적으로 행해지는 성고문이나 강제낙태 등이 이러한 예에 해당한다.

제 이름은 김금순(가명)이구요 나이는 26세입니다. 함경북도 H시 출신이구요 5살 된 딸이 하나 있어요.

1995년 어머니가 병으로 사망하시고 아버지가 저와 남동생을 먹여 살리기 위해 온갖 노력을 다하셨어요. 하지만 식량난으로 인해 하루하루를 굶다시피 하였고 죽물도 먹어보기 힘들었습니다.

그래서 2005년 1월 두만강을 건너 탈북을 하였습니다.

그런데 말도 못하고 문화도 다른 중국 땅에서 정착이 너무 힘들었습니다.

그래서 울며 겨자 먹기로 중국 사람과 동거를 하기 시작하였습니다.

그것도 잠시 6개월 정도 되었을 때 누군가의 신고로 중국 공안에 붙잡혀 2005년 7월 온성으로 강제북송 되었습니다.

온성집결소에서 조국반역자라고 하면서 구타와 가혹행위를 당했습니다.

당시에 임신 5개월 상태였는데 중국아이를 임신했다는 이유로 돌을 푸대자루에 넣어 그것을 들고 공터를 계속 뛰게 하였습니다. 너무 힘이 들어 뛸 수 없다니까 단련대 반장이라는 사람과 그를 따르는 사람들이 저를 발로 차고 주먹과 몽둥이로 배와 가슴을 사정없이 두들겼습니다.

〈표 3〉 강제북송당하여 강제낙태를 당하고 재탈북 후 재임신 4개월 된 여성[4]

---

4) 2010년 3월 20일 재중 자원 활동가에게 발견된 편지 中.

Ⅲ. 재외탈북자의 난민 인정 문제

1. 탈북의 원인과 결과, 지속성

국제난민 문제의 정설 가운데 하나는 '탈출의 원인이 근본적으로 해결되거나 출신국 내 상황에 실질적 개선이 이루어지지 않는 한, 한번 시작된 탈출행렬이나 시도는 계속된다'는 것이다. 이는 국제이주의 경우에도 마찬가지이다. 어떠한 이유에서든 국외로의 일단 이주가 시작되면 경제적 격차 등 인적 이동을 촉진시킨 동인에 근본적 변화가 일어나지 않는 한 계속된다. 이를 뒷받침하는 세계사의 수많은 전례들에 비추어 볼 때, 탈북 또한 그 이유가 무엇이건 북한 내 상황의 근본적 개선이 없는 한 북한주민들의 탈출행렬도 계속될 가능성이 매우 높다.

흔히 북한주민들의 탈출행렬은 심각한 식량사정이 외부세계로 표출된 1990년대 중반 무렵부터 시작되어 1990년대 말 본격화된 것으로 인식되어 왔다. 이러한 견해는 국내로 입국한 북한이탈주민들의 규모가 연 50명 내지 100명 선을 넘어선 시기와도 일치하고 있어 대체적으로 인정되어 온 것으로 보인다.[5]

---

5) 〈표 4〉 1990년대까지의 국내입국 북한이탈주민 현황

연도	~89	'90	'91	'92	'93	'94	'95	'96	'97	'98	'99	계
인원	607	9	9	8	8	52	41	56	86	71	148	1,095

* 출처 : 2006년 국정감사 통일부 제출자료

그러나 국가에 의한 박해나 곤경을 피하기 위한 북한주민들의 '월경'은 그보다 훨씬 앞선 수십 년 전부터 계속되고 있었다는 점을 인식할 필요가 있다. 권력투쟁과 일인에 의한 철권지배의 확립, 그리고 부자간 권력세습 과정으로 보아도 무방한 북한의 정치사에서 오직 생명을 부지하기 위하여 탈출하는 사람들의 행렬은 계속 이어져 왔다. 허가 없이 국경을 넘는 행위를 중대범죄로 규정하여 체포·압송·고문·처벌하는 일을 전담해온 북한 국가안전보위부 반탐과 지도원 출신 윤대일은 "비법월경자(탈북자)들은 이미 1990년대 초부터 급격히 늘어나 1993년 한 해 보위부와 국경경비대, 중국 공안에 단속된 사람만 4만여 명에 달했고, 단속되지 않은 경우까지 포함하면 그 수는 헤아릴 수 없이 많았을 것"이라고 증언한 바 있다. 당시에는 소위 '남조선 정세'나 한국행 루트도 잘 알려져 있지 않았다는 점과 탈북 후 소요되는 최소한의 은신기간 등을 감안하면 대규모 딜북행렬은 이미 1990년대 초부터 시작된 것으로 보는 것이 타당하다. 이는 탈북자 문제의 발단을 1994년 7월 8일의 김일성의 갑작스런 사망에 따른 위기의식이나 1990년대 중반에 이르러 외부로 표출된 대규모 식량난, 잇따른 자연재해 등에 전적으로 돌리는 것은 일시적이고 피상적인 분석일 수 있음을 시사한다.

요컨대, 북한 수립기부터 정치적 숙청이나 성분 및 계급 차별에 의한 박해를 피하기 위해 시작된 난민으로서의 탈북문제는 반세기가 넘도록 지속되어 온 문제였고, 1990년대는 겉으로 드러난 식량난을 계기로 국제사회가 이에 주목하게 된 시기로 볼 수 있다. 1980년대부터 누적되고 있던 장기 경제 침체나 1990년대 중후반 극심해진 식량난은 그보다 훨씬 이전부터 이어지고 있던 난민의 행렬이 '급증' 또는 가속화된 요인으로 볼 수 있는 것이다.

따라서 행여 대규모의 탈북이 식량난으로 인해서만 재현될 것이라고 예상한다면 좁은 인식이라고 볼 수 있다. 몇 가지 실례로 1940년대 말부터 1950년대 사이의 집단 월남 사태나 1980년대 말부터 1990년대 초 사이 동구권 지역으로부터의 북한 외교관, 유학생, 북한 내 연계인사 및 친인척 등의 해외 망명행렬이 있었음을 고려해보면, 현재 국제적 주요관심사가 되고 있는 북한의 3대 세습 문제를 간과해서는 안 될 것이다. 김일성에서 김정일에게로의 권력세습 과정에서도 그러하였듯이 수많은 고위층 인사들이 세대교체 및 권력재편 과정에서 실각하거나, 숙청당할 가능성이 높고, 이들의 친인척으로서 중상류층을 형성하고 있던 사람들이 얼마나 많이 탈북행렬에 합류하게 될지 누구도 예측할 수 없는 상황이기 때문이다.

이와 같은 '탈북의 지속성'이 중요하게 의미하는 바는 '재외탈북자 문제의 근본원인을 식량난으로 몰아가는 것은 얼마나 근시안적인 인식인가' 하는 점이다. 소위 '정치적 난민'과 '식량 난민'이라는 이분법적 구분법에 따라 각각이 전체에서 얼마나 높은 비율을 차지하는가 하는 방식으로 재외탈북자 전체의 성격을 규정하는 것이 '과연 얼마나 이들에 대한 보호에 도움이 되겠는가?' 반문해볼 필요가 있다. 소위 '정치적 난민'이라는 기준에 부합하는 사람들이 상당한 규모로 탈북한다고 하더라도, 기존에 '식량 난민'으로 간주된 앞선 수만 명의 재외탈북자들과 뒤섞이거나, 전체를 놓고 볼 때에는 상대적으로 낮은 비율을 차지할 경우에는 또 어떻게 할 것인가? 정치적 난민으로 볼 수 있는 망명희망자들이 다수를 차지하게 되는 상황까지 이르러야만 '재외탈북자들은 대부분 정치적 난민들이므로 적극적으로 보호되어야 한다'고 주장할 것인가?

행여 국제난민법이 '절대불변의 명확한 기준'을 갖고 있기 때문에, 오늘날의 탈북자 문제에는 적용하기 어렵다고 생각한다면 그것은 미흡한 생각일지 모른다. 반세기 전인 1951년, 난민지위협약이 마련될 당시에는 앞선 제2차 세계대전으로 발생하였던 유럽 내 난민문제에 대처하기 위한 단기적 처방(short-term solution)[6]으로 간주되었기 때문에 향후 발생할 수 있는 다양한 형태의 난민 문제를 예측하는 것은 사실상 불가능한 일이었다. 그럼에도 불구하고 그렇게 마련된 '난민'이라는 용어와 관련 국제문서들은 곧 국제적 기준이 되었고, '난민'에 대한 국제사회의 공동보호의 필요성을 국제적 의무로 규정하였다는 혁신적 공로를 세웠다.

인권운동가들은 유엔 인권관련 기구나 특정한 인권실태 심사절차, 국제인권문서 등을 포괄적으로 지칭할 때 영어로는 'tool'이라고 부른다. 어떠한 문제를 해결하기 위해 사용하는 '수단'이라는 의미와 함께 정당한 가치의 구현이나 약자에 대한 보호, 올바른 목표의 달성을 위해 시시각각 직면하게 되는 다양한 상황에 따라 융통성 있게 버리고 다듬어 발전시켜나가야 할 '도구'라는 인식에서다.

단언컨대, 탈북자는 기본적으로 '난민'이라는 명확한 인식에서 출발하는 것이 무엇보다 중요하다. 탈북자들이 처한 저마다의 상황에 따라, 기존까지의 국제난민법의 적용사례들에 비추어 협약상 난민(convention refugee)으로서의 지위를 인정받기에는 약간의 미흡한 부분이 있다고 하더라도, 부족한 논리는 보강하고, '현장 난민(refugee sur place)' 또는 '반증이 없는 한 사실상의 난민(prima facie refugee)'으로 국제사회에서 널리 간주될 수 있도록 상당한 개연성 있는 보강 근거를 제시하는 것이 관건이다.

---

6) 유엔난민지위협약의 난민지위 인정조항의 시작에서 "1951년 1월 1일 이전에 발생한 사건의 결과"라는 문구가 포함된 것은 양차 세계대전으로 인해 유럽을 비롯한 세계 각지에서 발생하였던 난민들을 보호하기 위한 목적을 반영하고 있다.

국제사회는 '탈북'이라는 현상을 '군사우선정책(선군정치)' , '비민주적 정치제도' , '비효율적 경제정책' 등으로 인해 물질적 생활이 극도로 피폐해진 주민들의 합리적 선택이라고 보는 것이 일반적이다. 하지만, 중요한 문제는 대부분의 탈북자들이 식량난으로 인해 발생한 '경제적 유민' 정도로 보는 시각 또한 일반화되어 있다는 데 있다. 계속되고 있는 중국 공안 등에 의한 강제송환이나 북한 당국에 의한 가혹한 처벌은 중단되어야 하지만, 기본적으로 북한의 경제상황이 호전되면 자연스럽게 문제가 해결될 것이라고 기대하는 경향도 적지 않다.

그러나 북한의 체계적인 주민통제정책이나 '동북아판 카스트제도'라고 볼 수 있는 출신성분에 기초한 사회의 작동원리, 강제송환 뒤 처하게 되는 구체적인 처벌 실태나 유형, 출소 후에도 지속되는 계층 및 성분의 강등과 감시, 탈북 전과로 인한 차별과 빈곤의 악순환 등 정치사회적인 모든 요소들이 빈곤과 기아의 원인이 되고, 종국에는 탈북이라는 합리적 선택으로 표출되어 왔다는 인식에 미치는 경우는 드물다. 보다 두드러지는 핵문제나 안보문제에 대해서는 관심이 높지만, 상대적으로 탈북난민 문제에 대해서는 관심이 낮다. 물론, 전문적으로 북한 체제나 사회를 연구하거나, 북한의 역사를 관통하여 문제의 본질을 조망하기 어려운 외국인의 시각에서는 각각이 단절된 문제, 또는 상호관계가 불분명한 개별적인 문제들로 보이기 쉽고, '인과관계의 연결고리'에 대해서는 명확하게 이해하기 어려운 이유도 있다. 탈북의 지속성과 원인-결과, 실태-방안의 관계에 대한 논리가 필요한 까닭도 여기에 있다.

재외탈북자들이 처해온 참담한 실태와 생생한 증언들은 국제사회의 관심을 환기하는 데에는 분명 큰 효과가 있다. 하지만 몇몇 국가들을 제외한 대부분의 국가들이 이 문제에 소극적인 까닭은 중국이나 북한이 무작정 몰아붙이기에는 부담스러운 국가들이라는 점 때문이기도

하지만, 탈북자들을 적극적으로 나서서 보호해야 할 필요성이나 명분이 분명한 논리를 찾지 못하고 있기 때문이기도 하다.

2. 난민으로서의 지위인정사례와 우호적 보호국의 확대

재외탈북자들을 보호하기 위한 방안으로는 기존과 같이 중국 당국에 대하여 강제송환 중단을 촉구하거나 국내로의 입국을 직간접적으로 돕는 일을 지속하되, 한편으로는 이들이 향할 수 있는 안전한 정착지의 숫자를 늘려가는 방향으로 눈길을 돌릴 필요가 있다. 이를 위해 먼저 국내로 정착하는 북한이탈주민의 현황과 한국이 아닌 해외로 정착하는 탈북자들의 현황에 주목해보자.

북한이탈주민 입국인원 현황

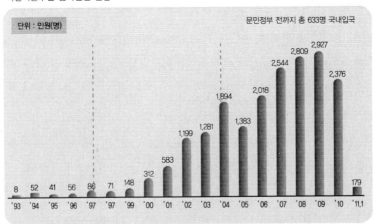

〈그림1〉 북한이탈주민 연도별 입국증가 추이(1993-2010), 출처: 통일부(2011)

일단, 국내로 정착하는 북한이탈주민은 매년 증가일로에 있으며, 입국채널이나 절차는 전반적으로 안정적으로 유지되고 있다고 볼 수 있다. 북한이탈주민의 국내 입국은 2007년 2월 16일, 1만 명 선을 넘어선 이래, 2007년과 2008년 2년간 매년 2,500명 이상씩 입국하고 있다.

2008년 12월 기준 누계로는 총 15,057명에 이르렀고, 2009년 5월 기준 1만 6천여 명에 이른 것으로 파악되고 있다. 이와 같은 국내 입국 지원은 NGO들이나 개인활동가, 간헐적으로는 정부 차원의 개입이나 민간과의 공조를 통해서도 이루어져왔지만, 한국 등 해외에 안정적으로 정착한 탈북자들 스스로 친인척을 돕거나 같은 처지의 탈북자들로부터 일정한 비용을 받고 대신해주는 경우가 대부분을 차지하고 있는 상황이다.

세계에서 피난처를 찾는 북한사람들에게 가장 광범위한 지원을 제공하고 있는 국가가 한국이라는 사실은 의심의 여지가 없다. 하지만, 한국 정부는 이들이 난민이 아닌 자국민으로 받아들이고 있다는 점에 유의할 필요가 있다.

탈북자들은 유럽연합(EU) 각국과 캐나다, 미국, 일본 등 여러 국가들에 정착하기도 하는데, 이 가운데 일본을 제외하면 모든 나라들이 정식 난민 지위(refugee status)를 부여해오고 있다는 점은 특히 주목할 필요가 있다. 하지만, 특별히 관심을 갖거나 관련된 활동을 하는 경우가 아니면 이러한 사실이나 관련 현황을 파악하는 일은 결코 쉽지 않다. 국내에도 2006년 전후부터 주로 외신보도를 통해 관련소식들이 간헐적으로 전해지고 있기는 하지만, 일반대중에는 잘 알려져 있지 않고 관련된 연구조사도 거의 이루어지지 못하고 있는 실정이다. 관련 NGO나 학계의 관심 부족도 한 가지 이유가 될 수 있겠지만 무엇보다도 비교적 공식적인 자료로 인용될 수 있을 만한 한국 정부 측 통계자료가 사실상 전무하다는 점을 주요인으로 꼽을 수 있다.

다음 〈표 5〉의 기초통계는 이 문제에 특별한 관심을 기울이는 몇몇 언론매체 등을 통해 파악된 현황을 취합한 자료로서 각각의 보도의 출처는 탈북난민들에 대한 각국의 연도별 통계들 가운데 주로 해당국 들이 UNHCR에 자발적으로 보고한 통계들에 근거한 것이다.[7] 국가에 따라, 수명 내지 수십 명 단위는 소규모로 간주하여 유엔으로의 보고 자료상에 생략하여 제출하는 경우도 많으므로 이용에 주의를 요한다. 공란으로 남아 있는 대부분은 통계치가 공개되지 않아 2009년 1월까 지 파악되지 않은 것이므로 실제 난민인정 사례는 이보다 더 많을 것 이라는 것에는 의심의 여지가 없다. 또한 영국의 경우, 비록 명확하게 난민 지위를 부여받지는 못하더라도 인도적 보호 차원에서 임시체류 비자를 발급받는 사례들도 매년 수십 명 정도씩 있는 것으로 파악되 고 있는 바, 국제사회에 의해 난민 또는 난민에 준하는 보호시위를 부 여받는 탈북난민의 숫자는 더욱 늘어날 수 있다.

---

7) 제니퍼 파고니스(Jennifer Pagonis) 대변인은 언론과의 서면 인터뷰에서 UNHCR은 각국에서 보내준 자료를 바탕으로 집계를 할 뿐이라고 설명한 바 있다. BBC와의 인터뷰에서 재인용.

구분	1999	2000	2001	2002	2003	2004	2005	2006	2007	2008	2009.1	소계	출처
독일				225*	33	18						276	8)
영국						17			130			147	9) 10)
미국				5	3			9	22	37		76	11)
네덜란드			7	2	5	1						15	12)
캐나다		1			1		1		1	7	3	14	13)
덴마크				7								7	14)
노르웨이									7			7	15)
벨기에	1				1	1	2					5	16)
아일랜드				5								5	17)
총계												552	

〈표 5〉 탈북자들에 대한 각국의 연도별 난민 지위 인정 현황[18]

* 단, 독일의 2002년도 통계(225명)는 해당 1년에 이루어진 인정 건수가 아닌 이 시기까지의 누적현황.

---

8) 자유아시아 방송, "UNHCR: '재정착난민' 입국자 포함, 2004년 현재 서유럽 5개국에 320명 북한난민 거주", 2006. 3. 8일자.

9) 미국의소리 방송, "영국 정부 '지난 해 영국망명 신청 탈북자 4백15명", 2008. 3. 17일자.

10) 자유아시아 방송, "UNHCR: 영국이 2004 부터 독일 제치고, 가장 많은 탈북자들이 신규 망명 신청해", 2006. 3. 13일자; 동 보도에서는 미국의 2002년, 2003년도 인정 형황에 대해, 2004년 남한 한나라당 이성권 의원이 국정감사에서 배포한 자료를 인용하였음을 밝히고 있다.

11) 미국의소리 방송, "난민 자격 미국 입국 탈북자 증가", 2009. 2. 13일자.

12) 자유아시아 방송, 위의 기사, 2006. 3. 8일자.

13) 자유아시아 방송, "캐나다의 탈북자 난민 인정 점증", 2009. 2. 8일자.

14) 자유아시아 방송, 위의 기사, 2006. 3. 8일자.

15) 미국의소리 방송, "탈북자 72명, 지난 해 노르웨이에 망명 신청", 2008. 3. 16일자.

16) 자유아시아 방송, 위의 기사, 2006. 3. 8일자.

17) 자유아시아 방송, 위의 기사, 2006. 3. 8일자.

18) 북한전략센터, 『탈북자들의 난민지위 인정현황』, 2009. 9.

이를 종합해보면 2009년 1월 현재까지 최소한의 통계만으로도 유럽 7개국을 비롯한 미국, 캐나다 등 세계 총 9개국에서 522명이 유엔난민 지위협약에 근거한 정식 난민 지위를 이미 부여받았음을 확인할 수 있다. 가장 근접한 시기의 통계로 2008년 12월까지 한국에 자국민으로서 입국한 15,057명과 대비해보면, 최소한 약 3.5% 정도에 해당된다.

현재까지의 누계상으로는 독일이 탈북자들을 난민으로서 가장 많이 받아들인 국가로 파악되고 있다. 다만, 2002년도 통계에 잡힌 225명은 해당 1년간 이루어진 인정 건수가 아닌 이 시기까지의 누적현황임에 유의할 필요가 있다. 이 가운데 상당수는 1989년 동·서독 통합 과정에서 앞서 동독에 파견되어 있던 북한 외교관 및 그 가족들이나 북한 출신 유학생들로서 북한 중앙당국으로부터 귀국명령을 거부하고, 정치적 망명을 신청하거나 잔류한 사람들일 가능성이 높다. 실제 이 시기에 동독으로부터 한국으로의 정치적 망명 및 보호를 요청하여 입국한 외교관이나 유학생들이 적지 않았다는 사실과 관련 수기 및 증언들로 미루어 볼 때, 이들은 북한 당국의 긴급소환 명령에 따라 자발적으로 귀국한다고 하더라도, 자신들이 자유화의 물결을 직접 목격하였고 그러한 사실을 주변에 발설할 수 있다는 이유로 정치적 처벌이 가해지거나 비판 및 감시 등 각종 불이익의 대상이 될 것임을 감지하였던 것으로 보인다. 북한은 동서독 통일 및 중동부 유럽 사회주의체제 붕괴에 따른 외부정보 유입을 차단하고 내부통제를 강화하기 위해 1989년부터 1994년 사이에 주민재등록사업을 벌여 유학생, 외교관 통제 및 해외도주 기도자, 체제비판자 등을 처벌한 것으로 파악되고 있다.

영국의 경우, 2004년을 기점으로 망명 신청건수에 있어서 독일을 추월하였고, 2007년에만 130명에게 난민 지위를 부여하는 등 인정 건수의 누계도 계속 늘고 있는 것으로 확인되고 있다.[19] 하지만, 탈북난민들의 난민 지위 신청이 2000년대 초중반부터 크게 늘어나는 가운데, 중국 등 제3국에서 곧장 영국으로 향하는 진정한 의미의 난민들 외에, 이미 한국에 정착하여 새로운 국적을 취득하고 정착 지원혜택을 받은 경우 또는 중국 내 조선족들도 위장 입국을 시도하는 사례들이 다수 확인됨에 따라 난민 지위 심사율은 크게 낮아지고 있다는 점에 유의할 필요가 있다.

한편, 2004년 10월 북한인권법을 마련한 미국은 기존의 난민 및 이민 관련법에 탈북난민 수용에 필요한 관련절차와 체계를 정비하여 2006년 5월 태국으로부터 6명의 탈북난민을 받아들인 이래, 매년 그 숫자는 늘어나고 있다. 이러한 추세가 계속될 경우, 2009년 내에 독일과 영국에 이어 탈북자들에 대한 난민 지위 인정사례가 100명 선을 넘어설 것으로 전망되고 있다.[20]

이 외에도 네덜란드, 덴마크, 노르웨이, 벨기에, 아일랜드 등 유럽 국가들도 각각 5-15명의 탈북자들에게 난민으로서의 정착을 허용한 것으로 파악되고 있다.[21] 탈북자들이 이러한 국가들에 어떻게 도착하여 난민 지위를 신청할 수 있는지에 대해서는 다소의 의문을 가질 수 있다. 여기에는 두 가지 가능한 경로가 있을 수 있는데, 첫째는 UNHCR의 '재정착 프로그램'이다. UNHCR이 각국으로부터 제출받아 취합하는 통계자료에는 북한 국적이었던 자가 해당국에 도착하여 망명을 신청함에 따라 난민 지위를 인정받는 사례(asylum-seeker recognition) 외에도 해당국의 관할영역이 아닌 제3국에서 난민 지위를 인정받은

---

19) 자유아시아 방송, "앨튼 영 의원: '영국의 탈북자 난민수용결정 환영할 만한 일'", 2006. 3. 15일자.

20) 미국의소리 방송, "난민 자격 미국 입국 탈북자 증가", 2009. 2. 13일자.

21) 자유아시아 방송, "캐나다의 탈북자 난민 인정 폭증", 2009. 2. 8일자.

뒤 이러한 국가들에 재정착한 사례(resettlement arrivals of refugees)도 포함되어 있는데, 예를 들어, 많은 탈북 난민들이 경유지로 택하고 있는 태국은 난민지위협약의 당사국은 아니지만, 탈북난민들이 방콕에 있는 UNHCR 동남아지역사무소에 난민 지위를 신청하여 그 지위를 인정받게 되면, UNHCR의 권유와 당사자의 희망, 그리고 이들을 난민으로서 받아들이고자 하는 국가들의 현황 등이 종합적으로 고려되어 유럽 등지에서의 정착도 가능하다. 이른바, '재정착 프로그램'으로 불리는 이러한 제도를 통해 아프리카, 아시아 지역 등 세계 곳곳에서 발생하는 수많은 난민들이 안전한 제3국들에 정착해오고 있다. 둘째는, 영국 등으로 망명 또는 난민 지위를 신청하였으나, 심사에 소요되는 상당한 기간이나 지위 인정 가능성에 대한 불안감 등으로 다시 국경을 넘어 인접국으로 이동하여 난민 지위를 재신청하는 경우도 있을 수 있다.

한편, 캐나다의 경우는 2000년부터 간헐적으로 1명씩의 탈북난민을 받아들이다가, 난민으로서의 입국 허용사례가 2008년부터 두드러지게 늘고 있어 특히 주목된다.[22] 캐나다 이민난민국 분기별 난민심사 국가별 통계자료에 따르면, 2000년과 2003년, 2005년과 2007년에 각각 1명씩 탈북자가 캐나다 정부로부터 난민 지위를 받았고, 2008년에는 7명이 심사를 통과한 데 이어 2009년 1월에만 3명이 추가로 난민 인정을 받았다. 이로써 캐나다 정부로부터 난민으로 인정받은 탈북자는 2009년 2월까지 14명으로 공식 확인되었고, 캐나다 내 탈북자가 난민 지위를 받는 사례는 2008년 하반기를 시작으로 꾸준히 늘고 있는 것으로 파악되고 있다. 이와 관련하여 최근 캐나다 한인사회의 특별한 움

---

22) 자유아시아 방송, "캐나다 양당, 북한인권 결의안 동시 발의", 2009. 5. 19일자.

직임이 주목된다. 3명의 한인교포 2세 출신 변호사들을 중심으로 시작되어 1년 6개월 만에 4백여 명이 넘는 단체로 성장한 '한보이스(Han Voice, 대표 사이먼 박)'나 '캐나다 북한인권협의회(회장 이경복)'과 같은 단체들도 생겨나 난민으로 정착하기를 희망하는 탈북자들에 대한 법률지원과 함께 북한인권실상과 탈북난민들이 처한 곤경을 캐나다 사회에 알리는 활동을 활발히 전개해오고 있다. 2009년 5월에는 여야의 보수당과 자유당 모두 북한인권결의안을 의회에 발의하여 중국 내 탈북자의 강제 북송문제를 비롯한 북한 인권과 관련한 사안들이 조속히 해결되어야 함을 강조하고 있어 주목된다. 캐나다는 국제적으로 난민보호와 인권증진에 중립적이면서도 모범적인 기여를 해왔다는 국제적 평판을 받고 있어 앞으로의 역할이 더욱 기대되고 있다.

이상의 국가들 외에도 오스트리아, 프랑스, 스위스, 호주 등에도 탈북자들의 난민신청이 이어지고 있지만,[23] 현재까지는 실제 지위를 인정받은 사례는 없는 것으로 파악되고 있다.

다소 예외적인 사례로, 일본의 경우에는 현재까지 최소 200여 명이 넘는 탈북자들이 정착한 것으로 추산되고 있다. 1960-70년대 북한 당국의 과장된 선전과 일본 정부의 방관적 정책 등으로 인해 일본으로부터 북한으로 건너갔다가 다시 일본으로 돌아가고자 탈북하고 있는 소위 '귀환난민'들이 이러한 경우들에 해당된다. 하지만, 앞서 살펴본 국가들과 달리 일본은 이들을 난민으로 받아들이고 있는 것은 아니라는 점에 유의할 필요가 있고, 난민으로서의 지위 인정사례로 제한하여 종합한 앞의 〈표 5〉에는 포함되지 않은 숫자이다.

---

23) 이러한 사실은 다음의 외신이 유엔난민최고대표실에서 추가로 입수한 통계자료와 제니퍼 파고니스 대변인과의 인터뷰를 통해 확인하였다; 자유아시아 방송, "UNHCR: 영국이 2004년부터 독일 제치고, 가장 많은 탈북자들이 신규 망명 신청해", 2006. 3. 13일자.

유엔난민지위협약의 적용에 있어서의 난민은, 비록 유엔이 난민지위를 부여하지 못한 상황 하에 있다고 하더라도 그가 난민으로서 보호될 필요가 있다는 사실까지 부정되는 것은 아니라는 것이다. 예를 들어, 유엔에 있어서는 난민으로 인정되지 못하더라도 A 국가는 그를 난민으로서 수용할 수 있고, 개별국가들 차원에서도 B 국가에서는 난민 지위를 얻지 못하더라도 C 국가에서는 난민 지위를 부여받을 수도 있는 것처럼, 특정시점에서 난민 지위를 인정받지 못한다고 하더라도 그 사람이 난민이 아니라고 단정할 수는 없기 때문이다. 즉, 난민인지 아닌지의 여부는 유엔이나 특정국가의 선언의 존부에 의해서가 아니라 기본적으로 그 사람이 처해 있는 상황에 따라 좌우되며, 지구상에서 그를 난민으로서 보호하고자 하는 국가가 있는가, 없는가에 따라서도 특정한 시점이나 상황 하에서는 보호를 받을 수도 있는 가능성이 언제나 열려 있다.

UNHCR의 통계자료에 따르면, 자료이용이 가능한 154개국 가운데 각국 정부가 난민 지위를 판정한 경우는 2007년 94개국(61%)으로 2002년에 비해 13개국이 늘어났고, 정부와 UNHCR이 협력하여 판정한 경우도 15개국(10%)으로 같은 기간 동안 4개국이 늘어난 것으로 나타났다. 반면, UNHCR이 단독으로 판정한 경우는 45개국(29%)으로 2002년에 비해 12개국이 줄어든 것으로 나타났다. 즉, 난민 지위의 판정에 있어서 실제 UNHCR이 이를 주도하는 경우는 전체의 3분의 1에도 미치지 못하며, 반수 이상의 국가들에서 해당국 정부에 의해 이루어지는 경향이 점차 강화되고 있음을 시사한다.

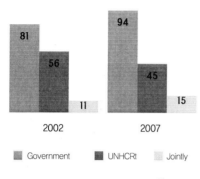

Fig IV.1. Responsibility for refugee status determination

81 / 56 / 11 — 2002

94 / 45 / 15 — 2007

■ Government   ■ UNHCRt   ■ Jointly

〈그림 2〉 난민 지위의 인정주체[24]

이러한 경향에 비추어, 오늘날 국경을 넘은 탈북자들을 난민으로서 받아들이는 국가들이 늘어나고 있다는 사실은 곧 이들을 난민으로 간주하는 인식이 국제사회에 점차 늘어나고 있다는 점과 '협약에 따른 난민'으로 간주하는 경향 역시 늘어나고 있다는 것으로 해석될 수 있다.

물론 탈북자를 난민으로 받아들인 전례가 있거나 비교적 많이 받아들이고 있는 국가라 하더라도 실제 그러한 지위를 받는 것은 결코 쉽지 않은 일이며 요건에 충족되지 않거나 사실관계에 허위가 있을 경우, 그 지위가 거부되거나 박탈될 뿐만 아니라, 벌금이 부과되거나 추방될 가능성도 상당하다는 점에 유의해야 한다. 각국이 저마다의 합당한 원칙과 비교적 엄격한 기준에 따라 심사를 해오고 있기 때문에, 탈북자라고 하여 이러한 국가들로 가면 모두 난민 지위를 부여받을 수 있을 것이라고 섣불리 기대하거나 너무 쉽게 행로를 판단하는 것은 위험하다.

이러한 기준 또는 기본원칙에 대해서는 탈북자 당사자들은 물론 이들을 지원하는 NGO 관계자들, 때로는 전문알선브로커들도 제대로 파악하지 못하고 있는 경우가 적지 않아 근거 없이 잘못된 정보들이 난무해온 실정이다. 유엔난민지위협약에 가입한 각 당사국들이 난민 지

---

24) UNHCR STATISTICAL YEARBOOK(2007) 45쪽.

위의 인정기준과 함께 중요한 심사기준으로서 국내법에도 반영·적용해오고 있는 난민 지위의 적용정지조항이나 배제조항(국제적으로 인정되는 중대한 범죄자이거나 인권침해의 가해자였던 경우 등은 난민 지위를 인정받을 수 없도록 함)의 내용에 대해 이해하는 것은 매우 중요한데, 특히 다음과 같은 유엔난민지위협약의 적용정지조항(Cessation Clauses)의 c항에 주목할 필요가 있다.

즉, 한국을 비롯한 안정적인 피난처에 도착하여 새로운 국적을 취득

---

* 이 협약은 다음의 어느 것에 해당하는 경우 적용이 정지된다.

(a) 임의로 국적국의 보호를 다시 받고 있는 경우

(b) 국적을 상실한 후 임의로 국적을 회복한 경우

(c) 새로운 국적을 취득하고, 또한 새로운 국적국의 보호를 받고 있는 경우

(d) 박해를 받을 우려가 있다고 하는 공포 때문에 정주하고 있는 국가를 떠나거나 또는 그 국가 밖에 체류하고 있었으나 그 국가에서 임의로 다시 정주하게 된 경우

(e) 난민으로 인정되어 온 근거사유가 소멸되었기 때문에 국적국의 보호를 받는 것을 거부할 수 없게 된 경우. 다만, 이 조항은 이 조 A(1)에 해당하는 난민으로서 국적국의 보호를 받는 것을 거부한 이유로서 과거의 박해에 기인하는 어쩔 수 없는 사정을 원용할 수 있는 자에게는 적용하지 아니한다.

(f) 국적이 없는 자로서, 난민으로 인정되어 온 근거사유가 소멸되었기 때문에 종전의 상주국가에 되돌아올 수 있을 경우. 다만 이 조항은 이 조 A(1)에 해당하는 난민으로서 종전의 상주국가에 돌아오기를 거부한 이유로서 과거의 박해에 기인하는 어쩔 수 없는 사정을 원용할 수 있는 자에게는 적용하지 아니한다.

〈표 6〉 난민 지위의 적용정지조항

한 경우에는 난민으로서의 지위가 더 이상 유지될 수 없음을 명확히 하고 있다. 물론, 한국 등지에 정착하여 새로운 국적을 부여받은 경우라고 하더라도 새로운 국적국 정부에 의해 정치적 이유 등 난민지위협약에 규정된 이유 등으로 박해를 받았음이 입증될 경우에는 난민으로서의 지위를 부여받을 수는 있다.

이와 같은 난민지위협약의 원칙들은 각국의 난민심사 절차에도 그

대로 적용되는데, 한 예로 영국 정부는 한국에 먼저 정착하였던 것으로 확인되는 경우에는 다시 한국으로 추방하는 것을 원칙으로 하고 있다. 이는 한국 국적 취득사실을 숨긴 채 다른 제3국에 망명을 신청하는 이른바 '위장 망명' 탈북자 문제에 대처하기 위함인데, 2007년 하반기에 이르러 영국 정부는 자국에 난민 지위를 신청한 탈북자들이 심사 신청과정에서 찍은 지문과 한국 정부가 확보하고 있는 지문 정보를 대조하고자 한국 정부에 지문 확인을 요청하기 시작하였다. 영국 정부가 이와 같은 확인절차를 마련한 것은 위장 망명 탈북자들은 한국에서 적응을 못하는 사람들일 뿐이지 망명 신청자로 인정할 수 없다는 합당한 판단에 기초하고 있는 바, 한국 등 어떠한 국가에도 정착할 수 없었던 경우, 즉 '진짜(genuine) 난민'들에게 필요한 도움을 주기 위한 '불가피한 조치'로 볼 수 있다. 다만, 영국의 존 그로건(John Grogan) 노동당 하원의원은 '1990년대 말 코소보 사태 때도 많은 알바니아인들이 코소보 주민으로 위장해 영국에 위장 망명을 시도했었고, 이 문제는 탈북자들에만 국한된 건 아니다'고 설명하며, "영국으로 망명을 신청하는 탈북자들 가운데 위장 망명자는 소수에 불과하고, 다른 난민들에 비해 전체 망명신청 건수가 많지 않아 아직 큰 문제로 인식되고 있지는 않다"고 설명하기도 하였다.

2007년을 전후로 한국 내에서도 논란이 되었던 이러한 위장 망명 탈북자 문제는 국내로 정착한 북한 이탈주민들이 실업 및 각종 사회적 차별 등으로 인해 정착이 쉽지 않은 가운데 일부 브로커들이 영국의 각종 지원제도를 과장 선전한 것 등이 복합적으로 작용한 것이었으나, 높은 현지 물가를 고려하면 한국 생활에 비해 경제적으로 어려운 생활을 하게 되고, 대부분 언어소통 및 문화적 차이를 극복하지 못해 많은 어려움을 겪고 있으며, 상당수가 한국으로 다시 추방되거나 스스로 되돌아오는 경우들도 많아 영국으로의 위장 망명 시도는 눈에 띄게 줄고 있는 상황이다.

한편, 일부 조선족들이 탈북난민으로 위장하여 유럽으로 망명을 시도하는 경우도 종종 있었는데, 벨기에의 경우 영국과 달리 지문조회는 하지 않는 것으로 알려져 있지만, 진짜 탈북자인지, 탈북자로 위장한 조선족인지를 구별하기 위한 방법이나 기준을 만드는 데 부심해오고 있다. 노르웨이의 경우, 기본적으로 난민 지위 심사 절차가 매우 엄격하고, 복잡하며, 최종결정에 수년이 걸리기도 하기 때문에 소위 위장 망명 탈북자들이 난민으로 인정되기는 극히 어려운 것으로 파악되고 있다.

요컨대, 탈북자들을 난민으로서 받아들이고 있는 유럽 등 서방국가들은 중국 등 중간 경유국에서 곧장 자국으로 향하는 경우와 UNHCR이 위임난민 지위를 부여하거나 이러한 국가들에서 받아줄 것이 요청될 경우에 한해 난민 지위를 부여하는 것을 기본방향으로 설정하고 있으며, 한국 등 안정적 정착지에서 이미 국적을 부여받은 경우나 탈북자로 가장하는 일부 조선족들에 대해서는 난민으로 인정하지 않음으로써 정말 보호를 받아야 할 사람들에게 최대한의 보호를 제공하고자 하고 있다. 한국 정부 또한 2008년 이래, 이른바 '위장 망명 탈북자'들에 대해서는 행정적, 사법적으로 처벌할 방침임을 밝히고 있는바, 이 문제는 점차 합당한 방향으로 정착되어 가고 있는 것으로 평가될 수 있다.

IV. 결론

　중국 당국이 탈북자는 난민으로 인정할 수 없다는 완강한 입장을 유지하여오고 있다고 하더라도, 중국을 제외한 많은 국가들은 이들을 최소한 난민에 준하여 보호받아야 할 '우려의 대상들(persons of concern)'로 간주하고 있으며, 실제로 이들에게 난민 지위를 부여하거나 정착을 허용하는 국가들은 계속 늘어나고 있다. 탈북자들은 난민이 아니라고 명시적으로 주장하는 것은 사실상 중국과 북한뿐이다. 만약 192개 유엔회원국들 가운데 압도적으로 많은 국가들이 이들에게 난민 지위를 부여하거나 보호 의지를 표명하고 나서고 있음에도 불구하고, 오로지 2개국이 부정한다는 이유로 이들을 난민문제로 접근하는 것이 비현실적이라고 말할 수 있을까?

　재외탈북자들을 난민으로 간주하고, 받아들이는 국가들이 점차 늘어나거나, 늘어날 수 있도록 국제사회를 설득하는 노력은 특정한 몇 개국이 중국과 북한에 항의하거나 비판하는 것보다 훨씬 더 강력한 '공조된 압력'으로 작용할 수 있다. 단 몇 명이라도 이들을 보호하거나 정착을 허용하는 국가들이 늘어날 경우, 특정 국가로 대량난민이 집중되거나 모든 책임이 전가될지도 모른다는 일종의 부담감을 줄이는 데 있어서도 중요하다.

　이러한 목표를 달성하는 데 있어서는 해결해야 할 두 가지 문제가 남아 있다. 첫째는 탈북이 단지 식량난으로 인해 발생하였거나 앞으로도 그럴 것이라고 생각하기 쉬운 근시안적인 인식을 바꾸는 일이다. 둘째는 앞서 설명하였듯이, 유엔 관련기구들을 비롯한 각국 정부들을 효과적으로 설득할 것인가 하는 과제이다. 이는 '탈북자들에게 상대적으로 최대한의 지원을 제공하고, 문화적으로 친숙할 수 있는 정착 환경은 한국인데, 굳이 나서서 이들을 받아들일 필요가 있는가?' 하는 회의적인 인식들을 변화시키는 일이다. 이에 대해서는 다양한 국가들이 조금씩 역할을 분담하여 문제의 해결에 함께 기여해나갈 경우에라야 중국 당국도 강제송환 정책의 변화를 고려할 가능성이 높고, 북한 당국도 탈북자들에 대한 처벌의 실질적 완화를 고심하게 될 것이라는 등의 설득논리가 필요하다.

재외탈북자들의 실태는 관련 국제회의나 세미나 외에도 여러 형태의 조사보고서나 연구결과, 언론보도 등을 통해 국내외로 잘 알려져 오고 있는 편이다. 하지만, 같은 문제와 실태를 소냉함에 있어서도 실상의 묘사나 사례의 열거에 치중하는 경우는 많지만, 논리적 인과관계를 밝히는 시도는 여전히 드물다. 그러한 의미에서 2005년 국제인권단체인 영국의 국제반노예연대(Anti-Slavery International)가 중국내 탈북여성들의 성 착취 실태를 '선택의 부재(Absence of Choice)'라는 제목 하에 조명하였던 것은 국제사회를 상대로 한 설득논리의 중요성에 착목한 매우 적절한 본보기로 제시될 수 있다.

요컨대, 북한인권운동은 어느덧 국내 차원을 넘어 국제적 운동으로 연계망이 넓어지고 있다. 개별 NGO들마다, 활동가들마다, 이 문제에 관심을 갖고 있는 각계각층마다 다양한 네트워크가 형성되고 있다. 그러나 지금까지 재외탈북자 문제에 대해서는 깊은 관심을 갖지 못하였거나, 오인하고 있거나, 실태의 심각함은 인지하고 있지만, 선뜻 나서지는 못하고 있었던 국가들이 많다. 이들을 행동의 무대로 이끌어내기 위해서는 이미 파악되고 알고 있던 사실들을 인과관계의 논리에 입각하여 알리는 적극적인 설득전략이 난관을 돌파하는 데 있어서 유용한 수단이 될 수 있고, 재외탈북자들에게도 우호적인 국제적 환경을 조성하는 데 유익할 것이라 믿는다.

참 고 문 헌

국제반노예연대, 『선택의 부재: 중국 내 북한여성들의 성 착취』, 2005.

김은실, 『여성의 몸, 몸의 문화정치학』, 또 하나의 문화, 2001.

박승민·배진영, "북한 사회안전부 『주민등록사업참고서』", 「월간조선」 2007년
　　　　7월호, 월간조선사

오경섭, "북한인권 침해의 구조적 실태에 대한 연구: 정치범 수용소를 중심으로",
　　　　고려대학교 석사학위논문, 2005.

윤대일, 『「惡의 축」 집행부 국가안전보위부의 內幕』, 월간조선사, 2002.

이영환, "재외탈북자 실태와 변화 양상 - 동남아를 중심으로", 『새터민 남한사회 적응
　　　　과정의 현황과 전망 세미나 자료집』, 북한이탈주민지원 민간단체연대, 2007.

테사-모리스 스즈키, "일본 내 북한 난민: 북송 제일교포 출신 탈북 난민 문제의 내막",
　　　　　　　　『제9회 북한인권·난민문제 국제회의(호주 멜버른) 자료집』, 2009.

통일원, 『95 북한개요』, 통일원 통일연수원, 1995.

James D. White & Athony J. Marsella, 『Fear of Persecution: Global Human Rights,
　　　　International Law, and Human Well-being』, Lexington Book

UNHCR, 『UNHCR Statistical Yearbook 2007: Trends in Displacement, Protection
　　　　and solutions』, 2007.

제11장

지방자치단체 환경미화업무 민간위탁의 현황 및 문제

조영관(인하대학교 법학전문대학원생)

I. 서론

'환경미화업무'를 민간위탁하는 지방자치단체에서는 관련 노동분쟁 때문에 바람 잘 날이 없다. 2010년만 하더라도 전주, 광주, 원주, 통영, 창원, 부산 등의 크고 작은 지방자치단체에서 '환경미화'를 담당하는 노동자들의 임금 및 노조 결성과 관련된 투쟁들이 연이어 계속되었다. 또한 사회적으로 많은 관심을 받았던 홍익대학교 청소 노동자들의 고용승계 투쟁을 비롯하여 한국과학기술연구정보원, 한국교원대, 고려대, 인하대 등 학교 및 공공기관에서도 그 사정은 마찬가지다.

최근 비정규직 문제는 새로운 경향을 보이고 있다. 전통적인 비정규직 문제가 한 사업장에서 동일한 사업주에 직접 고용되면서 내부적으로 계약기간 및 근로형태를 달리하는 기간제 및 단시간 노동자의 무분별한 확산에 따른 것이었다면, 최근에는 위장도급, 불법파견, 민간위탁 등 사업장과 사업주의 형식적 분리에 따른 '간접고용'을 그 핵심으로 하고 있다. 간접고용 노동자를 실질적으로 보호할 수 있는 노동법적 제도는 갈수록 치밀하고 고도화되는 사업주들의 위장술을 따라가기에 매우 부실한 상황이다. 민간기업에서 경영효율화를 위한 수단으로 사용되던 '간접고용'제도는 이제 민간기업을 넘어 지방자치단체에까지 확산되고 있다. 간접고용에서 공통적으로 찾아볼 수 있는 문제점은 매년 재계약을 반복하는 '상시적인 고용불안'과 과도한 저예산 위탁방식에 따른 노동자들의 '살인적인 저임금'으로 요약해 볼 수 있다. 이러한 노동조건을 개선하기 위해 노동자들이 노동조합을 결성할 경우에는 어김없이 원청이 해당 용역업체와 계약을 중도 해지 또는 재계약을 거부함으로써 합법적이고, 자동적으로 노동자들을 해고하고 있다. 더욱 심각한 점은 이후 발생하는 분쟁사안에서 실질적인 사용자인 원청은 용역업체와 노동자간의 문제라며 이를 방치하고 있다는 점이다.

간접고용으로 발생하는 노동자들의 노동조건 및 노동3권 보장을 위한 법 제도를 마련하는 것이 한시바삐 필요하지만, 복잡하고 첨예한 이해관계를 조정해야 하는 어려운 과정이 필요하다. 따라서 이를 근본적으로 개선할 수 있는 합리적인 법적 제도가 제대로 자리 잡기 전까지, 공공부문 만큼은 민간부문과 다른 모습을 보여주어야 한다. 특히 지방자치단체의 경우 지역사회와 가장 밀착된 기관으로서 지역주민의 고용불안을 해소하기 위한 직접적인 책임이 있으며, 지역의 모범 사용자로서 그 역할이 매우 중요하다고 생각된다.

이런 방향에서, 지방자치단체의 업무 중에서 공공적인 성격이 가장 높음에도 거의 100% 가깝게 민간위탁에 따른 간접고용화 되어 있는 '지방자치단체의 청소미화업무'를 중심으로 민간위탁제도의 문제점 및 현황을 검토하고 이에 대한 개선방안을 제안하는 것을 이글의 목적으로 한다. 특히 최근 몇몇 지방자치단체에서 청소미화업무에 대한 직접고용, 공사·공단을 통한 고용, 고용보장을 위한 조례 개정 등 나름의 고용조건 개선사례들이 언론을 통해 보도되고 있는바 이를 통해 지방자치단체 차원에서 실질적으로 도입 가능한 현실적인 제도 개선안을 검토해 본다.

II. 지방자치단체 사무의 민간위탁

1. 민간위탁의 정의 및 목적

『행정권한의 위임 및 위탁에 관한 규정』 제2조 제3호에 따르면, '민간위탁'이라 함은 "각종 법률에 규정된 행정기관의 사무 중 일부를 지방자치단체가 아닌 법인·단체 또는 그 기관이나 개인에게 맡겨 그의 명의와 책임 하에 행사하도록 하는 것"을 말한다. 즉, '민간위탁'은 지방자치단체가 담당하는 공공서비스를 민간자본에게 수탁하는 행위를 통칭하며, 『지방자치법』(제104조 제3항), 『지방자치단체의 행정기구와 정원기준 등에 관한 규정』(제5조 제2항), 『정부조직법』(제6조 제3항), 『행정권한의 위임 및 위탁에 관한 규정』을 관련 법규로 삼고 있다.

정부에서는 행정업무의 민간위탁의 목적이 행정조직의 비대화를 억제하고, 민간의 특수한 전문기술을 활용함으로써 행정사무의 능률성을 높이고 비용을 절감하며, 국민생활과 직결되는 단순행정업무를 신속하게 처리하는 데 있다고 밝히고 있다.

이렇듯 애초에 민간위탁은 행정기관을 효율적으로 운영하는 방안이라는 이유도 도입되기 시작하였다. 그런데 최근에는 '민간경제의 활성화', '관련 영역의 시장창출' 등을 도입 근거로 추가되고, 심지어는 '지방자치단체의 실업대책'으로까지 언급되고 있는 실정이다.

공공부문 구조조정 정책으로 연속하여 발표하고 있는 '공공기관 선진화 방안' 4차 발표에서 정부는 공공기관이 수행하는 세부 기능의 적정성을 분석, 불필요한 기능, 효율화가 가능한 기능 등을 정비하고, 해당기능과 관련된 정원을 축소하겠다는 명목 하에 '민간과 경합하여 민간을 위축시키는 기능은 민간으로 이양하거나 민간 위탁'을 추진하겠다고 밝혔다. 즉 민간위탁의 목적이 인력 구조조정과 예산절감이라는 점을 분명히 한 것이다.

정부는 민간위탁이 지방자치단체 및 공공기관의 효율성을 증대를 위한 제도라고 주장하고 있으나, 실제 행정업무의 민간위탁은 공공부문에 해당하는 행정서비스를 사유화, 시장화하는 과정의 일환으로 판단된다. 정부는 예산절감의 효과가 있다고 주장하고 있으나, 지방자치단체에서 민간위탁 하는 업무의 대부분이 노동집약적인 현업업무로서, 단순히 인건비 절감을 목표로 하는 경우가 대부분인 점을 고려하면, 결국 민간위탁을 통해 절감되는 예산은 노동자들에게 돌아가야 할 임금에서 민간위탁업체의 이익을 공제한 것에 불과하다. 대표적으로 생활폐기물 수거 운반, 복지관 등 사회복지서비스, 도로보수, 공원녹지관리, 공공청사관리, 체육시설 등이 그러한 업무이다.

2. 민간위탁의 일반적인 문제점

(1) 공공성과 책임성의 침해

원칙적으로 주민들을 위해 해당 지자체가 담당해야 할 업무를 민간에 위탁하는 것은 공공기관 스스로 자신의 역할을 방임하는 것과 다름없다. 공공성이 가장 우선적 가치일 수밖에 없는 공공부문의 업무를 민간위탁 하려면, 민간위탁 업무의 선정을 비롯하여 제도 전반적으로 서비스의 이용자나 실제업무 종사자들의 참여가 보장되어야 하는 것이 당연하지만, 현재의 민간위탁 제도는 모든 구성 주체의 역할이 모호하거나 부족한 상황이다.

(2) 이해충돌, 계약 절차상의 부패 가능성

현재 민간위탁 제도는 수탁법인을 선정하는 절차나 방식에 대한 체계적인 기준이 마련되어 있지 않아, 수탁자 선정 과정상의 투명성이나 공정성, 객관성을 보장할 수 없다. 따라서 계약절차상에서 위법한 뒷거래가 오고간다는 의심을 받게 될 소지가 다분하다.

(3) 독점운영에 따른 가격 상승 가능성, 예산 낭비

민간위탁은 단기적으로 재정 부담을 감소시킬 수 있지만, 장기적으로 보면 민간에 보조금을 교부하는 등 공공재정에서 보다 높은 비용을 부담하게 될 가능성이 높다. 이는 결국 주민들에게 더 많은 대가의 지불을 강요하게 된다.

예산의 구조적 낭비 문제는 더욱 심각하다. 민간위탁 업무의 단가 책정의 적절성 여부와 함께 명목상 비용이 아닌 전체적, 실질적 비용 대비 효율성을 검토할 경우 민간위탁의 비용절감 효과가 의문시되는 것이다.

(4) 공공서비스의 안정성, 계속성 훼손

수탁업체가 용역계약을 포기하거나 노사갈등이 있는 경우, 또는 수탁업체가 변경되는 경우 업무전체가 중단될 수 있어 공공서비스의 안정성, 지속성을 저해할 가능성이 있으며, 이로 인해 주민 불편이 초래될 수 있다. 또한 장기적으로 위탁하게 될 경우 수탁업체의 사명감 부족으로 서비스의 질적저하 문제가 발생할 수 있다.

(5) 공공서비스의 질 저하

민간위탁은 지자체 사무 및 관리를 대행하는 의미를 지니고 있지만, 본질적으로는 공공 서비스업무에 대해 민간 부문에서 간접고용 비정규직 노동자를 활용하는 외주 용역화이다. 즉, 지방자치단체가 사용사업주로서의 책임을 회피하고 용역업체 소속 노동자의 고용불안을 심화시키고 근로조건을 악화시킬 위험이 있다. 또한 수탁업체 선정이 저가 입찰에 기반한 경우 그 부담이 고스란히 노동자에게 전가될 뿐 아니라 부실한 서비스로 이어질 것이다. 민간위탁 업무에 종사하는 노동자들은 임금수준, 노동 강도, 고용안정성 측면에서 열악한 지위에 놓여 있고, 이로 인해 직무몰입도가 낮게 되어 서비스의 질 또한 하락하게 된다.

(6) 차별적인 저임금

대부분의 민간위탁 업무는 지자체가 지역주민들에게 필수적으로 제공해야 하는 업무 중 하나로, 업무의 외관은 거의 동일하지만 직영 / 공단 또는 공사 수행 / 민간위탁 등으로 나뉘어 존재하고 있다. 문제는 동일한 대주민업무를 수행하고 있음에도 불구하고 이들 사이에, 임금 수준 및 체계가 매우 복잡하고 차이가 있다는 것이다. 대체로 직영 〉 공단·공사 고용 〉 민간위탁 순서로, 민간위탁의 경우가 임금이 가장 낮다. 동일한 노동을 하면서도 차별적인 저임금을 받고 있는 것이다.

(7) 노동3권의 심각한 침해

간접고용 노동자들에게 보편적으로 발견되는 문제가 바로 노동3권의 형해화이다. 위와 같은 열악한 노동조건 개선을 위한 노동자들의 노동조합 설립 및 단체행동에 대해 사실상 원 사용자인 지방자치단체가 민간위탁업체와 위탁계약을 해지 혹은 재계약을 거부함에 따라 사실상 합법적인 해고가 가능하고, 노동자들의 헌법상 보장된 권리인 노동3권이 형해화될 위험성이 매우 높다.

3. 이명박 정부 출범 이후 최근의 경향

이명박 정부는 출범 이후 지금까지 공격적으로 중앙·지방행정기관의 인력과 예산을 감축하는 정책을 펼치고 있다. 이명박 정부의 '행정기관의 구조조정 정책'은 구체적인 감축목표의 제시, 총액인건비제도 등 예산제도와의 결합을 통한 일방적 강제를 그 특징으로 하고 있다.

행정안전부는 2008년 2월 '2단계 조직기능개편지침', 5월 '지방조직개편안' 등을 통해서 지방자치단체의 구조조정을 강력하게 추진할 것을 밝혔다. 인건비나 운영비 등의 예산절감을 목표로 산하 공공기관들의 많은 업무를 민간위탁하고, 이를 통해 해당 부서 공무원 정원배정을 감소시킬 것을 요구하고 있고, 공공기관의 업무평가에 반영하겠다는 공공연한 협박을 일삼고 있다. 이에 따라 각 지방자치단체는 구조조정과 민간위탁 방침을 앞다투어 제출하고 있는 실정이다.

행정안전부의 조직 개편안이 제시된 이후 '인천광역시'가 가장 먼저 2008년 4월, 시 조직 및 산하 공공기관에 대한 민간위탁 계획을 발표하였다. '인천광역시'는 이명박 정부의 '지방조직 개편안', '지자체 10% 예산절감 지침'에 맞춰 13개 사업소를 민간위탁하고 중장기적으로 20여개의 공공기관을 민간 위탁할 계획이라고 밝혔다. '부산광역시'는 체육시설관리사업소와 청소년수련원, 문화회관 및 아동종합보호센터, 해양자연사박물관 등을 민간에 위탁하고 농산물도매시장 두 곳은 통합해 민간에 위탁하거나 공사화하는 방안을 장기과제로 발표했다. '서울특별시'는 2010년까지 90개 사무 외주화 및 도로교통사업소, 체육시설관리사업소, 공원관리사업소 등 시설관리 민간위탁 계획을 발표하였다. '광주광역시'는 무등경기장과 월드컵경기장 등을 민간 위탁해 연간 예산 10억 원을 감축한다고 발표했다. 행정안전부가 제시한 중기인력계획상 민간위탁 대상에 해당하는 업무에 맞추어 실제로 민간위탁이 지속적으로 추진되고 있다는 점을 확인할 수 있다.

Ⅲ. 지방자치단체의 환경미화업무의 민간위탁 현황

지방자치단체의 환경미화업무는 크게 '관내 생활폐기물 처리업무'와 '공공기관 청사 내 청소업무'로 나눠 볼 수 있다. 생활폐기물 처리 업무는 또 다시 1)종량제 봉투 수집 및 운반, 2)가로청소, 3)재활용품 수집 및 운반, 4)음식물 폐기물 수집 및 운반업무로 나눠 볼 수 있다.

1997년 IMF 이후 민간기업의 관리기법을 정부관료제에 도입하여 정부의 성과를 향상시킬 수 있다는 신공공관리론(NPM; new public management theory)이 주목받기 시작하면서 공공기관에서 가장 먼저 민간위탁이 시도된 업무가 바로 '환경미화업무'이다. 특별한 기술이 필요하지 않을뿐더러 노동집약적 업무라는 특성 때문으로 생각되지만, 전통적으로 '청소'라는 노동에 대해 '부수적 노동'으로 생각해오는 우리나라 특유의 사고방식도 어느 정도 영향을 끼친 것으로 보인다.

환경미화업무 중 '생활폐기물 처리 업무'에 대한 최근의 통계는 2009년 자원순환사회연대에서 7대 광역시와 및 춘천, 원주, 수원, 천안, 전주, 여수, 포항, 마산지역의 지방자치 단체를 대상으로 조사한 실태조사 자료[1]를 참고하였고, '공공기관 청사 내 청소 업무'에 대한 통계는 2011년 2월 오마이뉴스에서 서울지역 25개 구청을 대상으로 전수 조사한 자료[2]를 바탕으로 하였다. 서울지역 지자체의 고용형태가 다른 지역과 크게 다르지 않을 것이라고 생각되기 때문이다.

1. 생활폐기물 처리 업무

(1) '종량제 봉투 수집 및 운반업무'의 경우 지자체 직접수행이 1.43%, 민간위탁 78.57%, 지자체 직영 및 민간위탁 혼합이 20%로 조사되었다. (2) '가로청소업무'의 경우 87.57% 지자체 직접고용이 87.57%, 민간위탁이 7.14%, 혼합이 4.39%로 조사되었다. (3) '재활용품 수집 및 운반업무'의 경우 지자체 직영이 14.29%, 민간위탁이 57.14%, 혼합이 28.57%로 나타났고, (4) '음식물쓰레기 수집 및 운반업무'의 경우 지자체 직영이 12.86%, 민간위탁이 80.00%, 혼합이 12.86%로 조사되었다. 표와 그림으로 나타내면 다음과 같다.

---

1) 자원순환 사회연대, 『지자체 생활을 폐기물 수집운반업무 민간위탁 현황 조사』, 2009. 12.
2) 오마이뉴스, "서울지역 25개 구청 청소노동자 실태조사", 2011. 1. 24일자. http://ww.ohmynews.com/NWS-Web/View/at-pg.aspx?CNTN_CD

	직영	민간위탁	혼합
종량제봉투	1.4%	78.5%	20.0%
가로청소	88.6%	7.1%	4.3%
재활용품	14.3%	57.1%	28.6%
음식물쓰레기	7.1%	80.0%	12.9%

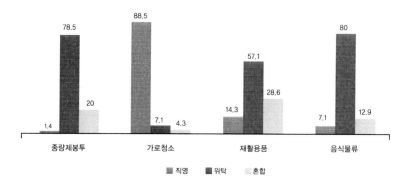

[표1] [그림1] 폐기물 종류별 수집·운반 및 가로청소 주체[3]

통계자료를 통해 알 수 있듯이 '생활쓰레기 수집·운반'에 있어서 가로청소 업무는 지자체 직접고용이 88.6%로 높은 반면, 나머지 업무에서는 민간위탁 및 혼합비율이 압도적으로 높았다. 특히 음식물쓰레기 수거에 있어서는 순수민간위탁 비율이 80%로 가장 높았고, 종량제 봉투 수거에 있어서는 지자체 직접고용 비율이 1%대로 매우 저조했다.

---

3) 자원순환 사회연대, 위의 책.

2. 공공기관 청사 내 청소업무

공공기관 청사 내 청소업무에 종사하는 노동자는 전국적으로 그 숫자는 많지 않지만 지방자치단체가 직접적인 사용자와 다름없다는 점에서 그 특수성이 있다. 전국 각 지자체별로 구체적인 노동환경은 다를 수 있지만, 고용형태 및 현황은 비슷할 것으로 판단된다. 따라서 서울특별시 25개 구청을 대상으로 조사한 실태조사 결과[4]를 참고하였다.

2011년 서울특별시 산하 25개 구청에서 일하는 청소노동자의 인원은 총 289명으로 집계됐다. 각 구청별로 평균 약 12명이 일하고 있었다. 인원이 가장 많은 곳은 성동구청(21명)이고, 가장 적은 곳은 동작구청(6명)과 중구청(6명)이었다.

서초구청은 청소노동자 11명이 모두 상용직이었으나, 상용직 인원이 모두 퇴직한 후에는 청소 업무를 용역 위탁할 계획으로 알려졌다. 임금은 근속연수에 따라 200만 원에서 300만 원 사이였다. 송파구청도 12명의 기능직 공무원이 청소를 담당한다. 특이한 점은 3명의 일용직 노동자가 있다는 점인데, 이 역시 용역 위탁이 아니라 구청에서 직접 채용하고 있었다. 일용직의 임금은 일급으로 4만 1,000원(월 123만 원)이었다. 중랑구청은 기능직 공무원과 상용직을 합쳐 총14명이 일한다. 기능직은 공무원 직급에 따른 임금을 받고 있으며 상용직의 연봉은 평균 2,700만 원 선인 것으로 조사됐다. 반면 강남구청은 청소 용역 20명의 임금은 남성 월 120만 원, 여성 월 105만 원으로 전체 구청 청소 용역 평균 임금(101만 원)보다 높았다. 광진구청, 강서구청, 양천구청, 중구청, 종로구청 등 5개는 전원을 기능직 공무원과 상용직 직원

---

4) 오마이뉴스, 위의 기사.

으로 두고 있었고, 은평구청은 은평구 도시시설관리공단에서 인원을
채용해 구청 청소업무를 하고 있었다.

나머지 구청은 모두 용역 위탁을 실시하고 있었는데, 동작구청, 구
로구청, 용산구청, 강북구청 등 4곳은 기능직공무원을 작업반장 격으
로 두거나, 공무원이 담당하고 일손이 부족한 만큼만 용역 위탁을 시
행하고 있었다. 그밖에 금천구청, 영등포구청, 동대문구청, 성동구청,
도봉구청, 노원구청, 성북구청, 서대문구청, 마포구청, 강동구청, 관악구
청 등 12곳은 청소 담당 인원을 모두 용역 위탁하고 있었다. 표로 정
리하면 다음과 같다.

직접고용 (기능직 + 상용직)	순수 민간위탁	혼합
9 (36%)	12(48%)	4(16%)

[표2] 서울시 구청별 청사내 청소노동자 고용형태[5]

3. 소결

이상의 통계에서 알 수 있듯이 지방자치단체 청소미화업무의 민간위
탁 비율은 매우 높은 편으로 거의 보편적인 고용형태가 되었음을 알 수
있다. 특히, 직접적으로 구민들에게 공공서비스를 제공하는 '생활쓰레기
수거 및 운반' 업무의 경우 가로청소 업무를 제외한 모든 업무에서 민간
위탁비율은 압도적으로 높았다. 또한 지방자치단체가 사실상 사용자의
지위에 있는 청사 내 청소 업무의 경우에도 거의 절반에 가까운 곳에서
순수 민간위탁을 통해 업무를 처리하고 있는 것으로 조사되었다.

---

5) 오마이 뉴스, 위의 기사.

Ⅳ. 환경미화업무 민간위탁의 문제점

1. 환경미화업무 민간위탁의 효율성 실패

(1) 의의

환경미화업무에 대한 민간위탁의 가장 큰 근거는 공공부문에 민간부문의 경쟁과 효율을 도입하는 것이 원가절감 및 양질의 서비스를 제공할 수 있다는 믿음에 근거한다. 하지만 최근 민간위탁의 효율성을 의심하는 연구결과들이 발표되어 주목을 받고 있다.

특히, 민간위탁의 효과는 국가발전단계에 따라 계약기간 및 계약내용, 서비스의 유형에 따라 상이하게 나타나는데 환경미화업무(구체적으로는 생활폐기물처리서비스)에 있어서 민간위탁이 지방정부의 효율성 향상에 어떻게 기여하고 있는지에 대하여 새로운 3단계 DEA(자료포락분석 : Data Envelopment Analysis)모형을 통해, 6년에 걸친 우리나라 광역자치단체 자치구(총 69개)에 대한 전수조사자료를 바탕으로 효율성 분석을 한 결과, 민간위탁이 오히려 효율성을 감소시킨다는 결과가 발표되었다.[6]

---

6) 강은숙, 김종석, 박남기, "지방정부에서의 공공서비스 공급과 민간위탁의 효과 - 7개 광역자치단체 69개 자치구의 생활폐기물처리서비스를 중심으로", 「한국행정논집」 제22권 제4호, 2010, 19쪽.

(2) 연구 내용

논문에서는 생활폐기물처리서비스에 있어서 민간위탁이 과연 지방정부의 효율성에 효과가 있었는지, 효과가 있었다면 그 방향이 긍정적인지 부정적인지 판단하기 위해 지방정부의 효율성 정도를 종속변수로 하고 민간위탁을 나타내는 정책적 변수(예산 및 인력, 장비의 위탁비율)들을 주요설명변수로 하는 회기분석을 시도하였다. 연구논문에서는 복잡한 공식을 통해 그 실증적 인과관계를 밝히고 있으나, 거칠게 요약하면 다음과 같다.

지방자치단체에서 생활폐기물처리서비스에 투입하는 1)담당인력, 2)장비, 3)예산을 '투입변수'로 하고, 이에 대한 결과로서 1)생활폐기물처리량을 '산출변수'로 놓고, 산출변수에 영향을 줄 수 있는 1)관리구역면적, 2)인구밀도, 3)1인당 지역총생산, 4)관리구역 인구규모를 '외생변수'로 고려하여 산출변수에 미치는 영향정도를 제거하여 그 효율성 정도를 분석한 다음, 끝으로 민간위탁의 강도를 나타내는 1)예산위탁비율, 2)인력위탁 비율, 3)장비위탁 비율을 '정책변수'와의 회기분석을 통해 상관관계를 따져 본 것이다. 주요 변수의 내용은 아래의 표와 같다.

변 수			측정변수의 구체적인 내용
투입 변수		담당인력(명)	생활폐기물 관리인원 수(자치구 및 처리업체)
		예산규모(천원)	생활폐기물 관리예산 집행액(수집 · 운반 등 처리비)
		차량(대)	자치구 및 처리업체의 차량 수
		손수레(대)	자치구 및 처리업체의 손수레 수
		중장비(대)	자치구 및 처리업체의 중장비 수
산출 변수		폐기물 매립 · 소각량(ton/일)	생활폐기물 매립 · 소각량(자치구 및 처리업체)
		폐기물 재활용량(ton/일)	생활폐기물 재활용량(자치구 및 처리업체)
외생 변수		관리구역 면적(㎢)	생활폐기물관리구역 면적
		인구밀도(명/㎢)	관리구역 인구/관리구역 면적
		1인당 지역총생산(GRDP)주 (천원)	지역총생산/지역주민수
		관리구역 인구규모(명)	생활폐기물 관리구역 인구수
정책 변수	위탁비율 (%)	예산 위탁 비율	위탁 처리예산/처리예산
		인력 위탁 비율	위탁 인력/총 인력
		장비 위탁 비율	위탁 장비/총 장비

(3) 연구 결과

연구 결과 예산위탁 비율이 높을수록 효율성 점수가 감소하는 반면, 장비위탁 비율은 그 크기가 증가할수록 효율성 점수가 증가하는 것으로 분석되었다. 인력위탁 비율은 크게 영향을 주지 못하는 것으로 나타났다. 즉, 전체 예산에서 예산의 민간위탁 비율이 높아질수록 더욱 비효율적인 결과를 초래한다는 것이고, 장비의 경우에는 위탁하는 비율이 커질수록 더 효율적이라는 것이다.

다만, 장비위탁 비율 및 인력위탁 비율을 효율성의 분석자료(Data)로 채택하는 것이 적정한 것인지에 대해서는 의문이 있다. 즉, 위탁예산 비율의 경우 전체 예산에서 민간위탁기관과의 계약에 의해 위탁된 예산 규모를 확인하면 정확한 값을 측정할 수 있는 반면, 민간위탁기관의 장비와 인력은 관련 자료를 어떻게 보고하는지에 따라 상당히 다른 값을 가질 수 있기 때문이다. 즉, 민간업체에서 실제 지방자치단체의 위탁업무를 수행하는 데 실질적으로 사용되는 장비와 인력에 대해서 보고하지 않고, 자신이 보유하고 있는 전체 장비와 전체인력을 부풀려서 보고할 수 있기 때문이다.

따라서 전체 예산에서 위탁예산의 비율이 증가함에 따라 전체 효율성은 감소하는 것으로 해석하는 것이 보다 타당하다고 볼 수 있다. 또한, 위탁예산에는 민간위탁업체의 인력과 장비에 소요되는 비용이 포함되어 있다고 보면 이러한 해석이 보다 타당하다고 생각한다.

(4) 시사점

행정서비스의 공급 및 전달에 있어서 민간위탁방식으로의 정책변화가 지방자치단체의 생활폐기물처리서비스에 있어서 효율성을 향상시켰는지를 실증적으로 분석한 해당 연구는 1)효율성 지수에 영향을 줄 수 있는 '외생변수'를 통제한 연구기법을 이용했다는 점, 2)전국 69개의 지방자치단체에 대한 6년간에 걸친 전수조사 자료를 분석대상으로 했다는 점 등에서 그 타당성이 높다고 보인다.

또한 분석결과 공공서비스 공급에 있어서 민간위탁 방식으로의 변화가 규범적인 기대와 달리 오히려 효율성을 감소시키는 것으로 나타난 만큼, 지방자치단체에서 청소미화업무에 대한 민간위탁 방식은 전면적인 재검토가 필요하다.

2. 환경미화업무 민간위탁의 문제점

(1) 공공성의 침해

환경미화업무는 해당 지역주민들의 환경, 위생과 직결된 공공사무의 하나이다. 폐기물관리법에서 생활폐기물과 사업장폐기물의 처리와 관련하여 지자체의 책무를 규정하고 있는 것[7]도 폐기물 발생을 최대한 억제하고, 발생된 폐기물을 적정하게 처리하는 공공서비스로서의 공공성을 보장해야 한다는 뜻으로 이해된다.

이와 함께 지방자치단체의 환경미화업무는 전통적으로 지자체에서 지역민을 고용하는 방법으로서 공공부문에서 발생시킬 수 있는 노동수요적 역할을 했던 점도 환경미화 업무의 민간위탁 여부를 판단할 때 고려되어야 한다. 지방자치단체에서 지역민을 고용하는 일자리에 대해서 양질의 일자리를 유지, 확대하는 것은 공공기관으로서의 기본적인

---

7) 폐기물관리법에서는 제4조(국가와 지방자치단체의 책무)에서 일반적인 책임을 규정하고, 이하 제14조 (생활폐기물의 처리등) 제1항에서는 "특별자치도지사, 시장·군수·구청장은 관할 구역에서 배출되는 생활폐기물을 처리하여야 한다." 고 하여 그 의무를 명확하게 하고 있다.

역할이라고 생각된다.

따라서 민간위탁을 통해 공공서비스의 질이 하락하거나 환경미화업무를 담당하는 노동자들의 노동권이 약화된다면 민간위탁의 공공성 측면은 부정적으로 평가될 수밖에 없다.

(2) 공공 예산의 낭비

『지방자치단체를 당사자로 하는 계약에 관한 법률 시행규칙』은 지방자치단체의 업무를 민간위탁할 경우 원가계산의 원리를 명시하고 있다. 이러한 내용은 『지방자치단체 원가계산 및 예정가격 작성요령』 행정안전부예규 제182호(2008. 7. 7)를 통해 보완되었다.

이에 따라 원가계산을 하게 되면 일반관리비 이윤이 15% 가량 보장된다. 이는 직접행정업무를 수행하는 과정에서는 발생하지 않는 비용이다. 간접노무비까지 포함하면 더 많은 추가 예산이 소요된다. 간접노무비는 위탁업무의 종류와 규모, 기간에 따라 차이가 있으나 대략 15% 이내에서 결정된다. 노동집약적인 업무 특성상 직접노무비가 70% 정도를 차지하는 용역계약이라고 하면, 총원가의 1/4인 약 25%가 지방자치단체가 직접 업무를 수행하는 과정에서는 발생하지 않는 비용, 즉 민간위탁을 함으로 인해 추가적으로 발생하는 예산인 것이다.

또한, 민간위탁을 할 경우에 있어서 일반적으로 지방자치단체가 직접 업무를 수행하는 것과 비교하여 업무 수행과 전달에서 한 단계가 더 만들어지면서 비용과 시간이 소요된다. 뿐만 아니라 지방자치단체가 용역업체를 제대로 관리감독 하지 못하면서, 용역업체가 일감을 부풀리거나 탈법한 행위를 통해 부당한 이익을 챙겨가는 경우도 많다. 재활용품 수집과 분류에 있어서 수익성이 떨어진다고 판단될 경우에는 일괄 폐기처분하는 사례, 생활 폐기물이나 분뇨 처리 시 단가의 기준이 되는 '중량'을 늘이기 위해 물을 타는 행위, 재활용 폐기물 불법 매립행위 등이 그 예이다.

(3) 지방자치단체의 부정부패 사례

각 지역의 생활 쓰레기 수집 운반 업무의 민간위탁 과정에서 발생한 지자체 공무원들의 부정부패 사례는 언론보도 등을 통해 많이 알려져 왔다. 몇 가지 사례만 소개하면 다음과 같다.

안양시로부터 생활 쓰레기 수집 운반 업무를 위탁받은 성△기업, 원△개발 등은 기타 경비를 중복해서 계상(5억여 원)하거나 청소차량 유류비, 차량 정비비, 감가상각비를 과다계상(19억여 원), 환경미화원 수를 늘려 부풀리는 방법(2억여 원), 원가계산대로 환경미화원의 임금을 지급하지 않는 방법(10억여 원) 등을 통해 수십억 원의 부당이익을 취하였다. 수원시에서는 9개 청소용역업체에 대행료를 과다 산정해 6억 4,371만 원의 특혜를 준 것으로 드러나 관련 공무원 4명이 사표 또는 전보 처리되었다.

성남시에서 발행한 '2010년 생활폐기물 수집·운반비용 원가계산 보고서'에 제시된 적정임금(원가계산)에 의하면 작업원 연봉은 3,350만 원이다. 그러나 업체에서 일하는 노동자는 실제 2,400만 원을 받고 있다. 노동자 1명당 연간 1천만 원에 가까운 차이가 난다.[8] 가장 최근으로는 2011년 1월, 밀양시에서 생활폐기물 대행업체 대표들이 지난 2005년부터 2010년까지 5년 동안 위장 환경미화원을 업체별로 3~4명을 등재한 뒤 밀양시에 환경미화원 인건비 명목으로 1억 원에서 3억여 원을 청구해 편취한 혐의로 구속된 사례가 있다.

---

8) 이영순 의원, 『국정감사 정책자료집』, 2005.

이처럼 세금이 집행되는 공공서비스로서 가장 기본적으로 요구되는 최소한의 투명성조차 확보되지 못한 지방자치단체의 민간위탁은 전면적으로 재검토되어야 한다.

3. 환경미화업무 민간위탁 노동자들의 노동권 침해 사례

민간위탁은 환경미화업무에 종사하는 노동자들의 노동권을 직접적으로 침해한다. 이는 앞서 검토한 간접고용 비정규직의 일반적인 문제점과 유사한 부분이 있지만, 환경미화업무의 특수성에 따라 그 침해의 정도가 가중되는 모습을 보이기도 한다. 이하에서는 구체적인 사례를 검토하고자 한다.

(1) 저임금

간접고용 노동자에게 저임금은 고질적인 문제이다. 청소미화업무의 경우 전국적으로 크게 차이가 나지 않은 비슷한 형태의 노동에 종사하고 있음에도 불구하고, 직접 고용된 노동자들에 비해 민간위탁 업체에 고용된 노동자들의 임금 격차가 다른 업종에 비해 더 크게 나타나고 있다.

일반적으로 지자체에서 직접 고용된 환경미화원의 경우 행정안전부에서 매년 연말에 시달하는 "환경미화원인부임예산편성기준"에 따라 결정된다. 지자체에 공무원으로 직접 고용되지 않더라도 지자체의 시설관리 공단 등에 소속된 환경미화원들 역시 동일한 임금기준에 의해 임금을 지급받게 된다. 하지만 민간 업체의 경우 임금수준과 체계가 회사별로 다르고 그 차이가 많다. 특히, 동일한 지역에서 경계를 맞대고 있는 지방자치단체 사이에 동일 유형의 노동을 제공하면서도 임금의 격차가 환경미화원 1인당 한 달에 100만 원 이상 나는 경우도 있었다.[9]

지난 2011년 2월 '오마이뉴스'에서 조사한 서울 지역 25개 구청 청사 내 청소노동자 실태조사 결과에 따르면 임금의 경우 129만 원인 구로구청이 가장 높았고, 강동구청 여성노동자들은 주 40시간 근무를 기준으로 최저임금인 월 86만 원(2010년 기준)을 받아 가장 낮았다. 동작구청의 경우 월 88만 원을 받고 있지만, 4대 보험 등을 제외한 실수령액은 75만 원에 불과했다. 보통 정해진 근무시간보다 일을 일찍 시작해야 하는 청소노동자들의 업무 특성상 실제 근무 시간이 주 40시간을 초과한다는 점을 감안한다면 두 곳 모두 법률로 규정한 최저임금에도 못 미치는 임금을 받고 있는 것이다.

(2) 고용불안

매년 재계약을 통해 고용이 유지되는 간접고용 노동자들은 고용불안 문제는 매우 심각한 상황이다. 특히, 청소업무의 경우 유사경쟁업체들의 난립으로 인한 '원가경쟁 심화'와 고령 인구의 증가에 따른 노동시장의 '공급포화'는 고용불안을 가중시키는 요소로 작용하고 있다. 이러한 고용불안은 결국 노동조건의 악화로 이어지게 되어 노동자들의 노동권을 침해하는 악순환이 반복된다.

---

9) 기능직 공무원과 용역 위탁을 동시에 시행하는 서울시 구청들의 경우 기능직공무원들은 직급에 따른 월급을 받는데, 대부분 나이가 많고 근속연수가 오래돼 200만 원 이상의 월급을 받았지만 용역 인원의 임금은 90만~120만 원에 불과하였다.

(3) 노동 강도 강화

청소업무의 특성상 원가 절감을 할 수 있는 특별한 기술력이 없기 때문에 위탁받은 민간업체에서 비용절감을 할 수 있는 유일한 방법은 환경미화원 수를 줄이는 것뿐이다. 실제, 한 경제인 단체에서 분석한 결과에 따르면 환경미화원 1명을 줄이면 해당 업체에서는 연간 최소 2천만 원을 순수 절약할 수 있다고 한다.[10] 따라서 현장의 민간업체들은 상시적인 인원감축의 유혹에 빠질 수밖에 없다. 무분별한 인원감축은 고스란히 남은 노동자들에게 살인적인 노동 강도의 강화로 이어질 수밖에 없다.

안산시의 경우 1998년 8월 경 280명이던 환경미화원을 민간위탁 이후 2001년 4월에는 126명으로 154명을 감축하였고, 이후 민간업체의 부정부패가 드러나자 다시 70명을 증원하였다. 경기도 고양·의정부에서는 생활쓰레기 청소를 위탁받았던 민간업체가 재계약과 동시에 지방자치단체에서 신규로 새로운 업무(재활용쓰레기 수거)를 추가 위탁받았음에도 불구하고 청소업체는 인원을 충원하지 않고 기존업무에 투입되던 인원을 그대로 유지하여 위탁업무를 수행하였다. 결국 노동 강도 강화와 질 낮은 공공서비스 제공으로 이어질 수밖에 없었다.

---

10) 이영순 의원실, 『지방자치단체 청소업무 민간위탁의 문제와 대책』, 2004년 국정감사 정책보고서

V. 개선 방안

1. 지방자치단체의 직접 고용

지방자치단체의 민간위탁의 확산 배경에는 표면적으로 '비용절감'과 '공공서비스의 질적 향상'이 논의되지만, 사실 실질적 목적 중의 하나는 IMF 외환위기 이후 방만한 공무원 조직의 인원감축 압력을 공무원 조직 내에서 가장 하위에 있는 일선 환경미화노동자에게 전가한 것이다. 이는 앞서 검토한 것처럼 청소업무에 대한 우리 사회의 뿌리 깊은 편견에 기인하기도 한다. 하지만 청소미화 업무는 그 성격상 공공성이 매우 높게 요구될 뿐만 아니라 주민들의 일상생활과 가장 직접적으로 연관되는 것으로 '지방자치행정의 민주적이고 능률적으로 수행'을 목적으로 하는 지방자치제도의 성격에 비추어 볼 때 가장 중심적인 업무라고도 할 수 있다. 따라서 지방자치단체에서 청소미화업무에 종사하는 노동자들을 직접 고용하는 것은 지방자치제도의 취지에 비춰볼 때 당연한 의무라고 생각된다.

지방자치단체의 직접고용은 앞서 검토한 민간위탁의 폐해를 방지하고, 위탁 시 발생하는 일반관리비, 이윤 등 민간 사업주에게만 이득이 되는 불필요한 예산을 절감하며, 부정부패의 고리를 끊고 투명행정을 실현하는 발판이 될 수 있다. 또한 환경미화 노동자에 대한 신분보장, 정당한 노동력 제공에 대한 대가·지불을 통해 현장 노동자들의 자긍

심과 업무 몰입도를 높여 공공서비스 진정한 질적 향상을 이루어 내기 위해서도 지방자치단체에서 직접 고용하는 것이 필요하다.

실제로 제주도 서귀포시의 경우 1999년 민간 위탁했던 생활 쓰레기 수집 운반 및 재활용 쓰레기 처리 업무를 2006년에 직영으로 전환하였다. 서귀포시는 직영으로 전환한 후, 오히려 연간 약 4억 원의 예산 절감 효과가 발생했을 뿐 아니라 업무의 공공성과 신속성이 확보되었다. 업무 지시가 이중화되는 과정이나 영리수익이 발생하지 않는 청소 영역에 대한 소극적 업무수행 태도가 극복되면서 더 양질의 서비스를 제공할 수 있게 되었다. 최근 광주광역시 광산구청 및 서울 성동구청 등에서 청소업무에 대한 직접고용 움직임이 보이고 있는데, 매우 긍정적인 현상이라 하겠다.

2. 시설관리공단 등을 통한 직접고용

지방자치단체의 임금 상한을 제한하고 있는 '총액인건비 제도' 등에 의해 당장 지자체의 직접고용이 어렵다면 지방자치단체 산하에 있는 시설관리공단 및 관련 공사를 통한 직접고용 방안을 검토해 볼 수 있다. 『지방공기업법』에 의거하여 지자체의 조례를 통해 설립하는 시설관리공단이나 지방공사에 환경미화 업무를 위임하는 것이다.

대전도시공사의 사례가 대표적이다. 대전시의 5개 구청이 폐기물수집운반 업무를 대전도시공사에 위탁하고 있고, 대전시는 계약당사자는 아니지만 청소업무를 총괄지휘하고 있다. 공사가 5개 대전시 전 구역의 청소업무를 대행함으로써 구청 간 일관성 있는 청소행정을 구현할 수 있고, 각 구청 간 일반관리비 등 고정비용을 절감할 수 있으며,

환경미화원 신분보장 등의 장점을 가지고 있다. 또한 대전시가 공사 사장에 대한 임명권을 행사함으로써 과도한 이윤추구행위를 견제할 수 있다.

이를 더 확대하기 위해서는 입법적인 보완이 필요해 보인다. 현행 『지방공기업법』 제2조에서는 지방 자치단체가 설립할 수 있는 공사 및 공단의 적용범위¹¹⁾를 규정하고 있는데, 여기에 '환경미화업무'를 추가하는 방안이 논의될 필요가 있다. 현재는 제2항을 통해 조례로 설립된 시설관리공단 혹은 도시관리공사에서 환경미화업무를 내부적으로 위임하여 감독 및 지휘하고 있는데 만약 입법적 보완을 통해 각 지자체별 '환경미화공단'을 설립하여 노동자들을 직접 고용할 수 있다면, 간접 고용 청소 노동자들에게 발생하는 고용불안과 저임금 문제를 획기적으로 해결할 수 있을 것으로 판단된다.

---

11) 제2조(적용범위) ①이 법은 다음 각 호의 1에 해당하는 사업(그에 부대되는 사업을 포함한다. 이하 같다) 중 제5조의 규정에 의하여 지방자치단체가 직접 설치·경영하는 사업으로서 대통령령이 정하는 기준 이상의 사업(이하 "지방직영기업"이라 한다)과 제3장 및 제4장에 의하여 설립된 지방공사와 지방공단이 경영하는 사업에 대하여 각각 적용한다.
　1. 수도사업(간이상수도사업을 제외한다)
　2. 공업용수도사업
　3. 궤도사업(도시철도사업을 포함한다)
　4. 자동차운송사업
　5. 지방도로사업(유료도로사업에 한한다)
　6. 하수도사업
　7. 주택사업
　8. 토지개발사업
　②지방자치단체는 다음 각 호의 1에 해당하는 사업 중 경상경비의 5할 이상을 경상수입으로 충당할 수 있는 사업을 지방직영기업·지방공사 또는 지방공단이 경영하는 경우에는 조례가 정하는 바에 의하여 이 법을 적용할 수 있다.
　1. 민간인의 경영참여가 어려운 사업으로서 주민복리의 증진에 기여할 수 있고, 지역경제의 활성화나 지역개발의 촉진에 이바지할 수 있다고 인정되는 사업
　2. 제1항 각 호의 1에 해당하는 사업 중 동항 본문의 규정에 의한 대통령령이 정하는 기준에 미달하는 사업
　3. 체육시설의설치·이용에관한법률에 의한 체육시설업 및 관광진흥법에 의한 관광사업(여행업 및 카지노업을 제외한다)
　③지방자치단체의 장은 제1항 각호의 1에 해당하는 사업 중 동항 각호외의 부분의 규정에 의한 대통령령이 정하는 기준에 미달하는 사업에 대하여 대통령령이 정하는 바에 의하여 제22조의 규정을 준용할 수 있다.

3. 민간위탁을 제한하는 조례 제정

지방자치단체에서 직접고용을 하지 못하는 경우에 민간위탁을 제한하기 위한 방법으로, 지방의회의 조례로 자치사무의 민간위탁 여부에 관하여 사전에 지방의회의 동의를 받도록 규정하는 방법도 대안이 될 수 있다.

『지방자치법』에 따르면 지방자치단체의 조례는 법령의 범위 안에서 그 사무에 관하여 제정할 수 있는바(제22조), 여기서 말하는 "법령의 범위 안에서"란 "법령에 위반되지 않는 범위 내에서"를 가리키므로 지방자치단체가 제정한 조례가 법령에 위반되는 경우에는 효력이 없고, 또한 『지방자치법』은 지방의회와 지방자치단체의 장에게 독자적인 권한을 부여하여 상호 견제와 균형을 이루도록 하고 있으므로, 법률에 특별한 규정이 없는 한 조례로써 견제의 범위를 넘어서 상대방의 고유권한을 침해하는 규정을 제정할 수 없다.(대법원 2007. 2. 9. 선고 2006추45 판결).

한편 『지방자치법』에 따르면 지방자치단체의 장은 그 지방자치단체의 사무와 법령에 따라 그 지방자치단체의 장에게 위임된 사무를 관리하고 집행하고(제103조), 또한 지방자치단체의 장은 조례나 규칙으로 정하는 바에 따라 그 권한에 속하는 사무 중 조사·검사·검정·관리업무 등 주민의 권리·의무와 직접 관련되지 아니하는 사무를 법인·단체 또는 그 기관이나 개인에게 위탁할 수 있다(제104조 제3항).

여기서 『지방자치법』 제104조 제3항에 따른 지방자치단체의 장의 권한 위탁과 관련하여, 조례로 자치사무의 민간위탁 여부의 결정 시 지방의회의 사전 동의를 받도록 규정하는 것이 지방자치단체의 장의 고유권한의 침해에 해당하는지 여부가 문제된다.

이에 대해 최근 대법원(2010추11)은 "행정사무의 민간위탁시 지방의회의 동의를 받도록 개정한 조례안이 법령에 위배되지 않는다"고 판시하였고, 법제처 역시 행정해석을 통해 이러한 조례의 제정이 지방자치단체장의 고유권한의 침해에 해당하지 않는다고 밝힌 바 있다.

대법원은 "이 사건 조례안이 지방자치단체장의 민간위탁에 대한 일방적인 독주를 제어하여 민간위탁의 남용을 방지하고 그 효율성과 공정성을 담보하기 위한 장치에 불과하고, 민간위탁의 권한을 지방자치단체장으로부터 박탈하려는 것이 아니므로, 지방자치단체장의 집행권한을 본질적으로 침해하는 것으로 볼 수 없다. 또한, 지방자치단체장이 동일 수탁자에게 위탁사무를 재위탁하거나 기간연장 등 기존 위탁계약의 중요한 사항을 변경하고자 할 때 지방의회의 동의를 받도록 한 목적은 민간위탁에 관한 지방의회의 적절한 견제기능이 최초의 민간위탁 시뿐만 아니라 그 이후에도 지속적으로 이루어질 수 있도록 하는 데 있으므로, 이에 대한 이 사건 조례안 역시 지방자치단체장의 집행권한을 본질적으로 침해하는 것으로 볼 수 없다"고 판결하였다.

법제처 역시 조례로 지방자치단체의 장이 그 사무를 위탁할 것인지 여부를 결정할 때 지방의회의 사전 동의를 얻도록 규정하는 것은 그 결정의 정당성 및 적법성을 담보하기 위한 지방의회의 견제의 범위 내에 해당하며, 이를 지방자치단체의 장의 고유권한의 침해로 보기는 어렵다는 입장의 행정해석(법제처 09-194)을 한 바 있다.

4. 부수적인 고용보장 및 처우개선 방안

직접고용이 불가능하여 민간위탁 상황을 유지할 수밖에 없는 지자체에서도 노동자들의 고용보장 및 처우개선을 위하여 도입 가능한 방안들로는 다음과 같은 방법이 있을 수 있다.

(1) 고용보장(승계) 명문화

지방자치단체에서 청소용역 입찰 공고 또는 업무에 대한 과업 지시서에 노동자들에 대한 고용승계를 명문화하는 방법이다. 이를 통해 민간위탁에 따라 매년 재계약을 하더라도 노동자들의 고용을 보장할 수 있다.

강원 원주시는 2010·11년 '재활용폐기물 수집운반 대행사업 과업지시서'에 입찰 참가자격 및 조건에 기존업체 인원을 반드시 고용 승계하도록 했다. 대구 남구청은 2009년 '제1권역 생활폐기물 수집운반 대행용역 과업지시서'에 생활폐기물 수집운반 대행 용역에 따른 신규 대행업체는 기존 업체의 인력을 승계하여야 한다고 명시했다. 경남 사천시는 2010년 '사천시 음식물 처리시설 및 침출수처리시설 민간위탁에 따른 수탁사업자 선정을 위한 평가자료 제출안내 긴급공고'에 입찰 참가자격 및 조건으로 기존 운영요원 고용 승계를 명시했다. 통영시도 2008년 '통영시 생활폐기물 중형 소각시설 위탁관리용역 제안 공모 공고' 계약조건에 완전고용승계를 명시했다. 전주시도 전주시립어린이집 위탁 협약서에 위탁조건으로 업무 종사자 고용 승계를 규정한 바 있다.

(2) 노동조건 위반에 대한 관리감독

지방자치단체에서 민간위탁을 함에 있어서 노동자들의 노동조건을 사후적으로 관리 및 감독하지 않음에 따라 위탁업체가 노무비를 중간에 가로채거나 정당한 임금을 지급하지 않는 등 중간업체의 부당노동행위가 심각한 상황이다. 거의 대부분의 지자체의 경우, 위탁 절차가 마무리되면 이후에는 업체가 제출하는 형식적인 서류를 통한 관리감독만 이루어질 뿐이다. 위탁 계약 조건 또는 조례에 민간위탁 노동자의 노동조건을 명시하고 이를 위반하는 업체가 없도록 철저한 사후관리감독이 이루어져야 한다. 예를 들어, 대행업체의 임금 착취와 노동자의 저임금 문제를 해소하기 위해 계약 당시 지자체에서 약정한 노무·인건비가 그대로 노동자에게 지급되는지 실질적으로 감독하고, 이를 위반한 경우에 계약을 해지할 수 있도록 계약서에 명시하는 방법이 있을 수 있다.

경남 창원시는 2010년 12월 이와 같은 내용의 '위·수탁 계약서'를 체결했다. '창원시 생활폐기물 수집운반 대행업무 위·수탁 계약서'는 '시에서 실시하는 생활폐기물 수집운반 민간위탁 수수료 원가산정 연구용역 보고서에서 책정된 노무비(복리후생비 중 임금부분 포함)에 낙찰률을 곱한 금액 이상으로 인건비를 지급하지 아니하였을 때'를 위탁계약 해지사유로 명시하고 있다.

(3) 사회적 기업을 통한 민간위탁

사회적 기업은 『사회적 기업 육성법』에서 "취약계층에게 일자리나 사회서비스를 제공하여 지역주민의 삶의 질을 높이는 등 사회적 목적을 추구하며, 재화·서비스의 생산·판매 등 영업활동을 수행하는 기업으로 인정된 기업"을 뜻한다(사회적 기업 육성법 제2조). 지방자치단체에서는 청소미화업무의 민간위탁 업체를 선정함에 있어서 사회적 기업에 가산점을 부여하여 민간위탁에 따른 부작용을 최소화하고 노동자들의 노동조건 향상에 기여할 수 있다. 전주시의 경우 사회적 기업인 (주)사람과 환경을 통해 전주시 청소행정의 무상지원 및 보조 활동을 하도록 하고 이후 단계적인 민간위탁 방안으로 피해를 최소화하였다.

하지만, 이러한 방법은 근본적인 해결책이 되기 힘들뿐더러 지자체의 개별 상황에 따라 그 성과가 크게 차이가 날 수 있는 점 등을 고려할 때 한계가 있다고 생각된다.

VI. 결론

2011년 새해 벽두에 해고된 '홍익대 청소 비정규직 사태'를 시작으로 청소 노동자들의 고용조건에 대한 문제가 큰 사회적 논란이 되었다. 97년 IMF 이후 유행처럼 번져간 비정규직 일자리는 2010년 8월 현재 860만 명으로 전체 임금 노동자의 절반을 넘었다. 비정규직 노동자의 고용 불안과 저임금, 열악한 근무환경은 사회 양극화를 심화시키고 가난에 빠지게 만드는 가장 큰 원인이 되고 있다.

비정규직 문제의 핵심인 간접고용에 대한 근본적인 대안을 마련하는 일은 시급하지만 매우 어려운 과정이 될 수 있다. 따라서 문제 해결의 실마리를 지방자치단체 수준에서 찾아보려 했던 것이 이번 보고서의 목표였다. 지방자치단체의 청소미화업무에 대한 민간위탁은 유행처럼 확산되어 이미 대표적인 고용형태가 된 상황이다.

하지만 앞서 검토한 것처럼 지방자치단체의 청소미화업무 민간위탁은 '효율성'과 '공공성' 두 마리의 토끼를 모두 놓치는 결과를 낳고 말았다. 노동자들의 노동권도 직접적으로 침해하고 있다. 따라서 지금이라도 민간위탁에 대한 전면적인 재평가가 필요하다.

그리고 개선방안으로 지방자치 단체의 직접고용을 비롯하여 공사·공단을 통한 고용보장, 민간위탁을 제한하는 조례제정, 고용승계의 명문화, 사회적 기업을 통한 민간위탁등 다양한 대안을 고민해 보았다. 대안을 고민하면서 실질적으로 당장 도입이 가능한 '현실성' 있는 방안을 찾기 위해 많은 사례들을 검토하였다. 부족하지만 이러한 고민이 하나의 출발점이 되어 불안정한 노동자들의 노동조건을 좀 더 개선할 수 있는 논의의 출발점이 되길 진심으로 희망한다.

참 고 문 헌

강은숙, 김종석, 박남기, "지방정부에서의 공공서비스 공급과 민간위탁의 효과",「한국 정부학회」제22권 4호, 2010.

김성희, 『지방자치단체 환경미화업무 민간위탁의 문제와 대안』, 한국노총중앙 연구원, 2005.

류재술, 『한국의 노동문제』, 대구한의대학교출판부, 2005.

어수봉 외, "고용정책적 측면에서의 비정규직 고용개선방안 연구",「노동부 연구용역보고서」, 한국기술교육대학교, 2005.

공공노조 사회공공연구소, 『지방자치단체 민간위탁 규제를 위한 법제도 개선방안』, 2010.

법제처, 법령해석 09-0194, 2009. 7. 3.

이미경 의원, "국정감사 정책자료집", 2010.

이영순 의원, "국정감사 정책자료집", 2005.

임상훈 외, 『공공부문 구조조정과 노사관계 안정화』, KLI연구보고서, 한국노동연구원, 2004.

자원순환사회연대, 『지자체 생활폐기물 수집운반업무 민간위탁 현황 조사』, 2009. 12.

환경부, 홍희덕 의원실 제출자료, 2009. 1. 1.

제12장

미등록 외국인노동자의 노동3권 보장에 대한 작은 고찰

황준협(인하대학교 법학전문대학원생)

I. 서문

21세기에 들어선 오늘날의 전 지구화 추세는 모든 국가들에게 정치·경제·사회·문화 등의 모든 면에 있어서 변화를 요구하고 있다. 국경이나 이데올로기의 구분은 사실상 무의미해져가고, 전 세계적으로 국경을 넘나드는 외국인 노동자의 수는 1억9천100만 여명(2005년)으로 세계 인구의 3%를 차지한다. 국제이주기구(IOM)와 경제협력개발기구(OECD) 통계에 의하면 2050년에는 2억 3000만 명에 이를 것이라고 내다보고 있다.[1] 이는 국가 간의 경제력의 불균등이 심화되고 있는 데서 기인하는 것으로 외국인 노동자의 수는 지속적으로 급증할 것으로 보인다.

우리나라도 1988년 올림픽 이후 경제성장이 국제사회에 알려지고, 국내노동시장의 산업구조의 변화로 인해 제조업 부문에 심각한 인력난이 발생하게 되었다. 제조업 부분은 3D업종으로 내국인 노동자들에게는 기피업종이 되어 국내 노동 인력이 좀 더 나은 근로조건과 높은 임금을 받을 수 있는 서비스업과 건설업 부문으로 대거 이동하면서 국내 3D업종의 노동시장에는 극심한 인력난이 발생하게 된 것이다. 이에 따라 내국인 노동자를 구하지 못한 많은 제조업체들이 개발도상국과 저개발국가 출신의 외국인들을 고용하여 부족한 노동력을 대체하

---

1) 이영, "이주노동정책에 대한 대안", 서울복지재단 웹진, 2008. 6월호,
   http://diowelfare.cafe24.com/200806/sub/sub.asp?t_menu=t_menu3&a_id=44

게 되었다. 2004년 고용허가제가 시행되기 전까지는 '출입국관리법'은 단순기능직 외국인 노동자의 국내취업을 전면금지하였으나, 사용자는 미등록 외국인 노동자의 노동력에 의존하여 그 부족한 노동력을 채워 나가는 행태가 지속되었다. 그 후 1993년도에 본격적으로 산업연수생 제도를 도입하였으나 연수생을 노동관계법상의 노동자에서 배제시켜 그들에게 임금체불, 폭행, 여타의 인권침해의 사례가 발생되었다. 이후 2003년 고용허가제법을 제정하고 2004년 시행하게 되면서 산업연수생 제와 병행하여 오다가, 2007년 6월부터 고용허가제로 일원화하여 시행 해 오고 있다. 하지만 고용허가제 시행 후에도 미등록 외국인 노동자 의 수는 기대한 것만큼 줄지 않고 있는 실정이다.

연 도	총 체류자	불법체류외국인				불 법 체류율(%)
		합계	등록	단기	거소	
2001년	566,835	272,626	67,064	205,562	0	48.1
2002년	629,006	308,165	83,779	224,386	0	49.0
2003년	678,687	154,342	72,500	81,842	0	22.7
2004년	750,873	209,841	89,857	119,216	768	27.9
2005년	747,467	204,254	107,049	96,373	832	27.3
2006년	910,149	211,988	106,657	103,835	1,496	23.3
2007년	1,066,273	223,464	107,278	114,295	1,891	21.0
2008년	1,158,866	200,489	9 461	106,486	542	17.3
2009년	1,168,477	177,955	83,729	93,613	613	15.2
2010년	1,261,415	168,515	78,545	89,238	732	13.4
'10년 4월	1,193,755	175,570	82,628	92,090	852	14.7
'11년 4월	1,354,414	168,545	80,151	87,364	1,030	12.4
증감률(%)	13.5	-4.0	-3.0	-5.1	20.9	

〈표〉 불법체류자 연도별 불법체류율 변화추이 (단위: 명, %)[2]

---

2) 출입국 · 외국인정책본부(2011.4)

위 표에서도 나타나지만 고용허가제 시행 직후 오히려 불법체류율이 상당 부분 증가하고 있고, 그 이후에도 절대적인 불법체류자의 수를 보면 기대한 것만큼의 성과를 내고 있지는 못한 것으로 보인다. 출입국·외국인 정책본부에 의하면, 2011년 4월 현재 미등록 외국인의 수는 168,545명으로 총 체류외국인의 12.4%를 차지한다.[3]

미등록 외국인 노동자는 경제적으로 궁핍한 국가의 외국인이라는 신분과 출입국 관계법을 위반한 자라는 점에서 국내의 다른 사회적 소수자와는 다른 성격의 차별을 받고 있다. 이런 현실을 개선하기 위해서는 이들에게 기본권 주체성을 인정할 수 있는지의 검토를 통해 헌법적 보호를 해줄 수 있는지의 확인할 필요가 있다. 이를 위해 이 글에서는 미등록 외국인 노동자가 가지는 특수성에 대해 알아보고, 외국인의 기본권 주체성을 검토한 후, 미등록 외국인 노동자의 노동3권 주체성에 대해 알아보고자 한다. 마지막으로는 미등록 외국인 노동자에게 노동3권을 인정해 줄 수 있는 방안을 살펴보도록 한다.

---

3) 학계에서는 미등록 외국인 수가 전체 외국인 체류자 수 대비 20.3%가 적당하지만 그 목표가 달성되면 점차적으로 낮춰 잡는 방안이 바람직하다는 견해(설동훈 교수)와 15% 이하로 줄여야 한다는 견해(윤인진 교수)가 있어 왔다. 정부는 미등록 외국인을 전체 외국인력 대비 10% 이하로 감소시켜나갈 계획을 세우고 있다 : 김양수, "불법체류외국인감소대책", 「재한 외국인 정책현황과 개선과제」, 한나라당(재)여의도 연구소, 2008, 40쪽.

II. 미등록 외국인 노동자 문제의 근본적 특수성

1. 미등록 외국인 노동자의 개념

미등록 외국인노동자는 출입국관리법상 '자격 외 취업자'와 '체류기간 초과 취업자' 및 '밀입국 취업자'와 더불어, '구직활동을 하고 있는 실업자'를 포괄한다. '자격 외 취업자'는 한국에 체류하는 것은 합법적이지만, 취업하는 것은 불법으로 간주되는 외국인이다. 예컨대 유효기간 3개월 이내의 단기사증을 발급 받고 한국에 입국한 외국인이 그 기간에 국내에서 취업하는 것, 혹은 과거에 외국인 산업기술연수생이 지정된 사업장을 이탈하여 다른 업체에 취업하는 것 등이 '자격 외 취업'이다. '체류기간 초과 취업자'는 고용허가, 관광, 방문 등의 합법적 절차를 밟아 우리나라에 입국한 후 정해진 체류기간을 초과하여 국내에서 취업하고 있는 외국인이다. '밀입국 취업자'는 정식으로 입국 절차를 밟지 않고 입국하여 국내에서 취업중인 외국인인데, 최근 그 수가 증가하고 있다. 또한 체류기간 초과 여부에 관계없이, 취업 관련 사증을 발급 받지 않았으면서도 국내에서 구직활동을 하는 외국인도 미등록 외국인 노동자의 범주에 속한다고 할 수 있다. 이 글에서 언급하는 외국인 노동자는 전문직 종사자를 제외한 저숙련 단순생산기능직에

종사하는 자들을 말한다.[4]

한국사회의 외국인 노동자의 문제는 다른 소수자의 문제와는 구별되는 특성이 있다. 또한, 외국인 노동자 중에서도 불법체류 신분인 미등록 외국인 노동자의 경우는 합법적인 외국인 노동자와도 다른 특성을 지닌다. 이에 대해 외국인 노동자 문제의 특수성(2,3,4)에 대해 알아보고, 미등록 외국인 노동자의 특수성(5)에 대해 추가적으로 검토하도록 한다.

2. 비국적자에 대한 차별의 정당성

근대 국가는 '국민(nation)'의 권리보호를 위해 탄생되었으므로, 국가는 국민이 아닌 자에게 배타적일 수밖에 없는 근본적 한계를 지닌다. 우리나라 헌법 역시 국민이 되는 자격인 국적(nationality)을 국적법으로 정하도록 하고 있다. 또한 국적법은 부모양계혈통주의를 규정하여 속인주의 내지 혈통주의를 채택하고 있으며, 동시에 이중국적을 허용하지 않는 단일 국적제도를 채택하고 있다. 이는 속지주의를 따르

---

4) 국내 외국인 노동자 집단은 전문기술직 종사자, 고용허가제 적용을 받는 비전문취업 사증 소지 생산직 외국인 노동자, 방문취업제 적용을 받는 외국국적동포 외국인 노동자, 미등록 외국인 노동자로 구분된다. 전문기술직 외국인 노동자는 주로 선진국 출신으로 경영자, 교수, 엔지니어, 외국인강사 등이며 사증발급 쿼터, 내국인 구인 노력 절차, 체류기간 연장횟수 제한 등의 규제가 거의 없다. 이들은 한국인과 동등하거나 나은 노동조건에서 일하는 경우가 대부분으로 차별시비가 거의 없다. 반면, 비전문취업(E-9) 사증 소지의 생산직 외국인 노동자는 국내에서 저숙련 생산직에 종사한다. 중소제조업, 농축산업, 연근해 어업 등 한국인들이 취업을 기피하는 부문에서 주로 종사한다. 한편 방문취업(H-2) 사증 소지 외국국적동포 외국인 노동자는 업종과 직종의 제약 없이 사실상 자유취업이 가능한 편이며, 주로 건설업과 가사, 음식, 개인서비스업 등의 서비스직 및 저숙련 생산직에 종사한다. 그러나 체류기간을 초과하여 국내에서 취업 활동에 종사하는 미등록 외국인 노동자들은 비전문취업, 방문취업, 산업연수 등의 저숙련 직종 취업 사증을 받아서 입국한 후 체류기간이 만료된 후에도 귀국하지 않거나 체류기간은 유효하지만 무단으로 사업을 이탈한 경우를 말하며, 흔히 불법체류자로 표현되고 있다; 설동훈, 『한국사회의 외국인 이주노동자: 새로운 소수집단에 대한 사회학적 설명』, 사람, 2009, 62-63쪽.

는 영미권 국가들과 부분적으로 거주지주의가 가미된 유럽 국가들과 비교된다. 또한 역사적 이유에서 민족적 이산(Diaspora)의 경험을 가지고 있는 국가들인 이스라엘과 아일랜드 및 중남미국가들이 이중국적을 인정하는 것에 비추어보면 우리 국적법은 매우 폐쇄적이라고 평가할 수 있다.[5]

3. 헌법적 보장이 모호하고 명문화된 법이 존재하지 않음

권리주장이 실효성을 갖기 위해서는 헌법적 보장과 이를 실현하기 위한 명문화된 법률을 기반으로 해야 한다. 따라서 헌법적 보장이 모호하고 이에 대한 명문화된 법이 존재하지 않다면 인권의 이름으로 주장되는 권리는 그 사회의 법해석과 합의에 의해 그 범위가 정해질 수밖에 없어 법적 지위가 불안할 수밖에 없다. 다수 학설의 견해는 성질상 인권에 해당하는 권리는 외국인에게도 보장된다는 입장이다. 하지만, 성질상 인권에 해당하는 권리가 무엇인지를 결정하는 것은 해당 사회의 법해석과 합의에 달렸기 때문에 외국인 노동자의 인권 요구는 사회적 갈등을 동반하게 되는 것이다.

---

5) 이철우, "주권의 탈영토화와 재영토화", 「한국사회학」, 2008 ; 최유, "외국인의 사회권 주체성에 관한 작은 연구", 「사회과학연구」 제19권 가을호, 충남대 사회과학연구소, 2009, 118쪽에서 재인용.

4. 한국 사회의 배타적 순혈주의

오랫동안 단일민족의 신화를 공유한 한국사회는 강한 동질의식을 나타내며, 이질적인 것에 대한 배타성과 소수자에 대한 편견을 키워왔다. 이는 오랜 역사적 경험을 통해 확립된 것이며, 특히 일제 치하의 근현대의 격변기를 거쳐 오며 우리에게 민족적 정체성을 더욱 각성시켰다. 그 결과, 외국인 노동자들을 혈연적 순수성 및 사회의 동질성을 해할 타자로 인식하고 구별 짓는 태도가 만연하게 되었다. 거기에 출신국의 발전수준에 따라 존재하는 차별적 대우는 가난한 국가에서 온 불쌍한 노동자로 그들을 바라보는 시혜적이거나 권위주의적 태도, 즉, 내국인노동자들의 하대와 욕설, 범법의 의심 등으로 나타나고 있다. 또한 사회적으로 천대받는 직업에 종사할 수밖에 없는 외국인 노동자들에게 직업위계의식이 더해져 이들은 이중적 편견을 겪고 있는 것이다.

5. 불법체류자라는 신분적 특수성

미등록 외국인 노동자는 크게 두 가지 측면의 특성을 갖는다. 첫째 출입국관계법을 위반한 사람이라는 점,[6] 둘째 노동자라는 점이 그것이다. 미등록 외국인 노동자의 근로자 특성에 대해서는 대법원은 일찍부터 이를 인정해왔다.[7] 그러나 출입국관계법령을 위반한 사람이라는

---

6) 불법체류자라도 형법의 범죄자 개념이 아닌, 행정법상의 체류기간을 넘어서거나 출입국관계법령을 위반한 자로 국한하여 이해하여야 할 것이다.

7) "취업자격 없는 외국인이 사실상 제공한 근로에 따른 권리나 이미 형성된 근로관계에 있어서의 근로자로서의 신분에 따른 노동관계법상의 제반 권리 등의 법률효과까지 금지하려는 규정으로는 보기 어렵다 할 것이다. 따라서 취업자격 없는 외국인이 위 출입국관리법상의 고용제한 규정을 위반하여 근로계약을 체결하였다 하더라도 그것만으로 그 근로계약이 당연히 무효라고는 할

점 때문에 다른 외국인 노동자와는 또 다른 차별을 받게 된다. 즉, 법을 위반했다는 이유로 임금체불, 의료문제, 폭력 및 노동의 권리, 노동3권 기타의 인권문제에 있어서 그 침해를 구제받을 수 있는 방법이 거의 없는 것이다.[8] 따라서, 미등록 외국인 노동자의 경우, 노동자로서의 신분이 인정되고 내국인 노동자들과 동등한 법적 지위를 가진다고 해도 현실적으로는 권리를 주장하거나 향유하는 데 있어서 분명한 한계를 가지게 된다.

수 없다." : 대법원 1995. 9. 15. 선고 94누 12067 판결: 대법원 2005. 11.1 0. 선고 2005다 50034판결

8) 제84조 제1항은 "국가나 지방자치단체의 공무원이 그 직무를 수행할 때에 제46조 제1항 각 호의 어느 하나에 해당하는 사람이나 이 법에 위반된다고 인정되는 사람을 발견하면 그 사실을 지체 없이 사무소장·출장소장 또는 외국인보호소장에게 알려야 한다." 는 통보의무를 규정하여, 국가기관에 권리구제를 신청하는 것이 사실상 불가능한 실정이다.

III. 외국인의 기본권 주체성에 대한 검토

1. 서 설

미등록 외국인 노동자의 노동 3권 주체성을 인정하려면 그 선행조건
으로서 외국인 일반의 기본권 주체성을 인정할 수 있는지에 대한 논의
부터 이루어져야 한다.

2. 기존의 학설[9]

우리 헌법상 외국인의 기본권 보장 규정은 모호하여 해석에 대한 논
란이 존재하나,[10] 모든 기본권에 대해서 외국인의 기본권 주체성을 인

---

9) 1920년대의 독일식 헌법관에 따라 이를 살펴보면 자연법을 인정하지 않는 켈젠이나 엘리네크
와 같은 법실증주의자들은 외국인의 기본권 주체성을 부정하며, 특히 기본권과 법적인 권리
모두 법률에 의한 보호를 의미하기 때문에 외국인의 기본권주체성은 더욱 문제가 되지 않는다
고 한다. 반면에 자연법론을 긍정한 칼슈미트의 경우에는 자유권에 대해서는 외국인에 대해서
도 이를 긍정함은 당연할 것이다. 그러나 기본권을 사회 통합을 위한 가치질서로 이해하는 스
멘트에 따르면 기본권의 권리성보다는 책임과 의무라는 측면을 강조한다는 측면에서 외국인
에게 이를 긍정하기 쉽지 않을 것이다: 최유, 위의 논문, 123-124쪽.

10) 헌법 제10조는 '모든 국민은 인간으로서의 존엄과 가치를 가지며 행복을 추구할 권리를 가
진다. 국가는 개인이 가지는 불가침의 인권을 확인하고 이를 보장할 의무를 진다.' 고 규정하
고 있어 국적을 떠나 인간으로서의 권리(인권)를 인정한다고 해석되기도 하며 '국민' 규정으
로 인해 국민자격이 없는 외국인의 인권은 부정하고 있다고 해석되기도 한다. 또한 헌법 제6
조 제1항 '헌법에 의하여 체결 공포된 조약과 일반적으로 승인된 국제법규는 국내법과 같은
효력을 가진다.' 에 의거, 한국 국회가 비준ㆍ공포한 국제연합의 사회권규약과 자유권규약 등
에 따라 외국인의 권리가 헌법적 효력이 아닌 법률적 효력을 가진다고 주장하는 견해도 있다.
; 설동훈, "외국인 노동자와 인권- '국가의 주권' 과 '국민의 기본권' 및 '인간의 기본권' 의
상충요소 검토" , 「민주주의와 인권」 제5권 2호, 2005. 10, 46-48쪽.

정하는 것이 아니라 성질상 자연권에 해당하는 성질을 갖는 기본권에 대해서만 외국인에게도 그 주체성이 보장된다는 입장이 다수설이라고 할 수 있다. 다만 이때에도 권영성 교수와 김철수 교수는 인간으로서의 존엄과 행복추구권이나 전통적인 인간의 권리에 속하는 자유권은 국민과 똑같이 인정할 필요가 있으나 평등권은 상호주의 원칙의 제약을 받으며, 정치적 기본권이나 사회적 기본권에 관해서는 이를 인정하지 않는다고 설명한다. 허영 교수는 동화적 통합을 해치지 않는 한에서는 이를 인정할 수 있으나 어떤 기본권이 외국인에게 인정될 수 있는지는 획일적으로 정할 수 없다고 설명한다. 이 밖에도 계희열 교수는 국민의 권리와는 달리 인간의 권리는 외국인에게 인정해 줄 수 있으되 국민의 권리적 속성과 인간의 권리적 속성을 모두 갖는 경우에는 외국인의 권리 주체성을 인정하기가 쉽지 않다는 입장을 갖고 있다. 또한 전광석 교수는 인권에 속하는 기본권은 모두 외국인에게도 그 주체성을 인정하되 다만 국가권력의 행사에 밀접한 관련이 있는 기본권에 대해서는 외국인의 기본권 주체성은 부인되어야 할 것이며, 그 구체적인 내용은 입법정책의 문제로 이해하여야 한다는 입장이다. 정종섭 교수도 법률이나 조례로 국가정책상 외국인에게 토지소유권이나 지방선거권, 계약제 공무담임권 등을 인정하는 것은 법률상의 권리이지 기본권을 인정하는 것은 아니라는 설명을 하고 있다.

이와 같은 설명은 외국인의 지방선거 참정권 등 법률상 외국인이 향유할 수 있는 권리의 종류가 늘어나는 것에 대해서 이를 기본권주체성의 문제로 인식하지 않고, 법률 정책상의 문제로 인식하고 있는 것이다. 하지만 점증하고 있는 외국인에 대한 정치적 사회적 권리에 대해서 헌법 판단을 유보하는 것은 국제인권규범의 발전양상이나 사회 통합적 측면에 비추어 본다면 외국인의 권리보호 문제를 단지 법률적 차원의 문제가 아니라 헌법적 차원의 문제로 이해해야 한다는 점에서 부당한 것이다.

3. 헌법재판소 판례의 분석

외국인의 기본권 주체성에 대해 헌법재판소는 3단계의 과정을 거치며 발전하였다고 평가된다.[11]

첫 번째 판례에서 "기본권 보장규정인 헌법 제2장의 제목이 '국민의 권리와 의무'이고 그 제10조 내지 제39조에서 '모든 국민은…… 권리를 가진다.'고 규정하고 있으므로 국민(또는 국민과 유사한 지위에 있는 외국인과 사법인)만이 기본권의 주체라 할 것이다."[12]라고 하여, 외국인의 기본권 주체성을 인정하지 않는 판시를 하고 있으나 '국민과 유사한 지위에 있는 외국인'의 의미를 명확하게 밝히고 있지 않아 해석의 여지를 남겨두고 있다.[13]

두 번째 판례에서는 "청구인들이 침해되었다고 주장하는 인간의 존엄과 가치, 행복추구권은 대체로 '인간의 권리'로서 외국인도 주체가 될 수 있다고 보아야 하고, 평등권도 인간의 권리로서 참정권 등에 대한 성질상의 제한 및 상호주의에 따른 제한이 있을 수 있을 뿐이다."[14]라고 하여 평등권 또한 인간의 권리로 보아 외국인의 기본권 주체성을

---

11) 최유, 위의 글, 125-128쪽.

12) 헌법재판소 1994. 12. 29. 93헌마120[노동위원회의 사건]

13) 즉, 외국인 중에 국민과 유사한 외국인과 그렇지 않은 외국인이 있는 것인지, 아니면 기본권 침해상황 또는 개별 기본권의 성격에 따라서 외국인에게 국민과 유사한 지위가 부여되는지에 대한 자세한 설명을 하지 않고 있다.

14) 헌법재판소 2001. 11. 29. 99헌마494[재외동포의출입국과법적지위에관한법률 제2조 제2호 위헌심판 사건]

인정하였다.

세 번째 판결[15]은 외국인의 사회권, 특히 노동의 권리 주체성에 대한 판시를 한 사건으로서, 노동3권을 포함한 외국인의 사회권 주체성에 대한 판시여서 주목할 만하다. 이 사건에서 헌법재판소는 "근로의 권리가 '일할 자리에 관한 권리'만이 아니라 '일할 환경에 관한 권리'도 함께 내포하고 있는바, 후자는 인간의 존엄성에 대한 침해를 방어하기 위한 자유권적 기본권의 성격도 가지고 있어 건강한 직업 환경, 일에 대한 정당한 보수, 합리적인 근로조건의 보장 등을 요구할 수 있는 권리 등을 포함한다고 할 것이므로 외국인 근로자라고 하여 이 부분에까지 기본권 주체성을 부인할 수 없다. 즉, 근로의 권리의 구체적 내용에 따라, 국가에 대하여 고용증진을 위한 사회적·경제적 정책을 요구할 수 있는 권리(헌재 2002.11. 28. 2001헌바50)는 사회권적 기본권으로서 국민에 대하여만 인정해야 하지만, 자본주의 경제질서하에서 근로자가 기본적 생활수단을 확보하고 인간의 존엄성을 보장받기 위하여 최소한의 근로조건을 요구할 수 있는 권리는 자유권적 기본권의 성격도 아울러 가지므로 이러한 경우 외국인 근로자에게도 그 기본권 주체성을 인정함이 타당하다."고 판시하였다. 이는 기존의 통설의 태도를 따른 것으로 자유권적 성격에 대해서만 외국인의 기본권 주체성을 인정하고 있는 것이다. 헌법재판소는 이 결정에서 외국인 노동자의 조건을 내국인 노동자와 차별한 것이 위헌이라고 판단하여, 평등권의 문제로 해결하였지만 결과적으로는 그와 같은 내용의 사회적 기본권을 인정한 것과 같은 효과가 있게 되었다. 하지만, 설시에서 노동의 권

15) 헌법재판소 2007. 8. 30. 2004헌마670[외국인산업기술연수생 보호관리지침 사건]: 이는 노동부 예규인 '외국인산업기술연수생의 보호 및 관리에 관한 지침'에서 외국인산업연수생에 대해 근로 기준법상 일부 사항에 대해서만 보호대상으로 하고, 나머지 사항들을 보호대상에서 배제하고 있었다는 점에서 외국인근로자가 헌법소원을 제기한 사건이다.

리를 자유권적 성격과 사회권적 성격으로 나눈 것은 지나치게 작위적으로 보인다. 헌재가 자유권적 성격을 지닌다고 판시한 '건강한 작업환경', '일에 대한 정당한 보수', '합리적인 근로조건의 보장 등을 요구할 수 있는 권리' 등은 전형적으로 국가의 입법 작위를 헌법이 명령하고 있다는 점에서 이는 사회권적인 내용으로 보아야 할 것이다.[16]

4. 외국의 입장

(1) 미국

미국에서는 외국인들에게 불리한 차별이 오랫동안 광범위하게 존재해 왔고, 미연방대법원은 외국인 신분에 의한 차별이 합헌인지에 대해 여러 사건에서 판결해 왔다. 대략적인 기준을 거칠게 나열해 본다면, 먼저 주법과 지방정부법에 관하여 예외적으로 정치적 기능을 가지는 선거권이나 피선거권에 대한 차별의 경우에는 합리성 심사기준을 적용하여 합헌으로 판단하였으나, 외국인을 차별하는 법에 대해서는 원칙적으로 엄격심사 기준을 적용하여 위헌으로 판단해왔다. 이에 비해 연방의회법이나 대통령의 명령이 외국인들에 대해 행한 차별은 다시 합리성 심사 기준에 의거하여 합헌으로 판시하였는데, 이는 이민과 귀화의 영역에서 의회나 대통령이 정한 결정에 대해 사법부가 사법심사를 할 수 있는 재량의 범위가 좁아진다는 이유에서였다.[17] 특히, 불법입국 외국인 문제에 대해서는 Plyler v. Doe 사건에서 성인인 불법입국 외국인들의 자녀에 대해서는 평등보호 조항에 따라 공립학교 교육

---

16) 최유, 위의 글, 125-128쪽.
17) 박승호, "미연방대법원과 외국인 차별", 「안암법학」 제25권 단일호, 2007, 69-98쪽.

을 받을 수 있으며 수업료를 지불하지 않아도 된다고 판시하였다.[18]

또한, 미연방대법원은 고용주가 자신이 채용한 미등록 외국인 노동자가 노조 활동을 하자 보복적 목적으로 이민귀화국(INS)에 신고하여 단속된 사안(Sure-Tan v. NLRB사건[19])에서, 노동관계법(NLRA: National Labor Relations Act)의 적용을 받는 미등록 노동자들의 범위 문제를 검토한 후, 미국 노동법에 의해 그들을 전면적으로 보호하는 것이 노동법과 이민법 모두의 목적을 달성하는 데 기여한다고 판결하고, 체류자격을 회복할 수 있는 기회를 부여한 바 있다.[20]

(2) 프랑스[21]

프랑스의 경우 외국인에게 보장되는 인권은 개인적 자유, 재판을 받을 권리, 방위권, 비호권 등이 대표적이며 이른바 사회권에 속하는 사회보장에 대한 권리 등도 인정되고 있다. 이때 사회보장권은 '안정(stabilité)'과 '적법성(régularité)'에 근거하여 인정된다고 한다. 후자는 미등록 외국인을 추방하는 데 그 목적이 있으나, 이것이 동 외국인에 대한 보장이 금지되는 것을 반드시 의미하는 것은 아니다. 일정한 사회부조의 지급에 관해 담당기관의 적법성 요건을 적용 제외하는 권한을 부여하는 법률 규정에 대해 헌법평의회는 "46년 헌법 전문 11단에 의해 표명된 제 원칙의 실시를 확보하기 위한 것"으로 받아들여 헌법은 아니라고 판시하고 있기 때문이다. 그래서 실제 산재보험, 아동에 대한 사회부조, 숙박·사회복귀센터에 입소할 경우의 사회부조, 그리고

---

18) 457 U.S. 202(1982).

19) 467 U.S. 883(1984).

20) 윤지영, "이주노동자의 삶과 법", 「법학전문대학원 공익인권법학회 연합 겨울캠프 자료집」, 2011. 2. 12.

21) 백윤철·김한석, "불란서에서 외국인의 인권", 「세계헌법연구」 제14권 제1호, 2008, 163-182쪽.

의료시설에 대한 의료부조 등은 적법상태가 아닌 외국인에게도 수급권이 주어진다.

(3) 독일

독일의 경우도 국민의 권리로서 유보된 영역에 대한 차별취급이 외국인의 인간의 존엄성을 해치지 않는가의 문제가 발생한다. 결국 이때의 기준은 후술하는 바와 같이 인권의 개념으로 인정될 수 있는 헌법적 가치를 가질 수 있는지가 기준이 되어야 할 것이다. 사회권적 차원에서의 노동자의 보호영역에서도 일단 취업이 허가된 외국인의 경우 독일국민과 같은 대우를 받아야 하는 것으로 새기고 있다.[22]

5. 외국인의 기본권 주체성 인정의 근거

헌법이 "…… 항구적인 세계평화와 인류공영에 이바지함으로써"라고 전문에서 세계주의 내지 국제협조주의를 표방하고 있으며, 헌법 제10조는 "모든 국민은 인간으로서의 존엄과 가치를 가지며 행복을 추구할 권리를 가진다. 국가는 개인이 가지는 불가침의 인권을 확인하고 이를 보장할 의무를 진다."고 규정하고 있어 이는 국적을 떠나 인간으로서의 권리(인권)를 인정한다고 해석할 수 있다.[23] 또한 헌법 제6조 제1항에서는 "헌법에 의하여 체결 공포된 조약과 일반적으로 승인된 국제법규는 국내법과 같은 효력을 가진다."고 규정하여 외국인의 권리가 법률

---

22) 노동부, 『각국의 외국인근로자 고용관리체계 사례연구』, 2004, 61쪽.

23) 이는 헌법 제2장의 제목이 '국민의 권리와 의무'이고 기본권 조항의 주어가 대부분 '모든 국민'임에도 불구하고 헌법해석상 외국인의 기본권주체성을 부인하지 않으면서 일정한 기본권을 외국인에게 인정하는 것이라고 해석할 수 있을 것이다.

적 효력을 가진다고 해석된다.[24] 따라서 한국이 가입 비준한 국제인권 조약인『시민적 및 정치적 권리에 관한 국제규약(이하 '자유권규약'이라 한다)』,『경제적, 사회적 및 문화적 권리에 관한 국제규약(이하 '사회권규약'이라 한다)』,『모든 형태의 인종차별 철폐에 관한 국제협약(이하 '인종차별철폐협약'이라 한다)』등은 국내법과 동일한 효력을 가질 뿐만 아니라 이들 조약을 통한 외국인의 인권 보장은 헌법상 명문의 규정에 의한 요청이라고 볼 수 있다.[25] 또한, 헌법 제11조는 평등권의 주체를 '국민'으로 규정하여 이해 대해 호혜평등의 원칙이나 상호주의에 따라서 제한적으로 인정하거나, 상황적으로 제한하는 견해가 다수인 듯하나,[26] 상호주의를 선험적으로 전제하고 있다는 점에서 부당하고,[27] 합리적 차별의 근거가 없는 이상은 내국인과 동등하게 취급하여야 한다는 견해가 타당해 보인다.[28]

---

24) 하지만 국제인권법의 경우 다른 국제법과 달리 개별 국가의 국민들에게 직접 적용되는 법률이라는 측면과 기본권과 같은 보편성을 지닌다는 점에서 헌법보다는 하위이지만 일반 법률보다는 상위에 존재한다는 견해가 있다 ; 박찬운, "국제인권조약의 국내적 효력과 그 적용을 둘러싼 몇 가지 고찰",「법조」2007년 6월호, 57쪽. 필자는 이 견해가 타당하다고 생각한다.

25) 황필규, "이주노동자의 인권-노동권, 사회보장 및 단속·보호·강제퇴거 상의 문제점을 중심으로", 공익법인 공감 홈페이지 자료실

26) 우기봉, "외국인의 기본권 보장에 관한 법률 연구",「노동법논총」제19권, 2010, 287-289쪽.

27) 황필규, 위의 글, 2쪽.

28) 권영성,『헌법학 원론』, 법문사, 2002, 301-302쪽.

6. 소 결

학설은 '인간의 권리'와 '국민의 권리'를 구분하는 것이 통설적인 견해이며, 소수의 견해 역시 개별 기본권의 성격에 따라 그 인정 여부를 구분하려고 하며, 외국인의 권리를 헌법적 결단의 문제라기보다는 법률정책상의 문제로 해결하려는 태도를 취한다. 하지만, 이러한 논의가 현대인권담론에 있어서 여전히 타당한지에 대해서는 의문이 든다. 현대인권담론은 자유권만이 아닌 정치권과 사회권을 포함한 시민의 권리(right of citizen)를 인권으로 인식하고 있다.[29] 또한 세계 2차 대전 이후 발달해 온 국제인권규범[30]은 자유권만이 아닌 다양한 정치적 사회적 권리들을 포괄하여 오고 있다. 기존의 자유권에 기초한 인권의 개념이 국제법 차원에서 확장되고 있는 것이다. 물론 우리나라 헌법 제6조 제1항은 헌법에 의하여 체결 공포된 조약이나 일반적으로 승인된 국제법규 이외에는 국내법과 같은 효력을 가질 수 없도록 규정하고 있어 확장된 국제인권개념이 바로 국내에 효력을 발할 수는 없다. 하지만, 국제인권법에 대해 그 실효성을 부정하는 견해는 국가의 3요소 중 하나인 주권 개념을 고수하려는 근대적 국가관에 기인하는 것이다. 따라서 국제인권규범이 가지고 있는 보편성과 일반성, 도덕적 정당성을 고려해보았을 때 국제인권법규범은 우리 헌법의 기본권해석의 원리로 인정되어야 할 것이며, 그것은 자유권에 국한되는 것이 아니라 정치적 권리와 사회권에도 마찬가지로 적용되어야 할 것이다. 인권과 기본권은 도덕적 권리들에 대한 국가와 개인의 약속이기 때문이다.[31] 또한, 사

---

29) 정종섭, "기본권의 개념에 관한 연구", 「서울대학교 법학」 제44권 제2호, 2003, 34쪽.

30) 대표적인 국제인권법은 세계인권선언(1948), 사회권규약(A규약), 자유권규약(B규약), 인종차별철폐협약, 여성에 대한 모든 형태의 차별철폐에 관한 협약, 고문방지협약, 아동권리협약, 국제이주노동자 권리협약, 장애인 권리협약 등이 그것이다.

31) 최유, 위의 글, 128-130쪽.

회권을 일률적으로 인권으로 인정하지 않으려는 논의는 전 지구화가 급속히 진행되고 있는 지금의 현실을 규율하지 못하고 있으며,[32] 사회권의 성격에 대한 지나치게 소극적인 이해에서 비롯되는 것으로 보인다.

기존의 헌법학계의 이원론은 국민의 권리는 국가에 의한 적극적인 실현을 필요로 하지만, 자유권은 국가에 선행하는 인권적인 속성을 갖는다는 이해에서 비롯된 것이다. 정치적 권리나 사회적 권리가 자유권과 달리 국가에 의해 창설되고 제도화된 권리임은 부인할 수 없지만, 현대사회에서 국가에 의해 창설된 권리들도 인간 삶의 필수적인 제도라면 이는 인권으로서 그 헌법상 지위에는 차이가 없다[33]고 보는 것이 타당할 것이다. 다만, 사회적 기본권 일반을 인권으로서 인정하는 것은 현실적 한계가 있으며 타당하지도 않다. 이는 현대사회에서 시민의 삶을 살아가는 데 있어 필수적이며, 헌법적 가치가 있는지에 따라서 개별적으로 판단[34]하여야 할 것이다. 이런 가치들이 충족되는 사회권[35]은 인권일 수 있으며, 삶의 기초적인 보장으로서 외국인에게도 그 주체성이 인정되어야 할 것이다.

---

32) 이에 따라 개인의 시민권을 국적에 따라 결정한다는 기존의 논의를 극복하기 위해 마샬(Marshall 1950)의 시민권 정의에 주목할 필요가 있다. 그에 따르면 시민권이란 "어떤 공동체의 완전한 성원에게 주어지는 법적 지위"를 의미하며, 시민적 요소·정치적 요소·사회적 요소에 의해 성립하게 된다고 하여, 시민권을 국가가 아닌 공동체와 연계시켰다는 점에서 보다 유연한 시민권 개념의 정립 가능성을 열었다고 평가할 수 있다. 즉, 전 지구화의 전개에 따라 한 사람이 하나의 국민국가에 귀속되는 시민권 개념은 더 이상 적합하지 않게 된 것이다; 설동훈, 위의 글, 2005. 8, 67-68쪽.

33) 최유, 위의 글, 131쪽.

34) 사회권도 인권이 갖는 보편성 내지 일반성을 갖고 있는지에 관해서도 사회권을 '기본적 필요를 충족하는 권리'로 보거나 '기본능력을 보장하는 권리'로 이해하는 '이익이론(interests theory)'의 관점에서 본다면 긍정될 수 있을 것이다. 즉, 사회권을 '인간존엄유지에 적절한 생활수준을 누릴 권리'로 이해하는 관점에서, 인권을 윤리철학적으로 인간의 자유와 행복을 위한 기본적 필요 또는 후생경제학적 관점에서 인간발전을 위한 기본능력을 보장하기 위한 권리로 이해한다면 자유권과 같은 보편적인 가치를 갖게 되는 것이다 ; 김도균, 『권리의 문법: 도덕적 권리·인권·법적권리』, 박영사, 2008, 169-189쪽.

35) 구체적으로 '궁핍으로부터 자유로울 권리', '건강권', '교육권', '주거권', '이주노동자의 사회권', '장애인의 사회권', '여성과 아동의 사회권', '노숙자의 인권', '문화권', '환경권' 등이 구체적으로 인권으로서의 가치를 가지게 된다; 김도균, 앞의 책, 172쪽.

IV. 미등록 외국인 노동자에 대한 노동3권의 인정여부

1. 왜 노동3권을 이야기하는가?

외국인의 인권 영역 중 사회권 영역에 속하는 권리로는 "노동의 권리, 공정하고 유리한 노동조건을 모든 사람이 향유할 권리, 노동조합을 결성하고 그가 선택한 노동조합에 가입하는 권리, 가족·임산부·어린이보호, 의식주 생활을 누릴 권리, 신체적·정신적 건강을 향유할 권리, 교육에 대한 권리, 문화·과학·예술 활동의 권리[36] 등"의 다양한 권리가 있다. 하지만, 그중에서도 노동3권의 인정이 시급한 것인지에 대한 검토가 필요할 것이다.

헌법상 노동3권을 보장하는 것은 경제적 약자인 노동자가 사용자에 대항하기 위해서는 노동자단체를 결성할 수 있어야 하고, 결성된 단체를 통해 집단으로 사용자에게 대항함으로써 사용자와 대등한 세력을 이루어 노동조건의 형성에 영향을 미칠 수 있게 하여, 노동자의 노동의 권리를 보장하고, 인간다운 생활을 할 수 있게 함에 있다.[37] 즉, 노

---

36) 설동훈, 앞의 글, 56쪽.

37) 헌법재판소도 이와 동일한 취지로 판시하고 있다: 노동3권은 국가 공권력에 대하여 노동자의 단결권의 방어를 일차적인 목표로 하지만, 노동3권의 보다 큰 헌법적 의의는 노동자단체라는 사회적 반대세력의 창출을 가능하게 함으로써 노사관계의 형성에 있어서 사회적 균형을 이루어 노동조건에 관한 노·사간의 실질적인 자치를 보장하려는 데에 있다. 경제적 약자인 근로자가 사용자에 대항하기 위해서는 노동자단체의 결성이 필요하고 단결된 힘에 의해서 비로소

동3권은 노동자의 권리를 보장하며, 이를 통해 노동자들이 인간의 존엄성에 상응하는 건강하고 문화적인 최소한도의 수준의 인간다운 생활을 할 권리[38]를 보장하는 수단적인 성질을 지니는 권리인 것이다. 따라서 미등록 이주노동자의 인간답게 생활할 권리를 실현하고 생존권을 보장하는 데 있어 수단적인 권리로서 노동3권의 보장이 선결되어야 할 과제인 것이다.

특히 외국인 노동자, 그중에서도 미등록 외국인 노동자의 경우 앞에서 논의한 바와 같이 출입국 관계법을 위반한 자이면서 노동자이다. 이 때문에 미등록 외국인 노동자는 내국인 노동자뿐만 아니라 합법적인 외국인 노동자에 비해 차별을 받게 되는데, 주의할 것은 이들 사정은 각각의 법률적 효과를 지니는 것이며, 복합적으로 작용하여 개별 노동자의 권리를 침해할 수 있는 것으로 혼동해서는 안 된다는 것이다.

노사관계에 있어서 실질적 평등이 실현된다. 즉, 근로자는 노동조합과 같은 노동자단체의 결성을 통하여 집단으로 사용자에 대항함으로써 사용자와 대등한 세력을 이루어 노동조건의 형성에 영향을 미칠 수 있는 기회를 가지는 데 노동3권을 보장하는 취지가 있다(헌법재판소 결정, 94헌바 13·26, 95 헌바 44).

38) 인간다운 생활의 할 권리의 보장수준에 대해서는 ① 최소한도의 물질적 생활수준 ② 인간의 존엄성에 상응하는 건강하고 문화적인 최저한도의 생활수준 ③ 인간의 존엄성에 상응하는 건강하고 문화적인 생활수준의 3가지 견해로 나뉘는데, 헌법재판소는 첫 번째의 견해를 취하고 있으나 이는 생존권을 위협할 수 있고, 헌법재판소가 최소한 보장을 기준으로 심사하는 것과는 달리 입법권자의 입법은 인권을 최대한 보장하도록 해야 한다는 점에서 부당하다. 또한 기타 자유권에 속하는 표현의 자유나 청구권적 기본권에 속하는 선거권 등에도 국가의 재정 부담이 필요하다는 점에서 사회권만을 국가의 재정 부담을 핑계로 제한하는 것은 부당하다. 세 번째의 견해는 현실적인 재정 수준에서 볼 때 실현되기 어렵고, 따라서 두 번째의 견해가 타당하다고 할 것이다.

2. 노동3권의 성격에 대한 고찰

(1) 노동3권의 법적 성격

1) 학설의 입장[39]

노동3권은 노동자의 근로조건에서의 생존을 보장하기 위한 것으로 국가가 적극적으로 개입하여 배려해 줄 것을 내용으로 하는 사회권이라는 견해와 노동3권은 국가의 개입이나 간섭을 배제하여 줄 것을 그 내용으로 하는 소극적 권리인 자유권이라는 견해, 사회권으로서의 성격과 자유권으로서의 성격을 모두 갖는다는 혼합적 권리로 보는 견해로 나뉜다.[40]

2) 헌법재판소의 입장

헌법재판소는 노동3권의 법적 성격에 대해 점차 입장을 변경하고 있다. 초기에는 "헌법 제32조 및 제33조에 각 규정된 근로기본권은 근로자의 근로조건을 개선함으로써 그들의 경제적 사회적 지위의 향상을 기하기 위한 것으로서 자유권적 기본권으로서의 성격보다는 생존권 내지 사회권적 기본권으로서의 측면이 보다 강한 것으로서 그 권리의 실질적 보장을 위해서는 국가의 적극적인 개입과 뒷받침이 요구되는 기본권이다." [41]고 하여 사회권으로 파악하였다. 그런데 그 이후 결정에서는 노동3권의 법적 성격에 대해 보다 상세히 설시하고 있다.

---

39) 정회철, 『기본강의 헌법』, 도서출판 여산, 2009, 720쪽.

40) 혼합권설의 입장은 다시 원칙적으로 사회권으로 보는 견해와 원칙적으로 자유권으로 보는 견해로 나뉜다.

41) 헌법재판소 1991. 7. 22. 89헌가106 [사립학교법 제55조 등에 관한 위헌심판]

"근로3권은 근로자가 국가의 간섭이나 영향을 받지 아니하고 자유롭게 단체를 결성하고 그 목적을 집단으로 추구할 권리를 보장한다는 의미에서 ① 일차적으로 자유권적 성격을 가지나 고전적인 자유권이 국가와 개인 사이의 양자관계를 규율하는 것과는 달리 국가·근로자·사용자의 3자 관계를 그 대상으로 한다.

따라서 ② 근로3권은 국가공권력에 대하여 근로자의 단결권의 방어를 일차적인 목표로 하지만, 근로3권의 보다 큰 헌법적 의미는 근로자단체라는 사회적 반대세력의 창출을 가능하게 함으로써 노사관계의 형성에 있어서 사회적 균형을 이루어 근로조건에 관한 노사 간의 실질적인 자치를 보장하려는 데 있다. 경제적 약자인 근로자가 사용자에 대항하기 위해서는 근로자단체의 결성이 필요하고 단결된 힘에 의해서 비로소 노사관계에 있어서 실질적 평등이 실현된다. 다시 말하면, 근로자는 노동조합과 같은 근로자단체의 결성을 통하여 집단으로 사용자에 대항함으로써 사용자와 대등한 세력을 이루어 근로조건의 형성에 영향을 미칠 수 있는 기회를 가지게 되므로 이러한 의미에서 근로3권은 ③ '사회적 보호기능을 담당하는 자유권' 또는 ④ '사회권적 성격을 띤 자유권'이라고 말할 수 있다.

⑤ 이러한 근로3권의 성격은 국가가 단지 근로자의 단결권을 존중하고 부당한 침해를 하지 아니함으로써 보장되는 자유권적 측면인 국가로부터의 자유뿐만 아니라, ⑥ 근로자의 권리행사의 실질적 조건을 형성하고 유지해야 할 국가의 적극적인 활동을 필요로 한다. 따라서 근로3권의 사회권적 성격은 입법조치를 통하여 근로자의 헌법적 권리를 보장할 국가의 의무에 있다. 이는 곧, 입법자가 근로자단체의 조직, 단체교섭, 단체협약, 노동쟁의 등에 관한 노동조합관련법의 제정을 통하여 노사 간의 세력균형이 이루어지고 근로자의 근로3권이 실질적으로

기능할 수 있도록 하기 위하여 필요한 법적 제도와 법규범을 마련하여야 할 의무가 있다는 것을 의미한다." [42]

이 결정에 대해 노동3권의 법적 성격에 대해 헌법재판소의 입장이 종래의 사회권설에서 혼합권설로 변경된 것이라고 파악하는 견해도 있다. [43]

3) 검토 [44]

헌법재판소는 '사회적 보호기능'과 '사회권적 성격'을 동일한 내용으로 파악하고 있으나, 양자는 질적으로 동일할 수 없다. 사회권은 생존권과 같은 의미로 "국민의 생활을 위하여 필요한 조건이 국가권력의 적극적인 관여에 의하여 확보될 것을 요청할 수 있는 권리"이다. [45] 그러나 ②에 설시된 내용은 내용적으로는 타당한 것이지만, 그 실현을 위하여 국가의 적극적인 관여를 필요로 하는 것이 아니다. 개별적 교섭으로 달성할 수 없는 노동조건의 향상을 도모하고 노사관계에 있어서 실질적 평등을 실현하는 것은 국가의 간섭에 의해서가 아니라, 노동자 단체라는 사회적 세력을 자주적으로 형성하여 그 힘을 바탕으로 하는 것이다. 다만, 개별 노동자와 사용자의 근로관계와 같이 구조적인 교섭력의 불평등이 존재하는 경우에만 국가의 보호의무가 기능할 수 있는 것이다. 대표적인 예가 개별적 근로관계에서의 근로기준법을 통한 국가의 개입이다. 그러나 교섭력이 실질적 균형을 이룰 수 있는 영역에

---

42) 헌법재판소 1998. 2. 27. 94헌바13·26, 95헌바44(병합) [전원재판부 노동조합법 제33조 제1항 위헌소원]

43) 이흥재, "근로3권에 대한 헌법재판소 판례의 검토", 「서울대학교 법학」 제43권 2호, 2002, 251쪽.

44) 이승욱, "복수노조설립금지제도의 위헌성", 「노동법 연구」 제23호, 서울대 노동법연구회, 2007 하반기, 213-214쪽.

45) 김철수, 「헌법학개론(17판)」, 박영사, 2005, 288쪽.

서는 헌법상 노동3권이 보장되어 있기 때문에 국가는 당사자 간의 합의내용에 직접 개입하여서는 안 되고 개입할 필요도 없다. 따라서 헌법재판소가 말하는 '사회적 보호기능'은 '집단적 사적자치를 통한 개별 노동자의 보호'로 이해하는 것이 타당하다. 여기에는 국가가 개입할 여지가 원칙적으로는 없기 때문에 "근로자의 권리행사의 실질적 조건을 형성하고 유지해야 할 국가의 적극적인 활동을 필요로 한다."는 헌법재판소의 인식은 타당하지 않다. 이와 같이 생활에 필요한 조건을 확보하기 위해 국가의 적극적인 개입을 전제로 하는 '사회권'과 '사회적 보호기능'은 개념적으로나 규범적으로 엄격하게 구별하여야 할 것이다. 요컨대, 노동3권을 '사회적 보호기능을 담당하는 자유권'이라고 파악하는 것은 타당하나 '사회권적 성격을 띤 자유권'이라고 파악하는 것은 타당하지 않다.

노동3권은 시민법이 해결하지 못하는 구조적으로 불평등한 교섭력을 단결체의 집단적 힘의 행사를 배경으로 근로조건에 대한 집단적 교섭에 의하여 시정하기 위해 등장한 개념이다. 노동보호법이 사적 자치에 대하여 국가의 직접적 개입을 통해 법률에 의한 '법적' 보호를 도모하는 것이 목적이라면 노동3권은 개인의 사적 자치를 집단적으로 확장하는 방법, 즉 집단적 사적 지치를 통한 '사회적' 보호를 도모한다는 목적을 가지고 제도화된 것이다. 따라서 집단적 사적 자치가 기능하는 영역에서는 근로기준법과 같은 국가의 강행적이고 직접적인 개입(헌법 제32조 제3항 참조)은 필요로 하지 않고, 오히려 거기에서 국가는 '사회적' 당사자인 노사에 대해 중립의무를 부담해야 한다. 요컨대, 노동3권은 집단적 사적 자치를 통한 사회적 보호의 도모라는 특수한 목적을 가진 자유권으로 파악하는 것이 타당하다.

3. 노동3권의 주체 - 미등록 외국인 노동자의 노동3권 주체성 인정 여부

(1) 미등록 외국인 노동자에게도 노동3권의 인정이 필요한가?

기본권 주체성의 인정은 결국 헌법상 보호의 대상이 됨을 의미한다. 기본권의 주체는 기본적으로 국가에 대해서 기본권 보장 및 실현을 청구할 수 있다. 또한, 사법심사 청구의 주체로서 헌법소원을 제기할 수 있는 기회를 가지게 되고, 대의제 민주주의 아래서 사회적 소수자로서 자신의 권리를 적극적으로 주장함으로써 소수자의 인권 보호에 기여할 수 있게 되는 것이다. 특히 미등록 외국인 노동자의 노동3권 인정의 문제는 단순한 노동의 권리의 차원을 넘어서 최저한도의 인간다운 생활을 하기 위한 기본권을 확보하기 위한 인권문제라는 측면이 강하다는 점, 근로기준법상의 균등처우 원칙[46]의 관철을 위해서는 정부의 외국인 정책이나 출입국관리정책의 전환과 함께 미등록 외국인 노동자 자신의 단결이 중요하다는 점, 따라서 미등록 외국인 노동자의 권리를 보호하기 위해서는 그들 스스로 조합에 참가하고 단체교섭에 의한 근로조건 개선 등의 면에서 균등한 대우를 받을 필요가 있다는 점을 고려하면 미등록 외국인 노동자에게도 노동3권이 인정되어야 하는 것[47]은 필연적인 결론일 것이다.

헌법 제33조 제1항은 "근로자는 근로조건의 향상을 위하여 자주적인 단결권·단체교섭권 및 단체행동권을 가진다."고 규정하여 이른바

---

46) 근로기준법 제6조 사용자는 근로자에 대하여 남녀의 성(性)을 이유로 차별적 대우를 하지 못하고, 국적·신앙 또는 사회적 신분을 이유로 근로조건에 대한 차별적 처우를 하지 못한다; 따라서, 국적과 상관없이 외국인 근로자도 내국인과 동등한 정도의 처우를 받을 수 있어야 한다고 해석할 수 있다.

47) 황필규, 위의 글, 16-17쪽.

노동3권을 보장하고 있다. 법문에서는 노동3권의 향유주체로서 명확히 '근로자'를 규정하고 있어 기본적으로는 노동자 개인의 기본권이라 하겠지만, 단결체 자체가 노동3권을 갖지 않는다면 개인의 단결권은 불완전한 것이 되므로 단결체 그 자체의 권리이기도 하다.[48] 이처럼 우리 헌법이 노동3권의 주체를 '근로자'로 명시하고 있지만, 과연 외국인 노동자 그중에서도 미등록 외국인 노동자가 노동3권의 주체가 될 수 있는지에 대해서는 별도의 검토가 필요할 것이다. 우선, 합법적인 외국인 노동자의 노동3권 주체성에 대하여 간단히 검토하고, 미등록 외국인 노동자의 이주노조 설립신고서 반려처분취소소송(이하 '이주노조' 사건이라 한다) 서울행정법원 2006.2.27. 선고 2005구합18266 판결 및 서울고법 2007.2.1. 선고 2006누 6774 판결의 태도를 알아보고, 1심과 2심 태도의 검토를 통해 미등록 외국인 노동자에게 노동3권 주체성을 인정할 수 있는지를 살펴보고자 한다.

(2) 미등록 외국인 노동자의 노동3권 주체성에 대한 판례

현재 외국인고용법에는 외국인 노동자의 노동3권 행사에 관한 규정은 없다. 그렇지만 산업연수생제와는 달리 고용허가제가 외국인을 노동자로 대우하는 전제 위에 있으므로, 합법적인 외국인 노동자의 노동조합 활동이 법적으로 허용된다는 것에 대해서는 큰 이견이 없다. 하지만, '이주노조'사건에서는 미등록 외국인 노동자의 노동3권의 행사와 관련해서 노동3권 특히, 단결권과 관련해서는 상당한 다툼이 있었다. 이 사건에서 쟁점이 된 것은 크게 3가지인데[49] 미등록 외국인 노동

---

48) 이승욱, 위의 글, 216-217쪽.

49) 첫째, 서울지방노동청(이하 피고)이 노조법 시행규칙 제2조 제4호에 근거하여 서류의 제출보완을 요구하였으나 이는 노조법의 위임 없이 규정된 것으로 효력이 없는 것이어서 이에 근거한 피고의 보완요구에 응하지 않은 것이 반려처분의 사유가 아닌지였고, 둘째, 노조법과 동 법

자의 노동3권 주체성에 대하여 1심법원은 취업을 위한 체류자격을 갖지 않는 외국인의 취업은 취업이 엄격하게 금지되어 있기 때문에 이들은 "장차 적법한 근로관계가 계속될 것임을 전제로 근로조건의 유지개선과 지위향상을 도모할 법률상의 지위"에 있지 않아서 노조법상의 근로자라고 볼 수 없다고 했다.[50]

이에 비해 서울고등법원은 제1심의 판결과는 상반된 요지로 이주노조 설립신고서 반려처분을 취소하였다. 논지를 살펴보면, "헌법과 노동관계법령의 규정을 보면, 불법체류 외국인이라 하더라도 우리나라에서 현실적으로 근로를 제공하면서 임금·급료 기타 이에 준하는 수입에 의하여 생활하는 이상 노동조합을 설립할 수 있는 근로자에 해당한다."는 것이다. 그리고 출입국 관리법이 미등록 외국인의 취업을 금지하고 있으나, "이는 취업자격 없는 외국인의 고용이라는 사실적 행위 자체를 금지하고자 하는 것에 불과할 뿐이지 취업자격 없는 외국인이 사실상 근로를 제공하고 있는 경우에 취업자격이 없다는 이유로 고용계약이 당연 무효라고 할 수도 없으며 취업자격 없는 외국인 근로자가 사용자와 대등한 관계를 이루어 근로조건을 향상시키기 위한 근로자 단체를 결성하는 것까지 금지하려는 규정으로 보기는 어렵다."는 것이었다.[51]

시행령 및 시행규칙 어디에도 조합원명부를 노조 설립 신고 시에 제출하여야 할 요건으로 규정하고 있지 않아서 피고의 보완요구에 대한 불이행이 반려처분의 사유가 아닌지, 셋째는 외국인 근로자라 하더라도 노동3권의 주체가 되고 노조법 및 관련 법령 어디에도 외국인 근로자의 체류자격 유무를 노조설립신고 요건으로 규정하고 있지 않아서 법령의 근거 없는 요구에 응하지 않은 것이 반려처분의 사유가 아닌지 여부이다. 본 논문에서는 미등록 외국인 노동자가 노동3권 주체가 될 수 있는지의 논의이므로 세 번째 논의에 국한하여 검토하도록 한다.

50) 서울행정법원 2006. 2. 27. 선고 2005구합18266 판결
51) 서울고법 2007. 2. 1. 선고 2006누 6774 판결

(3) 검토

이에 대해 2심의 태도는 미등록 외국인 노동자의 노동자성과 미등록 외국인 노동자로만 구성된 단체에게 노동조합의 지위를 인정해 줄 것인지의 문제를 구분하지 않고 하나로 판단하여 부당하다는 견해가 있다.[52] 즉, 이 문제는 미등록 외국인 노동자가 노동관계법상의 노동자에 해당하는지의 문제가 아니라, 불법체류자들로만 조직된 단체에게 노동조합으로서의 지위를 인정할 것인가의 문제로서, 노동조합으로서의 본질적 기능을 수행할 수 있는지가 중요한 판단요소로 작용해야 한다는 것이다. 따라서 이 사건의 경우, 대부분 구성원이 불법체류자이기 때문에 이들 자신에 대한 장래 근로조건 개선을 단결의 힘을 통해 이루게 할 수 있다는 것은 모순관계에 처해 부당하다고 한다. 하지만, 위와 같은 관점은 노동자의 노동법적 지위를 출입국관리행정에 종속시키는 결과를 낳게 된다. 출입국관리법상의 체류자격여부를 가지고 모든 관계를 바라보게 되면 헌법적 기본권마저도 합법체류자와 불법체류자를 구분하여 사고하게 되는 것이다.[53] 이런 관점에서 2심법원의 태도가 타당해 보인다.

4. 미등록 외국인 노동자의 노동3권 인정의 근거

(1) 헌법 및 국내법적 근거

헌법 제11조는 성별, 종교, 사회적 신분을 차별금지사유로 '예시'하고

---

52) 박종희, "이주노동자(불법체류자)들의 노동조합 설립신고서 반려처분에 관한 판례 연구", 「노동연구」 제20집, 2010. 10, 5-33쪽.

53) 황필규, 위의 글, 25쪽.

있으며, 헌법해석상 여기에는 국적에 의한 차별도 금지하고 있는 것으로 해석할 수 있다. 또한, 제33조 제1항은 근로자를 노동3권의 주체로 명시하고 있다. 이를 종합하면, 헌법상 노동3권의 보장이 내외국인 차별을 전제로 하고 있다고 보이지는 않는다. 또한, 노동3권의 성격에서 살펴본 바와 같이 노동3권은 집단적 사적 자치를 통한 사회적 보호의 도모라는 특수한 목적을 가진 자유권으로 보는 것이 타당하다는 점을 감안했을 때, 이는 미등록 이주노동자에게도 인정되어야 하는 권리인 것이다. 또한, 설령 자유권으로 본다고 하지 않더라도, 현대사회에서 시민의 삶을 살아가는 데 있어 필수적이며, 헌법적 가치가 있는 사회권은 인권일 수 있으며, 그러한 사회권에 외국인 노동자의 노동3권이 포함된다는 점은 앞에서 살펴본 바와 같다.

현행노동법을 살펴보더라도, 『노동조합 및 노동관계조정법(이하 '노조법')』 제5조는 "근로자는 자유로이 노동조합을 조직하거나 이에 가입할 수 있다."고 규정하고 동 법 제2조 제1호는 노동자를 "근로자라 함은 직업의 종류를 불문하고 임금, 급료 기타 이에 준하는 수입에 의하여 생활하는 자를 말한다."라고 정의하고 있다. 또한 동법 제9조는 "노동조합의 조합원은 어떠한 경우에도 인종, 종교, 성별, 연령, 신체적 조건, 고용형태, 정당 또는 신분에 의하여 차별대우를 받지 아니한다." 고 규정으로써 '국적'을 차별의 사유로 적시하지는 않았지만 '인종', '신분'에 따른 차별을 금지사유로 설정하고 있다. 따라서 미등록 외국인 노동자라고 하여도 출입국관계법령을 위반한 자라는 점과 노동자성 인정의 문제는 별개의 문제로 보는 것이 타당하므로, 미등록 외국인 노동자도 노조법상의 근로자에 해당하고 따라서 노동3권의 주체가 된다고 보는 것이 타당할 것이다.

(2) 국제법상의 근거

이주노동자들에 대한 국제노동기준은 내국인 노동자와 동등한 대우를 할 것을 요구하고 있으며, 이는 ILO와 국제연합에 의하여 정립되어 왔다. ILO 조약 중 1949년 및 1975년의 조약과 권고가 외국인 노동자의 권리보호를 직접적인 목적으로 규정한 조항이다.[54] 그리고 국제연합은 "인종, 성, 언어 또는 종교에 의한 차별 없이 모든 자의 인권 및 기본적 자유"의 존중을 장려하기 위한 국제협력을 목적으로 하고 있다. 즉, 제3회 총회에서 인권선언을 채택하고 사회권 규약과 자유권규약을 1962년에 채택하였다. 또한 1985년 제40회 총회에서 『체제국의 국민이 아닌 개인의 인권에 대한 선언』을 하였으며, 1990년 총회에서는 『이주노동자와 그 가족의 권리보호에 관한 국제협약(이하 '이주노동자 권리조약')』을 채택하였다.[55]

자유권 규약 제2조 평등권, 제22조 결사의 자유, 제26조 법 앞의 평등은 외국인도 노동3권을 가짐을 명확히 하고 있다고 볼 수 있고, 미등록 이주노동자의 노동3권을 부정할 만한 어떠한 근거나 해석도 제시하지 않고 있다.[56] 인종차별철폐협약도 제1조 제2항이 국민과 외국

---

54) ILO는 이주노동자와 내국인의 대우의 평등을 촉진하는 것을 하나의 목적으로 채택(1919년 제1회 총회)하였으며, 이주노동자의 상호대우 권고(1919년 제25조), 재해보상에서의 대우평등 조약(1925년 제19조), 이주노동자의 연금에 대한 권리에 관한 조약(1935년 제48호), 고용목적의 이주에 관한 권고(1939년 제66호)와 조약(제61호)를 채택하였다. 국제연합의 전문기구로 재출발한 ILO는 고용 목적의 이주에 권고(1939년의 권고와 조약 개정: 제86호)와 조약(제97호)을 1949년에 개정하였다. 그리고 노동자를 송출하는 입장에 있는 개발도상국의 이주노동자 보호조약(1955년 제100호), 고용 및 직업상 차별대우에 관한 협약(1958년 제111호 조약), 사회보장에서의 대우평등조약(1962년 제118호)을 채택하였고, 제97호 조약과 제111호 조약을 보완하여 '부정한 조건에 의한 이주 및 이주노동자의 기회와 대우의 평등촉진에 관한 조약(제142호)' 및 동 권고(제151호)를 1975년에 개정하였으며, 이주노동자의 사회보장에서의 권리유지에 관한 조약(1982년 제157호)과 권고(167호)를 1982년에 채택하였다; 윤선오, 박명호, 권장수, "이주노동자 현황 및 개선방안",「복지행정법논총」제15집 제2권, 2005. 12, 227-228쪽.

55) 윤선오, 박명호, 권장수, 앞의 글, 227-228쪽.

56) 황필규, 위의 글, 26쪽.

인을 달리 취급할 수 있는 가능성을 열어놓고 있지만 세계인권선언에 따라 인정된 권리와 자유를 훼손하는 방향으로 해석되어서는 안 된다.[57] 동 협약 제5조 (e)(ii)에서 노동조합 결성 및 가입에서의 인종차별 금지를 명문화하고 있으며, 협약 당사국은 인종차별을 금지하는 입법적 보장이 출입국자격과 무관하게 외국인(무국적자 포함)에게 적용되고, 법령의 적용이 외국인에게 차별적 효과를 가지지 않도록 보장하여야 하고,[58] 출입국정책이 인종, 피부색 또는 민족이나 종족의 기원에 기초한 차별적 효과를 가지지 않도록 보장하여야 한다.[59] 당사국은 비록 취업허가가 없는 외국인에게 일자리 제공을 거부할 수는 있지만, 모든 사람이 고용관계가 시작되면 그것이 종료될 때까지 집회와 결사의 자유를 포함한 근로와 고용과 관련된 권리를 부여받았음을 인정하여 한다.[60] 또한, 사회권규약 제2조 제2항도 차별 금지를 규정하고 제8조 제1항 (a) 전문은 모든 사람의 노동조합 결성·가입권을 보장하고 있고, 그 후문과 동조 제2항에서 일정한 조건 하에서 '법률'에 의한 제한이 가능함을 언급하고 있다. 그 밖에도 사회권 위원회는 또한 외국인 노동자가 노동조합에 가입하여 활동하는 것을 제한하거나 노동조합의 간부가 될 수 없도록 한 국가들에 대해 우려를 표명하고 있다.[61]

뿐만 아니라, 이주노동자권리조약은 미등록 외국인 노동자에 대한

---

57) CERD General Recommendation, No. 30(2004), para2: 황필규, 위의 글, 27쪽에서 재인용

58) CERD General Recommendation, No. 30(2004), para7: 황필규, 위의 글, 27쪽에서 재인용

59) CERD General Recommendation, No. 30(2004), para9: 황필규, 위의 글, 27쪽에서 재인용

60) CERD General Recommendation, No. 30(2004), para32: 황필규, 위의 글, 27쪽에서 재인용

61) Concluding Observations on Costa Rica(1990)(UN Doc. E/1991/23 41), paras. 194, Concluding Observations on Panama(1991)(UN Doc. E/1992/23 24), para. 138, Concluding Observations on Senegal(1993)(UN Doc. E/1994/23 51), para. 263, Concluding, Observations on El Salvador(1996)(UN Doc. E/1997/22 34), para. 165: 황필규, 위의 글, 27쪽에서 재인용

적극적 인식과 보호규정을 포함하고 있다.[62] 동 조약 제25조에서는 외국인 노동자는 출신국과 체류자격 등의 사유로 노동조건에서 차별하는 것을 금지하고 있으며, 노동조합에 대한 권리에 있어서는 제26조에서 불법체류 노동자를 포함한 모든 외국인 노동자에 대해 노동조합 기타 단체의 회의 및 활동에 참가하는 권리를 보장하고 있다.[63]

결국, ILO협약 및 자유권 규약과 사회권 규약, 인종차별철폐협약 및 이주노동자 권리조약의 명문 및 해석상 어디에도 미등록 외국인 노동자에게 노동3권을 부정할 수 있을 만한 근거를 제시하지 않고 있으며, 오히려 미등록 외국인 노동자에게도 적극적으로 노동3권을 인정하고 있음을 알 수 있다.

5. 소 결

이처럼 헌법 규정 및 헌법해석상, 관련 국내법 및 국제법상, 전 지구화에 따른 국민의 개념에 대한 재구성의 논의에 따르면, 미등록 외국인 노동자에게도 노동3권의 주체성을 인정하는 것이 타당하다.

---

62) 미등록 이주노동자의 권리로 다음의 열두 가지 권리를 명시하고 있다. ① 출국의 자유, ② 생명권, 고문 또는 비인도적 형벌의 금지, 노예·강제 노동의 금지, 사상·양심 및 종교의 자유, 표현의 자유, 사생활·명예 및 신용의 보호 등의 자유권적 기본권, ③ 신체의 자유, ④ 공정한 재판을 받을 권리, ⑤ 증명서·여권의 보호, ⑥ 강제퇴거, ⑦ 사회보장에 대한 권리와 긴급의료에 대한 권리, ⑧ 자녀의 권리, ⑨ 문화적 독자성의 존중, ⑩ 노동조합에 대한 권리, ⑪ 사전고지를 받을 권리, ⑫ 노동조건에 대한 균등대우가 그것이다.

63) 설동훈, 위의 글, 63-67쪽.

V. 미등록 외국인 노동자 노동 3권 문제의 해결 방안

1. 헌법적 해결 방안

앞에서 살펴본 바와 같이 외국인의 기본권 주체성 인정 여부에 대해서는 견해가 대립하고 있고, 특히 노동3권 주체성을 인정할 수 있을지에 대해서는 대부분의 국내의 학설은 부정적인 입장을 취하고 있는 것이 다수의 견해이며, 이에 대한 비판적 논의는 앞에서 다루었다. 이런 현실에서 미등록 외국인 노동자에게도 노동3권 주체성을 명시적으로 인정하려면 헌법적 차원에서 노동3권의 주체를 국민인 노동자가 아닌 외국인 노동자를 포함하는 노동자 일반으로 명시하는 합의를 도출하는 노력이 필요할 것이다. 외국의 예를 살펴보아도 독일의 경우 연방기본법 제3조 제2항은 차별받지 않을 권리의 주체를 모든 사람으로 규정하고 있다. 다만, 외국인에게 일반적으로 인정될 수 없는 거주·이전의 자유나 직업선택의 자유의 경우 그 주체를 독일 국민으로 명시하여 헌법 속에서 외국인이 향유할 수 있는 기본권을 명시적으로 알 수 있도록 하고 있다.[64]

러시아는 헌법 제62조 제3항에서 외국인(무국적자 포함)이 국민과 동등한 권리를 가진다고 규정하고, 일반 법률과 국제조약이 달리 정하

---

64) 우기붕, 위의 글, 306-307쪽.

는 때에는 다르게 정할 수 있다고 규정하고 있다. 러시아는 이와 같은 헌법적 근거에 의하여 출입국관리법과 별개로 외국인의 권리와 의무를 따로 규정한 '외국인의 법적 지위에 관한 법률'을 두고 있다.[65]

헌법은 전 국민의 국민적 합의(national consensus)를 바탕으로 하는 법규범이다. 따라서 모든 외국인의 기본권과 법적 지위를 헌법에서 구체적으로 규정할 수 없겠지만, 노동3권과 같이 생존권과 연결되는 권리는 외국인 노동자 - 그 법적 지위가 출입국관리법을 위반한 미등록 노동자라고 하더라도 - 에게 인정할 필요성이 크고, 급속하게 전 지구화가 이루어지고 있는 현실과 국민의 권리보다 시민의 권리로서 사회권이 인권으로서 수용되고 있는 현실을 감안했을 때, 이러한 헌법 현실을 반영하는 국민적 합의가 헌법에 반영될 때가 되었다고 생각된다.

2. 법률적 해결 방안

(1) 노동관계법 및 출입국관리법상의 불일치 해소

미등록 외국인 노동자에게 노동3권을 인정할 것인지에 대해 법적 적용에 있어 논란의 여지가 있는 것은 노동관계법과 출입국관리법상의 불일치가 그 원인이다. 이런 현실에서 불일치를 해결하기 위해서는 법에 보장된 노동3권을 노동현장에서 당연한 권리로 인정할 수 있도록 법적 보완장치를 마련해야 한다. 구체적으로 출입국관계법상 미등록 외국인 노동자를 강제 퇴거시켜야 할 퇴거의 대상으로만 보지 말고, 우리나라 노동시장에 혼란이 오지 않고, 내국인인 사회적 약자에게 역

---

65) 우기붕, 위의 글, 306-307쪽.

차별이 발생하지 않는 범위 내에서 그 수를 조절하며 장기적으로는 우리 사회의 공동체 구성원으로서 함께할 수 있는 대상으로 외국인 노동자정책을 수립해 나가야 할 것이다. 또한, 국내법·국제법상의 '균등대우의 원칙'에 따라 내국인 노동자와 동일하게 대우하면서 사용자가 외국인 노동자를 불법 고용하거나 노동관계법을 위반했을 경우의 처벌을 강화해 나간다면 수요와 공급의 법칙에 의해 자연스럽게 미등록 외국인 노동자를 줄여나가는 성과를 낼 수 있을 것[66]이고, 이를 통해 자연스럽게 노동3권의 주체성 문제를 해결할 수 있을 것이다.

(2) 현행 고용허가제가 안고 있는 문제점 해결

『외국인근로자의 고용 등에 관한 법률(2010.4.10시행)』 제25조[67]는 사업장변경구직기간을 2개월에서 3개월로 연장하고, 사업장 변경 신청 및 재취업허용기간연장사유에 업무상 재해, 질병, 임신, 출산 등을 명문화하였다. 하지만 일선 행정기관의 준비부족으로 인한 처리지연 및 오류로 사업장변경기간이 도과하여 외국인 노동자가 피해를 입는 사례가 많은 점을 감안할 때, 동법 제25조 제3항의 사업장변경 구직기간도 현실을 반영한 실질적인 개정이 될 수 있도록 하여야 할 것이다. 또한, 동조 제4항의 사업장변경횟수 제한 규정은 외국인 노동자로 하여금 당해 사업장에서 부당한 권리침해나 불법행위를 당하더라도 참고 견디거나 아니면 불법체류자가 되라고 강요하는 것과 다를 바 없는

---

66) 노재철, "미등록외국인근로자의 문제점과 해결방안", 「노동법논총」 제18집, 2010. 4, 67-68쪽.

67) 동조에서 외국인 근로자는 최초에 취업한 사업장에서 계속 근무하는 것을 원칙으로 하고, 다만, 외국인 근로자의 사업장 불법이탈방지, 적정 취업기회 보장 등을 위해 외국인근로자가 당해 사업장에서 정상적인 고용관계를 지속할 수 없는 경우에는 사업장을 변경할 수 있도록 정하고 있다. 외국인근로자에게 사업장 변경을 위한 충분한 시간을 부여하되, 동기간이 장기간 지속될 경우, 불법체류 우려가 있으며 '출입국관리법'상 취업 체류 자격을 계속 유지할 수 없으므로 3개월 이내에 사업장 미변경 시 출국 조치하도록 하고 있다.

것이다. 사업장변경횟수 제한으로 국내고용기간동안 강제출국 당하는 불이익을 감수해야 하는 외국인 노동자가 발생하지 않도록 사업장변경횟수 제한을 완화하거나 단계적으로 폐지할 필요가 있다.[68] 이러한 법적 제도 개선을 통해 미등록 외국인 노동자의 숫자를 줄여 합법화함으로써 이 문제를 해결할 수 있을 것이다.

(3) 사용자규제방식의 고용허가제가 아닌, 노동자규제방식의 노동허가제로의 전환

법률적 해결방안으로 미등록 외국인 노동자 양산을 줄여나가기 위한 방편으로 고용허가제의 문제조항에 대한 보완을 검토했지만 장기적으로는 노동허가제로의 전환이 근본적인 해결방안이 될 수 있을 것이다.

두 가지 제도는 공통적으로 입국 및 체류정책으로부터 노동시장정책을 분리하고 있다. 그러나 양자는 규제의 방향이 다르다는 점에서 차이가 있다. 고용허가제는 사용자의 자격요건에 대한 규제여서 사용자가 노동조건을 준수할 수 있는 능력이 있는지를 심사함으로써 외국인 노동자가 취업과정이나 노동 제공 중에 입을 수 있는 피해를 줄일 수 있다. 반면에 노동허가제는 외국인 노동자에 대한 규제를 하는 것이어서, 외국인 개인의 사정(체류기간, 가족, 연령, 출신국가)을 감안한 허가를 내릴 수 있다. 특히, 노동허가제는 외국인 노동자에게 노동할 수 있는 권리를 부여해 노동자가 노동권의 주체가 되고 체류기간도

---

68) 우리나라 정부는 동조에서 사업장변경의 자유를 제한하는 것은 내국인근로자를 보호하기 위해서라고 하지만, 위 조항을 '동일업종과 동일지역 내에서 사업장변경을 허용하고, 다른 업종으로 변경하고자 할 경우에는 노동부장관의 허가를 받도록 한다.' 면 정부가 염려하는 내국인근로자 보호에도 별 문제가 없을 것이다 ; 노재철, 위의 글, 73쪽.

충분히 보장해 외국인 노동자들의 안정된 정주화가 가능하도록 하는 제도이다. 아울러 사업장 이동의 자유를 보장하고 외국인 노동자 합법화를 통해서 내국인 노동자와 동등한 대우를 받을 수 있는 제도이다.[69] 독일의 경우, 노동허가제의 도입을 통해 많은 모순점을 안고 있었던 교체순환정책이 붕괴되었으며, 그 결과 외국인근로자의 정착이 시작되는 계기가 되었다.[70] 대만의 경우 외국인 노동자는 노동허가를 받도록 하고 내국인 사용자는 고용허가를 받도록 하는 제도를 병존시켜 노동허가제와 고용허가제의 각각의 기능을 유지한 채 상호보완적 역할을 하도록 하였다.[71] 독일과 대만이 노동허가제의 도입을 통해 기존의 외국인 노동자 문제 해결에 상당한 효과를 본 것처럼, 우리나라 역시 국제경쟁시대에 알맞은 경쟁력을 갖추고 인권선진국으로 발돋움하기 위해서는 현행 제도의 한계점을 검토하고 그 도입을 모색해야 할 것이다.

(4) 미등록 외국인 노동자의 합법적 지위부여 고려

독일의 경우, 단순기능 인력으로 국내에 들어와 취업을 하고 있는 외국인 노동자는 본국으로 귀국할 의사가 없다고 보고 사회통합정책을 통해 그 문제해결을 위한 방안을 마련하고 있다. 즉, 일정기간(8년) 범법 사실이 없이 성실하게 일한 것이 납세증명서 등을 통해 입증되면 영주권 취득이 가능하도록 하고 있는 것이다. 미국도 영주권이나 시민

---

69) 노재철, 위의 글, 76-77쪽.

70) 김태한, "외국인 근로자의 고용 등에 관한 법률의 고찰", 「사회과학연구」제22집, 호서대 사회과학 연구소, 2003, 18쪽. ; 노재철, 위의 글 76-78쪽에서 재인용.

71) 최홍엽, "외국인 근로자의 노동법상 지위에 관한 연구", 서울대학교 박사학위논문, 1997, 174쪽 ; 노재철, 위의 글, 78쪽에서 재인용.

권 획득의 길을 열어주는 포괄적 이민법을 시행하고 있다.[72] 우리나라 역시, 그동안의 추방정책이 큰 실효를 거두지 못한 점, 미등록 외국인 노동자 전부를 추방할 수도 없고 산업구조에 있어 외국인 노동자는 반드시 필요하다는 점, 이들을 강제 추방했을 때 우리나라가 입게 되는 국가적 이미지 손실로 인한 피해 또한 매우 크다[73]는 점에서 이들을 모두 추방하는 것보다는 합리성과 정당성을 갖춘 사면기준과 절차를 마련하거나 합법적 신분부여를 통해 이들을 합법화시켜야 할 것이다. 또한, 합법화의 범주로 포용할 수 없는 외국인 노동자의 경우는 적법절차가 보장된 퇴거절차를 거쳐 퇴거시키는 것이 타당할 것이다.

---

72) 정귀순, "시민단체에서 보는 외국인 정책 방향",「외국인과 더불어 사는 열린사회 구현을 위한 이민정책 세미나」, 법무부 출입국관리국, 2006, 32쪽 ; 노재철, 앞의 글, 79-81 쪽에서 재인용.

73) 대표적인 사례가 AKIA(Anti Korea Interests Agency)라는 반한단체로 소위 '코리아 드림'을 안고 한국에 온 태국근로자들 중 불법체류신분으로 인해 갖은 인권유린을 당한 사람들로 조직된 단체라고 한다.

VI. 맺으며

2010년 7월 22일~25일과 2011년 1월 9일~10일 베트남 노동자 180명이 단체로 노무제공을 거부하며 파업을 한 일이 있었다. 7월 파업은 아침·저녁 밥값 공제에 대한 항의였다. 법정 최저임금인 시급 4,110원을 받는 이들은 아침과 저녁 밥값(한 끼에 4,000원)으로 월 24만 원씩 밥값을 공제하는 데 항의해 나흘간 업무를 거부했다. 그런데 지난 3월과 4월, 파업 노동자 10명이 '집단적 노무제공 거부에 의한 업무방해'로 경찰에 붙잡혀 구속됐다. 이는 사건이 일어난 지 9개월이 지나서 이루어진 인지수사로서 본 재판은 2011년 10월 현재 법원에 계류 중이다.[74]

전 세계적으로 외국인 노동자의 수는 2억 명을 육박하고 있으며, 우리나라의 통계상으로 파악되는 수만도 135만 명이 넘고, 그중 미등록 외국인 노동자는 16만 명이 넘는다. 이처럼 국가의 경계가 모호해지고, 전 지구화현상이 심화되고 있으며, 기존의 자유권중심의 인권담론을 넘어 새로운 의미의 인권담론이 재구성되고 있는 시점에서, 이 사건이 여실히 보여주듯 우리나라는 아직도 외국인 노동자의 인권문제에 있어서 실망스런 수준에 머물러 있다. 사실 외국인의 문제는 우리가 주체인 동시에 타자이기도 하다. 과거 독일에 수출됐던 간호사와 광부들이 그러했고, 현재에도 700만이라는 해외동포를 갖고 있기 때문이

---

74) 한겨레신문, "그림 되네 '베트남인 파업, 동참 강요하며 폭행까지' ", 2011. 6. 21일자.

다. 헌법재판소는 외국인에게 평등권을 비롯한 사회권을 제한하는 데 있어서 상호주의를 내세우지만, 상호주의는 외교상의 원칙에 지나지 않는 것이다. 상호주의에 얽매이기보다는 주체적이고 적극적으로 외국인의 기본권 주체성을 인정하는 법제를 만들어 다른 나라의 외국인 정책을 선도할 수 있어야 할 것이다. 기본권 보호를 통한 인간의 존엄성에 상응하는 최저한도의 인간적이고 문화적인 생활수준을 보장하는 것은 상호주의와 상관없이 국가가 실시해야하는 의무이기 때문에 더욱 그렇다.

특히, 미등록 외국인 노동자의 경우, 출입국관리법상의 범법자로서 노동3권의 주체성을 인정하는 데 어려움이 있으나, 앞에서 살펴본 것처럼, 노동3권은 자유권으로 이해하는 것이 타당하고, 설령, 그러한 논의에 대한 반대가 많더라도 인권담론이 확장되어, 그 영역이 사회권에까지 미치고 있는 현실과 헌법 및 헌법해석, 국내법체계, 국제 인권 규범 등을 고려하였을 때 미등록 외국인 노동자에게도 노동3권을 인정하는 것이 타당할 것이다. 다만, 이러한 논의가 미등록 외국인 노동자에게 내국인과 같은 수준으로 모든 기본권의 주체성을 인정하자는 것은 아니다. 변화된 헌법현실에 맞게 관련 헌법규정을 개정하고, 기존의 고용허가제의 문제점을 보완하고, 미등록 외국인 노동자를 합법화하며, 고용허가제를 넘어 노동허가제로서의 제도적 대안을 모색함으로써 대표적인 사회적 약자인 미등록 외국인 노동자의 인권침해현실을 개선하고, 우리 사회의 인권적 감수성을 고양시켜보고자 하는 것이 이글의 의도이다. 많이 부족하지만, 이 글이 필자 개인이나 이 글을 읽는 사람들에게 조금이나마 도움이 되었으면 하는 바람으로 이 글을 마친다.

참고문헌

1. 연구논문 및 자료, 참고서적

권영성, 『헌법학 원론』, 법문사, 2002

김도균, 『권리의 문법: 도덕적 권리·인권·법적권리』, 박영사, 2008.

김철수, 『헌법학개론』, 박영사, 2005.

김홍영, "외국인근로자의 노동권과 사회보장권", 「충남대학교 법학연구」 제14권 제1호, 2003.12.

김홍엽, "외국인 고용의 현황과 쟁점", 「노동법연구」 제25호, 서울대학교 노동법연구회, , 2008.

노동부, 『각국의 외국인 근로자 고용관리체계 사례연구』, 2004.

노재철, "미등록외국인근로자의 문제점과 해결방안", 「노동법논총」 제18집, 2010. 4.

박종희, "이주노동자(불법체류자)들의 노동조합 설립신고서 반려처분에 관한 판례 연구", 「노동연구」 제20집, 2010. 10.

박승호, "미연방대법원과 외국인 차별", 「안암법학」 제25권 단일호, 2007.

백윤철·김한석, "불란서에서 외국인의 인권", 「세계헌법연구」 제14권 제1호, 2008.

설동훈, 『한국사회의 외국인 이주노동자: 새로운 소수집단에 대한 사회학적 설명』, 사림, 2009.

-----, "외국인 노동자와 인권: 국가의 주권과 국민의 기본권 및 인간의 기본권의 상충요소 검토", 「민주주의와 인권」 제5권, 제2호, 전남대 5·18연구소, 2005.

-----, "국제노동력이동과 외국인 노동자의 시민권에 대한 연구", 「민주주의와 인권」 제7권 제2호, 전남대 5·18연구소, 2007.

우기붕, "외국인의 기본권 보장에 관한 법률 연구", 「노동법논총」 제19집, 2010.

윤선오·박명호·권장수, "이주노동자 현황 및 개선방안", 「복지행정법논총」 제15집 제2권, 2005. 12.

윤지영, "이주노동자의 삶과 법", 「법학전문대학원 공익인권법학회 겨울캠프 자료집」, 2011. 2. 12.

이승욱, "복수노조설립금지제도의 위헌성", 「노동법 연구」 제23호, 서울대 노동법연구회, 2007 하반기, 213-214쪽.

정정훈, 『외국인 인권 기초 연구』, IOM 이민정책연구원 2010. 10.

정회철, 『기본강의 헌법』, 도서출판 여산, 2009.

최 유, "외국인의 사회권 주체성에 관한 작은 연구", 「충남대사회과학연구」 제19권 가을호, 2009.

한승주, "외국인노동자의 권리에 관련한 정책갈등", 「한국행정학회 2010년도 춘계학술대회 자료집」, 2010. 4.

황필규, "이주노동자의 인권 - 노동권, 사회보장 및 단속·보호·강제퇴거상의 문제점을 중심으로", 「인권보고서」, 2005.

2. 인터넷 및 신문자료

서울 복지재단 웹진, http://diowelfare.cafe24.com/200806/sub/ sub.asp?t_menu=t_menu3&a_id=44

법제처, http://www.moleg.go.kr/

한겨레신문, "그림 되네 '베트남인 파업, 동참 강요하며 폭행까지'", 2011. 6. 21일자.